家永三郎の思想史的研究

その生涯・学問・実践と「否定の論理」

小田直寿＝著
Naohisa Oda

日本評論社

はしがき

本書は筆者による一五年来の家永三郎研究の当面の成果を報告し、批正を乞うものである。本書の内容は二〇一八年三月に受理された関西大学博士学位請求論文『家永三郎の思想史的研究』を土台とし、篇章を大きく入れ替え、大幅な増補訂正を行い、さらに数章を付け加えて成ったものである。

筆者は長年にわたり日本国憲法の平和主義・民主主義の価値の根源に関心を抱いてきた。その間の事情についてはすでに「この先の日本と世界を見据えて」と題した一文に記したところであるが（『家永三郎生誕一〇〇年――憲法・歴史学・教科書裁判』日本評論社、二〇一四年所収）、本書の課題設定ならびに方法論の背景を示すためにも、あらためて回顧しておきたい。

そもそも筆者は一九八五年生まれである。家庭環境のためか幼い頃から世界情勢に関心を抱き、中学生までに民主主義精神を体験的に知っていたが、高等学校に入ってそれが社会に普遍化されていないことを知り、大変衝撃を受けた。青春の動乱期ゆえの混乱も相俟ち、この問題は筆者にとって思想形成そのものの問題として立ちはだかり、やがて人間的根源を求める哲学的問題となった。

この時期は時代状況においても極めて困難な時期であった。長い冷戦対立を経て一九九一年にソビエト連邦は崩壊し、社会は新しい秩序を求め始めた。無数の民族紛争が頻発するなか、一時は国際連合が合議体の役割を果たしたかにも見えたが、二〇〇一年の九・一一テロ以後、米国の覇権が明確になっていった。

グローバル化といわれるこのような時期以降において、人間の根源と社会の秩序はいかなる地点に求めるべきであろうか。筆者はこれこそ現代の普遍的問いであると考えるが、この問いに答えるには専門学科を超えた全人的な知識を必要とする。幸いに母校の関西大学文学部は教養課程に準ずる期間を設けていたから、この問いを充分に考える期間を得た。

筆者が学生であった当時、思想界においてはソ連の衝立を失ったマルクス主義は言うに及ばずポストモダン思潮も弱体化していた。頼りになる手がかりは全くなかったが、却って膨大な古典に直接触れる機会を得た。世界一とも言われた翻訳大国の恩恵で無数の書籍に目を通すことができた。筆者は人間の根源を直接指し示す宗教哲学に関心を抱いた。

やがて、世界の諸宗教を根源において統合しようとする井筒俊彦の東洋哲学にその手がかりがあるのではないかと思い始めた。これを熟読して体系そのものを噛み締めるように思索したことが懐かしく思い出される。だがそれゆえにこそ、井筒の思索には社会思想の面で不備があると感じられた。筆者は再び手がかりを失ったが、そこで家永三郎を発見することになった。

それは二〇〇九年のことであった。当時家永は教科書裁判で著名であり、それを巡って色々な評価が行われていたが、宗教的思索のことはごく一部の専門家にしか知られていなかった。当時筆者は別の研究に従事していたが、二〇一二年、家永の思想体系の解明を当面の課題とすると決断したのであった。

今筆者は、家永の思想体系にこそ現代の普遍的問いへの大筋の解答があると信ずる。それは、人間はいかにあるべきかという問いから始まり、膨大な読書と無数の実践によって支えられ、宗教的根源と社会的実践とを同時に見据えて展望する思索である。無論多少の補整は必要だが、極めて雄大な展望を秘めている。

家永が齎した成果は膨大であり今後とも大いに活用するべきであるが、筆者が研究を志した当時、家永三郎の全体像の解明を専門課題とした若手はおらず、現在もほとんど稀である。従って本書は将来にわたる家永理解の基本書の役割をも果たすものとしなければならないであろう。そこで右にみた普遍的課題を基調に据え、さまざまな立場から今後利活用するための契機を可能な限り提示するよう心掛けた。

家永は真理の探究者であるから、理解するには部分ではなく全体をみることが必要である。読者におかれても、全体に取り組んだ上で各位の問題意識に沿って把握してくださるようお願いする。すなわち読者自身の生きてきた根源的問いによって家永と対峙して頂きたい。本研究への評価もそこに成り立つであろう。

二〇二四年六月

小田直寿　識

目次

第一部　家永三郎研究の課題と方法

付録

家永三郎略歴

一九一三年名古屋生まれ。おもに東京で育つ。一九三一年東京高等学校入学。一九三四年同校を卒業し東京帝国大学文学部国史学科に入学、一九三七年卒業。同年から東京大学史料編纂所嘱託。一九四〇年初期の代表作『日本思想史に於ける否定の論理の発達』刊行。一九四一年新潟高等学校に転じ、一九四四年東京高等師範学校（のち新制東京教育大学）の教授となる。同年結婚。一九五〇年文学博士となる。

一九五〇年より東京教育大学の教授会人事権獲得に尽力、その後教授会運営実践に取り組む。「逆コース」の強まる同時期、平和主義・民主主義を理念とする憲法の意義を自覚し、以後生涯にわたり護憲運動に尽力。大著『植木枝盛研究』等、平和主義・民主主義に関連する諸研究を次々と刊行する傍ら、裁判の法廷外批判の是非をめぐる裁判批判論争（一九五九年）、勤評反対闘争事件裁判への参加（一九六三年）などを経て、一九六五年に教科書検定違憲訴訟を提起する。

一九七〇年には教育の主体は国家ではなく国民にありとする「国民の教育権」を認めた杉本判決が出される。支援組織は全国に二万名を数え、日本国民が憲法の平和主義・民主主義の意義を自覚・再確認する上で大きな役割を果たした。また一九六三年からの東京教育大学筑波移転問題では大学自治の立場から移転反対の論陣を張り、一九七七年の停年退官まで文学部教授会の一員として尽力。翌七八年東京教育大学閉学。一九七八年より八四年まで中央大学法学部教授。一九九七年には足かけ三二年にわたる教科書裁判終結、運動は高嶋教科書訴訟に引き継がれる。二〇〇二年死去。八九歳。

家永三郎肖像

右列＝上から順に幼年時代、小学校卒業時期（一九二六年三月）、東京高等学校の制服姿。

左列＝上は旧制新潟高校時代（一九四一―四三年）の教授風景。下は一九四〇年代の撮影ヵ。

（各写真の解説は本書末「写真解説」参照）

家永三郎自邸と蔵書印

右上＝自邸書斎
左上＝蔵書印（拡大）
右下＝自邸一室
左下＝自邸一室

（自邸はいずれも家永逝去直後、竹島善一氏撮影）

家永三郎最終講義と家永史料の現在

右上＝東京教育大学最終講義（萩原秀三郎氏撮影）
右中・下＝家永蔵書の大半を収める南開大学日本研究院家永三郎文庫
左＝田辺元『哲学通論』家永架蔵本、傍線（同院蔵）

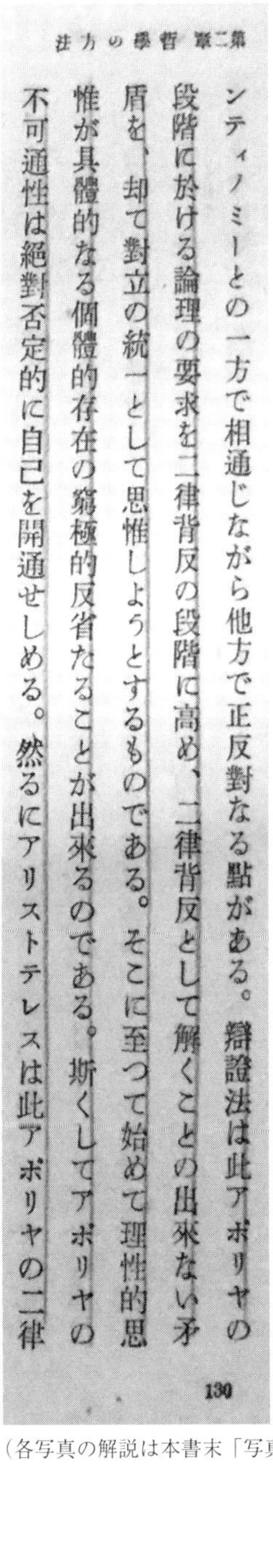

第二章 哲學の方法

ンティノミーとの一方で相通じながら他方で正反對なる點がある。辯證法は此アポリヤの段階に於ける論理の要求を二律背反の段階に高め、二律背反として解くことの出來ない矛盾を、却て對立の統一として思惟しようとするものである。そこに至つて始めて理性的思惟が具體的なる個體的存在の窮極的反省たることが出來るのである。斯くしてアポリヤの不可通性は絶對否定的に自己を開通せしめる。然るにアリストテレスは此アポリヤの二律

130

（各写真の解説は本書末「写真解説」参照）

研究調査過程で現れた史資料の一端

これら史資料の意義は、個別考証を通じて徐々に明らかになってゆくであろう。

右下・中下＝家永「歴史に於ける時間の構造について」。中上・中中＝家永のメモ（部分）。左上＝鉛筆削り小刀（岩本努氏蔵）と家永責任編集『日本平和論大系』パンフレット。左下＝美濃部達吉『憲法撮要』家永架蔵本。

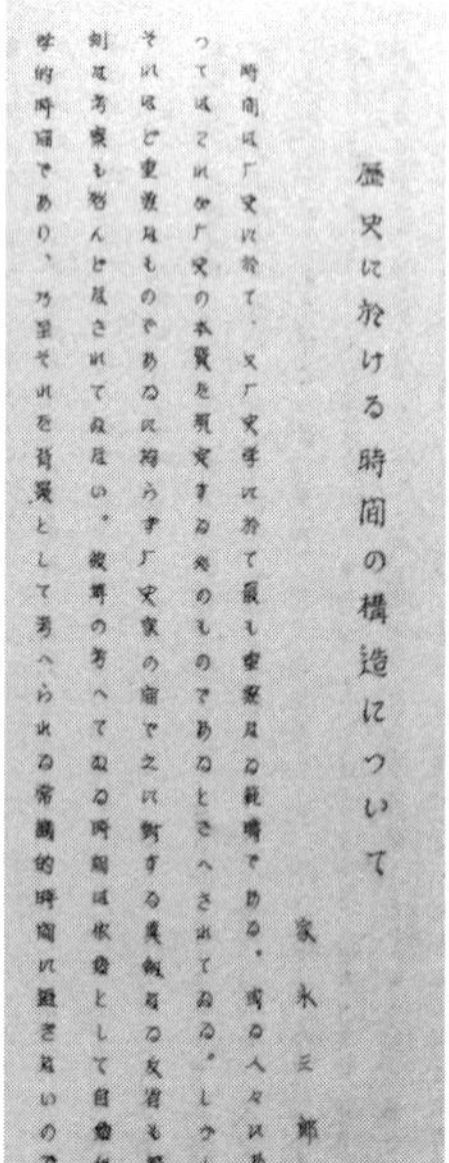

歴史に於ける時間の構造について

家永三郎

時間は歴史に於て、又歴史學に於て最も重要なる範疇である。或る人々にあつては之れが歴史の本質を規定するものであるとさへされてゐる。しかしそれほど重要なものであるに拘らず歴史家の間で之に對する真剣なる反省も緊切な考察も殆んど為されてゐない。從來考へてゐる時間は依然として自然科學的時間であり、乃至それを背景として考へられる常識的時間に過ぎないので

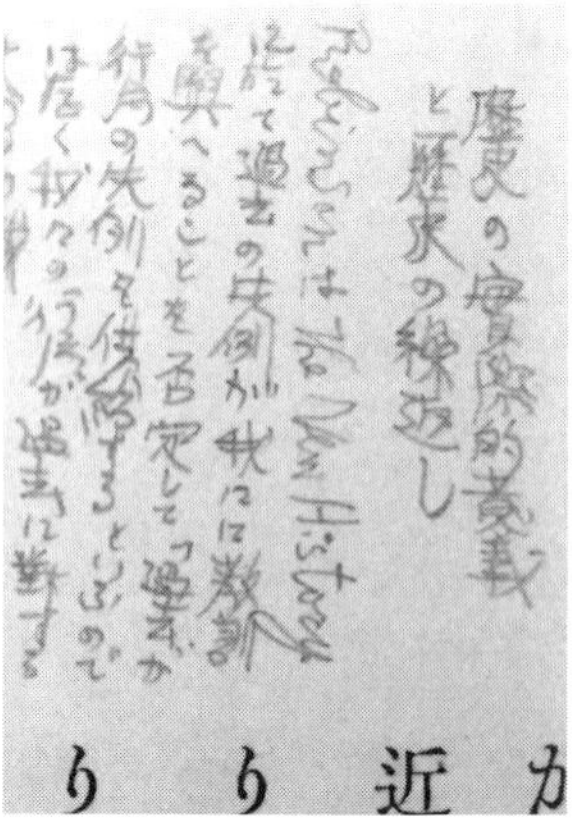

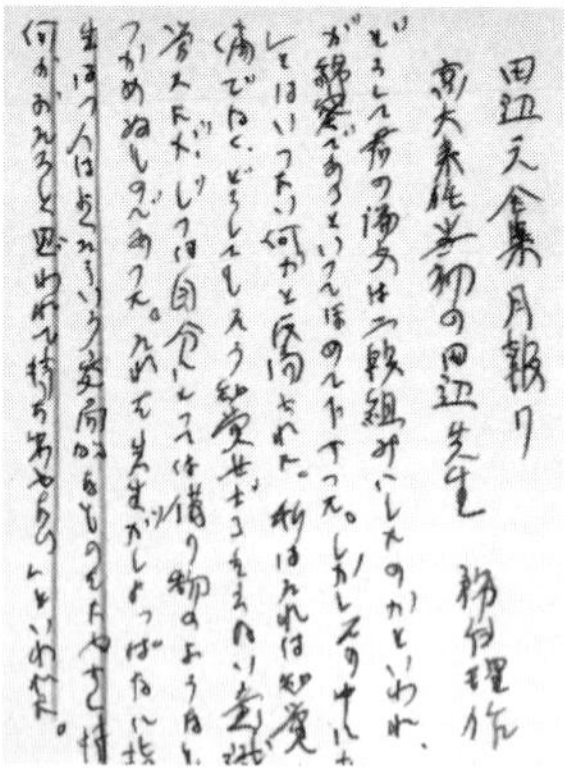

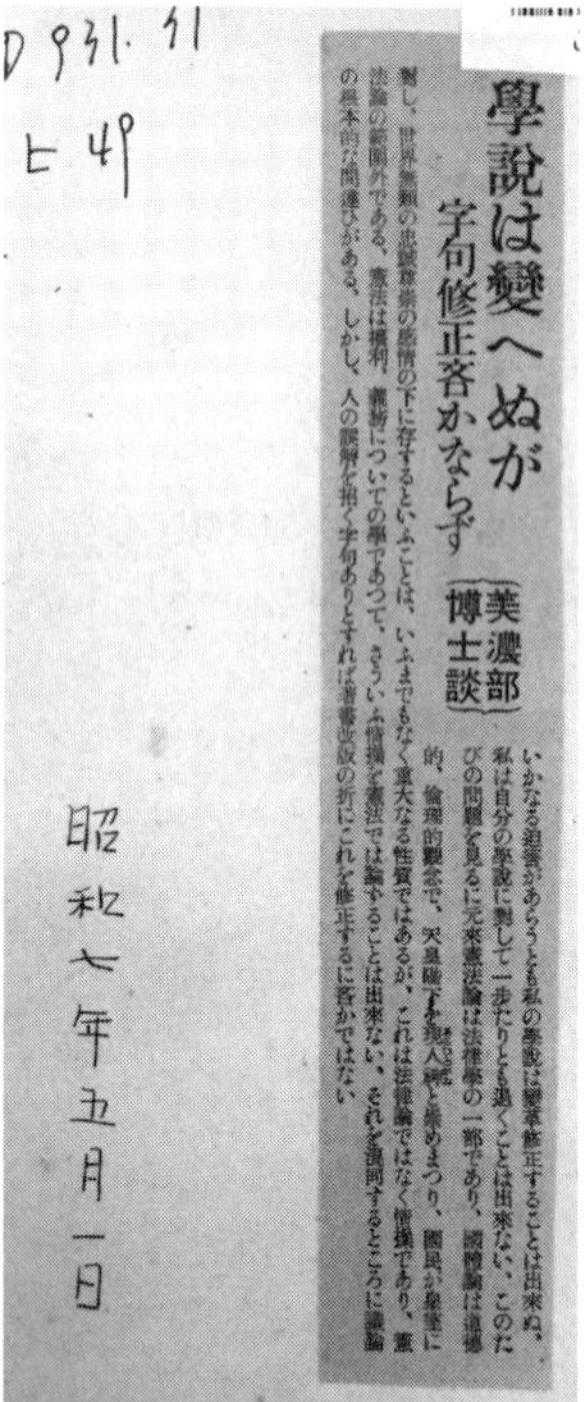

學說は變へぬが
字句修正吝かならず
美濃部博士談

いかなる迫害があらうとも私の學說は變革修正することは出來ぬ、私は自分の學說に對して一歩たりとも退くことは出來ない、このたびの問題を見るに元來憲法論は法律學の一部であり、國體論は道德的、倫理的觀念で、天皇陛下を現人神と崇めまつり、國民が皇室に對し、世界無類の忠誠奉仕の感情の下に存するといふことは、いふまでもなく重大なる性質ではあるが、これは法律論ではなく情操であり、憲法論の範圍外である、憲法は權利、義務についての學であつて、さういふ情操を憲法では論ずることは出來ない、それを說明するところに議論の根本的な間違ひがある、しかし、人の誤解を招く字句ありとすれば著書出版の折にこれを修正するに吝かではない

（各写真の解説は本書末「写真解説」参照）

序論　家永三郎研究の基本方針

家永三郎を研究する意義と目標

本書の目的と概要

家永三郎（一九一三―二〇〇二）は、生前より思想史学を中心とした幅広い学問領域での活躍や、著名な教科書裁判そのほか民主主義の実現へ向けた社会実践で知られる学者・思想家・実践家として、多方面にわたって幅広く着目されてきた(1)。またその業績の大きさゆえに今後も必ず振り返られるべき人物として評価を受け続けるであろう。今後に向けた家永の研究は必須であるが、家永の名声に比して研究は著しく乏しい。家永の研究は家永と行動をともにした人々によって推し進められたが、その後新たに発展させようとする研究はいまだ充分現れておらず、専門の研究著作さえ存在しない。本研究は、この天荒を打破し、家永理解の新たな未来をつくり上げようとするものである。

家永理解の将来を考えるならば、現在の理解よりもさらに広い視野と深い理解に基づく家永像の形成をはかることが必要であると考えられる。なぜならば、従来捉えられてきた平和主義や民主主義の問題は無論重要ではあるが、それだけで家永の関与したすべての問題にアプローチできるようになるわけではないからである。たとえば芸術思想史論のように、却って接近しにくくなる分野もある。それらの部分にも光があたり、ひいては将来にわたる家永評価の基盤となるような家永像の形成が必要である。

家永の思想の根幹は「否定の論理」と呼ばれる哲学的思索にある。本研究では家永による自伝『一歴史学者の歩み』を含めたこれまでの研究史を出発点とし、「否定の論理」の探究を試みる。本論全体の指針は、「平和主義・民主主義から『否定の論理』へ」というものである。そして、これからの世界と日本とのあり方を見据え、「否定の論理」の思索者としての家永の意義を探究する。この意味で、従来の諸研究が、しばしば家永の平和主義や民主主義の観点から家永の業績を祖述したのとは一線を画する。

本書は四部に分けられる。第一部では家永三郎に接近する準備を整える。そのために研究史を整理して課題を洗い出し、今後の研究課題と方法論を確認する。第二部では実際に家永の伝記事実を再確認し、家永自身の思索過程に即した新たな家永像を描き出す。第三部では第二部で描かれた家永像をもとに、家永を理解する上での重要な論点をそれぞれ整理する。第四部では第二・第三部での研究をもとに歴史的位置づけと今後の展望を順次述べる。以下、このように進めるに至った経緯および本研究の具体的な指針を述べていきたい。

本指針に至った経緯

本指針に至った経緯を筆者の体験に即して述べておきたい。はしがきでも述べたように、筆者は一九八五年の生まれである。家永が死去したのは二〇〇二年のことであるが、両親が歴史学に関係していることもあって、二人が「ついに家永三郎が亡くなったか」と感慨深げに言葉を交わしていたことを記憶している。筆者はその後実証的歴史学と京都学派哲学との間で進路に迷ったが、そこで家永と再会することとなった。

当初筆者が考えていたことは、家永が構想していた歴史学の哲学的基礎づけを検討し、その角度を踏まえて家永史学の意義を再度展望することであった。ソ連崩壊後グローバル化の進む現代社会の情勢をも念頭に置き、家永史学の歴史認識の意義を根底から再確認しようと考えたのである。この構想そのものは本論でも活きている。

ところが家永の業績を研究する過程で大きな課題に直面した。第一に、家永史学の規模が想像よりもあまりにも大きかったこと。第二に、家永史学が内部で複雑に絡み合いつつ一貫する性質をもっていたこと。第三に、家永の勤務先であった東京教育大学が閉学していることに加え、家永自身も学派形成を断ったので、家永理解の明確な中心が存在せず、何を頼ればよいのかわからなかったこと。第四に、家永の同時代人と現代とでは歴史的環境ひいては問題意識があまりにも違うこと。第五に、家永研究の角度が無数にありうること。第六に、教科書裁判に絡んで中傷が行われており、困惑したことである。

筆者は歴史学と哲学を念頭に家永に接近を試みて事ここに至ったのであるが、どのような立場から家永に接近するにしても、およそ家永の全体像を理解し、その意義を十分に明らかにしようとするならば、結局は右の各問題に直面せざるをえない。E・H・カー『歴史とは何か』の「歴史の書物を読む時は、歴史家の頭の中のざわめきに耳を傾けた方がよろしい」(2)という言葉がしばしば胸中を去来した。結局、家永の全業績を、現代的かつ将来的に有意義なかたちで、しかもトータルに捉え直す仕事がまず必要であるという現実を痛感せざるをえなかった。

だがその作業こそ、今後のあらゆる家永理解の底本をつくる作業であり、まさしく今後の家永理解の中心を設置する作業ではなかろうか。かつて家永の教え子であったさる方の「家永先生は『史料は全て読むように』と仰っておれましたよ」という言葉にも感銘を受け(3)、繰り返し噛みしめた。できるだけ家永の全著作を読み、家永の全体像に見通しを与えること。それは今後のためにまことに有意義な仕事であるのみならず、研究調査の過程で文科各学科を中心に多分野に触れることができるので、およそ学者たる、学問というものに楽しみを見出しうるのであるから、大変楽しく取り組める課題である。

では家永の全体像を現代的かつ将来的に有意義なかたちでまとめるにはどのようにすればよいであろうか。ここからは筆者の判断であるが、おそらく「世代交代」が肝になってくるであろう。すなわち、家永本人および家永と時代をともにした人々による議論の後、改めてどのような流れをつくっていくことが必要かと構想することが肝心である。

筆者より前世代、つまり家永の同時代人で家永に信頼を寄せた人々は、多くの場合、平和主義・民主主義を軸に家永と行動をともにした人々である。筆者も両親や両親の研究仲間を通じてその呼吸を知っている。と同時に、筆者やそれよりも後の世代の人々は、そういうものをもはや知らないであろう。ここに「問題意識の伝承と再生」という課題が生まれる。

一方、今後の世代においては、多様な問題意識から家永に関心をもつことになるであろう。それは新たな家永理解を導く可能性である。とはいえ、問題意識が無限に拡散し、研究者同士でさえ相互理解を得られない可能性も出てくる。また前世代の問題意識を積極的かつ批判的に検討する作業を怠るならば、家永理解における問題意識の断絶という難点も現れるであろう。

家永理解の将来性を念頭に置くと、未来世代が知りたいことを想定し、それを軸に家永像を編成することが重要である。どのような角度から家永を理解しようとしても同じく家永の全体性が問題となる以上、それを解明することが現時点の家永三郎研究の根本的な課題となろう。その軸となる主題が「否定の論理」なのである。その検討の過程で旧世代の問題意識をも伝承し、自由な批判の俎上に載せるのが最もよい手段であろう。

なお余談ながら、右に記したとおり筆者とてはじめからこのような研究になると予想していたわけではなく、繰り返し文献を読み、考え直し、書き改めていくなかでようやく現在のような認識に辿り着いたにすぎない。その意味で本書はあくまでも暫定的な見解の提示にすぎないが、家永研究の新たな段階には達しているものと考え、現時点の見解を提示するものである。

本書の実務

本書の実務では、これまでの家永理解のなかで起こってきた問題に改めて決着をつける作業と、それを踏まえて今後の家永理解の展望を出していく作業の両面をこなす必要がある。今後家永を知ろうとする人々の動きに想像をめぐらせながら、家永研究の実務方針を設計していきたい。

今後家永を知ろうとする人々にとって、教科書裁判はもはや周知の事実であるとはいい難い。このことは教科書裁判の論点に捉われない多様な家永研究を導くきっかけとなるものでもあるが、そこには落とし穴もある。というのは、教科書裁判において、家永が戦後すぐに政治的に転向したという説が立てられ、だから信用できないとする主張が行われたのだが、それをも無批判に受け取ってしまう可能性があるのである。

この議論を無批判に受け取ってしまうと、家永論が人格をめぐって好悪の両説で真っ向から対立しているかのようにみえ、結局のところ家永をどう理解すればよいのかと戸惑う。ひいては家永への関心そのものから遠のいてしまう。より真摯な人々は、もしこの見解がデマであるならば、たしかにそうであることを現時点で再度確認する作業に取り組むことになる。

ところが厄介なことに、家永転向説に対する反論の少なからぬ部分は、家永の自伝『一歴史学者の歩み』および家永自身の示した各種証言ないし証拠資料に行き着く。同時代ならばそれでも十分な反論になったと考えられるが、後世から考えると、結局は家永を信じるか、それとも疑うかという感情的問題に帰着してしまう。かくて家永の成果に含まれる豊穣な可能性に触れて吟味する機会を失ってしまうのである。実に惜しいことではあるまいか。

家永研究において、この問題をどのように処置すべきであろうか。そもそも、問題として取り上げること自体、「議論を周知する」という不利益が出てくるには違いない。その意味では完全に黙殺するのも一つの手ではある。しかし将来的にみて、この論点を知ってしまった人々に自己解決を委ねるのも難しい。家永初心者が自ら片づけるにはあまりにも煩雑で荷が重いからである。

そこで、回り道を承知でこの問題を専門的に処置する必要が出てくる。つまり最初に必要な作業は、自伝『一歴史学者の歩み』の史料的再吟味である。可能な限り家永自身が自伝のために提示した史料ではない史料を探索・発見し、自伝類の真偽を明らかにし、より真の史料を用いて家永の実像を描き出していく作業である。

これは一見地味で消極的な作業である。しかし本論の目的である「否定の論理」の解明を念頭に置くと、きわめて積極的な作業へと転化させることができる。というのは、『一歴史学者の歩み』は、教科書裁判との関係で編纂されたので、平和主義や民主主義の問題が軸となっており、「否定の論理」が後景に退いてしまっている。そうである以上、「否定の論理」を念頭に自伝類を再吟味し、生涯を描きなおしたならば、新たな家永像の通史をつくることができるのである。

またその作業は、本論の課題である「否定の論理」理解のための前提となる。というのは、家永自身の主張に従えば、「否定の論理」は、家永が生涯を賭けた宗教的・哲学的思索であるからである。家永の生涯を辿り、そのなかで引き出された各種の理論を抽象し、描き出していくことによって、「否定の論理」の各部門が明らかになる。そしてそれらの認識が一定に達したとき、「否定の論理」というものの大枠が明らかになるはずなのである。

その上で改めて、「否定の論理」というものを、その内的論理に即して理解する作業を遂行する。家永が哲学者田辺元や滝沢克己との哲学的影響関係にある以上、その思索を内在的に理解し、さらに家永自身の思索としての「否定の論理」の内的特質を明らかにする。それは、絶対者との関係において有限者としての自己があるべき任務を遂行するという意味で宗教的実践的な立場である。この思索をどの方面に向けて伸ばすかを考察することが、今後の家永研究の展望にも結びついていくであろう。

本研究の方法、その他

本研究の方法は、家永が遺した多様な文献を史料化し、家永の歴史像を描きなおし、客体形象化した上で全体の位置づけをはかろうとするものである（史料化の詳細は第三章参照）。この方法は家永史学それ自身の方法と一致し、「歴史家家永三郎による自己を素材としての『家永三郎の思想史的考察』との趣きをもっている」(4)とされる『一歴史学者の歩み』を越えようとするものである。またさらに、家永が史家としての自己限定により踏み込むことを避けた(5)家永史学の思索的側面についても検討の必要を認め、哲学的思索の整理および意義の拡張をも試みる（第三章五、第十六章参照）。これらの意味において、本論は「家永三郎の思想史的研究」である。

本書では史料の引用を長く取り、以前の章節で引用した史料も、行論上必要と判断した場合、改めて引用した。これは、家永の全体像を把握し評価するためには、史料提示によって実証性を堅持すると同時に、家永の記述に現れた思想や感情と感応し思索することが必要だからである（第五章、十一、十四章参照）。それは家永の思索を追体験し、我々のものとする上でも有益である。筆者の史料選択が一定の先入見となって働くことは避けがたいが、読者におかれては、眼光紙背に徹することで、家永と直接し、家永とともに考えながら、読み進めて頂きたい。

また博大多岐にわたる家永の成果を解明する必要上、本書では無数の専門分野の論点に言及するが、本書の目標があくまでも家永三郎の個性の解明にあることは留意されたい。本書は実証的研究から出発し、次第に各専門の視点を導入していく順序を取るが、これも課題解決上の必然性に従った結果である。諸専門の「境界領域(6)」での成果を挙げ続けた家永の全体系を既存の研究分野に押し込むことは困難であり、むしろ家永の成果に見合う学問的立場を築いていくことが必要であろう（第十一章参照）。

なお本論では「力破」という造語を時折使うことにした。これは家永ないし家永とともにあった人々の課題突破的性格を一語で何といえばよいかわからなかったからである。突破というには広範でありすぎ、打破というには持続的すぎる。ただ力を込めて前へ向けて寄り切り、押し破っていったとしかいいようがない。筆者としては造語を好むものではなく、まして本造語には典拠さえなく恥ずかしい次第であるが、この点何卒お許しいただきたいと思う。

本書の構成と内容

本書は四部一六章、および付録に分かれる。詳細は目次を参照されたい。以下、各部各章の主題設定理由および概要を述べたい。

第一部について

研究とはさながら探検であり、その作業は一歩一歩山を登っていくようなものである。最初に地図を見て計画を立て、荷物を準備し、実際に担いで山に入り、歩み始める。息を切らしながら無我夢中で歩き、地図を何度も見直し、ときには動植物に心を奪われる。やがて高台まで出てふり返ってみれば、そこには雄大な景色が見えてくる。そうして山の頂上まで行けば、その先にはまた新たな景色が見えてくるのである。はるかな景色を見渡しながら、次はどこへ行こうかと考える。それが研究の醍醐味であろう。

まずは計画を立てなくてはならない。そのためには先達の経験を確認し、その得失を考えながら、地図を整理し必要な道具を整理することが必要である。むろんどの研究にも得失があるから、事前にわかる範囲でこれまでの研究を辿り、どの研究がどのような点で優れており、またどの点に問題があるかということを確認しなくてはならない。ところが早速大きな問題に突き当たる。

家永三郎解釈の中心となるべき明確な後継集団が存在しないのである。普通に考えれば、家永ほどの名声のある人物ならばいわば「家永学派」があるはずであり、筆者も「家永学派」の主要解釈を叩き台として自分の研究主題を打ち立てていけばよいはずである。ところが家永自身の学派を形成しない志向、勤務先である東京教育大学の消失、家永自身が得た多領域にわたる人材による優れた業績、各論者の研究背景の著しい幅広さ、その上多くの「中傷」のために、研究史が全くの散乱状態にあるのである。

端的にいってアカデミズム論文であることと優れた家永理解であることとが全然相関しないのである。最も優れた論集は意外にも私家版刊行物で国会図書館でしか手に入らない。かと思えばきわめて立派な論集刊行著作に収められた内容がまるで目も当てられないということもある。もちろん優れた論考が立派な著作に収められていることもある。アカデミズムから始めるという研究者のいつものやり方が通用しないのである。在野の論考であろうと、アカデミックな論考であろうと、並列に押し並べ、どの論考が優れており、どの論考がまずいのかということを逐一判断していかなくてはならない。このわけのわからない状況を文字どおり整理整頓し、研究史を形成し、今後にわたる方法論上の基本方針を打ち立てることが、本研究の出発点でなければならない。

研究史を歴史的過程と関連させて整理してみると、概ね次のようにいえる。家永三郎の研究が本格化するのは、やはり家永が教科書裁判を通じて平和主義・民主主義の代表的な人物として知られるようになる時期前後からである。とくに重要なのは自伝『一歴史学者の歩み』と、R・N・ベラーそして菊池克美の諸研究である。そのほかにも、鹿野政直らによる数多くの優れた研究があり、世界史的位置づけ論へさえ展開している。これらの業績を踏まえることが第一の課題であろう。（第一章「家永三郎研究の歴史的過程」）

では研究方法はどうであろうか。実際のところ、どの方法が最善であるともいい難い。家永の記述が法律に関わるときは法知識が必要であり、思想に関わるときは思想の知識が必要である。文学、芸術、哲学、仏教、キリスト教、その他なべて同様である。しかしそれでも最低限の基準は必要であろう。すなわちテキストに沿って考えるということである。

では「テキストに沿って考える」とはどういうことであろうか。実はこのひと言さえ、学科によって大きな溝がある。そこである論文を取り上げ――その著者には辛辣にあたることをお許しいただきたいが――当該論文の問題点を明らかにした上で、その反省を通じて家永三郎研究は最低限どのような手続によって行われなければならないかを明らかにすることとした。（第二章「家永三郎研究の現段階」）

以上でこれまでの地図と道具立てをひと通り確認したから、今度は我々自身がどのように家永という高峰を登っていくかを考えていくことが必要である。「否定の論理」という目標を解明するにあたり、必ず見ておくべき論点にはどのようなものがあり、どのようにして史料を読むのがよいか、さらには「否定の論理」の解明がもたらす成果の可能性について、順次確認していくことにしたい。（第三章「家永三郎研究の論点整理」）。これにて下準備は完了である。

基本的な段取りは次のとおりとなる。まず、多様な新史料を用いて、「否定の論理」を一定程度念頭に置きつつ、自伝『一歴史学者の歩み』にみられる家永の自画像を描き直す（第二部）。続いてそのなかで浮かび上がってきた重要な論点をそれぞれ詳細に検討する（第三部）。以上を踏まえて家永の歴史的位置を検討するとともに、「否定の論理」の展望を述べ（第四部）、家永を踏まえて新たな世界を切り拓く方途を検討する（結語）。続いて各部の内容を述べていきたい。

第二部について

自伝類をもとに家永の生涯を辿ってみると、青年時代における葛藤と思想形成、学者としての技量の確立、戦後における民主主義精神の確立と発展、その最終局面としての教科書裁判という一連の見通しを立てることができる。そこでまずはこの各時期について、多様な史料を活用しつつ、家永の像を描き出してみたい。そこで第二部の論点として次の各章が設けられる。

第一、青年時代における葛藤と思想形成について。家永はこの時期について数多く思い出を語っているが、本研究にあたり関係各所から家永が述べなかった多くの史料を発掘することができた。家永を中傷しようとした人々ほど猜疑的にならなくてもよいにせよ、過去の思い出には多少の補正がかかることはありうるので、史料をもとに見直すこととした。

結果的に、家永は、自身が語る以上に怖がりであったらしかったとはいうものの、総じて家永の自己認識が正確であることが浮かび上がってきた。そのなかで家永は自分自身の思想を立てていくことになるのである。これは家永の自伝を疑った人々の立論があたらないことをも示唆するであろう。（第四章「思想的生涯の出発点」）

第二、学者としての技量の確立について。家永の生涯を念頭にその学問を考えてみると、後年における多様な領域との関与、教科書裁判への関わり等、いわゆる歴史学やその一部門としての思想史学に収まらない無数の業績を積み重ねている。これら業績を可能にした家永の史学方法論が、いかなる歴史的過程を経て成立したかを検討する必要がある。この検討についても、東京帝国大学学生時代に関する家永の文献を数多く発見することができたので、それらを史料として活用した。（第五章「史学方法論の確立」）

第三、戦後における民主主義精神の確立と発展について。家永は戦前戦中から強硬な実践家であったわけではない。

そこで何らかの実践精神が目覚めた時期ときっかけが存在したと考えられる。『一歴史学者の歩み』では複数の論点が挙げられているが、とくにきっかけとなったのは「家庭の民主化」と「職場の民主化」であったとされている。ただし前者については家永自身の証言を除いて史料を発見することができなかったので、今回は検討を断念した。

今回検討したのは「職場の民主化」の実像である。これについても職場である東京教育大学が解散させられており公的史料が活用できないなど色々な困難があったが、各種刊行書籍を史料とすることで可能な限り家永の実践の実態を明らかにすることを試みた。結果、職場を民主化する実践を通じて、家永の民主主義精神がたしかに育まれた様子が浮かび上がってきた。（第六章「民主主義精神と学問の自由認識について」）

ところでどのような実践もそうであるが、民主主義運動もまた山あり谷ありである。苦難と試練のなかでどのような華を咲かせたかもまたみるべき点であろう。一九六三年に始まり、東京教育大学における民主化実践が一大転機を迎えた筑波への大学移転問題について、さまざまな文献をもとに、極限状況下での文学部教授会の動きと、そのなかでの家永のふるまいを確認し、民主主義者としての家永の精神の強度について検証した。（第七章「民主主義精神の試練に耐える」）

第四、最終局面としての教科書裁判について。関係各界の共通認識として、教科書裁判は家永の生涯の価値を最も高からしめたものとして位置づけられており、筆者もその見解に異存はない。それだけに多くの証言や研究もなされ、家永の像についても一定の共通認識がすでに出来上がっている。この意味で教科書裁判を欠いた家永論は成り立たないといってよいが、新研究を積むことは容易ではない。

そこで本論では、今回の研究全体を踏まえた上で、家永にとって教科書裁判がどのような意味をもっていたかを検討した。裁判は家永自身の生涯の過程においては最後段階に属する経験であり、すでに民主化の苦難を経験していた家永にとっては楽しみうるものでさえあった。多様な史料を取り集め、家永がどうして裁判を遂行できたのか、またそこからみえてくる家永の実践家としての実像を見出すことを試みるとともに、第一部段階の全体をまとめる意味で世界史上における家永の歴史的位置の展望を試みた。（第八章「家永三郎と教科書裁判」）

第三部について

第二部において家永の生涯をひと通り通覧し終えたわけであるが、そのなかで深めるべき課題がいくつも浮かびあがってくる。そもそも第一部では平和主義・民主主義の観点から「否定の論理」への離陸が果たしきれていないのはいうまでもないが、それを実現するためにも、とくに学問面を中心に、家永理解に欠かせない問題を選び出し、解決しておく必要があろう。伝記事実を確認し終えた第三部では基本的に家永の一生涯を通覧して行う研究が中心となる。

まずそもそも、家永の学問研究が一生涯のなかでどのように深められてきたかという問題がある。これについてはまだ充分まとめられていないので、家永の一〇〇冊以上に上る著書を、まずは一望の下に収めることによって、家永の生涯の全体像を把握する第一歩を築くこととした。入手可能な限りすべての著書を、家永の諸実践を念頭に置いて通読し、『家永三郎集』第一六巻「家永三郎著作目録」をもとに、どの著作がどこでどのように関わっているか、その全体像を展望した。（第九章「家永三郎の学問業績の全体像」）

「否定の論理」の観点から家永の生涯を見直すことも当然必要であろう。すなわち、家永三郎を理解する上での基本的な概念である「否定の論理」が、家永の生涯のなかでどのようにして形成され、どのような発展を遂げていったか、各時期の諸書における記述を拾い出し、文献考証から明らかになる限り復元していくものである。ただしここでは哲学論理そのものについては比較的簡単に触れるにとどめ、あくまでも「否定の論理」と称する概念をどの程度細かなスパンで辿れるかを実証したにとどまる。（第十章「家永三郎に於ける否定の論理の発達」）

家永の学問方法論の展開過程そのものも通覧しておく必要があるだろう。先学が積み重ねてきた家永史学の核心部の探究を前提に、それを方法論の発展の視点から見直し、そのなかで行われたさまざまな批判と比較検討して方法上の不朽の意義を探り、また今後の課題を洗い出すことを試みた。（第十一章「家永三郎の学問方法とその深化」）

家永を理解する上で大きなネックとなる問題についてもここで検討することとした。すなわち家永三郎が平和主義・民主主義理念との関連で日本国憲法の意義を見出していくのと並行して、幼少期に受けた国家主義的道徳をどのようにして精算していったかについて、文献をもとに可能な限り考証し、またその変容にみられる歴史的意義について論じた。（第十二章「天皇・天皇制観の変遷」）

このほか家永を理解する上で欠かせない視点として、法学との関連が挙げられる。ことに家永の法解釈理論は現在「進歩主義」であると考えられているが、本論第五、九、十一章で検討した家永史学の特質よりいえば、再検討の余地があると認められる。そこで本論では、家永史学の特質を再検討した。結論よりいえば、それは「苦悶的主体性」であると考えられた。（第十三章「家永法史学の方法的特長」）

また家永理解の豊饒さをより確実なものとするために、家永の「柔らかい」側面である文学・芸術趣味についても紹介と検討を行った。家永はしばしば堅物かのようにみられているが、実は瑞々しい感性の持ち主でもあるのである。本章では感性という対象に即し、理論的に細密に整理するよりも家永の感性のありようを明らかにすることを優先し、今後の家永理解の一部となるよう努めた。（第十四章「家永三郎の文学・芸術的素養」）

第四部および結語、付録について

かくして二つの大きな山を登り終えた。そこから振り返って眺めやると、平和主義・民主主義からその根底にある

「否定の論理」への道筋が浮かび上がる。すでに我々は、これまでに形成された多様な論点を踏まえ、「否定の論理」の観点を設定して家永の生涯を振り返ることもできるようになっているのである。

まず平和主義・民主主義の観点から家永の生涯の歴史的意義を考察し、これまでの家永認識を総決算したい。家永はすでに日本近代史上の重要人物として名を知られている。それでも十分貴重なのであるが、その評価でさえ勿体ないと考えられる。筆者としては家永の業績は世界史上に位置づけなおす必要があると考える。（第十五章「家永三郎の人類史的意義」）

その上で「否定の論理」の内実の分析に入っていきたい。そもそも「否定の論理」が哲学論理として十分認められるかどうかがまだ明らかでないから、日本哲学の専門知識を前提として家永の生涯を「否定の論理」の観点から辿り直した上で、哲学論理の観点から「否定の論理」を検討し、哲学的に見て充分優れており、将来的な意義を具えたものであることを論証した。（第十六章「『否定の論理』の論理構造とその展望」）

以上を踏まえ、最後に、家永を理解し、批判し、新たな世界を切り拓いていくための方途を検討した。それはすなわち、我々自身が「人生への問い」を発し、自己自身を探究する主体として家永と接することであると考えられた（結語）。

このほか付録として、史料「青年時代に関する史料」および「家永三郎研究参考文献一覧」を付した。ここに収められた史料はほとんどが書籍には翻刻されていなかったもので、青年期家永の実像を示す貴重なものばかりである。

ここまで山を登りきれたならば、家永三郎を理解する上での基礎は充分に整えられたであろう。すでに第十六章「『否定の論理』の論理構造とその展望」は、家永研究の土俵を下地とした哲学研究の様相を帯びている。このように、今後の研究は各論の視点から行っていくことができるはずである。将来における多様な研究の発展を心に描きつつ、実際の作業に移っていきたい。

（1）あくまで目安にすぎないが、たとえば国立国会図書館デジタルコレクションによれば、何らかの意味で「家永三郎」の名を挙げる資料は二万五千件以上にのぼる（内訳は図書約九千八百件、雑誌約一万四千三百件、博士論文六五九件等）。これは西田幾多郎（約二万五千件）や丸山眞男（約二万二千六百件）と並ぶ数である（二〇二四年六月二二日最終確認）。無論これはデータに現れた部分に過ぎず、影響の実態はさらに大きく上回るであろう。本書はこれら従来の諸言及に対し、再吟味の契機を与えることをも志すものとなる。

（2）E・H・カー著、清水幾太郎訳『歴史とは何か』岩波新書、一九六二年。二九頁。なおのちに近藤和彦新訳（岩波書店、二〇二二年）が刊行された。

（3）二〇一一年末ごろの出来事であった。

（4）家永三郎『一歴史学者の歩み』岩波現代文庫版、鹿野政直による解説。二八四頁。

（5）たとえば家永三郎『田辺元の思想史的研究』『家永三郎集』第七巻、岩波書店、一九九八年。四六九―四七〇頁参照。

（6）家永三郎「私の研究遍歴　苦悩と彷徨を重ねて」四。『家永三郎集』第一六巻二二九―二三〇頁。

第一部　家永三郎研究の課題と方法

第一章　家永三郎研究の歴史的過程

はじめに

家永三郎（一九一三―二〇〇二）は、さまざまな領域で活躍した著名な学者であり、民主主義の実践家である。研究者としては、思想史研究を方法の中核に据えた思想史家として、「否定の論理」を視角とする古代中世仏教思想史や、戦争責任を視角とする太平洋戦争史研究、民主主義を視角とする憲法史研究など多様な業績を残した。また実践家としては、三二年にわたる教科書裁判の提訴者として、「国民の教育権」を認めた杉本判決を勝ち取り、結果的に受賞を逃したとはいえ、二〇〇一年のノーベル平和賞候補にもノミネートされた、日本の平和主義・民主主義運動史上における最重要人物の一人である。家永の思想、学問そして実践は、近代日本が生みだした一つの高峰である。

では今、家永三郎研究はどのように進められているか。その全体像については本書付録「家永三郎研究参考文献」とりわけ「一、家永三郎の全体像を解明課題に据えた研究・論考」を参照されたいが、そのなかでも家永に対するノーベル平和賞推薦理由書は、世界における平和主義の観点から家永三郎を評価すべき理由を語った論述である。それと同時に、家永がどのように受容されているかについて知ることができる文献である。少し長いが、重要な史料であるので、そのまま引用する。

歴史家ジョージ・サンタヤナは「過去を忘れるものは、過去を繰り返す定めにある」と書いた。

二一世紀を迎えようとする今、二〇世紀前半に学んだ世界戦争の苦しみと恐怖の教訓が忘れられる危険が存在している。

家永三郎教授は、母国日本において第二次世界大戦中のアジアで起こったことを知らせ、記憶にとどめるために人生の大部分を捧げてきた。

家永教授は、一九一三年に日本の愛知県に生まれ、一九三七年に東京帝国大学（現在の東京大学）文学部を卒業した。彼は教師となり、一九四一年、日本の真珠湾攻撃の時には新潟高等学校の教授であった。彼は第二次世界大戦に参加しなかったが、戦争中の高等学校で戦争宣伝および天皇神話教育の強制に抵抗しなかったことを恥じとした。

家永教授は東京教育大学、後に中央大学の教授になった。かれ《ママ》は一九四八年度日本学上院賞を受け、東京教育大学名誉教授の称号を得た。彼は日本思想史と日本の文化史、法制史の専門家となり、古代から現代に及ぶテーマを扱った一〇〇冊近い著書を書いた。彼の広範なテーマには、『司法権の《ママ》独立の歴史的考察』、『歴史のなかの憲法』、『日本文化史』および『太平洋戦争』が含まれている。

一九六五年に家永教授は日本政府を相手に訴訟をはじめた。日本政府が『教科書検定』、すなは《ママ》ち学校教科書の修正と検閲を通じて高等学校における歴史教育の内容を規制しているとするものであった。教科書検定を通じて政府は第二次世界大戦前、および戦争中に日本軍の犯した加害行為に関する真相の記述を、繰り返し削除または弱めようとしてきた。有名な例をあげれば、南京虐殺に関しては「混乱の中で起こった」と書けと主張した。実際には虐殺には、数週間以上にわたる数十万の民間人の組織的殺害が含まれていた。

その他に論議の的となったのは、日本陸軍の中国占領に関連して、すべての教科書は「侵略」という否定的な表現を避け、「進出」という用語だけを使えと政府が主張したことである。家永教授の訴訟は、教科書検定が日本国憲法で保障された表現の自由と教育の自由に違反し、したがって違憲であり違法であるという説を根拠としていた。

政府を相手にする家永教授の訴訟は一九六五年と一九六七年に提起された。第一次訴訟は一九九三年まで二七年続き、第二次訴訟は一九六七年から一九八九年まで二二年間続いたが、どちらも敗訴した。一九八四年に、彼は一九八〇年から一九八三年にかけて教科書原稿に政府がつけた八点の検定意見を問題にする第三次訴訟を開始した。一九八九年に地方裁判所は彼の主張の大部分を却下した。そこで彼は高等裁判所に控訴し、高等裁判所は八点中三点を違憲と断じた。政府が高裁判決に上告しなかったので、南京虐殺および日本軍の残虐行為に関する記述を含む三点につき検定意見の違法性が確定した。

一九九七年、残りの五点に関する家永教授の上告は最高裁判所で最終的に審理された。最高裁は、第二次世界大戦中の北部中国で三〇〇〇人に対して行われた日本の生物学的実験に関する家永教授の記述を、教科書の一つから削除させた文部省の行為を違法とする家永側に有利な判決を、三対二で下した。七三一部隊と呼ばれる細菌戦グループにより行われたこの生物学的実験では、被験者は麻酔なしに手術され、チブスのような病気にかからされ、治療もされず死ぬにまかせられた。日本政府はこの部隊の存在を決して認めていないが、陸軍省医務局の日誌や実験に関わった医師の証言などによりその存在は実証されている。

家永の裁判でのたたかいは、文章のうちに日本の戦争の記述を含む多くの学校教科書著者を勇気づけた。実際、教科書は一九八〇年代後半から一九九〇年代初頭にかけて著しい進歩をとげた。（本段落英語版により補入――小田注・訳）

勝訴の結果、問題の個所は家永教授の教科書に復活することになった（この一文英語版に無し――小田注）。しかし、家永教授が教科書検定の問題に退職後のすべての時間を捧げ、三五年前に第一次訴訟をはじめて以来絶えず第二次大戦の真実が語られるように戦《ママ》ってきたにもかかわらず、一九九七年における彼の勝利は全面的ではなかった。最高裁は、彼の教科書の他の四箇所が違法な検閲を受けたという主張はしりぞけた。そこには、第二次大戦中の日本兵による中国人女性の強姦に関する記述の削除が含まれていた。

この部分的勝利を反映して日本では、家永教授のように第二次世界大戦の真相が知られることを望む人々と、記録により十分に裏付けられる戦争犯罪や加害行為はなかったと主張する修正主義者との分裂が引き続いている。修正主義者の主張は、日本社会に隠然たる影響力をもつ右翼軍国主義グループとその支持者によりしばしば利用されている。家永教授のように堂々と真実を述べる人は、しばしば極右により物理的な攻撃を受けたり、不利な扱いを受ける。一九七〇年に家永教授が教科書裁判の一つで最初の勝利を獲得した時、極右は彼に（訴訟に関与した裁判官や法律家にも）殺すという脅迫を加え、教授の住居は日夜彼を眠らせないためにスローガンを叫んだり、瓶や鍋をがんがん鳴らす暴漢により取り囲まれた。したがって家永教授が真実のための戦《ママ》いを続けるには、決意と粘り強さばかりでなく勇気も必要であった。

日本の若者が自国の現代史について真実を知ることを確実にしたいという多年にわたる決然たる戦いによって、家永教授は、世界のこの地域においてアジア太平洋戦争史の教訓が忘れられないようにし、ジョージ・サンタヤナの厳しい予言が実現しないようにする点で他の現存のいかなる人物より多くをなしてきた。彼の貢献は、ノーベル平和賞が与える国際的な認知に値するし、また恒久平和を確保し、軍国主義復活を阻止するという目的は、このような授賞によって大きく促進されるであろう。以上の理由によりわれわれは家永教授を二〇〇一年ノーベル平和賞に推薦する[1]。

家永が世界平和と民主主義の歴史における、世界の重要人物であるとして多くの人々によって推薦されたのは、家永がアジアにおいて第二次大戦の残虐行為の記憶を確実なものとし、そうすることによって、アジア地域の平和を維持してゆく上で他に類をみない大きな役割を果たしたと考えられたからであった。

実際、ノーベル平和賞の推薦人は、国内からは国会議員三名を含む八〇名、国外からは閣僚、国会議員（含ヨーロッパ議会）など一四名、大学教授一四四名に上り、国外からの推薦者には、ハーバート・ビックス、ノーム・チョムスキー、ブルース・カミングス、ジョン・ダワー、ピーター・ドゥース、ジョシュア・フォーゲル、リチャード・ミネア、テッサ・モーリス・スズキ、ジョン・プライス、イマニュエル・ウォーラスティンといった著名な人物が含まれていた(2)。

しかしながら、この推薦文には、事実認識の面でも、また評価の面でも、大きな問題が含まれている。二〇〇〇年に執筆されたものだからであろうか、南京事件との関係があまりにも濃厚で、それ以外の点がほとんど無視されているのである。たとえば「国民の教育権」が認められ、家永の歴史的な勝利となった一九六七年の杉本判決についてひと言も書かれていない。そのため、家永の本来の意図である、たたかいを通じた民主主義の危機への警鐘も影に隠れ、叙述全体が単なる裁判敗北の歴史に終わってしまっているのである。もちろん本来の落選理由はわからないが、この文章をみる限り、家永の落選にも相応の理由があったように思われる。

またそもそも、右はノーベル平和賞推薦文だから当然ではあるが、家永三郎の価値を第二次大戦の記憶の維持についてのたたかいに集中させすぎている嫌いがある。実際の家永は、推薦文からも窺えるように、古代から現代に至る幅広い研究領域を視野に収めていたのだが、右の視点では、学者としての家永の仕事はごく簡単に取り上げられるに留まり、学者としての家永の特徴を見出すことは難しい。平和のための実践家としての家永に傾斜すると、家永の実像の半面を見落とすことになるのである。

さらにいえば――この点はとりわけ強調しておきたいのだが――もしも、家永三郎が教科書裁判の遂行者であり、その意味での民主主義の実践者であるという視点、ひいてはノーベル賞推薦文に至る平和主義者であるという視点だけで家永を捉えようというのであれば、そもそも家永三郎を解明の中心に据える必要は全くないのである。

たしかに、杉本判決以降、家永三郎＝教科書裁判＝杉本判決＝国民の教育権＝日本国憲法＝平和主義は、すべて等号で結びつけてよいほどに密接に結びついたし、家永が後半生のライフワークとして教科書裁判をたたかいぬいたのもそのとおりである。多くの人々にとって、知りたい家永の像もそこにあるだろう。一見するとやはりその再認識にこそ家永研究の意義があるようにみえる。

しかしそれならば、実は、主研究は教科書裁判運動であるべきで、家永研究はその補助でなければならない。それでも、教科書裁判提起者としての家永三郎の像はみえてくるし、また数多くの実践の中心となった家永三郎の実践の実像もみえてくることだろう。しかしながら、それは家永の研究ではなくして、むしろ教科書裁判運動の研究なのである。それはもちろん重大な意義をもつが(3)、家永研究そのものではない。本論では、家永三郎を総体として理解しようとする。そして、そのために必要な基礎的課題を確認することを目的とするものである。

一、自伝『一歴史学者の歩み』を超えて

家永を理解するためには、まずは、家永の自伝『一歴史学者の歩み』を充分に読むべきであろう。鹿野政直は、本書の意義と特徴について次のように述べる。

「一歴史学者の歩み」は、流麗な叙述をとおして家永三郎の足跡を開示する。その場合に著者は、いかにも思想史家らしく、みずからの思想形成や思想的苦悶に力点を置きつつ、しかもそれを環境や社会状況との関連でのべる

という視角を、いわば身についた手法として執っている。小学校時代に受けたデモクラシー的な教育、にも拘らずそのなかで注ぎこまれた天皇制的正統道徳、その間をつうじて育まれずにはいなかった病弱者の自覚、高等学校入学とともに味わったマルクス主義の衝撃、思想的危機への直面と「ゾルレン」の哲学による血路の開拓、入学した東大国史学科での絶望的心境と奈良の古文化という情熱の目標の発見、それらのなかで深まった人間有限性の自覚、「暗い谷間」のなかでの心の鬱積、というふうに読みついでくると、デモクラシーからファシズムへと加速度をつけて驀進する時代のなかで、苦悩しつつ自己を失うまいとする一人の知的青年の精神史が、あざやかに浮び上る。最初の著書としての『日本思想史に於ける否定の論理の発達』を初めとする戦時下の著述は、自己と時勢とにたいする思想的葛藤の所産であった。それらへの言及を含めて「一歴史学者の歩み」は、歴史家家永三郎による自己を素材としての、「家永三郎の思想史的考察」との趣きをもっている(4)。

鹿野は、家永がやがて教科書裁判に到達していった思想的歩みを、思想史家として自ら解明したと述べ、優れた方法による自伝的著述がその足跡を開示する、と評価している。

しかし、いかに優れた思想史的叙述であったとしても、家永自体を調べようというとき、当人の書いた自伝を一次史料的な根拠として検討していくことに問題はないだろうか。後述するとおり、政治的な悪意をもたずに家永を論じた数多くの研究においても、いずれも家永の自画像に準拠していて、逆に家永の自画像の客観性を保障するような研究を伴った形跡がほとんど見当たらないのである。また、ここに本論の最後に示すような家永転向説が主張される余地が生じてくる。

もちろん、自伝『一歴史学者の歩み』は、家永三郎の生涯についての最初にして最大の先行研究である。鹿野が述べるように、同書が思想史的方法に基づく歴史叙述である以上、そうした方法的手続をとらず、思い出を書き連ねた凡百の自伝よりも、はるかに信憑性は高い。それどころか、方法的手続を経ていることによって、単なる自伝にとどまらない価値を獲得したのである。しかしながら、先行研究として扱うとしても、先行研究は常に文献として批判されなければならない(5)。

歴史叙述は常に、ある時点で過去をふり返り、歴史とのつながりのなかで未来への展望を示すものである。『一歴史学者の歩み』もそうである。初版のサブタイトルに「教科書裁判に至るまで」とあるように、同書は教科書裁判との関連が密接であった。家永が『一歴史学者の歩み』の初版を刊行したのは一九六七年、五三歳のときである。それに先行する一九五三年に公表された「わが著述と思索を語る」もまた内容の大筋は同じである(6)。したがって、一九五〇年代前半の時点では確実に『一歴史学者の歩み』と同様の自己認識をもっていたと考えてよい。

ではそれ以前の自己認識はどうだったのであろうか。「わが著述と思索を語る」が執筆された一九五〇年代前半は、家永の実践的態度が憲法との関連で大きく展開していく時期であった。であるとするならば、その以前と以後とでは、民主主義に対する価値観、とくに憲法との関連を中心に、自己認識にも大幅な転換があったと仮説を立てるほうが自然ではある。

このような視点から家永の叙述を読み直してみると、執筆した時点で家永自身が過去をふり返って意義づけている点と、行動した当時の家永の内面での位置づけがやや異なっているのではないかという感じを受ける箇所にも気づく。

存在と価値とを峻別し、事実と規範とを断絶の関係においてとらえる。それ故にこそ抽象的とされ一面的との批判を免れないこの哲学（新カント派、とくに西南学派——小田注）が、長年にわたり私の心を支配してきた正統的道徳を根本から破壊する力を発揮しえたのである。すなわち、私はドイツ西南学派の哲学を媒介とすることによって、従来の日本主義的道徳を清算し、リベラリストとして新生の道を歩み始めることになったのであり、私の精神史は昭和七年（一九三二年―小田注）を境として、その前後を截然と二つに分けることができるのである。
もっとも、リベラリストになったと言っても、今からふり返ってみると、従来の国家主義的信条を修正するという程度にすぎなかったと言えないこともないけれども、とにかく私はファッシズムへの顚落の危険だけからは完全に救われ、さればとてマルクス主義に入ったのでもない、一つの独自の自己の思想的立場に立つことができたのであるから、この昭和七年という時点は、私の生涯にとってきわめて重要な意味をもっているのである。（中略）
この論文（一九三二年に執筆公表した「国家哲学の根本問題について」を指す――小田注）のあらましは、「純粋国家」という新カント派的な理念を基本概念とし、規範論的な観点から国家の本質とその妥当性とを理論化しようとしたものである。そこには私が前々から国家主義者であった時の心理がなお尾を引いており、国家を何らかの意味で正当化しようとする動機がはたらいていたことは否定できないけれども、ただ根本的な思想的転換を遂げた後のものであるところから、単に現実の日本国家を即自的に肯定しようとするのではなく、国家を新しい理念に基づいて批判的な角度から再構成し、その上に立って、もう一度その存在理由を再検討しようとする意図を含んでいた(7)。

右の文では反ファシズム、民主主義との関係が前面に押し出されている。しかし家永が一九三二年ごろに対抗しようとしていたのはマルクス主義青年からの攻撃であって、したがって論文執筆当時、新カント派の理論を用いて家永がしようとしたことは、むしろマルクス主義に対抗するかたちでの日本国家の理論的正当化であったのではなかろうか。ところが、偶然にもそれが同時に国家自体を規正する理念であったから、むしろファシズムの時代に批判的効果を発揮し、戦後には日本国憲法との関連を容易にさせた、とみるのが、思想の史的展開過程としてはむしろ自然ではなかろうか。家永が強調して取り上げているのは、その最後の瞬間、日本国憲法との関連の部分なのではないだろうか。

また、民主主義的実践との関係が密接であるために、叙述上、影に隠れた点は少なくない。このことについては、鹿野政直が次のように指摘しているとおりである。

しかしその間（「民主化のためのたたかい、逆コースに抗してのたたかい」を指す――小田注）、著者は日本近代思想史を中心に、怒涛のような研究著作活動を繰りひろげていた。（中略）きわめて多彩な成果を生み出し、学術上の論点を示すに止まらず、人びとの歴史意識の変革に働きかけた。家永の人生をトータルに捉えるためには、「一歴史学者の歩み」は、それらの点を補って読まれなければならないだろう(8)。

ほかにもいくつもの場面で、同じようなことがいえるかもしれない。たとえば家永の自伝類は、『一歴史学者の歩み』以外にも大小あわせて五〇以上もある。たとえば、そのうちでも生涯の各時期の様子が窺われるものを概ね時期順に列挙すれば次のとおりである。

「私の『ふるさと』」（『家永三郎集』第一六巻）
「余丁町小学校児童の頃」（同）
「『世界童話宝玉集』」（家永三郎『激動七十年の歴史を生きて』新地書房、一九八七年）
「実現した小学生の夢」（『家永三郎集』第一六巻）
「十代にどんな教師に出合ったか――河野孝光先生」（同）
「河野先生の思い出」（橋本喜典編『河野孝光先生』私家版、一九七三年）
「時代と死」（『家永三郎集』第一二巻）

「私の学問の原点――一九二〇年代から一九三〇年代にかけて」（『家永三郎集』第一六巻）
「東大国史学科の学生時代」（同）
「資料『関西地方国史修学旅行記録　昭和拾年拾弐月』」（同）
「日吉館の思い出」（家永三郎『憲法・裁判・人間』名著出版会、一九九七年）
「薬師寺の塔を仰いで」（家永三郎『教育裁判と抵抗の思想』三省堂、一九六九年）
「土田杏村と私」（前掲家永『憲法・裁判・人間』）
「私と親鸞」（同）
「私の卒業論文　薬師寺美術の根源を求めて」（前掲家永『激動七十年の歴史を生きて』）
「読書回想　文庫本」（家永三郎『歴史と責任』中央大学出版部、一九七九年）
「私の読書遍歴」（家永三郎『歴史の危機に面して』東京大学出版会、一九五四年）
「戦時下の思想史研究の回想」（前掲家永『激動七十年の歴史を生きて』）
「一九三八年の『歴研』と私」（同）
「私の処女出版」（前掲家永『歴史の危機に面して』）
「新潟高等学校時代の思いで」（前掲家永『憲法・裁判・人間』）
「屈辱の思い出――私の十二月八日」（家永三郎『歴史と現代』弘文堂、一九五九年）
「『国民之友』研究の思い出」（前掲家永『激動七十年の歴史を生きて』）
「『自由のためにたたかえ！』」（同）
「八月一五日を迎えて」（家永三郎『歴史家のみた憲法・教育問題』日本評論社、一九六五年）
「一九四五年八月十五日の前後」（八月十五日を記録する会編『わたしの八月十五日』ネスコ、一九九五年）

「私の古典——『一遍聖人絵巻』」（『家永三郎集』第一一巻）
『東京教育大学文学部——栄光と受難の三〇年』（『家永三郎集』第一〇巻）
「著作者のなやみ」（前掲家永『歴史の危機に面して』）
「学問をする者のよろこびと苦しみ」（同）
「学術会議会員候補者として推薦を受けるに当って」（同）
「私のすきな川柳——アンケート回答」（前掲家永『憲法・裁判・人間』）
「読書日録」（前掲家永『歴史と責任』）
「生きのびた生き甲斐」（『家永三郎集』第一六巻）
「記念寄稿に寄せた告白記——唐沢柳三氏『柳』四〇〇号を祝して」（前掲家永『激動七十年の歴史を生きて』）
「七七歳まで生きながらえて」（前掲家永『憲法・裁判・人間』）
「本で苦労するはなし」（同）

これらの著述のなかには、『一歴史学者の歩み』に描かれる自画像とは異なる角度から家永の姿がみえてくるものが少なくない。たとえば「『国民之友』研究の思い出」というごく短いエッセイがある。しかしここからのみ、家永が戦時下に『国民之友』を研究していたこと、また原稿はごく一部を除きお蔵入りになったこと等を知ることができる。『一歴史学者の歩み』と合わせ読むと、この背景には一九五〇年代前半の思想的な展開が関わっていることが見えてくる。つまり戦時下から戦後にかけての家永の具体像をよりよく窺うことができるのである。また『国民之友』研究のほかにも、お蔵入りになった研究がある可能性も出てくる。これは家永の研究態度を理解する上での示唆の一つとなる。

家永三郎研究にあたっては、この際、『一歴史学者の歩み』を、たしかに優れた認識ではあるが、しかしあくまでも一つの認識にすぎないと相対化したほうがよい。同書に対するにあたっては、一般に歴史認識を書き改めていくときと同様、周辺の文献と突き合わせてみて、実証的にも、また意義づけにおいても、価値あると認められる点は保存しつつ、修正すべき点は修正し、新たな認識を提示していくべきなのである。同書はその後の家永論のすべてが拠って立つものであるから、このような立場に立つことによって、同時にこれまでのすべての家永研究に対しても、批判的な立場に立つことができるであろう。

以下、家永三郎の研究史をふり返り、それを通じて具体的な研究課題を詰めていくことにしたい。後で述べるように、教科書裁判と関わり家永三郎論はまことに玉石混交であるが、そのなかから玉を選り分けていったならば、時代状況のなかで家永三郎を理解する課題を負った人々の苦難の歴史が浮かび上がってくる。その苦難のなかで、何が達成され、また何がこれからの課題なのか、それを明らかにしてみたい。

二、家永三郎研究のはじまり

家永三郎が社会人となったのは一九三〇年代後半である。しかし学者としての存在感を示しはじめるのは、「逆コース」の深まりゆく一九五〇年代のことである。家永三郎論もそのころから徐々に現れてくる。憲法との関連もまた、家永を知りたいという欲求の動機の大きな要素となり、その過程で家永三郎研究の論点が出揃っていくことになる。

初の本格的研究論文——鈴木正（五九年論文）　家永三郎の学問や思想に正面から取り組んだ最も古い論文は、鈴木正「史的唯物論と思想史」（『歴史評論』一九五九年九月）であろうか。しかし本論文は、マルクス主義の立場からす

るイデオロギー批判であり、家永に対する評価もまた必ずしもよいものではない。（傍点鈴木）

結局は、史的唯物論の根本思想を表面的に認めながらも、そのカテゴリーを改作し、遂に、それを誤謬にまで導いてしまうしかたである。それによって史的唯物論が社会（人間実践の総体）を対象的に把握することによって得た社会的存在と社会的意識、物質的関係とイデオロギー的関係、土台と上部構造の概念的区別を抹殺する。そして一定の必然的な、彼らの意思から独立した諸関係を無条件で認める「自然史的過程」を否定してしまっている(9)。

鈴木の見解は、総じていわゆるマルクス主義者の立場からなで斬りにした印象が強い。そのため、家永研究としては、家永はマルクス主義史学者とはいい難いという以上のことはわからない。

家永認識の基礎――ベラー　家永認識の基礎をつくったのは、家永三郎の思想面を研究したアメリカの宗教社会学者ロバート・N・ベラーの論文「家永三郎と近代日本における意味の追求」である（ジャンセン編『日本における近代化の問題』所収。岩波書店、一九六八年。英語原論文一九六五年）。ベラーは家永の根本を「否定の論理」であるとみた。また「否定の論理」の宗教的性格は「救済は、現世を逃れることからではなく、それを『真正面から直視し』、罪と苦悩に満ちたその性質を認識することから生ずる(10)」ものであると指摘し、民主化の実践に携わる戦後の姿までを一連のものとして展望した。

北村〔透谷〕は自殺を遂げ、晩年の内村〔鑑三〕は後退したが、それでも彼らは家永にとって英雄である。彼ら自身の内的な革命によって彼らに課された緊張は、耐え切るにはあまりにも大きく、そのため彼らは、その可能性の全てを現実化することができなかった。しかしある意味では、彼らのなしたことは、全く同じ仕方で二度と行う必要がないものである。彼らは、後に続く世代がそれ自身の解決を作り出す労を免れさせはしない。そのことは、家永の生涯そのものがよく示している。しかし彼らは、次の世代の労が成功する可能性をより大きくしている。そして、もちろん、家永と彼のような人々は、日本に新しい文化的伝統を徐々に創り出していくという課題に従事する人々に、実例となって残るであろう(11)。

この一文は、家永三郎を研究する上での課題と展望とを見出したものと読みとってよいのではなかろうか。家永を研究するということは、ベラーのいう「実例」の一つについてより詳しく知り、それを「日本に新しい文化的伝統を徐々に創り出していくという課題」の歴史のなかに位置づけることなのである。新しい文化的伝統とは、ベラーの言葉では「近代化」であり、家永においては平和主義・民主主義の伝統と繋がる。

全体理解の最初――黒羽清隆　黒羽清隆「家永史学の今日によびかけるもの」(『歴史地理教育』一一一号、一九六五年九月)は、ベラー論文とは別に、教科書裁判の文脈から、家永の本質を論じたものである。(傍点黒羽)

家永史学が「初心」における私を賭けた学問である以上、また「初心」における私を生かすための方法としてその文献主義・実証主義をつくりあげてきた以上、そしてその「初心」のイデオロギー的特質が人間性の自律尊厳をはげしく希求する民主主義の原理である以上、その家永史学の重要な労作のひとつである高校教科書『新日本史』への文部省検定は、その民主主義の原理そのものに対する侵害であり、言葉の真の意味において人身攻撃なのです。したがって、その侵害・攻撃に応ずるこのたびの『家永訴訟』は、家永史学の内的作業そのものとしてみるべきものといいえます(12)。

黒羽は、家永には、思想への直接の感動と、それを実証的に位置づける方法と、そして思想的立場としての民主主義とが存在し、三者が密接に結びついていると指摘し、教科書裁判までを内的連関性のある一連のものとして展望した。

家永の精神史的展開――家永三郎自伝　家永自身も、教科書裁判までの自身の道のりを語る自伝『一歴史学者の歩み』（三省堂、一九六七年九月）を発刊している。家永は同書を補うような随想の執筆や対談をいくつも行っている。ただし同書については前節で詳しく述べたのでくり返さない。

学問方法理解の最初――武田清子　武田清子は「日本思想史の方法《アプローチ》――宗教思想を軸に――」（家永三郎『日本思想史に於ける否定の論理の発達』（新泉社、一九六九年）に解説として収録）において、家永思想史学の解明を試みた。家永研究としては、武田の論述に家永の実践への関心が含まれていることに注目したい。

ここに収録された諸論文は、以上のような宗教思想史的関心＝歴史変革への実践的関心を核とする思想史研究のアプローチをもってわが国民思想の真の精神的展開を跡づけようとするものであり、思想史学の確立のためにも、思想史の方法と対象の課題への問題提起としても、開拓的、かつ、重要な労作だと私は信ずるものである(13)。

武田がベラーとともに家永と話し合いをしたことを記していることにも触れておきたい(14)。大抵の場合、こうした作業は晩年に行われ、記憶も不明確になっているものであるが、ベラーや武田は、家永が現役で活躍する一九六〇年代の時点でその作業を行った。これはその後の家永研究にとって幸いなことである。

家永理解において、ベラー・黒羽・家永・武田の見解は、互いに補いあう。ベラーは家永の信仰と実践との関係を、黒羽は実践と研究態度との関係を、家永は実践と生涯の関係を、武田は実践と研究方法の関係を明らかにした。家永の全体像についての主要な論点は、この時期に出揃っているのである。

学問史的位置づけの最初——中村政則　中村政則は、「現代民主主義と歴史学——六〇年代歴史学の人民像」（歴史学研究会・日本史研究会共編『講座日本史』第一〇巻所収。東京大学出版会、一九七一年）において、家永の立場を「抵抗権思想を中核とする思想史研究」であると位置づけ、家永の思想に対しては「日本国憲法、共和制、抵抗権、国際連帯の思想が、家永の思想的立脚点となっている[15]」と述べて高く評価する一方、「何とかしてブルジョア民主主義の限界を突破しようとする志向を逆に弛緩させてしまうことになるのではないか。その点を私は危惧する[16]」と述べて批判している。

中村は、一旦は「家永のこうした姿勢（「日本国憲法のラディカルな解読者→実践者」を指す——小田注）をささえる精神的拠点は何なのだろうか」[17]と問い、家永の「切実な体験」[18]に一定の共感をも示しながら、最終的にはマルクス主義の型どおりの批判に終わっている。この点では鈴木論文と変わらないのであって、マルクス主義史学といわれる人々にあって、家永の個性の理解に充分に踏み込むことなく、非マルクス主義的ゆえに不十分と評価する傾向がまだみえている。

中村の見解に同時代的な家永研究の歴史的限界をみるべきであろう。当時、日本史学においてはマルクス主義史学がきわめて盛んで、家永のように非マルクス主義系の歴史家は、実証主義の名の下に一括され、充分な歴史的位置を与えられることがなかった。そのため、家永の学者としての評価は、個性として十分に捉えられず、非マルクス主義者だがイデオロギーは途中まで合致する、という程度の認識を越えなかったのであった。

三、個性を対象に据える流れの形成

教科書裁判が進行していくなか、家永三郎を正面から対象に据え、内在的に捉えようとしたのが菊池克美『家永史学論ノート』（私家版、一九八五年一月）である。本節では、中村より後の家永研究の流れと、そのなかでの菊池の研究の意義とをまとめてみていきたい。

家永三郎への聞き取り――鹿野政直、菊池克美　一九七四年末、江村栄一の司会の下、鹿野政直との対談が行われた。そのときの記録が「新春対談　歴史と人生」（『歴史評論』、一九七五年一月）である。この対談で家永は、教科書裁判で高津判決が出たことを踏まえつつ、自身の人生や学問について語っており、『一歴史学者の歩み』を補完する。

じつは私にとっては、なんといいますか、人間の生き方みたいなものを考えていきたいというのがほんとうの問題意識でしてね、それを歴史のなかからまなびとってみたいという問題意識がいつもいちばん根底にあるわけなんです。私の処女作『日本思想史に於ける否定の論理の発達』以来これは一貫した発想です。客観的な発展法則を究明するとか、時代の全構造関係を復元するとかいうことは私、一番不得手なんですね(19)。

菊池克美は一九七六年六月に家永から話を聞く機会があり、それが「一歴史学者の個性と学問（上）（下）」（『歴史評論』一九七七年八・九月）として活字化された。菊池は主として家永の学問のあり方に関心をもち、家永も多くを語っている。

少なくとも個々の事実に関しては絶対に主観で曲げることはしない、ただ全体の把握においては自分の主観を強くうち出すことをはばからない。だから私の場合はなまで評価がでちゃうわけですね。そのかわり、評価は主観的といわれても、評価の対象であり素材となっている事実について自分の評価で事実をゆがめるということは絶対にしない(20)。

方法論と人物像への着目――鈴木正（七九年論文）、松永昌三　一九七九年六月、家永三郎の東京教育大学停年退官に伴い、『家永三郎教授東京教育大学退官記念論集』（以下『記念論集』と略す。全三巻、三省堂）が刊行された。その第二巻『近代日本の国家と思想』第Ⅳ部は「家永史学論」にあてられ、前掲武田論文が再掲されたほか、新たに鈴木正「家永思想史学論――その原点にみられる方法的批判の問題」、鈴木安蔵「日本憲法学史ならびに憲法史にたいする寄与」、松永昌三「家永史学と裁判」が掲載された。ここでは家永研究を中心に据えた鈴木正論文と松永論文に着目したい。

鈴木正論文は、家永の「思想史の対象へ傾倒する熱い視線から生ずる方法的立場は、思想史家にどんな問題をつきつけるか」(21)という問題意識に基づいて、家永思想史学を考察するものである。鈴木は前回みられた裁断的態度を改め、家永の生涯を押さえながら、その内的解明に取り組んだ。したがって先に挙げた鈴木正一九五九年論文とは面目を一新している。そして家永史学から「史的批判における超越と内在の交錯した難問」(22)が存在することを見出し、また家永が啓蒙主義的批判精神を嗣いでいることを指摘した。

松永論文は、「裁判論を中心に家永の思想の特色を考察」(23)しようとするものであり、鈴木同様、家永がその人生のなかで培ってきた思想を検討し、「人権はその家永の抵抗の核心である」(24)と結論づけた。また家永の「生理的心理的なもの」(25)にも視点を向けており、家永理解の上での新しい着眼がみられる。

家永三郎の実像を窺わせる史料——記念論集収録

なお『記念論集』第一巻『古代・中世の社会と思想』第Ⅲ部は「一歴史学者のあゆみ——家永教授に聞く」に、また第三巻『日本国憲法と戦後教育』第Ⅳ部は「家永教授と教科書裁判に寄せて」にあてられ、『一歴史学者の歩み』にみえないさまざまな経歴が述べられており、家永についての認識を深める上で貴重な史料を提供している。

家永三郎の核心の探求——菊池克美の家永研究

ここまでの家永三郎研究の特質は、前節でも確認したとおり、家永三郎について、家永と近しい人々が家永と接し、さまざまな角度から家永の核心部分に迫る重要な論点を提示していることにあった。しかし、客観的な位置づけにおいてはマルクス主義の視点が先行し、結果として家永に内在する特質は十分に捉えられてこなかった。

また右にみてきた家永研究者の間でも、家永の核心部分それ自体を研究対象として正面に据えることと、各人各様の問題意識のなかで家永に関心を向けるということとの間には、必ずしもはっきりとした区別はなかった。たとえばベラーであってさえ、自身のキリスト教思想との関係で家永をみる傾向があった。これに対して、中村より後の家永三郎研究は、いずれも家永の個性により焦点が絞られてきている。

こうした研究動向のなかで、初期研究の限界を一掃し、画期をなしたのが、菊池克美『家永史学論ノート』（私家版、一九八五年）である。私家版で僅々四〇頁あまりのごく小さな冊子にすぎず、所収論文はいずれも事前に雑誌等に掲載された形跡がない。しかし、四本の論文が収められたこの論集においてはじめて、家永三郎は独立の研究対象として明瞭に自覚され、取り扱われることになった。ここに菊池の研究の不朽の価値がある。それを如実に示すのが、同書「後記」の次の一文である。

家永三郎という同時代に生きる人物について、私が、その学問・思想に触れて一文を草したのは、一九七四年八月二六日付『週刊読書人』に投書した「家永思想史学に寄せて」（この短文は「菊池克」の名で掲載されているが、匿名の積り《ママ》か、脱落か不明（菊池による注——小田注））が最初であった。それは、家永著『田辺元の思想史的研究』に対する、ある哲学者の書評を心臓強く批判したものであった。その書評が私には納得できない言辞に満ちていたし、第一家永の学問・思想に対する事実認識を欠くと考えたからである。以来一〇年、その種の家永評は、はなはだ多い。批判は、もとより言葉の激しさや執拗さなどでその価値が決るのではない。基礎的事実や内在的理解を欠く批判は、所詮、誹謗・中傷の域に止まるし、発展性がない。

また、批判は、その批判する者の人格や資質、能力を告白・露呈するものであり、差出がましく愚案をめぐらすまでもないことであるが、私が一々敏感であったのは、家永学上の諸文献が単に参照すべき学術論文以上の、人間の根本的問題にかかわる意味を含んでいたからであった。ここに集めた一束の短文が、いかに未熟な理解であろうとも、私としては、その人間性に立脚した学問・思想の内在的理解を目ざしたものである。

そして、これは、私のささやかな『歎異抄』なのである(26)。

歴史的にみて、菊池の「基礎的事実や内在的理解を欠く批判は、所詮、誹謗・中傷の域に止まるし、発展性がない」という指摘は重要である。家永三郎は一九六五年の教科書裁判の提起以来、平和主義・民主主義を掲げる実践家として著名になったことから、それまでよりも一層多くの人々に注目された。このため、家永に注目する人々は格段に増えたが、家永の考えについての十分な理解のないままする批評や中傷も多く混じりはじめた。菊池の研究は、こうした歴史的背景の下に、家永を正当に理解することを目的として成立したものである。

菊池が家永理解の核心に据えるのは、「人間性に立脚した学問・思想の内在的理解」という方法である。先程来触れてきたように、これまでの家永三郎研究では、家永研究者からマルクス主義者に至るまで、この点の方法的自覚は必ずしも明瞭ではなかった。いまだ時代の頂上に押し上げられていなかった人間を研究するにはそれでも十分だったと思われるが、結果論としていえば、時代の頂上に押し上げられた人間を研究するための手続としては不十分だったのであり、そこに次々節で述べるような誹謗の類も入り込んだわけであった。

菊池の指摘は、そもそも家永の実像が知られなければならないという、重要でいて忘れられがちの事実を改めて指摘したものである。たしかに、評価は各人の自由である。しかしそもそも家永を理解しようとしない、または家永理解の方法的自覚を欠き、理解したつもりでいて全く虚像をつくり上げているというのであっては、家永三郎を論じたことにはならない。このごく当たり前の事実を押さえ、その自覚に基づいて改めて研究を推し進めた点に、菊池の研究のきわめて重要な意義がある。

家永の個性を探求するという自覚は、菊池による問題提起のほかにも、いくつかの極めて重要な意義を有すると考えられる。第一に、価値判断の前提に遡ろうとする課題設定により、多様な政治的社会的情勢に対して家永研究の学術的自律性を堅持することに繋がる。第二に、家永の多岐にわたる業績に応じ、今後無数の専門的立場からの参入が見込まれるが、この自覚は学科間対話における最初の共通了解として働く。個性探求の自覚の下、多様な学科の観点から着実に研究を積み重ねるとき、家永研究は自律を保ち、豊かな成果を産み出していくであろう。

四、家永三郎の核心の探求

本節では、菊池が収めた四つの論文を概観し、その歴史的意義と限界とを検討してみたい。これらの論文は、それぞれ、家永の核心、歴史認識の特質、人間理解の特質、それらを踏まえた生涯の流れを追ったもので、家永三郎を理解する上での要点を押さえたものとして特筆に値する。

「家永学における『実践』及び『個の独立』の概念」　この論文は、家永の「根底に一貫して流れている論理・思想」としての「実践」と「個の独立」とを論じようとするものである。まず冒頭部をみてみたい。

学者あるいは著作者として家永三郎という人の名を思い浮べる者は、（中略）初期の著作から、ごく最近（中略）に至る厖大な著作群の中から幾篇かを念頭に置くだろう。その著作群は、家永自身の作成した『家永三郎著作目録』によると、単行本著作数にして八三冊あり、それ以後の二著書を加え、八五冊に及ぶ。その書名を通覧しただけでも多彩である。

一方、家永三郎を歴史的な意義をもつ教科書訴訟の原告として想起する者も少なくないに違いない。しかし、この場合も、その前提には、家永の執筆した重要な著作の一つである高等学校用日本史教科書『新日本史』があり、また、その一連の過程において、彼が多数の著作を公表してきたという意味からしても、彼の著作活動に包摂される部面を持つことは否定できない、といえよう。

この膨大な量と多彩な内容をもつ家永の著作活動において、その根底に一貫して流れている論理・思想は、『実践的』ということである。この点は、家永学のすぐれた研究者の一人であるR．N．ベラーが見事に洞察したところであり、（中略）家永における「実践」の問題は、明らかに、個人の内面的な問題から発しているのである(27)。

ここで注目したいのは、菊池が「家永学」という言葉を用いて、家永を正面の研究対象とする明瞭な自覚の下に研究を進めていること、また家永に関心をもつ二群の人々を想定しながら、その両方にとって有意義な研究をしようとしていることである。つまり菊池は、家永を正面に据えることによって、家永の実像を解きほぐそうとしていたのであった。

また家永研究の基本的な方法を論じている点も興味深い。

ベラーは、家永の『上代倭絵全史』（一九四六年一〇月、高桐書院、初版）などの著作を「関心の外にある」として、彼の考察からは除外している。この傾向は、何もベラーに限ったことではないようにも見え、家永のある分野の研究は、各論者の関心に従って常に視野の外に置かれる場合が多い。

しかし、上に述べたような学問実践の概念によって、いわば、一見、仏教思想史の研究や近代思想史の研究に見られる「実践」の概念からはずれる部分も、家永における「実践」の概念の中に統一して把握することが可能となる筈である。

何故ならば、家永においては、彼が「ゾルレンの哲学」に傾倒し、哲学において、「人生いかに生くべきか」を追求しようとしたのと同様に、学問はいかにあるべきか、学者としていかに生きるべきかもまた、「実践」と呼ぶにふさわしい課題だったからである(28)。

また、

家永は、この「個の独立」の概念によって、主体的にも客観的にも、過去のあるいは既成のいかなる系統・系列に所属することも拒否している。恐らく、この家永の学問や思想を狭量な判断で何らかの系列化をこころみ、一定の固定概念で律しようとするこころみは、その全体像をとらえることができないであろう。ある、いくつかの要素が重要な役割を演じていることは誰でも気付くことである。それは「人類思想史の全発展過程をできるだけ広く見渡し、その中から多くの真理を含む思想をなるべく多様に学びとる」姿勢に由来するものであって、そのいずれの場合でも、「個の独立」の概念は維持されているのである(29)。

家永三郎を理解するために必要なのは、家永三郎の個性を正面に据えて理解することであり、そのためには、一見すると無関係にさえみえる、あらゆる著作を検討対象に据え、そこに一つのものを見出していかなければならない、というのが菊池の述べるところである。事実、菊池の論述からは、菊池が幅広く文献を参照していることが読み取れる。この点は家永を理解する上で欠かせない視点の提起であった。

実際、このような視点に立って家永の論述を読み解いていくと、一見まっすぐ進んでいく論旨のなかに、たとえば『田辺元の思想史的研究――戦争と哲学者』に大学運営の体験が織り込まれていたり、『戦争責任』に宗教哲学の体験が織り込まれていたりと、家永自身が体験したさまざまな課題が複雑に織り込まれていることに気づく。家永の著作を読み解くには、一冊を読むのではなく、複数の著作を同時に読みつつ系統的に理解する必要があるのである。

後ほど触れる中傷の類との関係でいうと、菊池の見解は、多様な展開をみせる家永の著作の読解を通じて、ベラーが家永に見出した「本質的な一貫性」を再確認しつつ、同時に「実践」や「個の独立」の概念を見出すことによってさらに深めたものである。

「家永史学の基本構想」　この論文は「家永の通史にかかわる歴史思想のいくつかの基本的事項について見ておくものである(30)。この論述は一九七四年四月に菊池が記した家永の講義ノートを活字化したもので、そこに菊池が史料等を追補することによって成ったものであり、のちに家永はこれを『日本思想史学の方法』（名著刊行会、一九九三年三月）の序論に掲げることになる。この論述では、家永の思想史学と関わる時間の認識が示される。

自然的時間（物理的時間）と歴史的時間とは区別される。人間の主体的実践がなければ現在という時間はなく、過去も未来もなく、自然的時間があるだけである。したがって、人間の実践が歴史的時間の前提である。たとえば、一九七四年四月一八日一〇時五六分という時点は、主体的に行為するものがあるから言えるのである。すなわち、実践的な人間の時間が歴史的時間である。（中略）

現在の主体的認識がなければ過去も未来もなく、現在から過去への遡及的把握がなければ歴史は成立しないのである。さらに、将来への積極的姿勢がなければ現在も過去もない。この意味で、主体的・積極的に生きる人間でなければ歴史は書けないのである。将来があって現在があり、過去がある。この歴史認識の現在、過去、未来の三構成的視点に立つときはじめて歴史上の過去がでてくる。

しかし、過去は現在の必要でねじ曲げてはならない。希望的に過去を色づけてはならないのである(31)。

このノートは、家永の歴史認識の基礎理論に関する最もまとまった解明である。家永史学の特質は実証性と主体性との統一にあるが、その構造について知ることのできる随一の史料でもある。この点についての理解をより深めることが、家永史学の方法論の理解の基本的な課題である。

「円環弁証法について」　これは家永の「円環弁証法」について解明を試みようとするものである。菊池は、「円環弁証法」に基づく歴史の見方について、「人間は有限な存在であるということ」「それゆえにまた、一個の人間はそれ自身で完結するものである」と指摘し、「家永の円環弁証法には、このような人間の個的完成の問題に対する意味が込められている」と述べている(32)。

家永の学問全体を通してみられる実践的関心の強さや、内面的動機の強さは、歴史の、あるいは普遍人類的な根本的要因と結びついているのであり、その学問・思想の究極のところに歴史を主体的・積極的に生きる自らの存在がかけられているのである。そこに歴史の大局的な発展・展開を認めつつも、なおそれのみでは十分な歴史認識に到達し得ないという立場が維持されることを示しているのであるが、もっとも厳正な態度からいえば、「冷静な歴史的評価」も「学問的な客観性」もそのように自覚的に志向する主体によって担われる以外にないのである(33)。

菊池によれば、ここでいう「円環弁証法」とは、宗教的な「否定の論理」の立場であり、家永の思想と歴史認識とをつなぐ、最も重要な点である。「家永史学の基本構想」が史学研究の構造を述べたものであるとすれば、「円環弁証法について」は、その構造との関係で、家永自身の具体的な歴史観のありようにメスを入れようとするものである。

「教科書訴訟と学問行実」　「学問行実」とは菅茶山の『筆のすさび』に「学問の第一は行実なり。其行ひを先にして聖経の帰趣を求め、時論に応じて道を衞り異なるを闢くを勤るは学問の大処なり」とあるのを引いたものであり、菊池は「『学問行実』の語をもって認め得る僅少の例は、このたび、第三次教科書訴訟を提起した家永三郎、その人の学問と行動ではないか」と指摘し(34)、その軌跡を描くものである。右の三論文と密接に関係しながら、家永における学問と実践との関係が語られているのである。

通史論からの着目　さらに菊池は、右の四論文とは別に「通史の思想――家永史学論ノート」(『歴史評論』四六二号、一九八八年一〇月)を発表する。菊池は家永の「学問・思想が実践的であることにおいて、自覚的あるいは必然的に取り組むことになったのが通史の問題である」と述べ(35)、家永史学における通史の特質に着目した。菊池は家永の見解の検討を通じて「長期にわたる日本歴史の前提を無視して、現代の歴史的現実や課題を厳密に考察することはできない」(36)という立場を得るとともに、これは「家永史学における通史論の本論の一部ではあるが、高等学校用日本史教科書『新日本史』を含む、日本通史論の序論にとどまる」と述べており(37)、今後の研究展望が示されている。

まとめ――菊池の研究の意義と今後の課題

菊池の研究は、いずれも家永三郎の核心に切り込もうとしたもので、そこからは家永の独特の思想と学問のありようが浮かび上がってくる。また菊池自身は家永への沈潜を通じて「通史」の視点に到達し、さらに推し進めようとし始めている。ここに菊池の独自の展開があり、事実、一九八四年に発表された菊池「教科書訴訟史序説」はすでにそのような風格を備えた研究実践となっている(38)。

菊池の研究方法は、研究対象としての家永に沈潜し、核心部分を捉えて押し広げ、そこから新しい視点を見出していくというものである。しかし菊池の研究にも、出発点が規定した歴史的限界があるのではなかろうか。一つは、菊池の研究の後、新史料が多く現れてきたので、それらを活用して、新たな家永三郎像を提示すべきであるという点である。だがこれは成立時期の問題なので、さほどのことではない。

大きな問題として、菊池の出発点が『歎異抄』的であったためか、家永の核心の探究に急で、家永の変容過程や、それを踏まえた歴史的位置についての検討に展開しなかった点が挙げられる。この点は今後の課題であろう。しかしベラーの時点では家永の全体像が必ずしも掴まれていなかったことを考えると、家永研究の格段の進展がみられるのは間違いない。

こうした方向性をさらに推し進めた研究として、哲学者八巻和彦の論文「屹立する精神――家永三郎」(『戦後思想史の課題』早稲田大学アジア太平洋研究センター研究シリーズ四一、一九九八年二月)が挙げられる。菊池の研究との関連は見出せないが、ベラーを踏まえ、「思想家」としての家永に着目したもので、注目に値する。八巻は家永の思考軸として「歴史的思考軸」「社会的思考軸」「超越的思考軸」の三点を析出するとともに、家永を「屹立する精神」と規定した。また次に述べる『家永三郎集』成立以前における文献の博捜と考証においてもすぐれたもののひとつであり、戦後の家永の動向や哲学との関係等の分析にも及んでいる。この方向性をさらに伸ばしていくべきであろう。

また家永が死没する前後から家永の業績をまとめる動きが出はじめる。家永の主要業績をまとめた『家永三郎集』

（一九九七―一九九九年。ただし出版事情により全著作の三分の一程度が収められるにとどまった[39]）が刊行され、また、鹿野政直「家永三郎　求道の思想史学」のように[40]、家永の生涯を概観しつつ、家永の顕彰と今後の検討を期する論文も出はじめた。追悼文集である『家永三郎・人と学問』[41]『家永三郎の残したもの　引き紡ぐもの』[42]をはじめ、実証的に有意義なものは数多いが、家永研究の方法論的な視点からいえば、菊池の問題提起を超えるものはまだ出ておらず、また自伝『一歴史学者の歩み』への史料批判の観点も、確立の手前でとどまっている。

五、研究の停滞と混乱

家永三郎研究は地道に進められてきたが、現状では停滞と混乱が目立っている。二〇一一年一一月、『歴史評論』誌で家永三郎特集が組まれた。これは筆者の研究を除けば家永没後に現れた実証的な家永研究の嚆矢とすべきものであるが、今井修「家永三郎という歴史家について――『一歴史学者の歩み』を読む」では次のような感慨が漏らされていた。

家永三郎の学問・思想史学はどのように継承・検討の対象とされてきたであろうか。死去する五年前、一九九七年八月をもって終了した三二年間に及んだ教科書裁判については、各支援組織が運動の総括的著作をまとめているが、そこで家永史学論にまで立ち入っているものはなく、別々にもたれた二つの追悼集会の記録の刊行と、二〇一三年の生誕一〇〇年時点での記念シンポジウムの活字化があるくらいで、家永史学についての本格的研究書は管見に入ってこない。これは、連年陸続として単行本が出されている丸山眞男研究と著しい対照をなしており、筆者に批判する資格はないが、家永と丸山の研究状況に見られる、このまったくのアンバランスが一体なにによるものなのか問われるべきであり、史学史研究のあり方に限らず、現代歴史学が内包する問題――あえていえば一種の歪み、矮小化――が反映されていると考えざるを得ないのである(43)。

この問題が発生した経緯を辿るには、教科書裁判以来の家永理解の歪みを直視しなくてはならない。家永三郎が教科書裁判を提起したのは一九六五年のことであった。一九六七年には「国民の教育権」を認めた杉本判決が出され、その後裁判は一九九七年まで、三二年にわたって続くことになる。この動きは日本中に家永三郎の名前をとどろかせ、遂には世界的な着目を受けるまでになる。

家永の評価の高さと、家永が切り拓いた平和と民主主義の思想の確立、さらにはそのための運動の広がりに危惧を抱いたのが右派である。右派といっても時期によって担い手には違いがあるが、思想的にいえば、日本国憲法に掲げられた平和主義や国民主権に反対し、天皇を中心とする戦前の憲法体制を復活させようとする人々である。もっとも、天皇のことはあまり意識しない反共主義者や得体の知れない政治ゴロ、話はわからないがとにかくお上に楯突くのはいけないと信じている人々、自分の観点に沿わない行動だから間違いだと判断する人々までを含んでいて、概括するのはやや無理があるのだが、ともあれ日本国憲法に反対する結果において一致する彼らによって、一連の家永攻撃が投げかけられた。その論点の中心に置かれたのが、家永の人格、そして民主主義や平和のための活動を展開する人々に対する非難・中傷であった。

ここではその典型的な一例として、「日教組を脱退した人たちが中心になって創設された教育情報センター」(44)と名乗る、教育問題調査会編『知られざる教科書戦争――家永教科書裁判の動機と背景』（一九七一年刊行）を見てみよう。

日教組の組合活動の中心は「社会党を支持し共産党と協力する」という点にあり、それは自由としても、その組合活動と教育活動とを統一する、などといわれると問題にせざるを得ない。それでは「教育の政治的中立」などとても保持し難いからである。この心配のために、法（教育基本法その他）は強く学校および教師に政治的中立を守るようもとめているのであるが、周知のように、日教組その他はこの要請を黙殺し、広く全国で党派的な『教育闘争』を展開してはばからない。

いわゆる家永教科書裁判にたいする『杉本判決』は、わざと以上の事実を見のがしたうえ、実態不明の「国民の教育権」に籍口して日教組その他の党派的教育闘争に免罪符を与えた。この点に関し、『杉本判決』は、「学校における教育は、その本質上政治的にも宗教的にも一党一派に偏することなく、いわゆる教育の中立性が守られなければならないことはいうまでもない（中略）。しかしまた、かかる教育の中立性は教師自らの責任において自律的に確保されなければならないものであることも多言を要しないところである」とのべていたが、このような楽観論が白昼夢に過ぎないことは国民熟知の通りである。日教組に、自律的に教育の中立性の確保をもとめるなどは、まさに木によって魚をもとめるたぐいだからであり、それは日教組の諸闘争の歴史を見ればきわめて明らかなところである。本書は、特に日教組の教科書闘争に限り、戦後の初期からこんにちに至る記録をたどってこの点を明らかにしようとするものであり、いってみれば事実にもとづく『杉本判決』への反論である(45)。

同書によれば、「国定教科書廃止し検定制度へ　いっさいがっさい日教組の考え通り実現」(46)となり、「共産党員ないしはそのシンパの学者、文化人、教師のいうがまま」(47)に教科書は作られたということになっている。また「家永氏のいう『攻守』が、まったく政治的な二大階級（ブルジョアとプロレタリア）の間の『階級闘争』としてのそれであったことはいうまでもない」(48)という。この理解では、家永もまた共産主義者ないしはそのシンパだということになる。この著者は、家永三郎＝杉本判決＝日教組とし、日教組を批判することで家永をも批判しようとしているのである。

やがて、後に影響するかたちで家永には政治的転向があったと明確に主張する人物が現れることになる。一九七七年、秦郁彦は次のように述べた。

いわゆる進歩的文化人という人たちが、終戦直後から続々と転向してきましたね。その中に二派ありまして、戦争中、自由主義者として沈黙させられていた人たちあるいは大学を追放されていた人たちが復帰する。（中略）そういう復帰してきたリベラリストが発言すると同時に、戦争中に心ならずも――とその方々はおっしゃるのですが――軍部に迎合したり戦争を礼賛するような論文などを発表した人たちが、今度はアメリカ民主主義の礼賛者あるいは平和主義者に早変わりする。清水幾太郎とか家永三郎とかいう人たちはこの変節組です(49)。

家永はこの発言を読んで驚き、反論を加えて秦との「論争」が起こり、秦やそれに追随した佐伯真光は、家永が政治的に転向したとする論拠を次々と挙げた(50)。たとえば、家永が一九四二年に刊行した『上代仏教思想史研究』自序には次の記述がある。

今や我が国は有史以来未曾有の歴史的試練に際会してゐるが、この意義深き時に当り学界の一兵卒として学問報国の戦列に参加することの出来た吾人は願つてもない幸せ者と云ふべきであらう。劣弱の心身の能ふ限りいよ〳〵斯の道の微力を尽し、以て君国に報じたいと云ふのが、今著者の最大の念願とする処である(51)。

この部分だけを一読すると、家永が戦争に協力していたような感じを受けなくもない。戦後は手のひらを返すように態度を変えたのだとも思う。心理的過程としては、お上に楯突く家永は何か変だと思っていたがやっぱりそうだったんだ、そうに違いない、家永は卑しいんだ、卑しい人間が起こした教科書裁判も卑しいものに違いない、それならやはり民主主義や平和主義も怪しいに違いない、ということになる。

一度悪意が想定されると、家永は人格が卑しいに違いないということになってくる。一九三五年に家永執筆の修学旅行記を主務委員の立場から改竄して(52)、長く家永に恨まれた平田俊春による一九八四年の講演の場合。

元来、わたくしは大学に残るということは全然考えておりませんで、（中略）ところが、思いもかけず研究室に残して下さり、また史学会主務委員を兼ねて、日本の歴史学会として当時最大の史学会の仕事の中心的役割を仰せつかつたのであります。実は、そのころわたくしは『史学雑誌』を購読していませんでしたので、『史学雑誌』を突然来月から編集することになり、全く勝手が分らず、大変に困った次第でありました。（中略）国史の（中略）二年目の学生委員は家永三郎氏であります。主務委員は学会の会務の運営と雑誌の編集の責任者で特別に忙しいので、その学生委員は本当に手足となつて動いてくれる人を選びます。（中略）家永氏も、そのクラスではよくできた人であり、わたくしと気が合うと思いましたので、同氏を研究室に呼びまして、学生委員となつてわたくしを助けてくれるかといいましたところ、わたくしでよいでしょうかと大変に感激していたことをよく記憶しており、実際一年間手足となつてよく助けてくれました。しかし、戦後は平泉先生とわたくしに協力したと取られることを極度に恐れ、当時先生とわたくしに批判的立場をとつたかのようにいつているばかりか、敵視している文章を書いているのは浅間しい気がいたします。（中略）国史の戦後をになつた人には時流に乗じる傾向が強く出ております(53)。

家永がいわゆる皇国史観についていけなかったのは学生当時からであった。そのことをにじませた署名文を家永が書いたところ、平田は家永に無断で削除した。この行為に家永は不満を抱いたのである。しかし平田はそういうところには全く気づかないから、家永が戦後になって時流が変わったから自分たちにかつては協力していたことを否定しようとしたと捉え、彼は実は時流に乗る人物だったのだ、といい募っているのである。

つまり、家永が怒った理由が全くわからないために、家永の人格が劣っているから自分に逆恨みをしているのだと想定し、自分で納得してしまったのである。そして講演の聴衆は、家永が時流に乗る人物だという信念をいささか強めたことであろう。このような事態が死後の今日まで累積し続けているのである。

一方、こうした家永への非難の広がりに対し、支持する側にも一つの傾向が強まってくる。それは、教科書裁判の遂行者としての家永の業績と、家永の人格や思想とが混同されてくるという傾向である。このような情勢になると、家永を客観的に論じること自体が難しくなる。家永の生涯の友人であった丸山眞男(54)が一九九五年に語った次の発言を挙げておく。

丸山　津田（左右吉――小田注）史学がどうなったかというのは、面白い問題なんです。津田さんの見方には、戦後転向したあと、立場はぼくと全然違うけれども、歴史家としてはそのほうが歴史的な見方というところがかなりあるんです。転向したあとの津田さんのいろいろなものを見て、ああやっぱりこっちかなと思った。つまり直接的な価値判断をしない、けしからんとかいいとか。歴史は複雑だから、いい面も悪い面もあるし、いいとか悪いとか簡単に言えないわけです。それをそのまま見なけりゃいけないんです。それを日本に流行ったマルクス主義の歴史学は、進歩的・反動的という二つの軸しかないから、どっちかになっちゃうわけでしょ。歴史の見方としてはおかしいわけです。それに対する批判をしている津田さんのほうが、皮肉なことに正しいんです。その面を家永君は継承した、初めは。ところが家永君自身が転向しちゃって、敵味方史観になっちゃった。進歩的か、でなければ文部省側的な反動的か、になっちゃう。だから、去年も家永君が病気の時に慰めるためにご馳走したんだけれど、その時もぼくは言ったんだ。本当を言うと、ぼくはあなたと大激論をするような、そういう時代に早くもっていきたい、と。いま家永君の批判なんかすると、文部省サイドになっちゃうんですよ。裁判をやっている間は全力を挙げて家永支持ということで。ぼくは実際そうです。ただ、家永君の歴史観については相当、ぼく自身は、問題があると思っています(55)。

家永の批判と超克とは是非するべきである（筆者は丸山の家永理解には賛同しないが、それをも含む）にもかかわらず、ここで重要なのは、「いま家永君の批判なんかすると、文部省サイドになっちゃう」から家永には手出しができないというのが、家永三郎研究の実情となった点である。もっとも高く評価すべき菊池の諸論考の問題意識が「歎異抄」であったことに典型的に見られるように、その後の家永論は濃淡の差はあれ防衛的色彩を帯びている。

ここで家永研究上さらに大きな問題がのしかかってくる。家永は自身の領域横断的な研究姿勢を「権道」と謙遜し、弟子をとらなかった(56)。また家永が情熱を傾けた勤務先であった東京教育大学は一九七八年に「閉学」するに至った。そのため家永には、影響関係をもつ著名な学者が多く存在するにもかかわらず、明確な継承集団が存在しないのである。

これら一連の経緯こそ、家永の研究とその学問を発展させる上での最大の障害である。教科書裁判支援運動の進展が結果的に家永のイメージを教科書裁判との関係に固定してしまったことは否定できない。また家永が政治的に転向したとする主張は家永のイメージを別方向へと誘導するものとなり、議論の方向性をますます固定してしまった。家永を直接知る世代の人々が引退すると、同水準で家永理解を継承する集団も崩壊してしまった。

家永理解のいわば「空白地帯」が生じると、著しく誤った理解でさえ誰も批判できなくなり、奇怪な家永論も生じてくることになる。二〇〇八年に刊行された酒井直樹「否定性と歴史主義の時間――一九三〇年代の実践哲学とアジア・太平洋戦争期の家永・丸山思想史」(57)はその時期の典型的な論述である。先に挙げた今井の困惑もこの状況の延長上にある。今後の家永三郎研究はそのような状況に一石を投じるところから始めなくてはならないのである。

おわりに

家永三郎研究は産みの苦しみのさなかにある。今後必要な作業は、家永三郎研究の全くの立て直しである。それは残った問題点の摘出と、史料の再確定、そして家永の核心を探究するかたちでの家永像の描き直しである。大抵の研究であれば多くの先達によって積み重ねられているはずの一切の作業を、まさにこれから、進めなくてはならないのである。

家永三郎は世界的な期待を浴びている(58)。最初に触れたノーベル平和賞推薦文は典型的な事例であるが、そのほかにも『一歴史学者の歩み』の英訳（二〇〇一年(59)）と中国語訳（二〇〇五年(60)）がそれぞれ刊行され、また二〇〇三年の家永死去にあたっては、複数の国々の人々がそれぞれ追悼文を発表した(61)。

さらにその後も、中国語圏では南開大学家永三郎文庫の整理公開作業が進むとともに、英語圏において家永自伝を踏まえた論考が発表されるなど(62)、家永は死後にあっても、影響や関心は大きく高まっている。その核心にあるのは、世界各地の優れた思想を知って自分たちの思想・活動に活かしたいという欲求(63)、そして「家永三郎是何人(64)」――家永三郎とはそもそもどのような人物であるのか?――という問いかけである。

本研究もまた、先達の蓄積を踏まえつつ、このような世界的な問いかけに応えようとするものでなければならない。将来のこの地球をどのように構想するか。またそのなかで家永の事績がどのような役割を果たしうるか。こうした問いに答えうるような家永理解を提示することが、最終的な目標となるであろう。

（1）家永三郎のノーベル平和賞推薦文。子どもと教科書全国ネット21提供。なお左記の英語版により「一九六五年に家永教授は」の直前に改行を施し、「家永の裁判でのたたかい……著しい進歩をとげた」までを英語版により補った。また「勝訴の結果……復活することになった」の一文は英語版には存在しない。

以下にCanada Association for Learning & Preserving the History of WWII in Asia（Canada ALPHA）がインターネット上に公開している英語版を掲げておく。全文は次のとおり。

The historian George Santayana wrote that "Whoever forgets the past is doomed to relive it."

As we enter a new century there is a continuing danger that the lessons of the horror of world war which were so bitterly learned in the first half of the twentieth century may be forgotten.

Professor Saburo Ienaga has devoted a large part of his life to ensuring that the truth about what happened in Asia in the Second World War is known and remembered in his native Japan.

Professor Ienaga was born in 1913 in Aichi Prefecture, Japan, and graduated from the Literature Department at Tokyo Imperial University（the present Tokyo University）in 1937. He became a teacher and in 1941 at the time of the Japanese attack on Pearl Harbour he was a teacher in a high school in Niigata. He did not participate in the Second World War, and has spoken of his shame at failing to offer resistance as a teacher to the compulsory teaching of war propaganda and imperial myths at his high school during the war.

Professor Ienaga later became a professor at Tokyo University of Education and subsequently at Chuo

University. He was awarded the Japan Academy Prize in 1948 and the title of Professor Emeritus at Tokyo University of Education. He became a specialist in the history of Japanese thought and Japanese cultural and legal history, and is the author of nearly one hundred works spanning from ancient to contemporary subjects. His broad range of subjects include "Historical study of the Independence of the Judiciary", "The Constitution in Historical Context", "Japanese Cultural History", and "The Pacific War".

In 1965 Professor Ienaga initiated a court case in Tokyo by suing the Japanese Government, which through "textbook screening" i. e. amendment and censorship of school textbooks. had been controlling the content of history taught in secondary schools. Books censored had included some of Professor Ienaga's works. Professor Ienaga then initiated his second and third lawsuits against the government. Through the textbook screening the government repeatedly removed or softened truthful descriptions of atrocities committed by the Japanese military before and during World War II. A notable example was the Government's insistence in Ienaga's third lawsuit that references to the Nanking Massacre had to be "mentioned as what happened in confusion", although the massacre in fact involved the systematic killing of hundreds of thousands of civilians over a period of weeks. Another issue in dispute was the government's insistence that all textbooks avoid the negative expression "aggression" in relation to the Japanese Army's occupation of China and instead use only the term "military advance". Professor Ienaga's case was based on the argument that textbook screening violated the freedom of expression and freedom of education guaranteed in the Japanese constitution, and so were unconstitutional and illegal.

Professor Ienaga lost the first two lawsuits which he brought against the government in 1965 and 1967. The first suit lasted 27 years until 1993, and the second lasted 22 years from 1967 to 1989. In 1984 he initiated a third suit arising from eight screening comments made by the government on his draft textbooks from 1980 to 1983. In 1989 the district court ruled against most of his arguments. He then appealed to the High Court which ruled that three of the eight screening comments were illegal. These three screening comments include those relating to the description of the Nanking Massacre, including mention of widespread rape.

In 1997 Professor Ienaga's appeal on the remaining five points finally reached the Japanese Supreme Court, which ruled 3–2 in Professor Ienaga's favour that the Education Ministry had acted illegally when it removed from one of Professor Ienaga's textbooks a description of Japan's biological experiments on 3000 people in northern China during World War II. In these biological experiments, conducted by a germ warfare group called Unit 731, subjects were operated on without anaesthetics, injected with diseases such as typhoid and allowed to die without treatment. The Japanese Government has never acknowledged the existence of this unit, but its existence was documented because of the later confessions by some of the doctors involved in the activities.

Ienaga's court challenge encouraged many school textbook authors to include descriptions of Japanese war atrocities in their texts. As a result, textbooks were significantly improved in the late 1980s and early 1990s.

However despite the fact that Professor Ienaga has devoted himself full time to the issue of the textbook screening since his retirement, and has been battling continuously to make it possible for the truth about World War II to be told since before he commenced his first legal action 35 years ago, his victory in 1997 was only partial. The Supreme Court rejected claims that four other portions of his book had been illegally censored including a passage which described the rape of Chinese women by Japanese soldiers in Northern China.

This partial victory reflects a continuing divide in Japan between those like Professor Ienaga who want the truth about World War II to be known and revisionists who claim that well-documented war crimes and atrocities did not occur. These revisionist claims are often used by right wing militarist groups and their sympathizers which continue to exercise an insidious influence on Japanese society. Those like Professor Ienaga who have spoken out for the truth have often been physically attacked by extremists or otherwise penalized. When Professor Ienaga first gained a victory in one of his textbook lawsuits in 1970 right-wing extremists issued death threats to him (as well as to the judge and to lawyers involved in the case) and his house was surrounded day and night by thugs who kept him awake by shouting slogans and banging pots and pans. The actions of Professor Ienaga in continuing to fight for the truth have therefore required great courage, as well as determination and persistence.

By his determined fight over so many years to ensure that Japanese young people are able to read the truth about their country's recent history. Professor Ienaga has done more than probably any other living person to ensure that the lessons of the history of World War II in Asia are not forgotten and that George Santayana's grim prophecy is not fulfilled in this region of the world. His contribution deserves the international recognition which the Nobel Peace Prize confers and the aims of ensuring lasting peace and discouraging revival of militarism will be greatly furthered by such an award. We therefore nominate Professor Ienaga for the 2001 Nobel Peace Prize.

His contribution deserves the international recognition which the Nobel Peace Prize confers and the aims of ensuring lasting peace and discouraging revival of militarism will be greatly furthered by such an award. We therefore nominate Professor Ienaga for the 2001 Nobel Peace Prize.

http://www.vcn.bc.ca/alpha/ienaga/letter.htm（二〇二四年六月二二日最終確認）

（なお史料価値の確認のため Canada ALPHA に問い合わせたところ、二〇一七年三月四日、家永のノーベル賞推薦は Canada ALPHA も関与した運動であり、その際の文章として Canada ALPHA の文献としてアーカイブ化されたものであるとの回答を得た。また同年六月五日、子どもと教科書全国ネット21事務局長を務めておられた故俵義文氏からも当時ともに活動に取り組んだ旨回答を得た。また本書への全文引用にあたり、Canada ALPHA より右資料がパブリックドメインである旨回答を得た）。

（2）　家永三郎さんを平和賞候補に推薦する会「ノーベル平和賞推薦の経過報告」より引用。

http://www.vcn.bc.ca/alpha/ienaga/NobelRepJ20011012.htm（二〇二四年六月二二日最終確認）

（3）　こうした角度からの家永三郎論として、大田堯・尾山宏・永原慶二編『家永三郎の残したもの　引き継ぐもの』（日本評論社、二〇〇三年）、家永三郎生誕一〇〇年記念実行委員会編『家永三郎生誕一〇〇年　憲法・歴史学・教科書裁判』（同、二〇一四年）が挙げられる。

（4）家永三郎『一歴史学者の歩み』岩波現代文庫版、鹿野政直による解説。二八三―二八四頁。
（5）なお筆者による『一歴史学者の歩み』の史料批判については本書第四章参照。
（6）家永三郎「わが著述と思索を語る」『歴史の危機に面して』東京大学出版会、一九五四年。
（7）前掲家永『一歴史学者の歩み』八〇―八二頁。
（8）同書鹿野政直による解説。二八六頁。
（9）鈴木正「史的唯物論と思想史」『歴史評論』一〇九号、一九五九年九月。四頁。
（10）ロバート・N・ベラー著・河合秀和訳「家永三郎と近代日本における意味の追求」（原題〝Ienaga Saburō and the Search for Meaning in Modern Japan〟）。マリウス・B・ジャンセン編、細谷千博編訳『日本における近代化の問題』岩波書店、一九六八年（原題〝Changing Japanese Attitudes Toward Modernization〟Princeton University Press、一九六五年）。二九五頁。
（11）同書三一六頁。なお〔括弧〕内は小田注。
（12）黒羽清隆「家永史学の今日によびかけるもの」『歴史地理教育』一一二号、一九六五年九月。『家永三郎集』第一巻月報再録。引用部は『歴史地理教育』二六頁、月報八頁。
（13）武田清子「日本思想史の方法《アプローチ》――宗教思想を軸に――」。家永三郎『日本思想史に於ける否定の論理の発達』所収。新泉社、一九六九年版所収。三五八頁。
（14）同三五八頁。
（15）中村政則「現代民主主義と歴史学――六〇年代歴史学の人民像」歴史学研究会・日本史研究会共編『講座日本史』一〇、東京大学出版会、一九七一年。四四頁。
（16）同四五頁。
（17）同四三頁。
（18）同四四頁。
（19）家永三郎・鹿野政直「新春対談　歴史と人生」『歴史評論』二九七号、一九七五年一月。一一頁。

(20)　家永三郎・菊池克美「一歴史学者の個性と学問（上）」『歴史評論』三二八号、一九七七年八月。二四頁。
(21)　鈴木正「家永思想史学論――その原点に見られる方法的批判の問題」家永三郎教授東京教育大学退官記念論集刊行委員会編『家永三郎教授東京教育大学退官記念論集2　近代日本の国家と思想』三省堂、一九七九年。三八四頁。
(22)　同三九一頁。
(23)　松永昌三「家永史学と裁判」同四一二頁。
(24)　同四二七頁。
(25)　同四二六頁。
(26)　菊池克美『家永史学論ノート』私家版、一九八五年。四一頁。
(27)　同二―三頁。
(28)　同六頁。
(29)　同一五頁。
(30)　同一八頁。
(31)　同一九―二一頁。
(32)　以上いずれも同三二頁。
(33)　同三三頁。
(34)　同三五頁。
(35)　菊池克美「通史の思想――家永史学論ノート」『歴史評論』四六二号、一九八八年一〇月。七四頁。
(36)　同八〇頁。
(37)　同八五頁。
(38)　菊池克美「教科書訴訟史序説」『歴史評論』四一四号、一九八四年一〇月。
(39)　この間の事情については『家永三郎集』第一巻「刊行にあたって」参照。
(40)　鹿野政直「家永三郎　求道の思想史学」『鹿野政直思想史論集』第七巻、岩波書店、二〇〇八年。

(41)　家永三郎先生を偲ぶ会編『家永三郎・人と学問』私家版、二〇〇三年。
(42)　大田堯・尾山宏・永原慶二編『家永三郎の残したもの　引き継ぐもの』日本評論社、二〇〇三年。
(43)　今井修「家永三郎という歴史家について――『一歴史学者の歩み』を読む」『歴史評論』二〇二一年一二月。五―六頁。
(44)　教育問題調査会編『知られざる教科書戦争――家永教科書裁判の動機と背景』一九七一年一二月。見開き頁。
(45)　同三―四頁。
(46)　同四〇頁。
(47)　同四九頁。
(48)　同一三七頁。
(49)　秦郁彦・袖井林二郎『日本占領秘史』(下)。朝日新聞社、一九七七年。一〇二―一〇三頁。
(50)　「論争」の経過は家永三郎『憲法・裁判・人間』(名著刊行会、一九九七年)、秦郁彦『昭和史を縦走する――柳条溝事件から教科書問題まで』(グラフ社、一九八四年)、秦『現代史の争点』(文藝春秋、一九九八年。のち文春文庫、二〇〇一年)から辿ることができる。なお佐伯真光「『上代仏教思想史研究』の象嵌」『大倉山論集』第一三集、一九七八年三月も参照。
(51)　家永三郎『上代仏教思想史研究』自序三頁。秦による引用は秦『昭和史を縦走する』二一七頁(「この意義深き……云ふべきであらう」の部分)。
(52)　家永三郎「東大国史学科の学生時代」ならびに資料「関西地方国史修学旅行記録　昭和拾年拾弐月」。『家永三郎集』第一六巻所収。とくに一九二―一九四頁。
(53)　平田俊春『南朝史論考』錦正社、一九九四年三月。三―五頁。
(54)　『丸山眞男書簡集1　一九四〇～一九七三』みすず書房、二〇〇三年。八頁。丸山がいかに家永を気遣っていたか、また二人の友情が深いものであったかは同書簡集(一～五)から広く窺える。
(55)　丸山眞男手帖の会編『丸山眞男話文集』続四、みすず書房、二〇一五年。一七五―一七六頁。

（56）家永三郎「私の研究遍歴　苦悩と彷徨を重ねて」『家永三郎集』第一六巻二三一頁。

（57）酒井直樹著・高橋原訳「否定性と歴史主義の時間――一九三〇年代の実践哲学とアジア・太平洋戦争期の家永・丸山思想史」。磯前順一、ハリー・D・ハルトゥーニアン編『マルクス主義という経験――一九三〇―四〇年代日本の歴史学』所収。青木書店、二〇〇八年。ただし原題は書かれておらず不明。

なお八年後、ほぼ同内容の英語論文（部分的に変更あり）が Edited by Viren Murthy and Axel Schneidor, The Challenge of Linear Time : Nationhood and the Politics of History in East Asia（Leiden Series in Comparative Historiography Vol. 7）, BRILL, 2014, pp11-48に出ている。

論題は NEGATIVITY AND HISTRICIST TIME : FACITICITY AND INTELLECTUAL HISTORY OF THE 1930S であり、酒井は断っていないが、出版時期から考えると磯前・ハルトゥーニアン編『マルクス主義という経験』からの転載であると思われる。

（58）併せて、日本における着目については、本章で触れた『家永三郎の残したもの　引き継ぐもの』、『家永三郎生誕一〇〇年』のほかにも多数の論考がある。近年では仏教史学からの関心も強まっている。詳しくは本書付録「家永三郎研究参考文献一覧」参照。

（59）Translated and Introduced by Richard H. Minear. *JAPAN'S PAST, JAPAN'S FUTURE: One Historian's Odyssey.*（Ranham, MD: Rowman and Littlefield, 2001）.

（60）石暁軍・劉燕・田原訳『家永三郎自伝』新星出版社、二〇〇五年。

（61）本書付録「家永三郎研究参考文献一覧」二―c―二「各種追悼記事」参照。

（62）近年のものではたとえば Melissa Anne-Marie Curley, "Man Without a Hometown: Ienaga Saburō," in *Pure Land, Real World: Modern Buddhism, Japanese Leftists, and the Utopian Imagination*（Honolulu: University of Hawai'i Press, 2017）. が挙げられる。

（63）前掲 Minear 訳『一歴史学者の歩み』所収、TRANSLATOR'S INTRODUCTION。一―二頁。

（64）石暁軍「時去与現在的対話――一位史学家的研究与実践」前掲新星社版『家永三郎自伝』所収。二三二頁。

第二章　家永三郎研究の現段階——先行論文の評価基準の確立——

はじめに

家永三郎を研究した「論文」は数多い。だが家永が教科書裁判を通じてあまりにも著名であるために、その内容は玉石混交という言葉がまことにふさわしい。ロバート・N・ベラー、黒羽清隆、菊池克美、鹿野政直らを筆頭に、きわめて優れた家永三郎研究がある一方、家永と対立関係になった結果悪意を想定するものや、家永を攻撃しようという明確な意図をもってミスリードに導くものまで、あまりにも多くの誤った家永三郎「論文」が満ち溢れている。

このような場合、本来であれば、権威ある各出版社から刊行された著作や論文を読み、ひと通りの見解を獲得していくのが最も捷径である。ところが家永研究においては、それをしようとするとしばしば混乱に巻き込まれる。背景には「家永学派」が存在せず、家永論について包括的に判断できる研究集団がまだ形成されていないことがある。困ったことに、どの論文が信頼できるかを探り当てることは、家永研究において難しい点の一つである。

本論では典型事例として、二〇〇八年に青木書店から出版された磯前順一、ハリー・D・ハルトゥーニアン編『マルクス主義という経験——一九三〇—一九四〇年代日本の歴史学』に収録された論文、酒井直樹「否定性と歴史主義の時間——一九三〇年代の実践哲学とアジア・太平洋戦争期の家永・丸山思想史」（原文は英語）(1)を取り上げ、その問題点を指摘しておくことにしたい。

酒井論文は家永没後新たな視角を提示しようとした希少な一例ではあるが、その誤りは極めて多く、かつ致命的である。だがそうである以上、「家永研究では何をしてはいけないか」を知るには最も適切である。そこで本論では、酒井論文を批判的に検証し、家永研究において何をしてはならないか、またそれを通じて本来何をしていくべきかを充分に論じておきたいと思う。

酒井論文を批判的に検討するにあたっては、次の点に注意することとした。すなわち、まず酒井の論旨を確認した上で、酒井の論文がどのように家永三郎に関する事実の歪曲を行っているか、またそれは家永三郎研究にとって何であるのかを指摘する。次に、なぜ酒井はそのような誤りに陥ったのかを酒井の論理と研究方法に則って解明する。そして、これらの作業を通じて、酒井論文の研究史上の性格を確定させつつ、本来あるべき家永三郎研究のあり方を考察しようと思う。また幸いにも後に出版された英語版を見出したので、必要に応じて対照して示すことにしたい。なお引用は多くとるが、これはなるべく読者に事の次第を判定していただきたいからである。予め了承いただきたい。

一、当該論文の構成と問題設定

酒井論文は次のような構成となっている。

はじめに——文明論的なカテゴリーと東洋思想
一　多民族帝国における思想史
二　一九三〇年代のパラダイム、時代区分と文明論的地図作成法という物語的形象化
三　比較による時代区分と歴史における実践

四　歴史の三つの審級と事実
五　歴史的主体の事実性―回心と革命―
六　世界図式と非連続性
七　否定性と社会的変容の論理
八　封建的世界像の解体と全体主義的主権
結び

「はじめに」によれば、酒井が問題とするのは、「文明論的カテゴリー」である。酒井は次のように述べる。

一九三〇年代から一九四〇年代の主だった知識人たちの多く――とりわけ本稿で論じる哲学者や思想家――では、文明論的な特殊性を超越しようとする普遍主義の誘惑から、逃れられた者はほとんどいなかった。しかしながら、彼らが大日本帝国の帝国的国民主義、すなわち、普遍主義に立ちながら自らを例外的であるとみなす帝国的国民主義に加担していたというのもまた事実である。複雑に織り合わされた普遍主義の主張と、国民的例外主義をときほぐすためには、それゆえ、文明論的カテゴリーに身を委ねる前に、踏みとどまるべきである。そう主張するところから私ははじめよう。（二六三頁、傍点原文ママ）

Nevertheless, many of the leading intellectuals of the 1930s and early 1940s—particularly those philosophers and intellectual historians to be discussed in this chapter［…］—were hardly free of the lure of universalism that attempted to transcend civilizational particularities. However, it is also true that they were committed to the imperial nationalism of the Japanese empire, to an imperial nationalism that considered itself to be exceptional in its universalism. In order to unravel the interlacing of universalistic claims and national exceptionalism, therefore, I insist that we ought to *hesitate* before yielding to civilizational categories.（英語版一三頁。斜体原文ママ。なおこれ以後は、顕著な問題がない限り該当する英文の引用は省略する）

ここでのキーワードは「文明論的カテゴリー civilizational categories」と「帝国的国民主義 imperial nationalism」であろう。まず、酒井がいう「文明論的カテゴリー」とは、「東洋、アジア、アフリカ、西洋といった言葉」（二六二頁）で表現されるところの文明の地域的区別概念の定立である。次に「帝国的国民主義」については明瞭な定義がみられないが、文脈からみると、たとえば「西洋が、当時も現在に至っても、世界の残余（the Rest）の部分から自らを近代によって区別できると信じて疑わない」（二六九頁）とあるように、酒井が批判しようとするのは、「普遍主義に立ちながら自らを例外的であるとみなす帝国的国民主義」（二六三頁）、つまり、普遍的価値をもつ「近代」に最上の価値を置き、自らの「文明」（ここでは西洋あるいは日本）の「近代」性を称揚するとともに、他の前「近代」的「文明」（具体的には「日本」に対する「中国」）を「近代」化しようとするような思考様式である、とみてよいだろう。

酒井の主張は、要するにこうしたいわばオリエンタリズム的な視角から検討すると、一九三〇年代から一九四〇年代の思想史的文献では右の観念が意識的、無意識的に用いられており、普遍主義を装った「帝国的国民主義」に影響されていたから、現在の視点からそれらの論文を読むにあたっては注意が必要であるということにある。また、ではそのような注意をもって当時の文献を読むには、どのようにすればよいであろうか、家永三郎と丸山眞男の論述を例にとって考察してみたい、ということでもある。

ただし、酒井はこの考察にすぐには取り組まない。酒井は次のように述べる。

私の課題は、むしろそのような評価の予備作業である。すなわち、私の関心は、一九二〇年代にはじまり、一九六〇〔年〕代に至ってもなお、多くの知識人につきまとって離れなかった、歴史主義と主体性の構築という一般的な問題にある。私がここで追究したいのは、丸山眞男の『日本政治思想史研究』（英語版では英訳題名の Intellectual history of Tokugawa Japan と表記——小田注）と、家永三郎の『日本思想史における《ママ》否定の論理の発達』が読まれるさいに問題となる、歴史主義の問題の布置あるいはパラダイム——厳密にフェルヂ《ママ》ナンド・ソシュール（ソシュールの名は英語版には欠——小田注）やトマス・クーンがいうような意味ではないにせよ——の輪郭を描くことである。このために、丸山と家永がともに多くを負っている、一九三〇年代を代表する二人の哲学者、田邊元と三木清を参照することが避けられない。（二六六―二六七頁。英語版一五頁）

酒井の論旨は思想家の思想のさらに思想的背景を探ろうというものである。しかも、その時代の最も根本的な問題点をえぐり、家永と関連づけようとするものである。問題提起としては実に魅力的というべきであろう。しかし、本論を読み始めるとすぐに事実の歪曲とそれに基づく決めつけが随所に展開し、家永三郎とその思想的・社会実践的な意義を貶める主張に満ちていることがわかってくる。

二、誤りの第一——家永の自省点をゆがめて表現する

酒井は、批判する当の相手すなわち家永三郎の自省する点を自己の判断でゆがめ、その歪曲の上に立って家永の思想を評価している。

【酒井・二六五―二六六頁（英語版一五頁）】戦後の家永三郎の学的営みは、はっきりと贖罪の性格をもっている。彼はいさぎよく、戦争遂行への自分の関与について書き、自分が正義の戦争を信じ、学問的知識の生産を通じて東アジアと太平洋に関する日本の国家政策の正当化に貢献したと述べている（6）。二〇世紀後半に家永三郎が公にしたほとんどすべての文章と知的活動には、彼の学問の営みに戦後一貫している固い思いが容易にみてとれる。それは、戦時中の国民主義に加担したことへの悔恨と批判的反省である。

（注6）家永三郎『田邊《ママ》元の思想史的研究』一九七四年（『家永三郎集7』岩波書店、一九九八年）。

［…］the postwar scholarship of Ienaga Saburō was openly redemptive. He candidly wrote about his involvement in the war and said that he believed it to be a just war and that he contributed much through the production of academic knowledge to the legitimization of the Japanese state's politics towards East Asia and the Pacific (Ienaga, 1998). One can easily recognize in almost every publication and intellectual activity of Ienaga Saburō in the latter half of the twentieth century the persistent pledge that propelled his scholarship throughout the past war period: repentance for and critical reflection in his involvement in wartime nationalism.（Ienaga, 1998は日本語版注6に対応する――小田注）

酒井によれば、戦時中の家永はまさに「戦争遂行へ」、「関与し」、「国家政策の正当化に貢献し」、「帝国的国民主義」へ加担した者、そして戦後には自覚して反省した人物である。また戦後の家永はそのことを自ら「書き」、「述べている」ともいう。

さて、右本文には注が付けられているが、その注によれば、家永の反省文は『田辺元の思想史的研究』に書いてあるという。だが、それは四七六頁（解題を合わせれば四八二頁）もある右書物の何頁に書かれているのか、肝腎な具体的頁の指定がない。このことは本論でおいおい考察していくこととして、その前に、家永三郎自身の発言を引いておきたい。

朝日新聞社発行『日本占領秘史』(上)をたいへん興深《ママ》く読んだので、昨年一〇月末、(下)が刊行されたときに、すぐ購入して一読したところ、秦郁彦氏執筆部分の一〇二～一〇三ページに次のような一節のあるのを見て、わが目を疑うほどに驚いた（傍点は私（家永――小田注）が付したもの）。

いわゆる進歩的文化人という人たちが、終戦直後から続々と登場してきましたね。その中に二派ありまして、戦争中、自由主義者として沈黙させられていた人たちあるいは大学を追放されていた人たちが復帰する。（中略）そういう復帰してきたリベラリストが発言すると同時に、戦争中に心ならずも――とその方々はおっしゃるのですが――軍部に迎合したり戦争を礼賛するような論文などを発表した人たちが、今度はアメリカ民主主義の礼賛者あるいは平和主義者に早変わりする。（略）家永三郎とかいう人たちはこの変節組です。

私は、戦争中には戦争を傍観し、敗戦直後には言論界思想界のてのひらを返したような「早変わり」に違和感をいだき、「アメリカ民主主義の礼賛」の横溢するなかで、これに対しても傍観にちかい態度をとってきた。したがって、戦争に抵抗しなかったことと、敗戦直後の民主革命の意義をその時点で認識できなかったことについての批判は甘受するし、私自ら深く自己批判している。だからこそ、一九五〇年代の末期に「逆コース」の動きが顕著となったときに、ふたたび後悔をくり返さないために、日本国憲法の理念の空洞化の阻止に役立ちたいと考えてささやかな努力を始めるようになった（それは「アメリカ民主主義の礼賛」とは違う）のである(2)。

これを読むと、家永三郎は酒井がいうような「戦争遂行への自分（家永―小田注）の関与について書」いたり、「学問的知識の生産を通じて東アジアと太平洋に関する日本の国家政策の正当化に貢献した」というような反省はしていないことがわかる。家永は秦がいうような「軍部に迎合したり戦争を礼賛するような論文などを発表した」ことはないと否定し、反省したのは戦時中の自身の「傍観的な態度」であったと明確に述べている。家永は、自分に関するこのような歪曲・中傷をしたのはまさに秦郁彦であると指摘しているのである。

家永に対するこのような中傷は、教科書裁判遂行当時、多くの人々が心を痛めた問題でもあった。そのことはたとえば教科書検定訴訟を支援する全国連絡会編『教科書裁判ニュース』一九七八年一月一五日号三面(3)がまるごとそれに充てられていることからもわかる。しかも酒井らは論集『マルクス主義という経験』の刊行にあたり活発な意見交換を行い、各論者は執筆に際し市原寿文・犬丸義一ほか往年の歴史家に接したという(4)。当時の歴史学にとって教科書裁判は自学科の存続を賭した最重要課題のひとつであり、しかも聞き取り対象の歴史家のなかには安丸良夫のように教科書裁判に出廷した人物さえいたのである(5)。聞き取りの過程でこの問題に気づくことはなかったのであろうか。

またたとえば、『家永三郎集』の第一六巻に収録された家永の自伝『一歴史学者の歩み』を読めば、こう書いてある。

このように私は次第に宗教的な問題に沈潜していくことにより、だんだんと、かつての国家＝社会の問題に対する強い関心を失っていった。そうした姿勢は、大学を卒業した後、なお数年継続するのである。結果的に見れば、その後、日本の思想界はますます右傾化を深めていき、日本主義でなければ非国民視されるまで極端化したのであるが、たまたま私は国家＝社会の問題から目をそらすことによって、そのような動きに巻き込まれることを免れることができたのであった(6)。

次に家永の代表的な著書の一つ『戦争責任』から引用する。

戦争中の私は、生きた現実の社会に背を向けて、ひたすら地上の相対世界を超えた絶対の世界に目を向けることによって、時流に迎合・便乗することを免れたが、それは私が戦争の本質を正しく洞察していたからではなく、藤原定家が「紅旗征戎吾が事に非ず」という心境を持し世上の争乱を傍観して作歌に専念していたのと同じような傍観者にとどまっていたための偶然にすぎない(7)。

最後に、酒井が注記する家永三郎『田辺元の思想史的研究――戦争と哲学者』のあとがきを紹介しておこう。

仏教思想史研究に中心をおいていた頃の私は、「紅旗征戎吾が事に非ず」(一九四四年公刊の拙著『日本思想史に於ける宗教的自然観の展開』に引用した藤原定家の語であるが、それは同時に私自身の当時の心境でもあった)という心境で、もっぱら彼岸の世界にのみ目を向けていたのである(下略)(8)。

ここでも家永の叙述は前掲の三文献と完全に一致している。

ともあれ、家永が「国家政策の正当化に貢献し」たとか、「帝国的国民主義」に加担しようという意図があったとか、戦後はそれを反省したとかいう議論は家永三郎自身が否定するところであることが確認できる。しかし酒井はこの事実をみようとはしない。

酒井は、本節の初めに引用したとおり「二〇世紀後半に家永三郎が公にしたほとんどすべての文章と知的活動には、彼の学問の営みに戦後一貫している固い思いが容易にみてとれる」と書いているわけであるが、酒井は家永の何を読んだのであろうか。

それでは、家永の戦後の述懐から離れ、戦前・戦中の家永自身が執筆した文献から、家永が意図する、意図しないにかかわらず「帝国的国民主義」に加担する思想を展開していたかどうか、実際に即してもう少し検討してみよう。酒井もそれを問題にしているようであるから、戦後の家永がそうした反省をする必要がそもそも存在していたのかどうか、それを確かめてみよう。さて、そのためには「帝国的国民主義」を支える思想として酒井が強調する「種の論理」の思想に家永がいかなる反応を示したか、「種の論理」を構想した田辺元との思想的関係性を解き明かしていくことからはじめてみることが大事になる。以下、節を改めて論じる。

三、誤りの第二――『種の論理』の無批判な受容という事実無根を主張する

注意すべきは、酒井は、家永が田辺元の哲学を主体的に読み解いていること、ひいては家永自身による主体的思索の存在を見落とし、ただ田辺に追随するだけの人物として家永を理解していることである。

【酒井・二六七頁（英語版一六頁）】第二は否定性の問題である。この観点から、彼ら（家永と丸山、および田辺と三木清をも含むと考えられる――小田注）は歴史主義的意識の形成を「主体性」の問題へと接合した。彼らの歴史へのアプローチが、本質において歴史主義的なものであるといいうるのは、否定性という観点から主体性をめぐる哲学

的議論に加わっていたからである。したがって、『種の論理』において田邊元が社会的存在論の導きの糸としたヘーゲルの「媒介」の概念は、家永、丸山双方の著作において重要な役割を果たしている[7]《英語版では注6》。

（7）『種の論理』は、通常、主として田邊元が一九三二年から一九四六年にかけて発表した一連の論文のなかで試みた社会的存在の哲学的存在論をさす。種の論理には理論上、二つの焦点がある。一つはヘーゲルの弁証法であって、民族性、国民性、個人、社会階級、国家のような社会的同一性を理解するために、数学的の「非連続性」の観点から再検討されている。もう一つは世界図式であって、そこにおいて新しい国民主体 national subject が変容し、制作される。種の論理の普遍主義的傾向と、それが日本という国家によって大東亜共栄圏の建設のために利用されたという事実を強調しておくことが重要であろう。家永三郎は現在の社会秩序を否定し未来への社会変革のなかに主体制作をみる「種の論理」に惹きつけられている。〔英語版ではこの箇所に「家永は自身がどれほど田辺哲学に愛着を持っているかを『田辺元の思想史的研究――戦争と哲学者』と題した自著において語っているので参照されたい」の一文挿入――拙訳[9]〕（家永前掲「田邊《ママ》元の思想史的研究」一九七四年）[10]。

【酒井・二九一頁（英語版三七頁）】家永三郎が田邊元の熱心な読者であり、田邊の哲学的洞察にそった思想史を書こうとしたことは疑いがない。

酒井は「種の論理」が普遍主義的傾向と大東亜共栄圏の建設に利用されたことを根拠として、その思想を展開する中心的な思想家・哲学者であった田辺元との関係から家永の関与性を確認しようとするのである。酒井は、家永は田辺の熱心な読者であるから、田辺の「種の論理」に魅力を感じたに違いなく、その論理にもとづく思想史を書こうとしたことも疑いない。したがって田辺の社会的存在論の背景にあるヘーゲルの「媒介」概念とも関連しているに違いないとみている。しかし注7として付けられた（括弧）内の注記には例によって『田邊元《ママ》の思想史的研究』とのみあって頁数が示されていない。

そこで、まず『田辺元の思想史的研究』を読んでみよう。本文四七六頁を再度悉皆調査すると、要点として二二四頁の次の記述が挙げられることに気づく。

> この論文（家永の自著『日本思想史に於ける否定の論理の発達』を指す——小田注）は、田辺の『哲学通論』の段階の弁証法論理を、キリスト教の信仰に重ね合わせ、さらにそれを親鸞を頂点とする日本思想の一側面の実証のための方法的指針として適用したものであって、この著作を贈った当時の田辺の種の論理とは人きくいちがっており、かえって後年の田辺の『懺悔道としての哲学』の発想にちかい傾向をもつ論文であったのである。基体としての種の重要性も、国家の類的普遍性をも全然無視しているこの論文（以下略）[11]。

さらに、家永の導きに従って、『日本思想史に於ける否定の論理の発達』を見直してみよう。そうすると、事実、田辺元『哲学通論』の引用はあるが、「種の論理」に関する引用は存在しないことに気づく。たとえば、以下に引用する同書の文章について検討しておこう。

> アポリヤが真に解く能はざる二律背反を構成する時にこそ、初めて其の不可通性が絶対否定的に自己を開通せしめるのである[12]。
>
> （注）田辺元博士『哲学通論』一二九—一三〇頁[13]。

さて、この文章であるが、実は田口富久治「家永三郎の『否定の論理』と丸山眞男の『原型論』」に、田辺元『哲学通論』一二九―一三〇頁に関する史料採訪の記事が載せられている。

この一文は、田辺元全集3所収の「哲学通論」の第二章第八節　辯證法には見当らない。類似の表現が、全集3のpp．517~518に見ることができる。たとえば、「ただ矛盾に徹し、相背反する二肢を相互否定的に転して絶対否定の肯定に達する辯證法のみ、二律背反を解きてアポリア《ママ》に路を通ずることが出来る。」（p．516）(14)

田口は、結果からいえば、家永が引用する田辺『哲学通論』が実は全集版ではなくて岩波全書版だったということを見落としている。だが結果はともあれ、少なくとも「該当箇所は全集版には存在しない」という事実を明らかにしている点で、研究上の有意義な蓄積となるものである。

岩波全書版田辺元『哲学通論』一二九―一三〇頁には、次のような記載がある。

> アポリヤとは前に述べた如く路を通ぜざる難関、行詰まり、難問の意であるが、それは前に挙げた例で明なやうに、畢竟思惟が矛盾に逢着したことを意味する。ところで其矛盾が相対立する二つの主張（定立《テージス》と反定立《アンテイテージス》）として夫々それに相当する理由により証明せられたものが二律背反に外ならない。然るに二律背反が真に二律背反である以上はそれは論理的に解くべからざるものなることを意味する。論理的に解かるゝ二律背反は真の二律背反ではないのである。さてアポリヤの中には一見矛盾を含むも、実は究極的に矛盾ではなく、従つて必ずしも二律背反でないものがあるから、それ等は勿論論理的に解ける筈である。併し真の二律背反に基くアポリヤは論理的に解くべからざるのものであるのでなければならぬ。アリストテレスがアポリヤとして掲げながら而もそれを解いて居ないものが

少なからずあることは、今日ハルトマンなどの注意した通りである。然るにアリストテレスの論理的存在論は凡てアポリヤを解くことが出来るといふ前提の下にのみ成立する。存在が論理的に捉へられると考ふる以上は、存在のアポリヤに解くべからざる最後の矛盾があつてはならない筈である。此処にアポリヤとアンティノミーとの一方で相通じながら他方で正反対なる点がある。弁証法は此アポリヤの段階に於ける論理の要求を二律背反の段階に高め、二律背反として解くことの出来ない矛盾を、却て対立の統一として思惟しようとするものである。そこに至つて始めて理性的思惟が具体的なる個体的存在の究極的反省たることが出来るのである。斯くしてアポリヤの不可通性は絶対否定的に自己を開通せしめる。然るにアリストテレスは此アポリヤの二律背反的不可通性を問題とせず、直接に論理の存在に対する十全性を信じて存在論を立せんとした。其結果が却て論理の制限を暴露するに至つたのは当然である。併し哲学は究極の絶対反省である以上、彼の究極原理とした神を思惟し得る論理を有しなければならぬ。

（下略）(15)。

これは二律背反＝アンティノミーとアポリアとの関係を説き、弁証法の意義を論じる田辺の文である。先に引用した家永の「アポリヤが真に解く能はざる二律背反を構成する時にこそ、初めて其の不可通性が絶対否定的に自己を開通せしめるのである」という、『日本思想史に於ける否定の論理の発達』中に記載された一文が、弁証法に関する田辺の右の論旨の読解から出たことは明白であろう。

このように、家永が田辺の弁証法思想を活かし、分析の基礎としていることは明らかである。しかし、だからといって、先ほども述べたように『日本思想史に於ける否定の論理の発達』において「種の論理」に関わるような視点はどこにもみられない。家永の著作を読んで、田口論文をも参考に、丹念に『哲学通論』と『日本思想史に於ける否定の論理の発達』とを比較すれば、家永が田辺の『哲学通論』をとっている箇所、そして「種の論理」をとらなかった証言に辿り着けるのである。

念のため、改めて家永『一歴史学者の歩み』をみてみよう。

もっとも先生（田辺元―小田注）の哲学が昭和十年代の半ばころから、次第に民族や国家を過度に重視する傾向を帯びてくるようになり、「種の論理」というようなことを言い出されてきたときには、いささか違和感を強くせざるを得なった。というのは前に述べた通り、私の思想はどちらかといえば、この時期にはむしろ現実に背を向けて、内面的、宗教的な方向に沈潜していくことにより国家主義的な時流と逆行する姿勢をとっていたからである。それにもかかわらず最後まで田辺哲学への傾倒を断ち切れなかったのは、先生の「種の論理」というものが、他の国家主義者の民族主義哲学と違い、種・類・個という三者の交互媒介を基軸とするものであって、種の強調にもかかわらず、個の相対的独立性が最後まで固く維持されているように読みとられたからである。（中略）この個の独立性の維持という一点において、私は最後まで田辺哲学に信頼をつなぎとめてきたのである(16)。

家永が最後まで田辺を信頼したのは、酒井のいう「媒介の概念」もしくは「種の論理」ではなく、「種の論理」を構成するごく一部分である「個」の位置づけに注目したからなのである。それは必ずしも「種の論理」そのものをそのまま受け取っていたことを意味しない。たとえば家永による次の発言をみてみよう。

――田辺哲学との関係について。

それは「否定の論理」というような問題を発見して、それをああいう形（『日本思想史に於ける否定の論理の発達』を指す――小田注）に処理したというところにあるわけで、ちゃんと注の中に田辺博士の『哲学通論』を引用していますが、ここで申し上げたいのは『哲学通論』までの段階の田辺哲学であって、「種の論理」以後の影響は受けていません。「種の論理」はあとで著書で批判したように批判的でしたから(17)。

もし人が敢えて家永が「種の論理」の潜在的な影響を受けていたという仮説を立てるとしても、基礎的な文献を収集調査して右発言のうち一つでも知っていたならば、その立証にはよほど慎重にならざるをえなかったはずなのだが、酒井にはその視点が欠けていたようである。

しかも酒井は、さきに引用したように「家永三郎が田邊元の熱心な読者であり、田邊の哲学的洞察にそった思想史を書こうとしたことは疑いがない」という一文を書く。なるほどこの一文は、家永が田辺『哲学通論』に沿った思想史を書こうとしたという意味では事実である。しかしながら、「種の論理」についていえば事実ではないとするのが現段階では正当な結論であるとしなければならないはずである。

酒井は『田辺元の思想史的研究』の精読を怠った上、伝記的事実の基礎文献である『一歴史学者の歩み』にすら充分目を通さなかったと考えざるを得ない。その挙句、家永が田辺哲学に対して常に無批判であったような印象を読者に植えつけ、家永の知性を誇り、しかも前節で確認したとおり家永の戦争協力を吹聴するといったように読者を欺いているのである。実に寒心に堪えない。

以上、家永が田辺の影響下で無批判に「帝国的国民主義」に加担する思想を展開していたという主張は成り立たなくなるわけであるが、今度は家永の実際の意図について、酒井の主張するところと対比して考えてみよう。

四、誤りの第三――家永の研究意図について根拠を挙げずに論難する

酒井は、家永三郎や丸山眞男の日本思想史研究について、それは「ヨーロッパ中心主義と構造的に類似した、例外主義の論理に肩入れ」するものであり、結局のところ「帝国主義的事業に従事 engaged in the imperialist enterprise」していたとどうしてもいいたいようである。前節で論じた「種の論理」の影響に関する文章の前の箇所で酒井は次のように述べている。

【酒井・二六七頁。英語版一六―一七頁】『日本思想史におけ《ママ》る否定の論理の発達』と『日本政治思想史研究』の読解において最初に私が追究するのは、一九三〇年代に、どのように比較という方法が用いられ、近代という歴史的語りが構築されたかである。この近代化の語りは、戦後日本においても、近代が論じられるさいに依拠されることになる枠組みを提供したのである。

酒井が家永や丸山眞男が帝国的国民主義へ加担する論拠として提示するのは、「種の論理」とは別に、もう一つ、「近代化の語り」あるいはその語り方であるという。これから具体的にみていくが、酒井はこの文章の次の段落のなかで「日本を設定する地政学的布置」ないしは「比較というパースペクティヴのなかでこそ、すなわち、日本以外のアジアを代表するものとして中国が定立され」云々といった論点を提示する。そしてそのような論旨のなかで家永の戦前の思想を批判するのである。

【酒井・二六八頁。英語版一七頁】日本思想史の舞台として、日本を設定する地政学的布置は単純明快である。二人（家永と丸山——小田注）の歴史記述の企てがすっぽりと国民史のジャンルに収まるのは、日本が知的生産の場面（トポス）であると同定されているからであり、これは中国を定立することで可能となっている。家永も丸山も、ことさらに中国とは何を含意するのか解明しようとはしていない。〔英語版では「彼らの中国の想定は、西洋とその残余という枠組における西洋という、ヨーロッパ中心主義的な同定における残余の想定に大変似通っている」の一文挿入——拙訳(18)〕曖昧で不特定的なものとして中国なるものを想定することで、ある特徴をもった統一体として「日本思想」を語ることが可能になっている。家永も丸山も、国民的伝統を独自なものとして肯定的にとらえることにとくに関心をもっているわけではない。この点で、二人の思想史家にとって、日本は文化の起源に位置する場所でもなければ、すべての始まる場所でもない。結局のところ、彼らは、日本の仏教（家永の主題）と儒教（丸山の主題）の派生的性格を否定しようとはしなかった。仏教も儒教も日本起源の伝統ではないのである。彼らの探究の焦点となっていたのは、仏教と儒教がどのように社会的現実を変容させるか、そしてまた日本社会の実践によって仏教と儒教がどのように変容させられるか、ということであった。日本が所与の統一体ではありえず、むしろ社会的実践を通じてつくり出されるものであることはすでに了解されている。この場面（トポス）は、別のトポスが並置されてはじめて姿を現すのである。比較というパースペクティヴのなかでこそ、すなわち、日本以外のアジアを代表するものとして中国が定立されてはじめて、日本は意味のある場面として現れ出るのである。いうまでもなく、家永も丸山も、アジアにおける日本の例外的性格と、アジアの人々を近代化する指導的役割を担っているという事実を証明するという帝国主義的事業に従事していたのである。そして、仏教と儒教が日本において再解釈され、再構築され、変革された様相を研究するなかで、二人とも、はっきりとキリスト教についての歴史的語りに言及している。彼らがそれと自覚していたかは別として、ヨーロッパ中心主義と構造的に類似した、例外主義の論理に肩入れしていることはほとんど一目瞭然である。

酒井の考えによれば、家永は進歩した西洋、停滞した中国との対比において、例外的に優れたアジアの指導者としての日本の正当性を証明し、日本人としてアジアの人々に呼びかけるべく思想史研究に取り組んだというわけである。しかるに、酒井はここでも右のごとき論点を疑いなく了解させるに足る家永自身の文献を一切引くことがない。あるのは事実に関する推論とその押しつけだけである。たとえば、酒井は家永の仕事が「日本が知的生産の場面（トポス）であると同定されている」とは述べても、家永がそれを論じている場所を何ら指定していない。また「彼らの探究の焦点となっていたのは、仏教と儒教がどのように社会的現実を変容させるか、そしてまた日本社会の実践によって仏教と儒教がどのように変容させられるか、ということであった」と決めつけているが、第二節にみた家永自身の「現実に背を向け(19)」ていたという証言とも背馳している上、証言を覆すような史料を挙げることもない。にもかかわらず「彼らがそれと自覚していたかは別として、ヨーロッパ中心主義と構造的に類似した、例外主義の論理に肩入れしていることはほとんど一目瞭然である」と結論づけるのである。

もちろん、家永が『日本思想史に於ける否定の論理の発達』において西洋における「否定の論理」発達史と対比して日本における「否定の論理」発達史を語ったことは事実であるから、この際百歩譲って家永が無意識に「西洋」「中国」を定立していたのだと主張するとしても論理的には不可能ではない。酒井もまた「彼らがそれと自覚していたかは別として」といった文言を挿入している。

しかし、これはあくまで一般的な可能性に関する話である。大事なことは、家永が帝国的国民主義の立場をとった可能性が現実的なものであったことを証明することではなかろうか。ところが酒井は家永がなぜ帝国的国民主義の立場をとったのか、その必然性を事実においても、論理においても何ら説明できていない。証拠文献一つ挙げていないのである。

さて、実際はどうなのか。はたして家永は『日本思想史に於ける否定の論理の発達』のなかで「進んだ日本、遅れた中国」といったような定立を意図しているのであろうか。家永の論文は表題のとおり『日本思想史に於ける否定の論理の発達』なので、残余（the Rest）たる「中国」が遅れていると主張するとすれば、「中国」には「否定の論理」が根本的に欠乏しているか、もしくは欠乏しているかどうかにかかわらず、現代において「否定の論理」の探求が試みられていないことの指弾かのいずれかしかありえない。

このことを念頭に置いて、筆者も改めて七四頁ある同論文をくり返し読み直してみた。酒井は「家永は、日本仏教は、中国仏教と顕著な違いをみせて発達したと論じる。すなわち、日本仏教は、早い段階から理想と存在世界を明確に区別する傾向を明らかにしていた、というのである」（日本語版二九一頁。英語版三七頁）と主張するけれども、家永の論述を読むと、むしろ正反対の記述がみつかる。

所与としての苦集二諦が滅道二諦の修証によつて否定せられ、十二因縁の順観を一度高次の立場に転換して逆観する処に解脱の証せられると云ふ根本仏教の思想的構造は、釈尊自身が理論的なる用語に於て表現してゐるとゐないとに拘らず、明かに現実の否定と其の否定を契機として絶対肯定に還帰する弁証法的運動を内に包んでゐたのである。釈尊の立場が数知れぬ幾多の流派に分岐して行つた後に於ても、少くとも仏教の基本的立場を見失はなかつた思潮に於て、この論理的構造は各派各様の特殊的表現形態の奥に必ず潜在してゐたと云ふことが出来る。特に大乗仏教に於て然るのであるが、支那南北朝に行はれた涅槃系統の教学を正依とし古三論の宗学を傍依とし、之を御自身の御体解に照して自由に取捨組織し給ひ、以て大乗仏教の真髄を領解せられたる聖徳太子に於て、仏教の理解は明かに否定の論理の理解を意味してゐた(20)。

ここにみられるのは、釈迦の発見した「否定の論理」が、「幾多の流派に分岐して行つた後に於ても」維持され、「支那南北朝に行はれた涅槃系統の教学」を経て聖徳太子にまで至ったという主張である。つまり酒井の見立てとは全く逆に、「中国」にも「否定の論理」は存在したのであり、それがなければ日本にも「否定の論理」が輸入されなかったことが述べられているのである。また全文を通じて、中国仏教と日本仏教との性質を区別する論述はみられない。酒井の右記述は誤りであろう。

そこで今度は近代の「中国」について指弾している箇所はないか検討してみると、近世以後現代（一九三〇年代）まで、そもそも全てが日本思想史の展開にあてられ、「中国」に関する記述そのものが一切ない(21)。家永の叙述における「中国」での「否定の論理」の存在、ならびに近代「中国」への言及の欠如、ここで酒井の主張は完全に崩れると考えられる。

とはいえ、酒井の論法では「曖昧で不特定的なものとして中国を想定する」（日本語版二六八頁、英語版一七頁）、つまり究極的には「家永が近代中国について書いていないことそのものが、家永が「帝国的国民主義」に取り込まれていることの証明である」という主張も可能である。しかしそれは文献に書かれていない以上証明不能である。もし酒井がなおもそのように強弁するのであれば、それはそもそも「無知に訴える虚偽」と呼ばれる詭弁となる(22)。だからここで議論を打ち切ってもよいのだが、一応家永の意図について突っ込んで検証しておきたい。

そこで家永が『日本思想史に於ける否定の論理の発達』を書いた理由について『家永三郎集』第一巻収録の同論「序文」から抜き出してみたい。

筆者は学窓に於て紀伝の道を修めたものであるが、史を繙く毎に最も強く心を惹かれたのは何よりも先づ、超克し難き人間の有限性と罪業とに対する古人の苦悩の声であつた。おのれの体験を通じて常にこのことを人一倍深く自省せざるを得ない身の上にある筆者は、古人の同じ苦しみを他人ごととして看過することが出来なかつたのである。されば本稿は単なる知的興味のみから書かれたものではないわけであるが、然しさればとてこの要求の為に恣意なる構成を作為するが如きことの決してなかつた点は特に明かにして置きたいと思ふ(23)。

戦時下の家永が関心を抱いたのは、まず何よりも自己の問題である。家永はこの著書の中で人間の罪の深さ、それを解消する論理としての此岸と彼岸の二元論に立脚する絶対否定の論理に注目し、その歴史的な形成・展開過程を過去の思想のなかに実証しているのである。家永がこの本のなかでキリスト教・仏教に論及した理由も「古人の苦悩の声」への共鳴にあった。家永はキリスト教・仏教に同時並行して感動し、一種の信仰を得、その体験をもとに仏教とキリスト教との成立発展を比較史的に描いたのである。自伝『一歴史学者の歩み』でも、このことは語られている。

親鸞と聖書とを通じて、私は宗教の問題と真剣に取り組むようになった。聖徳太子の「世間虚仮、唯仏是真」という言葉に感激したのも、こうした背景があったからである。そうして、それを私は自分自身の能力の限界、肉体の限界という体験によって理解し、そのような自己の苦しみに人間の本質的な罪のシンボルを見出すとともに、その人間の一人としての自己の罪の深さを自覚するようになったのであった。当為と存在との二元論では、なお存在の当為による批判という相対的否定の段階に進み得たにすぎなかったが、今や此岸と彼岸との二元論に立脚する絶対否定の論理が、存在と当為との対立よりもいっそう根源的な世界構造として考えられるに至ったのである(24)。

基本文献を丁寧に読解するならば、家永が問題としたのは、あくまでも自己の問題であり、家永の視点からする人間存在の根本問題であることに気づくはずである。酒井は「彼らの探究の焦点となっていたのは、仏教と儒教がどのように社会的現実を変容させるか、そしてまた日本社会の実践によって仏教と儒教がどのように変容させられるか、ということであった」（前引）と述べるが、家永の関心がこのようなところになかったことは明らかではないか。家永にとってキリスト教の歴史と仏教の歴史が語るに値したのは、酒井のいう「文明論的カテゴリー」「帝国的国民主義」とは無関係に、あくまでも自己の信仰に即して、また人間存在の根本問題として、取り上げるに値したからである。

筆者は、酒井の述べる「文明論的カテゴリー」「帝国的国民主義」という問題提起そのものを当面否定するわけではない。しかし家永のようにはじめから酒井の見ているものと別世界で問題意識を形成した人物に酒井の議論をあてはめても、結局は対象を貶める濡れ衣にしかならないのである。酒井は田辺から家永への影響関係といったものに飛びつき、肝腎の調査を怠っていることは否めない。

五、当該論文の価値について

ここまで酒井の誤りについて、酒井が家永を規定する上で要点と見做した箇所に絞って提示してきた。酒井の論点よりも家永像に力点を置いて考えると、実はほかにもまだまだ致命的な誤りがあるが(25)、ここで一旦打ち切り、改めて酒井の論文の全体について検討してみよう。酒井の論述の章立てと内容はすでに述べたので、今度は家永に即して酒井の論述を検討してみよう。

酒井の論述での家永についての論旨を辿ると概ね次のようになると思われる。

そもそも文明論的なカテゴリーや帝国的国民主義の視点で歴史を理解すべきではない（はじめに）。さて家永は戦争に積極的に加担し、戦後に反省して贖罪をした（第一節）。家永は多民族帝国に加担するにあたり、日本の対比項として「残余」としての「中国」を想定した（第二節）。これは「中国」の停滞を念頭に置いていた（第三節）。家永の歴史叙述は田辺の「種の論理」とともに未来志向の「主体」の概念に負っている（第四節）。ところで田辺元はハイデガーの現存在分析を「種の論理」「種の論理」の土台にしている（第五節）。田辺はハイデガーの「世界図式」に基づいて「種の論理」を構成した（第六節）。家永は田辺の熱心な読者であり、田辺の哲学的洞察に基づいて哲学を形成しようとした（第七節）。歴史主義に関して、丸山も家永と同様に一九三〇年代の文脈に位置づけられる（第八節）。我々は家永らについて文明論的カテゴリーを排除して読まなければならない（結び）。

すでに論じてきたように、「はじめに」のオリエンタリズム的な視角には一定の魅力があるとはいえ、第一節、第二節、第三節は事実に沿わない。また第四節から第六節は第七節の前提であるが、家永が田辺の「種の論理」に依った事実はない。したがって各節とも無意味である。第八節はここまでの議論を丸山に援用したものであるが、ここまでの議論が成立しない以上価値は半減する。そのような状況で書かれた「はじめに」にも「結び」にも意味はない。要するに、酒井の議論は問題設定の可否は別として、些細なことから根本的な事実認識に至るまで、家永三郎研究としてはなはだ疑問が残る。

酒井によれば家永三郎は次のような人物ということになろう。田辺哲学を鵜呑みにし、それを受け売りした思想史論文を書く。中国のことを軽蔑し、戦時下には彼らを帝国臣民として取り込もうとする。国家のプロパガンダを真に受けて戦争に協力し、敗戦すると帝国臣民として取り込もうとした人々については興味を失い、そのくせ戦争に荷担した自身の行為は反省する。酒井の論述を真に受ければ、家永というのはまことに秦郁彦が主張したとおりの変節者である。右派からの攻撃ならまだその意図はわかりやすいが、家永とてまさかこのようなところからこのような中傷を浴びる未来がくるとは思ってもみなかったであろう。

酒井の論文は、踏み外してはならないところを踏み外した典型である。人の目を引く問題提起に自らが引きずられ、それを証明する「一事例」を歴史的人物の中から探し出し、自らの論理に適合するよう、至るところで事実をゆがめ、解釈の正当化を図る。しかも史料に即した立証はどこにもない。すべては酒井の妄想と偽装の産物なのである。自分に都合よく家永をもち出し、何の証拠もなく自分の思い込みのとおりの人物像を家永に押しつけ、それがあたかも事実であるかのように騙る。これが酒井の方法である。

酒井は次のように主張するかもしれない。「論文の最初に述べておいたように、あくまでも『私がここで追究したいのは、丸山……と、家永……が読まれるさいに問題となる、歴史主義の問題の布置あるいはパラダイムの輪郭を描くことである』。家永の理解については誤りがあったとしても、それはさほどの問題ではない、云々」と。だがもしも対象の思想や実践を云為するならば、事実関係を正確に明らかにし、それでもなお欠けていた部分を明らかにする順序を必ずとらなければならない。

もし人がその手続を欠くとすればもはや論外である。すでに縷々述べてきたことからわかるように、概念を先に立てて対象にあてはめても、対象の認識は深まるどころか却ってあらぬ方へと逸れていく。それは単なる誤りを通り越して、ついには人格の中傷にさえ至ってしまう。概念を立ててあてはめる道は、そもそも決して進んではならない道なのである。我々は常に、対象について具体的に検証し、その過程で自身の構成した仮説の検証をはかるのでなければならない。その過程を経なければ決して妥当な結論には至らない。これこそが実証研究のイロハであることに、改めて思いを寄せておきたい。

家永に関する基本的な文献を読み解くならば、本論で縷々述べてきたように、戦時下の家永は自分自身の苦悩に集中し、信仰の立場から苦悩を突破するとともに、一連の体験を歴史的視点に展開させて実証的な論文『日本思想史に於ける否定の論理の発達』に結晶させたこと、そして一九五〇年代初頭以降、戦争への反省とともに日本の社会情勢に物申すようになっていったことが浮かび上がってくるはずである。

右の像をさらなる文献的裏づけの観点から考え直してみること、また戦後の変化の動機を文献的に考察してみること、あるいはそのほかの諸々の問題を文献的に考察していくこと。これらが文献を読んだ上でする家永三郎研究の出発点のはずである。

なお、酒井の論文を先に掲載した日本語版の書物の題は『マルクス主義という経験』が主題である。しかしながら酒井は家永三郎とマルクス主義との関係について、ほとんど何も語っていない。家永が「帝国的国民主義」との関係でどのような位置に立つかを研究したいと酒井は語るが、それが家永におけるマルクス主義の経験と関係するというのなら、どこでどうつながるのか、明示しなければならなかったのではないだろうか。

何より、家永とマルクス主義との関係ならば、まず家永が自伝『一歴史学者の歩み』のなかで述べている、「その後、マルクス主義とは不即不離の関係で、私としてはつとめて勉強してきたことは事実であるが、ついに今日に至るまで私は『マルクス主義者』となるに至っていない」[26]という言葉の意味を精密に検討してみるべきではなかったであろうか。それを精密に実証し、日本マルクス主義の史的発展過程の検証を踏まえて、それと対峙し続けたところの家永の思想・実践との距離を測り、その上で全体を「帝国とその残余」の視角から整理して位置づけるならば、意義深い研究となったことであろう。

結びにかえて　家永三郎研究はどうあるべきか

後世のため、地均しは徹底的にしなければならない。それが強力な批判であることを承知で敢えて本章を記した動機であった。本論の内容を読者はあたり前と思うであろうか。ならばまことに結構である。しかしあたり前のことをあたり前であると確認しければ一歩も進まないのが、家永研究の実情なのである。この点を乗り越えることで家永研究の将来ははじめて拓かれるのである。

酒井の犯した過ちは、家永三郎「研究」において他山の石とすべき論文のなかでも、ほかではみられない驚異的な水準にある。たとえば家永の人格を云為しようという意図が明瞭な秦郁彦の一連の「論文」にせよ(27)、少なくとも文献は挙げている。それすらしないのは酒井のみにみられる特色であり、そうでありながらも家永研究の学界における基本的研究水準として認められているらしき現状は筆者としてはとても納得し難く、甚だ遺憾である。

この状況をもたらしたものは、長期にわたる家永研究の混乱状況による。酒井論文が掲載されてから一三年後、二〇二一年一二月に刊行された『歴史評論』は、家永没後初めて家永特集を組んだ(28)。だがそれでさえ、いずれも当面の課題の提起や家永が提起した部分についての基礎的な位置づけを探るレベルを越えるものではなく、家永と時代をともにした人々によって華々しく行われた家永研究や関連の論争に比べれば著しい遜色あることを免れない。このような研究状況だからこそ、非実証の空論さえ誰も咎めることができず、平然と差し込みえたのである。

そこで最後に、改めて家永三郎研究はどこから出発すべきか、ごく簡単に述べておきたい。家永三郎の研究を目指す我々は、歴史研究の基礎に立ち返り、実証的であることに努めるべきである。また家永三郎と同時代の議論にまで遡り、そのなかで今後とも有益な点と今や洗い落とすべき点とをそれぞれ見出すまで徹底的に格闘し、そのなかで新たな観点を順次見出していくべきである。

史料を判別し、史料に書いてあることを、史料の限界まで突き詰めて分析しなければならない。論述は家永三郎研究について、研究史上わかっていることと、実はわかっていないことを弁別し、家永の実像を知る上で有意義な課題を設定し、それに関係する史料を丹念に挙げ、分析し、史料からわかることを書き、わからないことは保留しなければならない。

具体的なやり方は、家永三郎の著作を実証の技術の観点から読めば、我々自身が家永研究の過程で家永から直接学ぶことができる。それは中国・日本の考証学の伝統とドイツ実証主義が折り合わされた着実順正なものである。そうして一歩一歩積み上げ、着実かつ確実に認識を深めていかなければならないのである。

（1）酒井直樹著・高橋原訳「否定性と歴史主義の時間――一九三〇年代の実践哲学とアジア・太平洋戦争期の家永・丸山思想史」。磯前順一、ハリー・D・ハルトゥーニアン編『マルクス主義という経験――一九三〇―一九四〇年代日本の歴史学』所収。青木書店、二〇〇八年。ただし原題は書かれておらず不明。

なお八年後、ほぼ同内容の英語論文（部分的に変更あり）が Edited by Viren Murthy and Axel Schneidor, *The Challenge of Linear Time: Nationhood and the Politics of History in East Asia* (Leiden Series in Comparative Historiography Vol. 7), BRILL, 2014, pp11-48に出ている。

論題は NEGATIVITY AND HISTRICIST TIME：FACTICITY AND INTELLECTUAL HISTORY OF THE 1930S であり、酒井は断っていないが、出版時期から考えると磯前・ハルトゥーニアン編『マルクス主義という経験』からの転載であると思われる。

（2）家永三郎「日本占領秘史㊦の一節をめぐって」家永三郎『憲法・裁判・人間』名著刊行会、一九九七年。一五二―

一五三頁。

（3）教科書検定訴訟を支援する全国連絡会編『教科書裁判ニュース』縮刷版第二集、一九八〇年六月。一五一頁。

（4）前掲磯前・ハルトゥーニアン編『マルクス主義という経験』あとがき。三七四―三七五頁。

（5）たとえば、安丸良夫「近世思想史研究と教科書裁判――原告側補佐人として出廷して」『〈方法〉としての思想史』校倉書房、一九九六年。参照。

（6）家永三郎『一歴史学者の歩み』岩波現代文庫版一〇九頁、『家永三郎集』第一六巻七七頁。

（7）家永三郎『戦争責任』岩波現代文庫版、二〇〇二年。はしがきiv頁。

（8）家永三郎『田辺元の思想史的研究――戦争と哲学者』あとがき。『家永三郎集』第七巻四七三頁。

（9）英文は左記のとおり。

Cf. Ienaga discussed how he was attracted to Tanabe's philosophy in his book entitled *Tanabe Hajime no shisō-shiteki kenkyū—sensō to tetsugaku-sya* (An intellectual history of Tanabe Hajime—War and philosopher), in Ienaga 1998 : Vol. 7.

（10）なお引用文中、日本語版と英語版とでは注の数字が一致しないが、これは本論第二節引用の日本語版注6が英語版では削除されたためである（注6を欠くほうが、重大な挙証を怠るという意味でより問題が大きくなるので、酒井の判断は疑問である）。また『田辺元の思想史的研究』の書誌が日英両版で異なっているが、これは日本語版では初版を、英語版では『家永三郎集』版を示しているためである。

（11）前掲家永『田辺元の思想史的研究』『家永三郎集』第七巻二二四頁。

（12）家永三郎『日本思想史に於ける否定の論理の発達』。『家永三郎集』第一巻四四頁。

（13）同五一頁。

（14）田口富久治「家永三郎の『否定の論理』と丸山眞男の『原型論』」『政策科学』一〇巻二号、二〇〇三年一月。六三頁。

（15）田辺元『哲学通論』岩波全書版、一九三三年。一二九―一三〇頁。

(16) 前掲家永『一歴史学者の歩み』岩波現代文庫版一四一—一四三頁。『家永三郎集』第一六巻九八—九九頁。

(17) 家永三郎述「一歴史学者のあゆみ——家永教授に聞く」家永三郎教授退官記念論集刊行委員会篇『家永三郎教授退官記念論集1　古代・中世の社会と思想』三省堂、一九七九年。三三二頁下段—三三三頁上段。

(18) 英文は左記のとおり。

Their positing of China is very much like the positing of the Rest in the Eurocentric identification of the West in the paradigm of the West and the Rest.

(19) 前掲家永『一歴史学者の歩み』岩波現代文庫版一四二頁。『家永三郎集』第一六巻九八頁。

(20) 家永三郎『日本思想史に於ける否定の論理の発達』『家永三郎集』第一巻一九頁。

(21) 同書七三—七八頁。

(22) たとえば斉藤了文・中村光世『「正しく」考える方法』晃洋書房、一九九九年。一四五—一四七頁参照。

(23) 前掲家永『日本思想史に於ける否定の論理の発達』昭和一五年発行教養文庫版緒言一—二頁。『家永三郎集』第一巻四頁。

(24) 前掲家永『一歴史学者の歩み』岩波現代文庫版一〇七—一〇八頁。『家永三郎集』第一六巻七六頁。

(25) たとえば家永の「否定の論理」に関する誤読が挙げられる。酒井は家永が『日本思想史に於ける否定の論理の発達』で「仏教徒はむしろ、この世から出発して現実を変えることを願い、道徳的陶冶をとおして国家を変革しようとした」（二九二頁）と述べたとするが、同論文中に家永がそのようなことを明示的に主張した形跡はない。

(26) 前掲家永『一歴史学者の歩み』岩波現代文庫版一〇四頁。『家永三郎集』第一六巻七四頁。

(27) 秦郁彦『昭和史を縦走する—柳条溝事件から教科書問題まで』（グラフ社、一九八四年）、秦『現代史の争点』（文藝春秋、一九九八年。のち文春文庫、二〇〇一年）参照。

(28) 『歴史評論』八六〇号、「特集・家永三郎」。二〇二二年一二月。

第三章　家永三郎研究の論点整理

はじめに

これまでの家永三郎の研究は、平和主義・民主主義との関連を念頭に置いたものが中心であった。いわゆる「中傷」もその評価を逆転することが狙いなのであるから、結局はそのバリエーションであるといえる。また近年の研究状況は著しい混乱状態であり、改めて課題点と方法論を整頓することが求められる。

家永はきわめて多様な側面をもつから、今後その数に見合うだけ多様な角度からの研究が行われるであろう。従来から存在した平和主義・民主主義との関連を念頭に置いた研究も重要である。一方でそのほかにもさまざまな側面から家永に光があてられるであろう。具体的な論点を予言することはできないにしても、誰しもが知っておくべき共通事項については事前に確認しておく必要があるだろう。

自然、「家永について知るべき基本事項を明らかにし、人々に裨益すること」が、本研究の目標となる。ではそれは何であり、どのようにすれば解くことができるであろうか。家永は次のようにいう。

私はあまりにいろんな面に手を出しすぎていますので、おそらく私の人間なり仕事なりをトータルにとらえていらっしゃる方はほとんどいらっしゃらないのではないかと思っています。あまりにも一つの分野からみればはみ出した面が多すぎるのです(1)。

家永を研究するには、「一つの分野からみればはみ出した面」を、専門の視点から一つ一つ拾い上げておく必要がある。そうしておけば、今後の研究はそれを取り掛かりとして押し広げていくことができるであろう。その目標を実現するための最も有益な手段は、各分野の専門家が寄り集まり、総合的研究をすることである。

しかしそれは、現時点では実現困難ではないだろうか。少なくとも筆者一人が代理できる仕事ではないし、今後総合的研究をするにしても、誰かが基本課題を設定することが必要である。そうでなければ、どれだけ多くの人々が寄り集まっても結局論点が拡散してしまい、せっかく家永という同じテーマを取り扱っているのに互いに通約不可能ということにもなりかねない。

そこで、「家永研究の基本課題を探究する」という作業が事前に必要となる。そのためには、家永がもつ多様な側面を導いた何者かを明らかにすることが必要である。そうしておけば、やがて多くの人々が家永を活用する際にも、まずその何者かを理解し、その上で自身のテーマと繋ぎさえすれば、誰しもが互いに裨益することができるようになるであろう。ではその何者かとは一体何であろうか。本論における本格的な探究はここからはじまる。

一、自伝『一歴史学者の歩み』を読み直す

さしあたり、自伝『一歴史学者の歩み』その他各種の自伝類を読み直すところから始めよう。自伝だから脚色も混じっているのではないかと主張する論者もいる。人間というものを考えるならば、たとえ家永であっても脚色や勘違いが全くないとまではいえないかもしれない。だがそういう側面があったとしても、自伝が家永の自画像として最も優れた文献であり、そこに我々の求める何者かを探るヒントが隠されていることは間違いない。

まず、「否定の論理」をめぐる二つの文章に注目したい。

当為と存在の二元論では、なお存在の当為による批判という相対的否定の段階に進み得たにすぎなかったが、今や此岸と彼岸との二元論に立脚する絶対否定の論理が、存在と当為との対立よりもいっそう根源的な世界構造として考えられるに至ったのである(2)。

今の私は大きく変化しているかのように見えるかもしれませんけれども、変化したのではなくて、問題領域が広がっただけであって、根底にはさっき申し上げた有限相対者と絶対無限者とのパラドックスの問題がそのまま持続されているのです(3)。

我々が解明を目指す何者かとは、これであろう。家永の言に従えば、「絶対否定の論理」(＝「否定の論理」)は、家永の「問題領域が広がった」なかでも「そのまま持続」された「根源的な世界構造」である。その内容が明晰に捉えられたならば、家永のもたらした多様な論点もまた「否定の論理」の枠組みとともに捉えることができるはずだからである。

では「否定の論理」はどうすれば捉えられるだろうか。次のような一文がある。

昭和十三年に雑誌『歴史学研究』に連載し、同十五年単行本にまとめて公刊した『日本思想史に於ける否定の論理の発達』と題する拙著は、そのころの私の学問上の問題意識を端的に示すとともに、今日に至るまでの私の思想史研究の方法上の手法のプロトタイプとなった、私にとり思い出深い著書なのである(4)。

青村真明君という人が（中略）こういうことを言っておられるんです。「『否定の論理の発達』以来、氏の思想史学を一貫する〝歴史を素材としてメタフィジーレンする〟と云ったような特長がここにも浮出している」。（中略）私の歴史というのは客観的な構造分析ではなくて、私の哲学を歴史を素材として語っている、端的に言えばそういうことになっていることが多いと思います。しかし私はそこに一定の歯止めをかけており、（中略）実証はいつも厳格にやっております(5)。

家永の膨大な研究著作は、手堅い実証的な歴史研究著作として読むことができる一方、見方を変えると、「歴史を素材としてメタフィジーレンする」、つまり歴史叙述を通じて家永自身の哲学を語るものともなっていると考えられる。しかもその姿勢は、家永のどの研究著作にも貫徹していると考えられるのである。

家永の言に従うならば、何らかの工夫によって、家永のあらゆる著作から家永自身の哲学を読み解き、「否定の論理」と関連づけて理解することができるはずである。つまり、適切な史料操作を行うならば、家永の研究著作はすべて家永理解のための有益な歴史史料となりうるのである。そこで次に、史料化のための工夫を考えてみよう。

二、研究著作を史料化する

家永の研究著作を史料化する方法を探るにあたり、第一章でみた諸先達や、あるいは筆者自身も第二章で行ったように、家永の研究著作群の一節を引いて家永の思想の証拠とする場合がしばしばあることに着目したい。これらを方法として徹底化することはできないだろうか。たとえば『田辺元の思想史的研究――戦争と哲学者』において「否定の論理」を論じていると思しき箇所から引いてみよう（〔括弧〕内は小田の補足）。

滝沢〔克己〕の「この世界の向う側とこちら側と、向う側の事とこちらからの事とは、事実上絶対に逆にすることを許されない順序をもって区別せられている」という主張は真実であると思うし、絶対者と相対者とが可逆的ないし可交換性のあるものとは到底考えられない（そもそも絶対者相対者という対立が絶対に相容れない矛盾の故に対立するのだから、可逆的ないし可交換性のあるはずのないのは、自明である）が、しかし、田辺哲学の特質は、両者を「相互限定的」とすることにあるのではなく、ただ私たち相対者は相対者であるという所与からしか出発できない、相対の自覚とその否定とを媒介とすることなしに絶対者への途は開かれない、という出発点の設定にあったと見るべきではなかろうか。（中略）論理的順序からすれば、絶対者が基本であり相対者が二次的であるとすべきかもしれない。しかし、相対者が相対者であるという所与を飛び越えて絶対者を定立することは、相対者にとって不可能事を強いるものであり、その不可能事をあえて強行するときに、かえって相対者を絶対化する観念論に堕する危険が生まれるのではなかろうか。宗教と哲学との歴史を省みるとき、相対者の自己否定から出発することなしに絶対者の定立から始まる場合にほとんどすべてが陥ったドグマ化の失敗の迹が何よりも雄弁にその危険を物語っていると思われる。いずれにしても、田辺哲学における絶対他者の実在性の論証の欠如が、その思想的限界となっているか、それともその功績として評価せられるべきものであるかについては、さらに今後の哲学者・宗教家の精考に俟つほかないが、私自身は、そのような問題点のあることを十分心得た上で、なお田辺が相対から問題を出発させようとする基本的な態度が、必ずしも田辺哲学の限界ではなくして、むしろ積極的意義ある特質ではないか、と考えざるを得ないのである(6)。

これは家永が哲学者田辺元を日本思想史上に位置づけるために行った議論である。この一文を正確に読むためには、無論、日本哲学に関する高度な専門性が必要である。それは勉強するしかないことだから、精一杯努力することにしよう。その上で、現時点で考えておくべき課題は、この一文をどのように処置すれば家永理解のための史料になるのかを明確にすることである。

まず家永史学の全体にわたる方法論について家永自身が語っている箇所に着目しよう。

> 現在の主体的認識がなければ過去も未来もなく、現在から過去への遡及的把握がなければ歴史は成立しないのである。さらに、将来への積極的姿勢がなければ現在も過去もない。この意味で、主体的・積極的に生きる人間でなければ歴史は書けないのである。将来があって現在があり、過去がある。この歴史認識の現在、過去、未来の三構成的視点に立つときはじめて歴史上の過去がでてくる(7)。

家永によれば、「歴史上の過去」を語る前提として「現在の主体的認識」と「将来への積極的姿勢」があるというのである。そうであるとすれば、家永の歴史叙述からそのような姿勢が浮き出しているところを引き出せばよいことになる。

右史料でいえば、「田辺が相対から問題を出発させようとする基本的な態度が（中略）積極的意義ある特質」という部分がそれに当たるであろう。とすると、その前段、つまり右引用箇所のすべてが、家永による「主体的認識」として浮かび上がってくる。つまり右一文すべてが家永理解のための史料なのである。

この点をより一般化してみたい。家永は史学方法論に関して、論文「日本思想史学の過去と将来」で次のように述べている。

博士〔津田左右吉〕は歴史上の思想に対し常にその意義を評価考察したが、その批評が時に歴史的批判の域を超えて、博士の人生観世界観からする超越的批評の形となつてゐることも尠くない。思想史に於いて批判が内在的批判にとどまらねばならぬことは村岡教授の方法論に説かるる処であり、超越的批判は史学としての役割を脱するものとも云ひ得るけれど、しかし思想史学に於いて思想の評価は学的認識構成の上に必要であり、その評価の正当に行はれるためには、史家が正当なる思想的立脚点をもつてゐることを必要とする。これ、村岡教授も説かるるが如く、思想史研究者にとつて哲学的教養の欠くべからざる所以である。而して史家に一定の立脚点がある以上、その立脚点からの批判がおのづからあらはれることは、果して絶対に不可なりや否や、議論の余地があらう。むしろ問題は、その超越的批判が一面的又は不公平或は機械的なものでないかどうか、史家の立脚点が浅薄偏狭若しくは低劣なものでないかどうかに存するのではなからうか(8)。

家永が述べているのは次のようなことである。「思想史家が思想を歴史的に取り扱って歴史上に位置づけるためには一定の批評が必要である。その作業のためには歴史家自身の批評眼が必要である。それは自ずと研究者自身の思想の現れとなるであろう」。つまり家永の歴史叙述は「超越的批判」の箇所で家永自身の思想の現れとなるのである。これが先程引用した「歴史を素材としてメタフィジーレンする」の意味であろう。またそれゆえに、すべての家永の著作が何らかの意味で家永理解のための史料となりうるのである。

ところでここで留意しておかなければならないのが、家永の実証的な叙述姿勢である。そもそも歴史的評価は常に史実に即して行われるべきである。だがだからこそ史実を離れて自身の哲学を論じる姿勢はどうしても控えめになる。そのため自ずと思想表現としては限界が生じる。結果我々からみて解釈不能な点がどうしても出てくるのである。このような問題は常に発生するものと考え、他の史料と突き合わせる作業が必要となる。つまりすべての史料を総合的に勘案して結論を下していかなければならない。

積極的な課題として捉え直せば、これはまさしく「否定の論理」の歴史的全体像を復元する作業である。すでに確認してきたように、家永によれば「否定の論理」は、最初「否定の論理」論そのものから始まったが、やがて問題領域が広がり、多分野に及ぶものとなった。結局のところ、「否定の論理」の歴史的全体像を復元する作業は、家永の生涯を「否定の論理」との関係で歴史的に描き出す作業となるのである。次にそのために必要な作業を考えてみよう。

三、研究の基本方針を定める

家永の生涯の全体像を描いた著作としては、自伝『一歴史学者の歩み』が最も体系的で優れている。ただし「否定の論理」については、先に引用した「絶対否定の論理が（中略）根源的な世界構造として考えられるに至ったのである」という一文が戦前段階に即して語られるのを最後に言及が途絶えてしまう。そのため、平和主義・民主主義の実践に邁進した後年、「否定の論理」がどのように取り扱われたかは不明瞭である。

またいくつかあるその他の自伝的文章や評伝類も概ね似通った内容である。そのなかで家永『激動七十年の歴史を生きて』[9]の「序章　私の精神的軌跡」は比較的「否定の論理」に寄せられているが、自伝『一歴史学者の歩み』に比べると包括性に乏しい。つまり「『否定の論理』の観点から家永の全体像を描く」作業はまだ行われていないのである。その作業に初めて取り組むことが、本研究全体の課題となる。

作業の基本的な方針は、「自伝『一歴史学者の歩み』を『否定の論理』の側面から肉づけする」ということでよいであろう。では具体的にはどうすればよいだろうか。念頭に置く必要がある二つの指摘を挙げておきたい。

第一に、鹿野政直に次のような指摘がある（傍点小田）。

ただこの作品（自伝『一歴史学者の歩み』）は、家永が初版本の「はじめに」で記しているように、「サブタイトルに「教科書裁判に至るまで」とあったとおり、教科書訴訟提訴後間もないころに、訴訟を起こすまでに至る私の研究者・教育者として歩んできた道を回顧する」のを「主題」とした。その点に制約されて戦後の部分の叙述が、民主化のためのたたかい、逆コースに抗してのたたかいにほぼ集約されてしまったことは否めない。

しかしその間、著者は日本近代思想史を中心に、怒涛のような研究著作活動を繰りひろげていた。抵抗権、憲法思想、家族道徳思想、大学の自治、女性史や戦争史に、突出した関心を注ぎつつ、思想史家として、民主主義精神の発掘と深化に献身した。（中略）きわめて多彩な成果を生み出し、学術上の論点を示すに止まらず、人びとの歴史意識の変革に働きかけた。家永の人生をトータルに捉えるためには、「一歴史学者の歩み」は、それらの点を補って読まれなければならないだろう(10)。

簡単に整理しておくと、『一歴史学者の歩み』は、戦後に関する叙述が「たたかい」に集約されているが、家永の活動はそれにはとどまらない。思想史家としての多彩な成果とそれを通じての歴史意識への働きかけが補われる必要がある、というのが、鹿野の指摘である。我々としては、『一歴史学者の歩み』の叙述を超えて、家永の学問業績をも「否定の論理」との関係で集約する必要があるということになる。

第二に、これは「中傷」といわれるものではあるが、秦郁彦による次の指摘も念頭に置く必要はある。

幸い氏には一九七七年に書いた『一歴史学者の歩み』（三省堂）という自伝があり、詳しい年譜もついている。

家永論を書くにはまず参照せねばならぬ史料にはちがいないが、自伝ほどあてにならぬものはないとの姿勢で検分するのが、歴史家の職業倫理とされている(11)。

自伝に対する批判的吟味の必要性を明確に主張したのは秦を嚆矢とする。秦の家永論は第一章五でみた問題をはらむが、歴史研究の経験則に鑑みて、主たる文献を疑ってみる姿勢自体は常に必要である。この課題を乗り越えるには、自伝を批判的に検討しうるような史料を可能な限り探し出し、それをもとに自伝そのものが家永の理解として優れたものであるかどうかを判定する必要がある。すでに我々は多くの史料を獲得したのであるから、それらを活用し、家永の歴史像を再構成することができる。家永に秦のいうような実態があったのかどうかという疑問さえ、像を描いていく過程で自ずと明らかになっていくであろう。

右二つの指摘をまとめると、家永の平和主義・民主主義実践のみならず学問の展開をも含め、史料を可能な限り再吟味し、それに基づいて「否定の論理」の発達史としてまとめ上げていくことが、本研究の基本的な課題となるであろう。それでは実際の研究テーマをどこに設定すると効果的であろうか。

四、研究上の論点を探る

我々の目標は「家永の生涯を『否定の論理』の発達史としてまとめ上げること」であった。その際、従来の平和主義・民主主義の観点はいうに及ばず、家永の多様な学問業績を念頭に置き、その上で多様な史料に基づいて『一歴史学者の歩み』を批判的に検討し、全体像を打ち出すことが必要となるのであった。さしあたり、平和主義・民主主義と学問業績と「否定の論理」との三つを別個に取り扱い、それぞれから論点を抜き出してみよう。

第一の平和主義・民主主義に関する論点は、すでに歴史学・法学・教育学等の分野にわたり、膨大な研究史が存在する。そのため多様な成果を学び、活用できるようになることが先決である。無論専門家同様というわけにはいかないとしても、少なくとも家永の論旨を理解し部分的に批評できる程度にはそれぞれのディシプリンを知っておく必要がある。その上で、史料的な側面について肉づけを試みればよいであろう。

家永の生涯は、平和主義・民主主義の視点から考えた場合、民主化実践に取り組みはじめた一九五〇年頃を境に大きく二分することができる。また前者は学生時代までと、研究者になってから以降に分けられる。民主化実践に向けた転換過程の実態解明は重大な研究課題であろう。教科書裁判の提起と遂行はその最終局面として位置づけられる。これらの過程を、全体像として描き出し、改めて歴史的に位置づけ直せばよいであろう。

第二の学問業績については、あまりにも膨大かつ多様であるために、体系的な研究はまだ行われていない。また一見、そのような試み自体不可能にもみえる。しかし家永による研究上の観点と方法論が一貫しているとするならば、研究発展と蓄積の内的過程があると考えるのが適切である。またその点を理解してこそ、家永の諸研究は理解でき、かつさらに大きな展望へと広がっていくのではないだろうか。

具体例として、晩年の著作『猿楽能の思想史的考察』を挙げてみよう。

かつて前近代を主とする日本思想史の考察に心がけてきた成果の一端として公にした『日本思想史に於ける否定の論理の発達』『日本思想史に於ける宗教的自然観の展開』『中世仏教思想史研究』『日本道徳思想史』などの拙著において、多くの文芸作品を重要な史料として活用しながらついに謡曲を全然用いることなく、猿楽能の思想史的意義に言及することなくしてすませてきたことを、最近とみに遺憾に感ずるようになり、ぜひ往年の拙い研究の欠落部分を補完しておきたいと考えるようになったからと、いま一つは、従来ほとんど学界で問題とされていなかった十五年戦争下の能・謡に対する弾圧事件の経過とその意義を考える作業を通じ、そこから大成期の猿楽能の思想史的基調を逆照射する可能性と必要性とがあるのではないかと考えるようになったためと、の二つの理由に基くのである(12)。

たとえば、能楽研究の立場からこの著作に対すると考えよう。その場合、まず全文を理解しなくてはならないから、家永の問題意識全般に立ち入っておく必要がある。では右に書かれた問題意識とは何であろうか。

本文を読み解いていくと、家永が挙げる第一の理由は、「否定の論理」の観点における猿楽能の意義の発見と連動していることが窺える。そこで本書の読解にはまず「否定の論理」の概念とその研究発展の経緯を理解する必要がある。また先行する『日本文化史』が一九七七年第二五刷重刷において書き改められた際、家永ははじめて猿楽能を論じていたことも示唆されている(13)。したがってその間の経緯も押さえておく必要がある。

また第二の理由は、戦後家永の主要な研究テーマである平和主義・民主主義の課題と明らかに連動している。この視点を理解するためには、戦後家永がどうして平和主義・民主主義の課題に取り組むことになったか、そしてどのようにして猿楽能研究に反映させているかを把握しておく必要がある。

総じて、『猿楽能の思想史的考察』を理解し研究史上に位置づけるには、戦前戦後を通じた家永の研究経緯を系統的に理解し、その上で当面するテーマに合わせて具体的に解釈していく必要があるのである。これは右書のみならず、家永の関与したどの研究にもいえることである。

さらにいえば、家永の問題意識は、とくに平和主義・民主主義の観点において、同時代の多様な学界を代表するものであった。だからこそ、家永の研究経緯を可能な限り深く踏まえ、批評するだけでも、戦後日本学術における問題意識の重大な部分を踏まえ、乗り越える指針が立つ。本研究では今後そのような研究成果を産み出しうる下地となるような整理を試みる必要があろう。

第三の「否定の論理」については、きわめて難解であることもあり、研究史をみる限り議論は不十分である。そもそも、本当に家永のいうように家永の仕事をすべて「否定の論理」で律しきれるのかということ自体一つの問題である。また律する見通しが立ったと仮定して、結局具体的に「否定の論理」とは何なのかという問題もある。これらを事実に基づいて解明していく必要があろう。

右三つの論点を総合してみると、第三の課題は、第一と第二の課題を考察する過程で論点の全体像が浮かび上がり、解明の緒をつかむことができるであろう。また第二の課題は、第一の課題を検討する過程で浮かび上がってくるものと予想できる。そこで実際の研究においては、「否定の論理」をある程度の目処としつつ家永の通史を描き出し、続いて家永研究上必要と思われる各論を論ずる。それらの認識の上に立って「否定の論理」の概要を明らかにするという順序を辿るのがよいであろう。歴史的位置づけはこれらの見解に立脚すればよい。では「否定の論理」を解明することで、いかなる成果が期待できるであろうか。節を改めて、考えてみたい。

五、「否定の論理」研究の見通し

ここまで実証上の技術的問題を中心に述べてきたが、実証研究が優れた成果を挙げるためには、必ず大局観を持った仮説がなければならない。すなわち、そもそも「否定の論理」とは一体どのようなものと予想できるのであろうか。また「否定の論理」の解明を通じて、単に家永を理解するのみならず、それ以上の何らかの成果が挙がることはあるであろうか。もしそうしたものがありうるとすれば、ぜひ期待を込めて、予測を立てて考えておく必要があるであろう。

先達による「否定の論理」の理解は、本論第一章二で見たベラーの見解を基礎とするものが多いが(14)、必ずしも見解の一致がみられるわけではない。しかし概ね、宗教的かつ実践的立場である点については一致している。また本章第二節でも確認したように、それは田辺元や滝沢克己を論じうるような宗教哲学的論理としての特色を具えていると考えられる。とするならば、まずは日本哲学を目処に仮説を構成し、期待しうる成果を確認するところから始めるべきであろう。

もし「否定の論理」が何らかの意味で哲学的意味を含むとすれば、我々自身が哲学的に思索しつつ「否定の論理」に対するのでなければならない。そのためには哲学的にみて可能な限り広くかつ深い視野を要する。哲学への入口は無数にありうるが、ここでは最大公約数的に、「否定の論理」との関連で日本における哲学の成立発展と世界哲学との関連を見通すことを試みる(15)。日本哲学史の展開のうちに世界思想の枢要かつ困難な諸課題が集中的に表現せられており、かつ「否定の論理」がその解決の糸口となりうることが窺えるであろう。

さて、古代ギリシアに生まれ、一五四九年のザビエル来航以後キリシタン信仰とともに日本に入り込んだ哲学は、キリスト教弾圧により一旦廃れるが、蘭学研究を通じて復活し、明治前期には西周らの哲学となって現れる(16)。当時日本はペリー来航から明治維新を経て殖産興業的近代化に邁進していたが、明治中期になると立身出世の道が飽和し、行き先を見失った煩悶青年たちによって、初めて、「人生とは何か」が問われはじめた。日本哲学にも通底する問題意識である「人生への問い」が現れたのである(17)。

西田幾多郎による一連の思索は、一九一一年刊行の『善の研究』によって日本独自の哲学として現れ、人生論的姿勢をも典型的に体現した(18)。西田の思索はきわめて難解であるが、西田の思索に徹することそのものが我々に「哲学する」姿勢を体得させるであろう。その後も思索を深めた西田は、最晩年の論文「場所的論理と宗教的世界観」においてて、絶対者と相対者との「逆対応」の関係を見出した。

西田は次のようにいう。「否定即肯定の絶対矛盾的自己同一の世界は、どこまでも逆限定の世界、逆対応の世界でなければならない。神と人間との対立は、どこまでも逆対応的であるのである。故に我々の宗教心というのは、我々の自己から起るのではなくして、神または仏の呼び声である」[19]。歴史的相対的に規定された人間から絶対的一者に到達することはできない。ただ既に在ったところの絶対者の呼び声に呼び覚まされて、そこに世界の働きがあることが知られるのである。

西田はあるいは次のようにも述べる。「歴史的世界は、絶対現在の自己限定として、いつも内在即超越、超越即内在的であるのである。かかる世界に沈心して、その歴史的課題を把握するのが、真の哲学者の任であらう」[20]。絶対者の既在性のうちに、時間的空間的性質のうちに往来する相対者たる人間は抱擁される。そうした関係の下で、相対者は歴史的必然であると同時に絶対者からの呼び声であるところの歴史的課題に身を致す。この事態の自覚の下でこそ歴史というものに相対し、歴史的任務を負うことができるのである。

この思索は西田の盟友であった鈴木大拙によって「AはAだというのは、AはAでない、故にAはAである」とも定式化されている[21]。この立場は、『大乗起信論』に「一切の言説は仮名にして実無く、但妄念に随うのみにして不可得なるを以ての故に、真如と言うも亦相あること無し。謂く言説の極、言に因って言を遣るなり」とあるのとも同一である[22]。既在性は、あらゆる解説的説明ではなく、それそのものに徹することによってのみ覚知されるのである。

絶対者の既在性への思索はその後も引き継がれ、久松真一は絶対者の既在性に裏づけられて在るがゆえに人間は絶対的に自由であるとし[23]、滝沢克己は人間は決して絶対者の既在性に逆らうことができないことを強調した[24]。さらに一九八〇年代に入り、井筒俊彦はグローバリズムを念頭に、絶対者の既在性を基調とする共時的構造化の方法により西洋哲学を越える東洋哲学を構想した(25)。

グローバル化の進む社会においては、国家やイデオロギーを越えた世界的な融合がますます進み、それだけにきわめて巨大な部面から、きわめて細かな部面に至るまで、きわめて多くの対立が発生するであろう。それはたとえば、一九九四年、国連において、国家レベルを前提とした従来の安全保障から、人間レベルの安全保障にまで視野を広げた「人間の安全保障」概念が提唱された点にも示される(26)。こうした時期にあたり、世界諸思潮の対等な融合の展望を示す哲学が現れたことは、きわめて意義のあることであろう。

井筒による思索は発出論的傾向を帯びるが(27)、東洋すなわちイスラム以東日本に至る諸哲学を、「意識」の多層体系として対話的に融合させた規模雄大なものであった。近代的西洋中心主義の超克と諸思想融合のための世界的展望が、奇しくも日本語によって成り立ったのであった。井筒の提示した意識の構造に、井筒の分析から漏れたサハラ以南アフリカ・オセアニア・アメリカ先住民などの思索を融合すれば、まさに地球世界の融合しつつある現代と未来における世界哲学の論理が形成されるであろう。

だがこうした一連の思潮に対し、強い批判が浴びせられてきたことも事実である。その原型はマルクス主義思潮の影響を受けた田辺元の「西田先生の教を仰ぐ」に見出される(28)。すなわち西田による一連の思索は、実践性を基軸に考察するとき、所詮現実的実効性をもたないのではないかという主張である。同質の主張はマルクス主義哲学はいうに及ばず(29)、部落差別問題を背景とした袴谷憲昭の「本覚思想批判」にも見出される(30)。田辺を典型とする諸批判は、歴史的文脈およびそれを踏まえた実践問題が無視できないことを示唆する。

絶対者の既在性の探究は、根源を求める思索を徹底する過程での出来事であるから、実践的問題を直接説明する必要はないのかもしれない。とはいえ、絶対者の既在性を基礎とする思索が実践問題を十全に説明できず、しかも部落差別のような日本社会の宿痾までもが絡んでいるとすれば、西田から井筒までを直線的に結ぶだけでは、今なお世界中に蔓延する貧困や差別に対処することも難しく、世界的な展望として不十分であるかもしれない。何らかの意味で、既在性と実践性とを結び合わせる論理が形成されることが望ましい。

さらにいえば、現代日本において思索するには、現代日本を決定的に規定した戦争体験とそれを踏まえた諸実践の省察が避けられない。日本国憲法前文の「日本国民は、恒久の平和を念願し、人間相互の関係を支配する崇高な理想を深く自覚する」という言葉をどのように評価し、未来に差し渡すかという問題といい換えてもよい。ところが井筒は共時的構造化の方法において、日本を含む「東洋」諸思潮の歴史的文脈を方法的に捨象した(31)。つまり西田から井筒に至る思索だけでは、どうしても不十分なのである。

この視点から見直すと、井筒においては、サルトル批判から出発することによって西洋哲学史が歴史的に踏まえられ、しかも研究言語として意図的に日本語を選択し、叙述を進めている(32)。そのため、事実上西洋哲学史の延長上に世界哲学が構想されており、しかも日本が西洋の代理人のようになっている。これは壮大なオリエンタリズムではなかろうか(33)。井筒の成果を念頭に置きつつも、理論構成は一度ほどいて、改めて世界史の展開を念頭に、一地域の事例、すなわちここでは日本の歴史的経験に徹底しながら、世界的哲学を目指し直すべきであろう。

戦後の日本においては、平和主義の理想と冷戦構造の現実に切り裂かれ、冷戦終結後も含め、無数の対立が起こってきた。どの決断も、それが原点と状況とを踏まえた真摯なものである限り、同情掬すべきものがある。我々もまた、過去の原点を踏まえてどのような決意と実践を繰り広げていくかこそが問題であろう。そのためには、原点を批判的に把握し、我々自身の観点を確立するための基軸が必要である。それは、戦後日本の原点を最もよく体現した存在、すなわち、平和主義・民主主義の理想を徹底し続けた人物とその実践、そしてその人物の生み出した論理であらねばならない。

改めて、家永の「否定の論理」である。家永の行跡からみて、家永が日本の歴史的経験に徹し、かつ宗教性と実践性との双方の観点を具えていたことはおよそ間違いない。もしこれら全体がたしかに結び合っているならば、家永による思索の結晶である「否定の論理」は、右にみた複数の難題を踏まえ、世界的に提示し今後とも思索しうる論理として再び浮上するであろう。「否定の論理」の把握は、ただ家永の思想を理解するために必要であるのみならず、家永をめぐる事績を通じた意味内容の豊かな膨らみとともに、将来一切の世界思想の基本論理となるかもしれないのである。

ここに「否定の論理」そのものへの期待がある。とはいえ、「否定の論理」が本当にそのような期待に即するものであるといえるかどうかは、まさにこれから検討しなくてはならない。そもそも家永の思索と覚知がどのようなものかもまだ十分明らかにされていないのである。それをまさにこれから史料に基づいて実証し、そして歴史的に位置づけ、さらなる思索の可能性を提示するのである。その結果において、本節に見た「否定の論理」への期待が現実のものとなるかどうかが明らかとなるであろう。

結びにかえて

本章では、研究史の整理と批判を踏まえ、これから家永三郎を研究するためにどのような視点と方法とを用いればよいかを考察したのであった。いきなり専門家を総動員して家永の業績全部を解釈していく方針は現実的ではないので断念し、今後さまざまな立場の人々が寄り集まって未来をつくれるような家永理解のあり方を考察した。今後の家永理解の上で必ず共有すべき観点として、「否定の論理」が浮かび上がった。また家永の研究著作群がすべて家永理解のための史料となりうることを確認するとともに、今後有益な研究テーマが何であるかを考察した。

具体的には、まず「否定の論理」を一定程度念頭に置いて家永の生涯を再度描き直す。続いて、学問に関わる論点等、生涯を描くなかで浮かび上がってくる家永理解の要点についてそれぞれ論じる。そして最後に、全体を通じて浮かび上がってくる「否定の論理」の概要を検討し、さらに全体を歴史的に位置づける。この順序で作業を進めていくことによって、今後家永を理解する上での基礎を確立することが、現段階の家永研究に必要な作業であり、したがって本論全体の課題となるのである。

ところでここまで述べてきた方法は、結局において、家永を対象とし、家永の思想を実証的に解き明かし、思想像の歴史的位置づけをはかろうとするものである。つまり本論は、家永三郎を家永思想史学の方法によって解き明かそうとするものなのである。本論の研究方法は、家永の方法論のプロトタイプとなった『日本思想史に於ける否定の論理の発達』と、家永が人生の「総括」の意義を込めた『田辺元の思想史的研究』を模範とし、さらに一歩を進めることを試みたものであることをここに明言しておきたい。本書が『家永三郎の思想史的研究』と名乗るゆえんでもある。

（1）家永三郎述「一歴史学者のあゆみ――家永教授に聞く」家永三郎教授退官記念論集刊行委員会篇『家永三郎教授退官記念論集1　古代・中世の社会と思想』三省堂、一九七九年。三一六頁下段。
（2）家永三郎『一歴史学者の歩み』岩波現代文庫版一〇八頁。
（3）前掲家永述「一歴史学者のあゆみ――家永教授に聞く」二九五頁上段。
（4）前掲家永『一歴史学者の歩み』一〇八頁。
（5）前掲家永述「一歴史学者のあゆみ――家永教授に聞く」三一八頁下段―三一九頁上段。
（6）家永三郎『田辺元の思想史的研究――戦争と哲学者』『家永三郎集』第七巻三九五―三九六頁。
（7）家永三郎述・菊池克美筆記「家永史学の基本構想」家永三郎『日本思想史学の方法』名著刊行会、一九九三年。一三頁。
（8）家永三郎「日本思想史学の過去と将来」『家永三郎集』第一巻二四七―二四八頁。
（9）家永三郎『激動七十年の歴史を生きて』序章。新地書房、一九八七年。
（10）家永三郎『一歴史学者の歩み』岩波現代文庫版、鹿野政直による解説。二八五―二八六頁。
（11）秦郁彦「朝日新聞がもてはやした『家永判決』」『現代史の争点』文藝春秋、一二〇頁。一九九八年。
（12）家永三郎『猿楽能の思想史的考察』『家永三郎集』第一一巻五頁。
（13）同七頁。
（14）ロバート・N・ベラー「家永三郎と近代日本における意味の追求」マリウス・B・ジャンセン編、細谷千博編訳『日本における近代化の問題』所収。岩波書店、一九六八年。
（15）以下の哲学史理解は関西大学での井上克人ゼミナールにおける日本哲学史把握を下地とし、筆者が再編を加えたものである。すなわち『大乗起信論』より井筒に至るまでの哲学論理の関連は筆者の理解の範囲において井上の見解を祖述・敷衍したものであり、各種の歴史社会的動向、井筒哲学の社会的意義および田辺以下の各種の論点指摘は筆者が追補したものである。本書の哲学上の課題は、常に、従来対立するものと見られてきた宗教論理と社会実践との関係の調和的な解明を志すことに置かれる。
（16）麻生義輝『近世日本哲学史』近藤書店、一九四二年、および藤田正勝『日本哲学史』昭和堂、二〇一八年、参照。
（17）たとえば筒井清忠『日本型「教養」の運命――歴史社会学的考察』岩波現代文庫、二〇〇九年。第一章参照。とくに四―八頁。
（18）たとえば藤田正勝『西田幾多郎――生きることと哲学』岩波新書、二〇〇七年。とくに序章参照。
（19）西田幾多郎「場所的論理と宗教的世界観」『西田幾多郎全集』岩波書店、一九四九年旧版四〇九頁、二〇〇四年新版三二五頁。
（20）同旧版四四二頁、新版三四九―三五〇頁。
（21）「般若の論理」の立場。鈴木大拙『日本的霊性』角川ソフィア文庫、一九九〇年。三三七頁。

（22）柏木弘雄校注『（真諦訳）大乗起信論』高崎直道・柏木弘雄校注『新国訳大蔵経　論集部2　仏性論　大乗起信論』大蔵出版、二〇〇五年。四三〇頁。
（23）「即無的実存」および「悟りの人間像」の立場。久松真一『起信の課題』（理想社、一九八三年）および同「悟り――後近代的（Post-modern）人間像」（『久松真一著作集』理想社、一九七二年）参照。
（24）「不可分・不可同・不可逆」とくに不可逆性の立場。滝沢克己『西田哲学の根本問題』とくに第一部二―五参照。『滝沢克己著作集Ⅰ』法蔵館、一九七二年所収。
（25）「意識・存在のゼロ・ポイント」「存在分節」「双面性」の立場。井筒俊彦『意識と本質』（『井筒俊彦全集　第六巻　意識と本質』慶應義塾大学出版会、二〇一四年、他版は同書解題参照）および『東洋哲学覚書　意識の形而上学――「大乗起信論」の哲学』（『井筒俊彦全集　第十巻　意識の形而上学』同、二〇一五年。他版は同書解題参照）参照。
（26）UNDP（国連開発計画）『人間開発報告書　一九九四』第二章。日本語版、国際協力出版会、一九九四年参照。
（27）井筒の発出論的傾向とその懸念点については井上克人「書評　澤井義次・鎌田繁編『井筒俊彦の東洋哲学』」『宗教哲学研究』二〇二〇年三月、参照。
（28）田辺元「西田先生の教を仰ぐ」『田辺元全集』所収。第四巻、筑摩書房、一九六三年。
（29）たとえば戸坂潤『日本イデオロギー論』一二「無の論理は論理であるか」参照。『戸坂潤全集』第二巻、勁草書房、一九六六年。
（30）袴谷憲昭「『大乗起信論』に関する批判的覚え書」「差別事象を生み出した思想的背景に関する私見」（『本覚思想批判』大蔵出版、一九九〇年所収）参照。なお同「京都学派批判」『批判仏教』（同、同年所収）をも参照。なお袴谷の「覚え書」と同様の見解はすでに「水平社宣言」起草者西光万吉による「業報に喘ぐもの」に見え（一九二二年初出。『西光万吉著作集』濤書房、一九七一年所収）、問題の根深さを窺わせる。
（31）井筒俊彦『意識と本質』後記。全集版三〇七頁。なお岩波文庫版四一一頁。
（32）同、全集版三〇九―三一一頁、岩波文庫版四一三―四一五頁。
（33）イスラーム哲学からの同様の批判としてバフマン・ザキプール『井筒俊彦の比較哲学』知泉書館、二〇一九年、とくに第一〇章「反対のオリエンタリズム」参照。

第二部　家永三郎の思想的実践的生涯

第四章　思想的生涯の出発点——少年〜青年時代に関する新発見の史料を中心に——

はじめに

家永三郎は、すでに繰り返し述べてきたとおり、数々の優れた歴史研究を世に送り出した著名な歴史家であり、また平和主義を基調とする歴史教科書の執筆、そして教科書裁判の提訴者として、歴史家・法律家・教育者を中心に多大な影響を与えた、戦後の著名な平和主義・民主主義の実践家の一人である。そしてその中核に位置するのが「否定の論理」であると考えられた。ではそれはいかなる含みをもって成立したのであろうか。本章ではその出発点を探りたい。この問題の解明は、日本における平和主義・民主主義および学術研究の発達の歴史を知る上でも、きわめて重要な意義を持つ課題であると考える。

家永は自身の思想観とその成立について、自伝『一歴史学者の歩み』において次のように述べている。

私は多くの真理を含む思想、真理と誤謬とをあわせ含む思想、どう見ても賛成できない思想といった区別が立てられると思っているが、あらゆる課題にことごとく完全な答を与え、他の思想をいっさい必要としない、いわば孫悟空の如意棒のような、あるいはアラビアンナイトに出てくる魔法のランプのような、万能の思想があるとは到底信ずることができない。私には、一つの思想をちょうどスゴ六の「上り」のように、そこへ到達すればそれまでの他の思想がすべて不要になりこれからも新しい思想を必要としないような、そんな思想があるとは考えられないのであって、私はどこまでも人類思想史の全発展過程をできるだけ広く見渡し、その中から多くの真理を含む思想をなるべく多様に学びとることによって自分の思想をつちかっていきたいと常に念願しているのである。このような態度に関する限り、私の態度は、昭和七年以来、部分的な起伏や変化はあるにしても、根底においては一貫していると思っている。ただその間に、私の観点が他の人々に比べて、その枠の中でいく度か波を打ってゆれていることは認めなければなるまい(1)。

家永は、「思想」を模索の過程において捉えようとする。そしてこのような思想の見方が自身のうちに成立したのが昭和七年、つまり一九三二年、一九歳の年だというのである。そこで本論では、この時期の家永の状況をとくに思想面から明らかにし、それが家永の生涯に与えた影響について実証的に考察する。この時期の家永の思想と行動の実像を解明すれば、家永の生涯を大きく展望する基礎ができるであろう。

青年時代の家永の実像については、これまで研究が乏しかった。これまでの実証的な家永三郎研究の典型としては、家永の思想に初めて切り込みその後の研究の基本となったロバート・N・ベラー「家永三郎と近代日本における意味の追求」(2)、家永の思想の本質に狙いを定めた菊池克美『家永史学論ノート』(3)、家永死後にその歴史的意義を解明しようとした鹿野政直「家永三郎　求道の思想史学」(4)などが挙げられるが、それらでさえ、青年時代については、家永による回想の聞き取りや回想録の類の読み直しに基づく祖述の範囲を出ていない。

これは端的にいって史料の欠如が原因である。青年時代の家永については、自伝『一歴史学者の歩み』や、『家永三郎集』第一六巻所収の諸史料、小説『真城子』のなかに埋め込まれた自伝的記述等があったが、それらはあくまでも家永が戦後折々の判断に基づいて提示した素材であり、したがって研究する側は、家永の史料選択に従って再検証することはできても、家永による史料選択の判断の当否に遡ることはできなかったのである。それはいわゆる「中傷」の土壌ともなった。

ところがこのたび、家永が中学校以来「自分の書いたものを好んで活字にするという悪癖？に染まった」(5)と述べていたことをきっかけに、実際に第一東京市立中学校の後身である千代田区立九段中等教育学校、東京高等学校の後身である東京大学教育学部附属中等教育学校に問い合わせ、それぞれ寄贈された史料を閲覧したところ、家永の手になる活字類を数多く発見することができた（二〇一三年八月二九―三〇日調査）。また当時の東京高等学校新聞である『東高時報』縮刷版（「東高時報」復刻刊行会編、不二出版、一九八二年五月）からもいくつか記事を見出すことができ、後日さらに御縁をえて史料を追加することができた。

これらの文書の発見によって我々は、青年時代の家永の実像について、今までよりも飛躍的に多くのことを知ることができるようになるのである。これらの文献からは、中学校時代から高等学校時代を中心とする時期の、家永青年の青春の動乱の軌跡が浮かび上がる。新発見の史料のなかには新体詩も三編含まれる（表七、八、一二）のであるが、これは家永自身「中学四年間に私が作った詩は三十編以上もあったように思うが、残念ながらその原稿はなくなってしまい大部分は残っていない」(6)とするうちの三編である。ほかにも家永が信仰を語ったおそらく最古の記事などが含まれ、きわめて重要な史実を提供している。いうまでもなく、これらの文献は記述当時のものであり、家永が後に証拠として提示する予定のなかったものばかりである。

史料全文の紹介は本書付録「青年時代に関する史料」に譲り、本章では、これらの史料を活用し、さらにかつて家永自身が提示したさまざまな文献をも読み直しながら、思想形成の具体像の解明を試みたいと思う。

表　家永三郎青年時代関連同時代史料一覧（全36件、うち新出32件）

番号	題名	家永執筆	新出	書誌			注記
1	日本人の祖先	○	○	『会報』	10号2頁	1928年3月22日発行	
2	校友会委員（昭和三年度）		○	〃	12号27頁	1928年7月15日発行	
3	俳句	○	○	〃	15号55頁	1929年4月30日発行	『会報』旅行研究号
4	豊太閤の人物	○	○	〃	16号16-17頁	1929年4月30日発行	
5	昭和四年度校友会役員		○	〃	17号18面	1929年6月30日発行	
6	巨星堕つるの夜	○	○	〃	18号6面	1929年7月30日発行	
7	函嶺賦	○	○	〃	19号18頁	1929年10月30日発行	
8	鎌倉回顧	○	○	〃	20号12-13頁	1930年1月20日発行	
9	第六回学芸会記事		○	〃	20号19頁	1930年1月20日発行	
10	人類の起原と其の発達	○	○	〃	22号21-22頁	1930年3月20日発行	
11	嗚呼楠正成	○	○	〃	23号59-62頁	（奥付欠）	
12	昭和五年度校友会役員		○	〃	23号77頁	〃	
13	早春賦（訳詩）	○	○	〃	24号50-51頁	〃	
14	自己をみつめて	○	○	〃	25号50-52頁	〃	
15	真夏の夢	○		〃	25号55頁	〃	『一歴史学者の歩み』岩波現代文庫版55-58頁に掲載
16	月光の歌	○		〃	25号60-62頁	〃	同51-54頁に掲載
17	杖の跡	○	○	〃	25号65頁	〃	
18	絵画展覧会に当たつて	○	○	〃	26号78-79頁	〃	
19	尋常科高等科の入学者氏名		○	『東高時報』	52号2面	1931年4月7日付	
20	関ヶ原の露と消えた義人大谷義隆	○	○	〃	54号4面	1931年5月7日付	
21	古典必読論	○	○	〃	73号4面	1932年5月10日付	
22	自然科学の越権	○	○		79号2面	1932年9月25日付	
23	国家哲学の根本問題について	○		『文芸部雑誌』	18号	1933年7月	『家永三郎集』第16巻に掲載
24	偶感二題	○		『第一』	2号88-90頁	1933年12月25日発行	『家永三郎集』第9巻月報に掲載
25	会員通信欄	○	○	〃	2号143頁	1933年12月25日発行	
26	『愛』と『闘争』	○	○	『東高時報』	104号3面	1934年2月25日付	
27	歎異抄私感	○	○	『第一』	3号32-38頁	1934年11月1日発行	
28	会員通信欄	○	○	〃	3号96頁	1934年11月1日発行	
29	歴史に於ける時間の構造について	○	○	『古久志』	1号	1934年11月	個人蔵
30	卒業生に対する図書開放の提議	○	○	『東高時報』	129号2面	1935年6月10日付	
31	現代の問題二、三（原題「現代思想問題一三」）	○	○	『第一』	4号20-25頁	1935年11月18日発行	筆者蔵。『一歴史学者の歩み』岩波現代文庫版95-98頁に抄出。九段中等教育学校には所蔵なし
32	会員通信欄	○	○	〃	4号115頁	〃	筆者蔵
33	？	○	○	〃	6号111頁	1937年11月18日発行	
34	会員通信欄	○	○	〃	6号130頁	1937年11月18日発行	
35	会員通信欄	○	○	〃	7号142頁	1938年11月20日発行	
36	会員通信欄	○	○	〃	10号62頁	1941年12月20日発行	

凡例『会報』＝第一東京市立中学校『会報』、『第一』＝第一東京市立中学校同窓会誌『第一』
『文芸部雑誌』＝東京高等学校『文芸部雑誌』、『東高時報』＝東京高等学校新聞『東高時報』
『古久志』＝東京大学国史学科昭和九年入学生クラス雑誌『古久志』
※『古久志』のみ謄写版。ほかは全て活版。

一、マルクス主義と衝突するまで

一九三二年以前の家永は、身体の弱い文芸好きの少年であった。興味の方向としては、考古学的知識、歴史物語、新体詩などが挙げられる。一〇代のことだから当然ながら、それらはいずれも趣味であって、後の家永の姿を予言する箇所もみられるけれども、全体としてはそのままどこかにまとまっていくような性格のものではない。

まず、歴史や古典への興味について検討するところから始めてみよう。家永は『一歴史学者の歩み』では、「歴史が好き」で、「中学に入るころには、すでに歴史家になろうと考えていた」と述べているが(7)、実際、中学校・高等学校時代の歴史趣味についていくつかの文献を見出すことができた。学術的傾向が強い「日本人の祖先」（表一）や「人類の起原と其の発達」（同一〇）、また物語的傾向が強い「豊太閤の人物」（同四）・「巨星堕つるの夜」（同六）・「函嶺賦」（同七）・「鎌倉回顧」（同八）そして「嗚呼楠正成」（同一一）などである。

ここでは、家永一四歳のときの「日本人の祖先」を紹介しておきたい。

我々日本人の祖先が如何なる人種であるかといふことは、久しい間歴史家の間で疑問となつて居りましたが、近来人類学、人種学、神話学、考古学、土俗学等の補助学科の発達につれて稍明になつてきました。私はこの問題に興味をいだいて左の諸書を読み、之によつて大体次のやうな概念を得て之を別掲の地図の上にまとめてみました。

西村真次　大和時代。黒板勝美　国史の研究。鳥居龍蔵　有史以前の日本。H. G. Wells The Outline of History.

尚製図に当つては別に左の数書をも参考といたしました。

古事記、書紀、後漢書、魏志、諸種の歴史地図、国史大辞典其他。

さて我々日本人は何民族の末かといひますと、実は一種族の末ではなく所謂天孫民族（固有日本人）の血に蝦夷熊襲等数種の異民族の血を加へて成立したところもの《ママ》であります。（中略）

地図は大体拠を「大和時代」所載の図にとり之に諸種の意見及自分の想像を加へて作りました。三韓の人種中弁韓を印度支那族としたのは自分の全くの想像にすぎないのです。聚落の分布は伝説によく著はれる土地古墳の多い土地等を聚落の発達したところと仮定しましたが、倭地方だけは魏志の記述によりました。

家永は自伝に「『日本人の祖先』と題する、学術研究と言えば大げさであるけれども、学術論文をまねた文章を投稿して、地理の浅井治平先生からおほめにあずかったことがある」[8]と述べているが、これがその現物であると考えられる。

家永は種々謙遜しているが、そもそも尋常小学校では神話から始まる歴史を学び、考古学を学ぶ機会のない一四歳がまとめたものと考えると、「自分の想像を加へ」たのは学術としてよくないにしても、参考文献として挙げられた書目といい、家永少年の眼力にはただ度肝を抜かれるばかりである。なおこの関心は、後に家永が『くにのあゆみ』を執筆する際、神話を排除して考古学的な歴史叙述を行ったこととも関係していよう。

一方、物語的傾向の強いものもまた、鑑賞してみるとなかなかおもしろい。たとえば「嗚呼楠正成」（表一一）など、対句の用い方など詩文によほど親しんでいる様子が窺え、それも相当の技量に達している。こうした古典趣味は、東京高等学校入学直後、論述「古典必読論」（表一二）を生み出すに至る。ここでは学生が読んでおくべき古典として「記紀、万葉集、古今集、源氏物語、大鏡、平家物語、新古今集、徒然草、太平記、神皇正統記、謡曲、奥の細道、雨月物語、西鶴、近松、馬琴の作の中代表的なもの各一二」「四書（中略）文章軌範、唐詩選、（中略）十八史略、（中

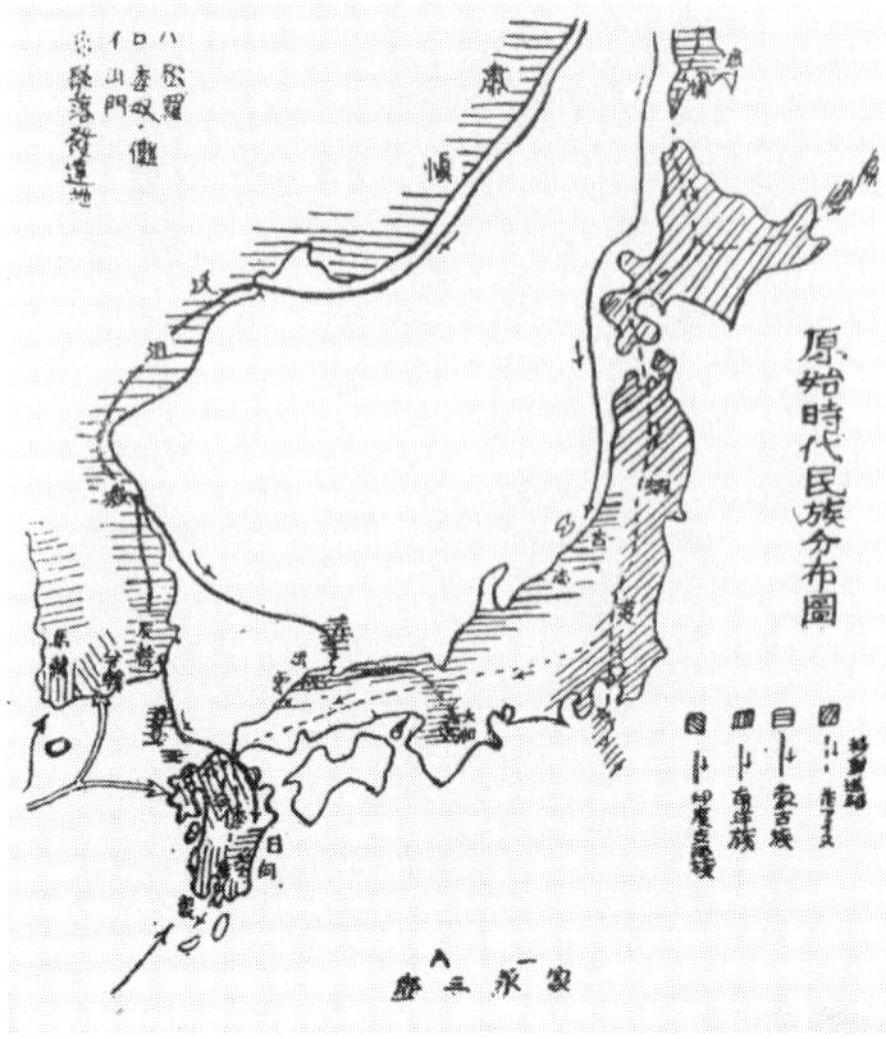

略）法華経」が挙げられている。家永はこの時点ではその全部に目を通してはいなかったようであるが、その後の家永が膨大な文学作品を読み抜いていったことは、後年の家永の歴史叙述からも窺えるとおりである。

次に少し方向を転じて「自己をみつめて」（表一四）を検討してみよう。ここでは、家永の青年としての悩みがみられる。

私は意思が弱いと思ふ。意思で己を征服することが出来てゐたらもう少し人間らしい人間になつてゐたらうにと思ふ。私は先づ意思を強固にせねばならぬ。私はこれを度々痛感した。しかし感じるだけでどうにもできぬには我ながら愛憎がつきる。

（中略）

私は人に頭を下げることが嫌ひだ。だから小学校の頃から級を牛耳つてゐた勢力ある友といつも反対側に立つてゐた。どれだけその為に苦しい思ひをしたかしれぬ。が私はそれが正しかつたと思ふ。こゝいらは長所に属するかもしれぬが正当に頭を下ぐべき時例へばお礼をいふのさへ口が重いに到つては短所の中の短所だ。（中略）

私はよく夢を見る。といつても空想家といふ意味ではない。ほんとうに夢を見るのである。夜と夢とは私にとつて引はなすことができぬ。時には私の生活の主部が起きてゐる時にあるのか寝てゐる時にあるのか見当のつかぬこともある。その為に私は性来の小心者なのにもかゝはらず頗る楽天家となつた。現実が夢で夢が現実だと思へば、どんなに悲しくても涙は出ぬ。涙はこぼれないがそのかはり私の詩が生れる。

こうした自己嫌悪の感情は、やがて身体の弱さと相俟って、家永を宗教論に向かわせる原動力となる。と同時にまた、「勢力ある友といつも反対側に立つてゐた」という、迎合を拒む性質は、戦後の家永の歩みを予言するものかもしれない。

二、十八歳の葛藤

しかしいずれにせよ、この幸福な時代は中学生で終わる。「古典必読論」を執筆公表するのと相前後して、家永は、当時全国的に学生界を風靡していたマルクス主義の思想と出会うことになるのである。家永が入学する前に東京市電争議にかかり、東京高等学校の学生が大量検挙された事件に対する抗議運動が学内で広がっていた。このときの紛争はきわめて激しいものであった(9)。こうした学生世界の葛藤のなかで、家永もまた、否応なく自分なりの態度を決めなくてはならなくなっていったのであった。

このとき友人たちと具体的にどのような会話がなされたかは、今回見出した文献からは明らかにできなかった。しかし一九七二年に出版された家永の小説『真城子』には、一九三〇年代のリロンを舞台に、かつて出会ったマルクス主義者たちの印象から形成したであろう人格・霜田と、家永自身をあらわすと思われる人格・森山とを登場させ、論争を繰り広げさせる場面がある。そこでは霜田が森山をマルクス主義の立場から追い詰め、それを受けた森山はマルクス主義者の知見を評価しつつ、その態度は批判し、地に足をつけて考えていきたい旨を述べている(10)。回想ゆえの多少のバイアスはかかっているとしても、当時の様子を知る上で参考になることを指摘しておく。

この葛藤のなかで、家永はこれまで信じてきたものが全く通用しない現実に直面する。自伝をみてみよう。

このようないきさつを経た後、昭和七年ごろから私の心の中に、徐々に大きな地すべりが生じてきた。（中略）いちばん私にとって決定的な打撃となったのは、今まで一応自分の進路ときめていた歴史への興味を、急速に失なってしまったことである。というのは、私の歴史への興味はさきほど言ったように、物語的歴史への興味であったのであるが、マルクス主義という異質の思想に直面した私は、いかにしてこのマルクス主義からの衝撃に耐えて自分の思想的立場を新しくうちたてることができるかという理論的問題にすべての関心を集中することを余儀なくされ、その結果、理論でない事実に対する興味を失ない、したがって事実を主とする歴史という学問に興味をつなぐことができなくなってしまったのである。（中略）歴史に興味を失なった私の関心は、もっぱら哲学に集中された。マルクス主義にすなおに入ることのできなかった私は、新カント派の哲学に入っていった(11)。

新史料からはどのような姿が窺えるだろうか。家永が『東高時報』に投稿した論述「自然科学の越権」（表二―二）をみてみよう。この論述では、マルクス主義へのはげしい反発がみられ、同時に体制側の「思想善導」の中途半端さが槍玉に挙げられ、さらに哲学の独自性が主張されている。

然し乍ら哲学は遂に自然科学の軍門に下るべきものだらうか、大森氏のいふ如く自然科学の奴隷としてのみ生存し得るものであらうか。吾人はかゝる陳腐なる問題を今更論議する必要はない。科学批判はすでにポアンカレ以来多くの先覚者によつてしば〳〵試みられたる処だからである、畢竟するに自然科学をしてかゝる越権を敢てせしめたるは世人がこの絢爛たる隆盛に魅せられて之に対する厳正なる批判を忘れたことに由る。批判は常に必要である。故に資本主義社会の批判をするのはよい。同時にそれが自然科学に対する批判を怠る何等の口実ともならぬ。
今一つの原因として吾人は現在日本の教育の偏重を数へねばならない。我々は中等教育に於て自然科学の余りに過大なる尊重を見る。此処では世界を原子や電子の集合とのみ考へることが唯一の見方であるかの如く教へておいて一方修身とかいふ名の下に一定思想の強制的注入が行はれ之に対して一言の批判だに許されないのである。批判力の欠亡、素朴唯物観、独裁的雰囲気。そこにはマルキシズムの発育すべき絶好の条件が揃つてゐることを所謂思想善導家は知らないのであらうか。しかし私は今其を問題にしない、唯吾人は自然科学者に対し厳に其越権を警告したいのである、自然科学の世界に於てはもとより其説に聴従せねばならぬ、しかし哲学の世界においてまで其に聴く必要は絶対にない。何となれば哲学も自然科学も各々の先験的予想によつて成立するものだからである。

ここでいう「先験的予想」(「先験的」は現在では「超越論的」と訳される)は、家永が愛読したアンリ・ポアンカレ著・田辺元訳『科学の価値』において、田辺がポアンカレと新カント派の一致点として「先験的の思惟の原理」を指摘したことが下地となっていよう(12)。また家永青年は、一方では国体論に忠実でありながら、修身教育での「一定思想の強制的注入」に学生が反発するのは当然で、そこにマルクス主義の思想運動に魅力が見出される源があるとみている。

家永が当時見聞した国体観念については、ちょうどその時期に東京高等学校で教鞭をとった近藤兵庫の著作『国民道徳の基礎としての倫理学』が『東高時報』紙上に紹介されているから、学生の受容を示す史料として、ここに紹介しておく。

人間の意志の標準となるのは個人的な意思ではなくして普遍的な意思にある。その普遍的意思とは結局国民社会に普遍する意思が最も普遍的な意思なのである。分り易くいふと日本人は日本の国民社会の精神を以て根本としなければならないといふのである。この精神が即ち国民精神であり、国体観念である。で世の中にこれ程正しいものはあり得ないのであつて、これに叛逆するマルクシズムは従つて賊学なのである(13)。

ここでは、国体が最上の価値としていわばアプリオリに決定されており、各個人が自分で考えることははじめから排除されている。家永はこうしたところに、修身教育における「批判力の欠亡、素朴唯物観、独裁的雰囲気」をみたのであろう。しかし一方でマルクス主義者の姿やその理論にも十分には納得できず、そのなかで、それに対抗しうるものとして、新カント派の哲学の見解に展望を見出したのであった。

三、自分の思想を立てる

家永が新カント派の立場に拠ったことを示す記事は、新カント派の立場から国家を哲学的に基礎づけようとした論述「国家哲学の根本問題について」(表二三)にみることができる。この論述の成立経緯と内容については家永自身が戦後とのつながりの視点から公表・解説しているが(14)、今回の調査で当時掲載された現物を確認することができた。『家永三郎集』第一六巻所収のものでは傍点となっているところが圏点であること、および明らかな誤植を除けば、両者に異同はない。

家永はこの論述が自身の精神史上にもつ意義について、『一歴史学者の歩み』で次のように述べる。

私はドイツ西南学派の哲学を媒介とすることによって、従来の日本主義的国家道徳を精算し、リベラリストとして新生の道を歩み始めることとなったのであり、私の精神史は昭和七年を境として、その前後を截然と二つに分ける

ことができるのである。（中略）

この論文のあらましは、「純粋国家」という新カント派的な理念を基本概念とし、規範論的な視点から国家の本質とその妥当性とを理論化しようとしたものである。そこには私が前々から国家主義者であった時の心理がなお尾を引いており、国家を何らかの意味で正当化しようとする動機がはたらいていたことは否定できないけれども、ただ根本的な思想的転換を遂げた後のものであるところから、単に現実の日本国家を即自的に肯定しようとするのではなく、国家を新しい理念に基づいて批判的な角度から再構成し、その上に立って、もう一度その存在理由を再検討しようとする意図を含んでいた(15)。

さてここでは、右の記述を切り口に、青年家永が「国家哲学の根本問題について」を書いた背景にはどのような問題意識が含まれていたかという視点から、改めて検討してみることにしたい。同論述は、「一、国家哲学の方法　純粋国家の形式的意義」「二、純粋国家の実質的意義」「三、純粋国家の範疇」「四、純粋国家の認可性」「五、純粋国家の内在性」の五節からなる。

まず「一、国家哲学の方法　純粋国家の形式的意義」から、方法論についてみておく。（傍点家永。以下同じ）

国家哲学は国家の窮極的なる認識である。凡そ文化現象の窮極的なる認識は必ずや特殊科学の範囲を脱して哲学の領域に入り来る。何となれば科学とは偶然的なるものを蒐集して或は之を普遍化し或は之を記述するにとゞまるからである。（中略）之が価値を批判し意味を求めることは哲学によつてのみ始めて可能である。かゝる意義に於て国家哲学は経験科学としての国家学と相並んでその独自の対象を有することができるのである。（中略）この絶対的先験概念を私は純粋国家と呼ばうと思ふ(16)。

家永はここで、科学的認識に基づく「国家学」とならんで、理念に基づき価値を把握する「国家哲学」の視点を立てる。家永は「自然科学の越権」において、先験的（超越論的）立場から科学的認識の限界を指摘したのであったが、ここではその観点がさらに敷衍されている。これはマルクス主義者ともまともに向き合うことをも意味するものであって、先ほどみた「これに叛逆するマルクシズムは従つて賊学なのである」という国家主義者の態度とは全く異なる。

次に「二、純粋国家の実質的意義」から、純粋国家概念の特質についてみておく。

凡そ諸々の文化価値は其種類の如何を問はずすべて実践的である。実践的なることは価値自身のもつ本性であつてこゝに改めて述べるまでもない。而してそれと同時に実践の対象も亦必ず文化価値であらねばならぬ。（中略）この両者の関係は理想主義哲学に於ける基本的命題であつてあらゆる論理の出発点であると思ふ。今この関係を私は特に実践の公準と呼ぶことにする(17)。

家永の「実践の公準」という「基本的命題」の由来は明らかではない。国会図書館デジタルコレクションから蔵書の全文検索によって調査を試みてみたが、そのキーワードは前例をみなかった(18)。今のところ、家永独自の整理とみるのが有力であろう。一般に「文化価値」は真善美を意味し、新カント派とくに西南学派の標語であって、それを採っていることは間違いない。いずれにせよ、これによって、家永は国家主義でもマルクス主義でもない、一つの原理のもとに立ったのである。

次に「三、純粋国家の範疇」から、国家の任務をみておく。

純粋国家は国家の理念であり国家の所与はこの理念によつて先験的の形式に組織せられ同時にこの形式により常

に規正せられる、この場合その形式を純粋国家の範疇といふのである。更に亦この範疇に規正せんが為に国家生活の方向を指導するものを国家政策原理といふ[19]。

ここでいう「国家の所与」というのは、第二節に「歴史的内容を帯びてあらはれたものが所与国家である」[20]という一文があるから、具体的には一九三二年時点の日本国家が強くイメージされていたであろう。それを「先験的の形式」つまり「文化価値」に規正するのが、「国家政策原理」の役割である。参考文献に「四、国家政策原理について（中略）世界主義については朝永三十郎『カントの平和論』H. G. Wells, The Outline of History.」[21]とあるから、カント『永遠平和のために』を念頭に置いた世界的展望のもとに国家を排列することが基本的な指針となる。つまり家永が理想としたのは国際協調主義であった。ところが実際の日本国家は、一九二一年の満州事変、そして一九三三年の国際連盟脱退によってその道から外れ、一九四五年の敗戦を迎えることになる。戦時下の家永が日本の戦争全般に対して批判的であったことの源流の一つは、この純粋国家への思案に求められるだろう。

最後に、「五、純粋国家の内在性」から、歴史との関係について触れておく。

こゝに於て範疇を以て特定の所与を規正せんとするとき、即ち一の具体的国家政策を立てんとするときその政策は必ず其所与国家独自の個性に基くものであらねばならぬ。（中略）この点に於て吾人は当為の世界に於て歴史が如何に尊重せらるべきであるかといふことを明瞭に理解し得るであらう[22]。

最後の「この点に於て」以下の一文は、全文を締めくくるものであるが、論述全体のなかで歴史を議論する文辞は出てこないので、やや唐突である。おそらくここに、家永が自伝でいう「国家を何らかの意味で正当化しようとする動機」の心情が隠されているのではなかろうか。ただし趣味の歴史はもはや居場所がなく、そのまま衰滅していくことになる。

こうして家永は、自身の思想を立てていったのであった。むろん、家永の立論が純理論的な意味で精緻であったかどうかについては、やや疑問の余地がある。しかし高等学校の学生にアカデミズム並の精緻さを求めるのは不可能であるし、そもそも思想は観念のみで成立するわけではなく、問題意識において歴史と接触するものであるから、歴史的評価においてはその点を視野に入れるべきでもあろう。

その意味で、家永の思想は、当時の家永自身の置かれた東京高等学校という環境を充分に踏まえた、質の高い思想であったといってよい。またこの思想的努力を通じて、家永は、各思想の賛同すべき点と反対すべき点とをみきわめる力を身につけようとしたのであった。後に出ることになる家永の膨大な思想史研究が、いずれも対象の思想がもつ意義と限界とを指摘して終えるものであることも、こうした態度に由来していると考えられる。

四、信仰論への傾斜とその後

マルクス主義の問題が一段落したからであろうか、この時期から、家永の関心の方向は社会的な視野よりは個人的な問題のほうに軸足が移っていく。家永は『一歴史学者の歩み』において次のように語る。

昭和七年の思想的転換以後の私は、その初期においては、もっぱら個人的＝内面的な問題にのみ関心を集中させた。というのは繰り返し述べてきたように、私は自分の能力と肉体的苦痛に対する苦しみに耐えかねて、何よりもまず自分の体験を媒介とする人間有限性の問題について真剣に考えなければならなかったからである(23)。

家永は、自身「ほとんど全身にわたり、どこかに故障があって、完全なのは耳と足ぐらいで」、日々「肉体的苦痛」とたたかっていた。「小学校時代から不眠症」を患い、中学校からは肋膜炎の後遺症で「少し疲れるとすぐに上半身に鈍痛を覚え、全身がなんともいえない不快感に陥り、ときには微熱が続いたりする」ようになり、「大学入学の前後から永久的慢性胃腸病の症状を呈し始め」るなど、複数の疾患に悩まされていたという(24)。

そのような時期に、私はたまたま親鸞の語録である『歎異抄』を読んだ。「(中略)他力をたのみたてまつる悪人、もっとも《もっとも》往生の正因なり。よりて善人だにこそ往生すれ、まして悪人は、と仰せられさふらひき」(中略)とかいう言葉が、強く私の心を打った。

新カント派の哲学から思索生活に入った私は、初めのうちは理論的な世界観というものは、西洋哲学以外にはないかのように考えていたが、日本の思想の中にも、このようなすぐれた思想があるということを知ったのは、私に新しい視野を開かせるきっかけとなった。

私は、葬式法要という儀礼の場だけで知っていた仏教を新しく見直すに至った。そしてこれと並行して私の目はキリスト教に向かっても開かれていった。ことに『ロマ書』に書かれているパウロの言葉には私の胸をつくものが少くなかった。「凡《すべ》ての人、罪を犯したれば神の栄光を受くるに足らず、功《いさお》なくして神の恩恵《めぐみ》によりキリスト・イエスにある贖罪《あがない》によりて義とせらるるなり」とか(中略)いう言葉は、何と親鸞の教えとよく合致していることであろう。

親鸞と聖書とを通じて、私は宗教の問題と真剣に取り組むようになった。聖徳太子の「世間虚仮、唯仏是真」という言葉に感激したのも、こうした背景があったからである。そうして、それを私は自分自身の能力の限界、肉体の限界という体験によって理解し、そのような自己の苦しみに人間の本質的な罪のシンボルを見出すとともに、その人間の一人としての自己の罪の深さを自覚するようになったのであった。当為と存在との二元論では、なお存在の当為による批判という相対的否定の段階に進み得たにすぎなかったが、今や此岸と彼岸との二元論に立脚する絶対否定の論理が、存在と当為との対立よりもいっそう根源的な世界構造として考えられるに至ったのである(25)。

これまでに家永は、国体観念とマルクス主義との相克のなかで、新カント派の哲学を自身の思想の基盤に据え、国家と歴史とを自身の思想のなかに再度位置づけることができていた。ところが、今度は国家のことではなく、自分のことが自分で認められないという状態に気がついたのであった。この意味で、家永が愛読したリッケルト『認識の対象』の末尾で次のように述べられていることは興味深い。

哲学の体系に於て、この問題の取り扱はれるのはたゞ認識の人と信仰の人との関係を闡明すべき場合、即ち宗教哲学に於てである。吾々はこの認識の限界といふ処で吾々の研究を止めようと思ふ(26)。

新カント派の哲学は一般に理念の哲学であって、そもそも、生を問題にする哲学ではないといわれる(27)。こうして家永は、ほんのわずかな期間のうちに、再び理論の助けを失い、問題の前に自分自身をさらけ出さざるをえなくなったのであった。

そうしたなかで家永青年が見出したのが、信仰の立場だったのである。その最初期の姿を示す史料も新しく見つかった。その一つである「歎異抄私感」(表二七)を、以下検討してみよう。

不幸にして私は資性鈍闇に生れ何をやつても行くとして不可といふありさまであり加之病弱の身は常に死の影を目前に見て居る為め従つて生の苦悩やその無力をも一層痛切に感じるのでありそれだけ又その有限性を否定して無限の生命に転入し現世を厭離して彼岸を忻求しようとする要求も自ら強からざるを得ぬのである。不信不学の私が仏教の高き教に接しこの歎異抄の如きありがたき聖教をかゝぶることのできたのも偏にこの御蔭に外ならないであらう。前にも述べた様に結局人生は対立の悲劇を免れぬものであるならばより深く苦しみより傷ましき悲しみに泣く人程人生の真底を極めることになりそれだけ救はれる喜も大きいといはねばならぬ。『悲しむ者は幸なり』といふ聖書の言葉もかく考へる時特にしみじみと感じられるのである。

ここで興味深いのは、さきほど家永が語っていた内容、すなわち身体の苦痛からくる劣等感、そのなかでの歎異抄と聖書への感動、そして救済の確信という流れがそのまま揃っていることである。家永は新たな展望を信仰の立場のうちに見出したのであった。

そしてこのとき、これまでの新カント派の立場は宗教の立場によって一旦否定され、その上で宗教の立場の下に位置づけられ、復活することになる。「歎異抄私感」を続けて検討しよう。まず一旦の否定から始めたい。

例へば道徳に於て善と悪とは何処迄も峻厳に対立する二の極である。実践の立場に立つ限り価値と反価値との矛盾は所詮免るゝ能はざる処であらう。この対立あるが故に我等は価値を求め反価値を捨てるべく日夜営々として苦闘の生活を続けねばならない。そこには従つて人と物と、主体と客体と、我と環境との対立があり闘争がある。与へられたる運命を負ひつゝ有限の身を以て無限の理想を追求する人間の生は既に必然的に悲劇としての性格を形作つてゐるといはねばならぬ。（中略）

しかし一たびこの立場を超越する時そこに新たに展開されるのは愛の世界である。この世界に於ては最早価値として特に歓喜せられる程のものもない。一切の有限者はそのまゝ無限となり対立の苦しみは和解の和らぎと変ずる。『及び難きものこゝに事実となり名づけ難きものこゝに達せられる』世界である。それは諸法実相の世界であり三諦円融、究竟涅槃の境界である。前の対立闘争の立場が道徳の立場が道徳の世界を意味するならばこの愛の立場は即ち宗教の世界といへよう。

家永は信仰の立場において、「実践の立場」が常に限界に逢着せざるをえないことを指摘する。人生は悲劇であることを受けとめた上で、宗教の世界に身を委ねるとき、そこに救いがあるとするのである。こうして新カント派の理念は、救済の前段階として一旦位置づけられることになる。先ほど引いた「相対的否定の段階」と「此岸と彼岸との二元論に立脚する絶対否定の論理」とは、それぞれこの段階を指しているだろう。

その上で実践の立場は再度復活する。再び「歎異抄私感」をみてみよう。

宗教は超道徳的でありそれ故に実践の苦悩を解脱し得るのであるがそれは決して実践を逃避しそれを捨棄するものでないことを深く記録せねばならぬ。有限的存在としての人間は一方に於て愛の世界へ没入する喜びをもちながら一方に於て何処までも対立の世界の内に足をふみしめてゐることを忘れてはならない。色は即ち空であつても空も亦即ち色たることを免れぬのである。俗諦を離れて第一義は存しないのである。この弁証法的構造こそは宗教の根本命題でありこれは見失はれる処に宗教にとつて致命的な陥穽の存することを注意したい。（中略）ことにかゝる教の鼓吹が不合理な社会制度にあへぐ民衆をして消極的なあきらめにとゞまらしめ改造運動を阻むに到つてはその害毒極れりといふべきである。

家永がここで強調するのは、信仰の立場がそれのみで遊離して存在しているのではなく、信仰は悲劇を知るところに生じ、また信仰者も常に現実社会の下にあるという認識である。わけても「ことにかゝる教の鼓吹が」以下の記述は、家永が当時から社会に対する能動的な行為の重要性を認識していたことを示唆するもので、戦後における社会実践の思想的基盤がこの時点で成立していたことが窺える。

家永の思想は、この時点では、マルクス主義との葛藤から生まれた問題意識が強く影を落としている。だが、現実の社会がいよいよ暴力的傾向を強めるなか、家永は社会改造への動きも、また社会状勢に対して批判の意思を示すことも控えていく。戦後、家永自身は臆病であったと反省することになる。

戦後、家永は、かつてマルクス主義の衝撃を乗り越え、また自身の身体的苦痛を乗り越えたように、家庭生活を通じて女性解放指令の価値を発見し、大学での教授会設置運動を通じて法律の意義を見出し、「逆コース」の進展のなかで日本国憲法の価値を見出し、やがて「歎異抄私感」にみられた救済から実践への視点をも復活させつつ(28)、平和主義・民主主義の旗を高く掲げ、大学自治の問題に取り組み、さらには教科書裁判へと進んでいくことになる。

おわりに

一人の素朴な文学少年が、高等学校入学とともにマルクス主義に直面し、そのなかで自由思想的な態度を身につけ、自身の立場として新カント派そして宗教の立場へと進んでいった、というのが、本論で新史料を中心に見てきた家永青年の心の軌跡であった。そしてこの流れは、一九五三年八月「わが著述と思索を語る」で家永自身によって示され、また一九六五年に刊行された自伝『一歴史学者の歩み』に引き継がれた自己認識の大筋と合致するものでもあった。

また「歎異抄私感」からは、家永が青年時代以来、社会の問題と信仰の問題とを両輪で考えていたことが裏づけられた。家永は一九五三年に「私は、今になって自分が消極的な意味での戦争犯罪人——戦争を防止するための義務を怠った不作為の犯罪人であるとの自責の念に堪えない。私は今度こそはその後悔を二度としたくないと思う」と述べ(29)、さらに一九八五年の『戦争責任』でこの一文を引用して自身の軌跡をふり返っているが、戦後このように反省する必然性もまた、青年時代の思索に根ざしていたのであった。青年時代の体験と思索は、家永の生涯を決定づけたものであった。そしてこの時期の蓄積は、一九四〇年代の経験と相俟って、家永が実践家として活躍する思想的前提となる。

(1) 家永三郎『一歴史学者の歩み』岩波現代文庫版一〇五—一〇六頁。
(2) ロバート・N・ベラー著、河合秀和訳「家永三郎と近代日本における意味の追求」マリウス・B・ジャンセン編、細谷千博編訳『日本における近代化の問題』所収。岩波書店、一九六八年。
(3) 菊池克美『家永史学論ノート』私家版、一九八五年。
(4) 鹿野政直「家永三郎　求道の思想史学」『鹿野政直思想史論集』第七巻、岩波書店、二〇〇八年。
(5) 前掲家永『一歴史学者の歩み』六一頁。
(6) 同五一頁。
(7) 以上、同六二—六頁。
(8) 同四九頁。
(9) 『中野区史』昭和編一、三〇九—三一〇頁。
(10) 家永三郎『真城子』文和書房、一九七二年。八一—八六頁。

(11) 前掲家永『一歴史学者の歩み』七七—七八頁。
(12) アンリ・ポアンカレ著、田辺元訳『科学の価値』岩波書店、一九一六年。巻頭解説田辺元「ポアンカレの哲学思想大要」七頁。家永が同書に感銘を受けたことについては家永「田辺先生との唯一回の会話」『教育裁判と抵抗の思想』三省堂、一九六九年。三〇六頁参照。
(13) L. Q. A「新刊寸評　倫理学の参戦—近藤兵庫著—『国民道徳の基礎としての倫理学』」『東高時報』第五四号四面、一九三一年五月七日付。
(14) 前掲家永『一歴史学者の歩み』七八—八五頁。
(15) 同八〇—八二頁。
(16) 家永三郎「国家哲学の根本問題について」本書付録史料23、『家永三郎集』第一六巻一六五頁。
(17) 同一六六頁。
(18) 二〇二四年六月二二日最終確認。
(19) 同一六八頁。
(20) 同一六七頁。
(21) 同一七三頁。
(22) 同一七一—一七二頁。
(23) 前掲『一歴史学者の歩み』岩波現代文庫版一〇六頁。
(24) 同四三—四八頁。
(25) 同一〇六—一〇八頁。
(26) リッケルト著、山内得立訳『認識の対象』岩波文庫、一九二七年。二一一頁。ただし筆者架蔵一四刷では二六八頁。いずれかの時期に紙型が改められたのであろう。
(27) たとえば高坂正顕は次のように述べる。

> 新カント学派はもとよりカントの批判主義 Kritizismus の甦生である。さて批判的であるとは反省的であることを意味する。直接的ではなくて間接的であり、媒介的である。新カント学派はコーヘンに於てもリッケルトに於ても明に文化の哲学である。しかし文化の哲学は生の哲学ではない。彼等に於ては生は文化を通じてのみ理解できるのである。Nietzsche（1844-1900）と Kierkegaard（1813-1855）に於ける露はなる生々しき生は彼等に求む事を得ない。
>
> （高坂正顕「新カント学派（上）」『岩波講座哲学』第一四回配本五、一九三三年。六頁。傍点原文ママ）

新カント派の哲学は一般に乗り越えられるべきものとみられているが、右高坂らによる総括の後、日本では九鬼一人らごくわずかな研究者による思索発展の試みがみられるほかは全く忘れ去られていて、どこに限界があったのかについての整理は乏しい（たとえば大橋容一郎「新カント派再考」（上智大学『ソフィア』四一巻三号、一九九二年九月）では「思想史地図の空白域」と述べられている。その後も情況は困難なままである）。少なくとも一点、家永が新カント派の立場を留保して信仰論に飛び込んだような意味での直接性の欠如があったことは否定できないと思われる。

（28）　たとえば家永三郎「親鸞の念仏——親鸞の思想の歴史的限界に就て」（『大法輪』第二〇巻一号。一九五三年一月初出。のち家永三郎『中世仏教思想史研究　増補版』法蔵館、一九五五年に収録）では、「血みどろの現実をさし措いて『罪障の自覚』に達する契機はなく、罪障の自覚なくして信心獲得の道もあり得ないのである」（『大法輪』二四頁、『中世仏教思想史研究　増補版』二四二頁）という認識が示される。

（29）　「学問をする者のよろこびと苦しみ」一九五三年七月。『歴史の危機に面して』東京大学出版会、一九五四年。

第五章　史学方法論の確立――大学生時代を中心に――

はじめに

「否定の論理」の原型を得た家永にとって、次の課題は、歴史学のなかでそれを活かすことであった。本章では、家永が歴史研究の方法を身につけた東大国史学科での日々を中心に、東大実証主義との継受関係、歴史研究への主体性の導入、そして最初の課題設定に至る過程を、同時代に栄えたさまざまな歴史学のありようも視野に入れつつ、実践性との関係を念頭に、通史的視野に基づいて検討し、ひいては同時代史学史との関係で理解することを試みたい。

家永史学の方法の成立過程とその特質については、家永の自伝『一歴史学者の歩み』に、次のように書かれている。

私の学問には、東大国史学科の実証主義の学風が強く烙印されているのであって、それが他方で哲学青年時代の興味のもち方に規定されている主体的な強い問題意識に発する思想史の方法と、奇妙な形で結びつき、おそらく私の学問に融和することのない方法上の二元的分裂の色彩を露呈させる外観を呈しているのではなかろうか(1)。

歴史学の学徒として思想史を専攻領域として選ぶこととなり、しかも主体的に現実の絶対否定を通しての「救い」の問題に関心が集中された結果、思想史の中でも宗教思想を中心として研究主題が設定されるようになったのは、私にとりきわめて自然の成行きであった。昭和十三年に雑誌『歴史学研究』に連載し、同十五年単行本にまとめて公刊した『日本思想史に於ける否定の論理の発達』と題する拙著は、そのころの私の学問上の問題意識を端的に示すとともに、今日に至るまでの私の思想史研究の方法上の手法のプロトタイプとなった、私にとり思い出深い著書なのである(2)。

家永史学は哲学的問題意識の設定と歴史学由来の実証主義とを、「救い」という観点からの歴史叙述にまとめ上げることによって成立したものと考えられる。そこでこの視点から改めて研究史を見直してみると、その時期の家永に関する研究そのものはすでにいくつか存在するけれども(3)、いずれも家永の自伝『一歴史学者の歩み』をはじめとする家永の自己認識に直接依拠しており、現時点よりみれば自伝類に対する史料批判の手続が曖昧である。前章に引き続き、本章でもこの課題を乗り越えたい。

幸い、今までに知られていた文献のほかに、『史学雑誌』の編集委員であった一九三五年の年度、大学二年生のときを中心に、『家永三郎集』第一六巻の著作目録からも漏れ、これまで知られていなかった記事をいくつか発見することができた。そこで本論では、これまで着目されてこなかったこうした記事をも活用し、これまでに知られた文献を改めて精査した上で、家永の方法論の成立過程について検討を進めたい。記事は具体的には次のとおりである。

「史学会四月例会」(第四六編第六号一一一頁、以下四六．六．一一一と表記)、「名作屏風絵展覧会」(四六．六．一一八―一一九)、「第二回国宝重要美術品展覧会」(四六．八．八五―八六)、「平田篤胤の鈴屋入門の事実とその解釈　村岡典嗣氏」(四六．一一．一〇五―一〇六)、「伊藤博文公展覧会」(同．同．一〇六―一〇七)、書評「史学概論　内藤智秀著」(同．同．一〇九―一一二)、「東京帝大国史学科関西地方修学旅行記」(四七．二．一四〇―一四五。ただし平田主務委員による削除改竄あり。削除部分は「関西地方国史修学旅行記録」として『家永三郎集』第一六巻掲載)、「委員諸氏を送る」(四七．五．一一六。署名「小野」。家永の満期退任を記す)。「歴史に於ける時間の構造について」(東京大学国史学科昭和九年入学生クラス雑誌『古久志』（第一号。一九三四年一一月。一号のみで廃刊。本書付録「青年時代に関する史料」史料29）。

一、歴史学基礎論の探究

前章で確認したとおり、家永はもともと歴史の好きな少年であったが、高等学校でマルクス主義に直面して以来、なぜ国家や歴史は肯定されうるのかといった哲学的な問題意識に心を奪われていた。高等学校時点の家永が哲学の視点に基づいて歴史を語った部分は、文献上、当為の哲学を論じた「国家哲学の根本問題について」の末尾しかみあたらない。前章との重複を含むが引用する。（傍点家永）

こゝに於て範疇を以て特定の所与を規正せんとするとき、即ち一の具体的国家政策を立てんとするときその政策は必ず其所与国家独自の個性に基くものであらねばならぬ。これすなはち国家政策原理の第三原則たる個性化の原則であつて、国家がそれを包含するところの共同社会をして其独自の個性を以て文化生活を営むことを可能ならしめざるべからざることを規定するのである。この点に於て吾人は当為の世界に於て歴史が如何に尊重せらるべきであるかといふことを明瞭に理解し得るであらう(4)。

価値哲学の思惟の特性を念頭に置くと、ここでいっていることは文字どおり「国家のあるべき姿を考察するには歴史の知識が必須である」ことを哲学的に基礎づけたものである。したがってこの議論は必ずしも具体的な歴史研究に向かって進んでいく性格のものではない。「そのころの私の問題関心からすれば、哲学科へ進むのがいちばん自然であった」(5)というから、家永が本格的に学んで展開させたかったのは、当為の哲学か、もしくは新たな関心となっていた信仰の問題かであって、歴史研究によって日本国家の「独自の個性」云々を細論することではなかった、とみなければならない。

東京帝国大学国史学科に入学したのは、哲学研究に必要なドイツ語ができなかったためである。そのため、史学科に入ってからは、強いていえば哲学と近しい思想史研究が志望であった。ところが、こういわれてしまう。

　とにかく私には思想史しかやれそうもないのであるが、思想史は歴史学ではないと言われるおそれがあると、ある上級生から聞かされてますますユーウツになった(6)。

家永が大学生だった当時、東大国史学ではまだ思想史そのものが研究領域としてはっきりと認められるに至っていなかったと考えられる。当時日本思想史の講座として東北大学で村岡典嗣が担当していたものがあり、一九三一年には村岡が東大「倫理学」に招聘されようとした事実がある(7)。一方、一九三六年、国体明徴運動の影響で国から天下り式に国体学講座設置問題が発生した際、講座名の原案であった「日本思想史講座」について文学部教授会が「日本思想史ハ講座トシテソノ名称モ学術的ナラズ、又ソノ内容モ不確定ナリ」と猛反発した事実もある(8)。当時の東大においては、「日本思想史」は、内実の有無にかかわらず、非学問的というあしらいを受けうるものであったと考えられる。結局東大に日本思想史講座が開講され、それを平泉澄が担当したのは、家永が卒業した翌年、一九三八年のことである(9)。

おそらくこうした脈絡からであろう、家永はこの時期、歴史研究に対するある種の哲学的省察、いい換えれば歴史学の方法の原理を探求していた(10)。その内容を、家永が大学一年生のときである一九三四年一一月に発表した「歴史に於ける時間の構造について」に基づいて具体的にみてみよう。

我々が生きてゐるといふこと、且人間として生きてゐるといふことは我々が実践的存在たることを意味するのである。実践的存在にとって時間は等質等速の直線的漂流としての客観的時間ではなく、過去――現在――未来と云ふ関連に於て立体的に構成された主体的時間である。この貴い瞬間たる現在に於て過去は単に過ぎ去りしものではない。我々は未来を前に、過去を背負ひつゝ現在の行為に生きようとするのである。歴史が真に我々の歴史である限りそれはかくの如き関連に於ける歴史であらねばならぬ。そしてかゝる契機に於て成立した歴史の時間的構造が自《おのづ》から時計的時間と異ることは云ふまでもなからう。歴史的時間は単に過去から流れて来るのではなく一見甚だ奇異に感ぜられるかもしれぬが実は未来に始るのである。歴史とは過去の内容が未来の力によって現在の内に統一された姿に外ならないのである(11)。

家永によれば、歴史的時間とは「過去――現在――未来と云ふ関連に於て立体的に構成された主体的時間」である。それは未来に向かって過去をふり返ることで形成される歴史認識である。それゆえに「歴史とは過去の内容が未来の力によって現在の内に統一された姿に外ならないのである」とされるのである。

家永の着想の由来は、「歴史に於ける時間の構造について」によれば新カント派の哲学者ヘルマン・コーエンである。コーエンはマールブルク派の哲学者であり家永が主に依拠した西南ドイツ学派とはやや流れが異なるので検討の余地をのこしているが、いずれにせよ家永はこの時点で歴史研究における「時間」というものについて一つの見方をもっていたことがわかる。

併せて宗教哲学との関連についてもみておきたい。

有限者としての人間はたゞ実践的態度にのみ生きようとすれば、所謂『悪しき無限』の悲哀に陥らねばならぬ。この不安を否定してひとを絶対の世界に転入せしめ救はれざる罪の子と神との和解をはかるものは宗教である。神の愛――例へば弥陀の弘願（『大無量寿経』）といふやうな形で表されるところの――は我々を道徳の世界からより高き世界へと導くのである。之に伴つて歴史も亦一段高い段階に昇らねばならない。かくてこの段階に成立する歴史は自から別の形態をとりその時間的構造も又当然異るものとなるのである。即ちこの愛の世界に於ては過去現在未来の弁証法的相関は解消してすべてが永遠の現在となる。

家永は宗教的時間と歴史的時間の双面(12)から時間というものを考察していたのであった。このことは、一見すると宗教哲学とは自立してみえる家永の歴史研究が、実は常に宗教哲学との双面的関係にあったことを窺わせる。歴史的時間論における主体性と、宗教との双面的関係、以上が家永歴史哲学の基礎構造であると考えられる。

続いて二年生である一九三五年一一月に家永が発表した内藤智秀著『史学概説』への書評をみておこう。家永は「歴史」における「時間」について次のように述べる。

歴史が常に吾人の実践的意思からのみ生れ出ること・従つて歴史的時間は「永遠の昔に始る」のではなくして実は未来から始ること・然も斯る歴史時間は平面的対象的時計的時間と異る立体的主体的構造をもつこと等の重大事実――而してこれらこそ現在の特殊的意義・歴史の書替へ・歴史教育の重要性に答へ得る重要な根拠である(13)

家永が「現在の特殊的意義・歴史の書替へ・歴史教育の重要性」について家永が考えを及ぼしていたことは、後の歴史教科書執筆と関わり、注目に値する。当時はまだ教育には携わっていなかったからかなり観念的な部分もあったろうとは思われるが、家永はこの時点で、哲学的省察の応用として、歴史認識と教育とが同時に成立しなければならないとする視点を得ていたのであった。

かくて家永は歴史学の哲学的原理についての思索の原型を得、さらには歴史学者としての将来に繋がる観点を得たのであった。この史学基礎論は教科書裁判でも語られるなど(14)、生涯にわたって活きることになる。「国家哲学の根本問題について」にみられる「個性化の原則」の方向について、史学研究の方法論から順に詰めてゆく経歴を得たということでもある。

とはいうものの、そもそも家永の志望は哲学であった。東大国史学科に入学した結果、哲学の講筵に列席し同世代の哲学専攻者と哲学専攻者同士の立場から青春の議論を交わす機会を失った。右にみた成果は、ドイツの哲学状況に即して新カント派や宗教哲学について専門的に学ぶ出発点を得る機会を永遠に喪失した代償であった。哲学青年・家永三郎にとっては何とも哀れな話ながら、これが家永史学の本格的な出発点となった。

二、実証主義の訓練と批判

東大国史学科入学初期の家永をめぐる状況については、今のところ同時代史料に乏しい。次善策として家永自身の証言を交えて全体を整理集約してみよう。家永がいた時期の東大国史学科は、次のような世界であったという。

私の入学したところは、清朝考証学とリースの伝えたドイツ実証主義史学とに淵源した実証主義万能の学風で固められており、正統的国家主義道徳とのつながりはあっても、近代的な思想の洗礼を受けていない、いわば無思想的実証主義ともいうべき空気にみたされた世界であった(15)。

思索を愛する一人の哲学青年にとって、「正統的国家主義道徳」を超えた思想的な問題に何一つ触れない東大国史学科の卒業を目指すのは、ひとえに恐怖であり、また苦痛であった。ところがこの恐怖感が、却って家永を実証主義者たらしめることになるのであるから、運命は不思議である。

一学年で三人も不合格になる！　入学早々にうけた恐怖感をもち続けて、自分の資質に合わない学科を無事卒業するためにはただ努力するほかはない。好学の精神に燃えてと言えればカッコいいが、私の場合どうしたら落第にならないですむ卒論が書けるかが、私を必死の努力にかりたてた動機であった、といったほうが真実に近いであろう。どの程度のものを書けば合格圏内に入れるのか、その基準が全然わからないだけに不安がつのるばかりであった(16)。

実証の訓練は、平泉澄から受けたという。

平泉先生の二年目の演習のテキストは「吾妻鏡」であった。この「吾妻鏡」の演習で先生から教えていただいた史料講読の基礎的技術は、その後たいへん役立っており、その意味で私は平泉先生に衷心から学恩を感謝しなければならないのであるが、先生の極端な日本主義には、到底ついて行くことができなかった(17)。

ここでいう「史料講読の基礎的技術」の意味について、家永はいちいち詳しく述べてはいないが、家永の研究全体を通じて、現在の歴史研究者が常用するそれと同じであることは疑いを容れない。原則は家永三郎述「家永史学の基本構想」にいう「過去は現在の必要でねじ曲げてはならない。希望的に過去を色づけてはならない」[18]ことである。

こうしてどうにか実証の技術を身につけつつあった二年生の一二月、家永は修学旅行で関西方面に出向き、とくに薬師寺芸術に感動することになる。

一九三五年十二月、私たち国史学科二年生は、前半は平泉先生、後半はこの年助教授に新任されたばかりの坂本太郎先生引率のもとに一週間の関西旅行に出かけた。はじめて見る古代のかずかずの文化財に私はすっかり魅了された。思想史のほかに日本の歴史に全然興味をもつことのできなかった私は、新しい魅力の対象を見出すことができた。この旅行が「異端」の学生にはじめて国史学専攻生の活路を与えてくれたのである。

なかでも、薬師寺金堂三尊の偉容に圧倒された。このようなすばらしい芸術を生み出した歴史的根源を追求してみたら、卒業論文が書けるのではないか、薬師寺は天武天皇の発願であり、天武天皇を即位させた壬申の乱こそ薬師寺芸術の歴史的根源ではないか、そのあたりをやってみようと思いついた。

しかし、私としてはやはり思想史という年来の目的をも捨てたくない。聖徳太子の「世間虚仮、唯仏是真」の言葉に感動した私は、聖徳太子と壬申の乱とを焦点とし、七世紀から八世紀前半、東大寺大仏建立までの精神史的研究をテーマとして卒論を書こう、と決意した[19]。

このとき家永が書いた感想文「東京帝大国史学科関西地方修学旅行記」は、家永の国家主義批判を平田俊春が見咎め、改竄してしまったことで知られるが[20]、史学方法論上、実証史学批判として興味深いものを含んでいる。

我々がこの地に於て、特に感じたことは、文献的歴史の無力と云ふことであつた。文献は、外延的確実性を持つかもしれぬ。しかし内なるものの汲み出される史料は、常に遺物（物質的遺物のみを云ふのではない）に限られる。斯かる史料に対し、我々は、其の外形に囚はれることなくして、其外形を通路として、之に於て表現せられた、内的者を理解しなければならない。直接的把握は、少くも斯かる対象に向つては、全く無力と云ふ外ないのである。此処に、実証主義史学、文献主義史学の限界があつた(21)。

家永が着目したのは、「内的者」である。東大の「実証主義史学、文献主義史学」のように思想面を扱わないのではなく、家永は思想を一つの歴史的事実、つまり史料として取り扱おうとしたのであった。見方を変えれば、一学生が「思想は史料になる」という根本的な指摘をわざわざしなければならないほど、思想史の研究が進んでいなかったことの証左ともなろう。

三年生になると、家永は必死で勉強しはじめた。

七世紀から八世紀前半にかけての史料を私は夢中になってあさった。なるべく歴史家があまり使わない史料をと思って、万葉集をくり返し読み、『大正新修大蔵経』『日本大蔵経』から中国の史籍まで手をひろげ、史料を書きぬいた半ピラ原稿用紙が机上に山のように積み重ねられていった。結局は断片的引用の集積に終り、古典の構造的分析を欠いた、いわばノリとハサミとの作業にすぎなかったが、史料の引用が多ければ「勉強」したというだけは先生方にもわかってもらえるだろうというつもりで、毎日毎日「勉強」した。文字どおり「つとめしいる」しごとだったといってよい。六十三年の私の生涯の内で大学三年になってからの一年くらい「勉強」した年はないと思っている。そうでもするほかに落第の不安から免れる方法がなかったからであった(22)。

家永は完全に嫌々やっていたようで、発言も歴史学者としては全く志を欠いている。とはいえその様子を具体的に想像してみると、やはり相当の労力を払っている。というのは、たとえば仏典だけでも当時最新の『大正新修大蔵経』計一〇〇巻、『日本大蔵経』全四八巻、いずれも一冊一〇〇〇頁近くのずっしりと重い書籍である。しかも仏教漢文であるこれらすべてに目を通して関連箇所にあたりをつけ、読んでいったことを意味するからである。日本思想史学という特性上、先行研究さえなかなか見出せなかったようである。

日本思想史の専攻を志す私は、国史学科を卒業するために、思想史と文化史とをミックスしたような卒業論文をできるだけ実証主義的方法で書くことにより何とか落第を免れるくふうをする一方、思想史の方法を自分で模索するほかに道がなかった。そのためにいちばん大きな示唆を与えてくれたのが、津田左右吉博士の『文学に現はれたる我が国民思想の研究』四冊（この記述に二〇年先行する自伝『一歴史学者の歩み』三省堂初版九四頁、岩波現代文庫版一一二頁では大学卒業後に同書を読んだとしており、これは晩年の家永の記憶違いであろう――小田注）と村岡典嗣教授の『本居宣長』であったが、その頃の私がいちばん関心の深かった日本仏教思想史については両書からはほとんど教えられるところがなかったので、私自身の貧しい頭で独自の視点を考え出す以外なかった(23)。

ともあれ、卒業論文「上古初期に於ける新文化発展の精神史的考察」は、家永は目次しか示していないので具体的な中身は不明だが(24)、全く常識的な意味での実証訓練とテーマ設定、そして史料採訪の過程を経て、素晴らしい実証論文となったようである。結果として、家永は辻善之助に認められ、史料編纂所に呼ばれることになったのであった。

三、アカデミズム史学の一員として

こうして家永は、自分なりの史学基礎論を持ちつつ、実証主義を身につけた歴史学者として世に立つことになる。卒業論文の時点で両者が調和していたかどうかについては、前述の事情のため現時点では明らかではない。そこでこの問題は史料の存在を確かめられるまでは保留し、ここではその次の問題として、家永の客観的な位置をはかるべく、東大アカデミズムと史料編纂所の位置とに触れておきたい。

史料編纂所はもともと塙保己一の和学講談所の「史料」編纂から出発したもので、それを引き継ぐかたちで行われた維新後の修史事業が一八八八年に帝国大学に移管され、さらに一八九五年には編年史料の編纂に専念する史料編纂掛となった。一九二九年に史料編纂所と改称、辻善之助が所長となったものである(25)。この組織に入ることは、家永によれば、「当時国史学科の卒業生として大きな名誉と考えられていた」(26)。そのことを別の角度から示す、つまり当時の関係者の息づかいを示す格好の記事が、家永より五年早い一九二六年に入学した大久保利謙の証言のうちに見られる。

人脈的にいいますと、史料編纂所系統の重野安繹——三上参次——辻善之助というのが本流なんです。これに対して、古文書の系統は久米邦武——黒板勝美というふうにつながります。ことに辻先生は三上先生と出身地が同じなので、辻先生は一時、三上先生の家に寄宿していたらしい。辻先生ご自身、学生時代は三上先生に学校で監督をうけ、家に帰ってもいっしょなので、四六時中監督されていたと笑っていました。ですから、辻先生は直系で主流なんです。

わたしたちの時代まで、国史学科は辻系と黒板系に分かれていたようなところがありました。辻先生は史料編纂所を守備範囲として、あまり外に出られない。史料をじっくり固めて、それをずっと長く見ていく。寺史の編纂などもてがけていました。これに対して、黒板先生は野党ですから、京都とか奈良とか、民間の研究施設にもどんどんでかける。宮内省に密着したのも黒板先生の方だった。黒板先生の守備範囲は大変広くて、弟子もあちこちにいる。児玉幸多さんもその一人でした。

わたしのクラスでは、森末義彰さんと小野晃嗣さんが史料編纂所に入っています。辻先生の系統として続いていくわけですが、学部の方はだんだん黒板先生の系統が主流になっていくという感じもありました。平泉先生は最初三上先生で、それから黒板先生の方に移っています。こんなことは学生には関係ないことなのですが、卒論の関係とか、卒業したあとの配置とか、何となく系列化していました。私はどちらかというと、黒板先生の系統でした(27)。

家永は、人脈的にいえば、「史料編纂所系統の重野安繹――三上参次――辻善之助」の次に来たるべき人物の一人となったのである。いい換えれば、東大アカデミズムの、そのなかでも主流に属するということである。辻に認められ、史料編纂所に呼ばれたという事実のうちに、家永史学の実証主義史学としての性格、また客観的な意味での出発点がある。

一九三〇年頃の日本史学界は、社会経済史研究をはじめ、さまざまな視点からの歴史学が展開していくが、そうしたなかで辻は史料編纂所における史料編纂事業と一体化した国史学の維持発展を志向しており、外部への拡大を志向する黒板とは方向性を異にしていた(28)。一方で外部からの参入は拒まれたとみえ、家永は東大文学部教授会が早稲田出身の西村真次による博士号学位取得請求を経歴ゆえに排除したとみられる事件を記録している(29)。家永はこうした傾向に不満を抱いており、それは戦後、一九五三年刊行の『現代史学批判』において爆発することになる(30)。

この間の東大国史学科の思想的な事情については、家永が「正統的国家主義思想とのつながりはあっても、近代的な思想の洗礼を受けていない、いわば無思想実証主義ともいうべき空気」と回想する(31)、国体観念の範囲から一切出ようとしない態度に関する方法上・思想上の問題点を中心に、繰り返し指摘されて知られている(32)。

これも家永の回想であるが、一九三七年に「天壌無窮の神勅文の成立について」を『歴史地理』に投稿したところ、同誌から「日本精神総動員運動の盛んなる今日において、この論文は、（中略）発売禁止になること必然だ」という報告を受け取らされた挙げ句(33)、史料編纂所の先輩諸氏から「君は不敬論文を書いたそうだね」「そんなことをやらなくても、ほかに研究することはいくらでもある」と助言（?）を受けたという(34)。

だが、このような弱さがあるといってもやはり、史料編纂所は辻系であり、歴史学界の中心である東大アカデミズムのなかでも、さらに本流であった。つまり家永は、内容には大変不満があったにせよ、客観的には最高学府・最高権威の恩恵を蒙ることになったのであった。こうした「学閥」的な視点は学問とは無関係であると考える向きもあるかもしれないが、「上の人の引き立て」が往々にして本人の地位を決める日本社会では、こうした位置関係は重大な意味をもつ。また実際、重要史料がはじめから大量に集まっているのは、いうまでもなく、研究上の大変なアドバンテージである。家永も史料編纂所勤務時代には、その恩恵を大いに蒙ることになる(35)。

もちろんそのようなことに依存する家永ではないし(36)、そもそも家永は史料編纂所の主たる仕事である古文書解読や校訂作業を著しく苦手に感じていたということもあり、三年と一ヶ月後の一九四一年五月には、新潟高等学校の職を得たことを機会に退職してしまうことになる(37)。

四、研究方法の確立とその同時代史的位置

大学生の前半までに史学基礎論上の要素が出揃い、後半には実証主義者としての充分な技量を得て卒業生として最高クラスの地位を得るに至った家永であったが、本人としては自身の問題意識をふんだんに盛り込んだ研究をするのが高校時代以来の宿望であった。客観的にみて、家永もまた東大の外側で広がりつつあった多様な歴史の関心と無縁ではなかったのである。その宿望を果たしたのが、論著「日本思想史に於ける否定の論理の発達」である(38)。

右論文は、日本思想史上に「否定の論理」という視点を据えて、それがどのように発現し、あるいは変容してきたか、そして現代はどのような時代であり、課題はどのようにして果たされていくか、という視点から、西洋思想史との比較のもと実証を通じて通史的に検討したものであり、聖徳太子と親鸞が歴史上の頂点をかたちづくる。

史学方法論上の問題として重要なのは、「否定の論理」という視点が、家永にとって自分自身の信仰の問題と関連していたことである。「日本思想史に於ける否定の論理の発達」の緒言をみてみよう。

　筆者は学窓に於て紀伝の道を修めたものであるが、史を繙《ひもと》く毎に最も強く心を惹かれたのは何よりも先づ、超克し難き人間の有限性と罪業とに対する古人の苦悩の声であつた。おのれの体験を通じて常にこのことを人一倍深く自省せざるを得ない身の上にある筆者は、古人の同じ苦しみを他人《ひと》ごととして看過することが出来なかつたのである(39)。

家永はこれに先行する一九三四年の段階で「歎異抄私感」を活字化して、同様の関心から親鸞への感動を告げてい

たが(40)、『日本思想史に於ける否定の論理の発達』では、この視点を全日本史上に適用し、「古人の苦悩の声」がいつの時点でどのような性格をもっていたかについて、歴史上の思想的史料を一つ一つ取り上げて検討し、通史的に叙述したのであった。主体性、つまり家永自身にとって切実な課題をそのまま歴史的論点にするという方法がここに見える。黒羽清隆のいう「人間・家永三郎の心が研究対象に参入し、共鳴のスパークをきらめかす」というのもこのことである(41)。

しかし歴史上に配列するということは、あたり前だけれども、期待どおりの結果が出るとは限らないことを意味する。家永は右引用部に続いて次のように述べる。

されば本稿は単なる知的興味のみから書かれたものではないわけであるが、然しさればとてこの要求の為に恣意なる構成を作為するが如きことの決してなかつた点は特に明かにして置きたいと思ふ。努めて多くの文献を、而も大部分原文乃至原文に近い形で引用したのも、実証的客観性を保持するとともに、古人の精神をなるべく加工されない相の儘伝へたいと欲したからに外ならないのであつて、読者におかれては或は多少煩はしくとも、出来るだけ引用文を回避せられることなく、本論の趣旨を直接にこれらの文献の裡から汲み取つて下さる様御願する(42)。

ここからは、家永が実証主義の方法を堅持し、叙述の確かさを担保するために、叙述に工夫をこらしていることがわかる。歴史研究が史料に基づく以上「実証する」のはあたり前のことだが、強靭な哲学的思索が背後にあるにもかかわらず、まさに実証主義の当たり前のとおり、読者は家永の叙述の確かさを、引用史料から確認し、そこに不備があれば学問上の問題としてその点を指摘し、それに伴う学説変更の可能性にも参与することができるわけである。

ここからは、黒羽のいう「家永史学の方法的特質とされている文献主義・実証主義のきびしさは、家永氏がみずからの主観的な立場を世に問うためにどれほど『初心』の『危険』を自覚的に処理したかの問題として私にはうつるのです」という言葉が思い出される(43)。

さてそうすると、家永にとって研究テーマの設定は自分自身の現時点の思想的関心と密接不可分の連関をもつことになる。家永の場合、自身の方法を完全に実現しようとすると、学界動向等の諸事情からテーマを妥協するというような、器用なことができない。しかし実証主義者である以上、実証に則っている限り、他の研究者がどのような思想に基づいて問題設定していようと、研究成果そのものを否定することはない。後に至る家永の史学方法論はここに出揃う。

家永が左右の史学にどのように対峙したか、ひいては成立期家永史学の史学史的位置もここから窺える。実証の視点のみからみるならば、家永にとって、国家主義やマルクス主義に基づく研究であっても、実証の裏付けを有する限りは研究成果を否定する理由はない。また仮定上、家永が国家主義やマルクス主義を思想としてとり、それに基づく課題を設定することもまた、実証の限りで方法上ありうる話である。

それにもかかわらず家永は右二つの立場に賛意を示さなかった。その理由は、家永が自らの宗教哲学的立場を明瞭に自覚していたからである。つまり家永史学の史学史的位置を測る上での問題は、家永が思想として右二者をいつどのように自分の問題として拒絶したかという点に絞られる。家永の経歴をみてみると、マルクス主義は高等学校時代に、国家主義は高校から大学時代にかけて明瞭に拒否していることがわかる。

マルクス主義の拒否について、理論上の問題を文献から見出すことは難しい。しかし哲学者古在由重との対談のなかに、その点を回想して率直に語ったと思われる次の発言がある（傍点小田）。

古在　（中略）いまちょっと思いだしたけれど、たとえばベトナム人民がホー・チミン主席の言葉、すなわち「独立と自由ほど尊いものはない」という文句をたびたび引用します。引用するばかりではなくて、その気持のもとに彼らは長い年月をかけて必死にたたかってきたんですね。このばあいには民族についてですが、「独立と自由ほど尊いものはない」ということ。これこそはまさに価値の問題なのです。そのため死をもおそれずにたたかっているのです。だから、理論のうえではなくて、実際の戦いのなかでそういう問題はすでにはっきり存在するんですね。

家永　それをこんどはやはり哲学化する必要があるのではないでしょうかね。

古在　それはあります。たしかに。

家永　その点で私が青年時代に受けたマルクス主義にいちばん不満だったのは、その問題がやはりドロップしているということでしたね。それから、唯物論自体もやはり歴史的なものであり有限なものであって、つねに自己否定が必要だという、その点がどうも抜けているような気がしましてね。その出発点で私はつまずいたわけなんですけれども。

古在　そうでしょうね(44)。

家永からみて、当時の同級生が信奉するマルクス主義は、解放を主張する上で最も肝心な、自由を希求する意思を理解し表現する視点が欠落したものだと感じられたのである。また軍人つまり公務員を父にもつ家永自身にとっても、家永家の家計は火の車であっても、経済と連動した労働問題そのものは少なくとも当面はっきりした問題ではなかったことが窺える(45)。そのため、家永にとっては、マルクス主義の理論や研究成果まで否定する理由はとくにないにせよ、自身の研究主題として設定するには値しなかったとみられる。

国家主義の拒否については、二つの段階が挙げられる。第一段階として高等学校でマルクス主義に接触し新カント派をとっていく過程。第二段階として大学時代に平泉と朱光会の思想態度を拒否していく過程である。ここでは第二段階を詳しくみて第一段階に議論を及ぼしておく。先ほど挙げた「東京帝大国史学科関西地方修学旅行記」の平田による削除部分に、次の記述がある。

単に海外に起源を有するが故に外来思想と云ふ如き名を以て簡単に処置し去ることは出来ない。すべてのものが一の文化構造の支柱として構成的全体に参加してゐる。此場合全体を生かすことなくして、単に一の立場よりの認識が固執せられることは国史を根本から見誤るものである。抽象的な何者かが其間を貫通しなければ統一なしと考ふるは、形式論理の垣を踰ゆる能はざりし者の陥りし誤謬であつた。如何なる隔世的時代の伝統をも異質的風土の所産をも、其否定的肯定に於て一の精神構造内に生かした点に日本文化の独自性が存するのである。見よ、薬師寺金堂三尊は其姿勢に希臘芸術の特色を示し、全く日本化された法隆寺の建築さへ遠く西方より伝へられた忍冬文様の雲形肘木といふ形で生かしてある。これらを見る時、我々は日本文化の源が全世界に連つてゐるのに驚嘆せざるを得ない。其処に政治的帝国主義に陥ることなく世界的に生きんとした祖先の広大なる意気を見る(46)。

家永は国家主義に対しては、理論的には、すべてを国内の問題にとどめ、そこで自分の価値を誇ろうとする類の視野の偏狭さを拒否したのであった。当時平泉澄は「我等のあるは、日本あるによる(47)」という主張の下に行動していた。

家永は高等学校のとき新カント派の哲学を援用して「国家哲学の根本問題について」を論じた時点で、すでに世界主義の視点を得ていたが、この反発もまたその視点の延長上にある。家永が自身の研究課題として設定するに値しないと考えたこともまたいうまでもなかろう。

なお、家永のいわゆる「思想史学」が理論的な体裁をもって明らかになるのは、一九五〇年代の中盤のころである。

ここではじめて、マルクス主義との違いや国家主義否定の理由を理論的に述べていき、いわゆる「家永思想史学」が史学界に確立していくのであるが、本章は家永の史学方法論の確立過程に視点を置くものであるから、この点については次章以下とくに第一一章にゆずり、ひとまずここで検討を終えることにしたい。

おわりに

家永史学の基本方法は、現在から未来への意思を基軸とする史学基礎論と、実証主義とが折り合わされたところに成立し、『日本思想史に於ける否定の論理の発達』によって具体化されたものであった。その核心は、再び黒羽清隆の言葉を借りれば、「共鳴のスパークをきらめか」せ、かつ「実証を通じて『初心』の『危機』を自覚的に処理」するところにあった。

家永史学の史学史的位置は、アカデミズム実証主義の下にあって、正統的道徳を超えた観点の導入によってその突破をはかったところに求められる。この意味では、先行する平泉澄が国家主義の方向から、また次に羽仁五郎がマルクス主義の方向から、それぞれ東大アカデミズム史学とは別の方向に進んだのに引き続き、両者の批判を含んで展開した三番目のアカデミズム史学批判であるということになる。

だが家永史学は、その大きさにもかかわらず、史学史上の位置についてその全貌を捉えて明瞭にする作業はまだ十分果たされていない。これもまた、戦後歴史学の主流であったマルクス主義によらない研究姿勢と、『くにのあゆみ』ならびに教科書裁判のインパクトのあまりの大きさが重なったためであろう。マルクス主義歴史学者として知られる永原慶二の浩瀚な『歴史学叙説』ならびに同『二〇世紀日本の歴史学』において、家永が登場するのがほとんど教科書裁判の文脈に限られているのは、そのことを一面から物語っているように思われる(48)。つまり、家永史学に史学史上の明確な位置を与えるためには、そもそも、戦後のマルクス主義史学をも史的対象として捉えつつ、広く長いスパンで日本史学史を見直してみなければならないと考えられる。

家永は、本論で検討した過程を通じて、さまざまな問題意識を実証の技術の下に展開させる方法を提起した。したがって、家永史学を理解し評価するためには、何か一つの専門から家永の研究内容を再検討するだけでは足りず、家永独自の研究課題を生み出した、家永および家永を取り巻く問題意識のありようにまで踏み込んで検討する必要があるのである。

家永のこうした方法的態度は学問方法論の原点となり、やがて、家永の社会的実践を理論面から支えるとともに、歴史学にとどまらず幅広い学問領域に影響を与え、さらには教科書裁判に典型的に見られる、問題意識の一点で結びつく諸学問の協業の基盤を築いていく。その姿は『家永三郎集』第一六巻所収の著作目録などにみることができる。つまりこの学問態度こそが、学者としての家永が、学者であるがゆえに実践を遂行した、その方法的前提となるものである。

（1）家永三郎『一歴史学者の歩み』岩波現代文庫版、一一三頁。
（2）同一〇八頁。
（3）たとえばロバート・N・ベラー著、河合秀和訳「家永三郎と近代日本における意味の追求」（マリウス・B・ジャンセン編、細谷千博編訳『日本における近代化の問題』所収。岩波書店、一九六八年）、鈴木正「家永思想史学論――その原点にみられる方法的批判の問題」（『家永三郎教授東京教育大学退官記念論集2　近代日本の国家と思想』三省堂、一九七九年、所収)。松永昌三「家永史学と裁判」(同書所収)などが挙げられる。
(4)家永三郎「国家哲学の根本問題について」『家永三郎集』第一六巻一七一―一七二頁。
(5)家永三郎『一歴史学者の歩み』岩波現代文庫版八六頁。
(6)家永三郎「薬師寺美術の根源を求めて」『家永三郎集』第一六巻一九八頁。
(7)玉懸博之「村岡典嗣」(今谷明ほか編『20世紀の歴史家たち(2)日本編(下)』刀水書房、一九九九年。一七〇頁)。ならびに国史大辞典「村岡典嗣」の項。
(8)東京大学百年史編集委員会編『東京大学百年史』通史二(東京大学出版会、一九八五年)七八二頁。なお末木文美士は家永を論じるなかで、東大において「思想史は国史学から排除されていたわけではない」とするが(末木『思想としての近代仏教』中公選書、二〇一七年。三一九頁)、積極的にそのように評価することは難しいと考えられる。
(9)同七八五頁。
(10)歴史の哲学的省察としては、家永と別方向として、同時代の高山岩男の「世界史の哲学」のように哲学的に歴史の意味を解釈するという進み方も一応不可能ではない。しかし言うまでもなく実証研究は過去の認識を突き崩して新たな認識を立てていくのが仕事であるから、史学科に在籍する以上、実証抜きに歴史の哲学的意味を考察するのはそもそも不可能であったと思われる。
(11)家永三郎「歴史に於ける時間の構造について」本書付録資料29。
(12)「双面」性の語は井筒俊彦『意識の形而上学』(中公文庫、二〇〇一年。四四―四七頁)ならびに井筒の立論の背景となった村上専精『起信論達意』(哲学書院、一八九一年、三八頁)参照。真如と生滅との関係を説く特殊な術語ではあるが、家永も井筒も宗教論理の構造的理解としては『大乗起信論』以来のいわゆる天台本覚思想の思想系列において連続しており、使用に無理はないと考える。
(13)家永による内藤智秀著『史学概説』への書評(『史学雑誌』第四六編第一一号一一一頁、一九三五年一一月)。
(14)教科書検定訴訟を支援する全国連絡会編『家永・教科書裁判』第一部準備書面篇3(総合図書、一九七四年、一一一―一一二頁)。また同『新装改訂版　家永・教科書裁判　地裁編』第一次訴訟編Ⅳ(ロング出版、一九九一年、六〇

九―六一〇頁）。なお家永三郎述・菊池克美筆記「家永史学の基本構想」『家永史学論ノート』（私家版、一九八五年、二〇頁）にも引用があり、家永三郎『日本思想史学の方法』（名著刊行会、一九九三年一一―一三頁）にも見ることができる。

(15) 家永三郎「私の研究遍歴　苦悩と彷徨を重ねて」『家永三郎集』第一六巻二二六頁。
(16) 前掲家永「薬師寺美術の根源を求めて」『家永三郎集』第一六巻二〇〇頁。
(17) 前掲家永『一歴史学者の歩み』九一頁。
(18) 前掲家永述・菊池筆「家永史学の基本構想」『日本思想史学の方法』一三頁。
(19) 前掲家永「薬師寺美術の根源を求めて」同一九九頁。
(20) 家永三郎「東大国史学科の学生時代」『家永三郎集』第一六巻一九二―一九四頁。
(21) 前掲家永「東京帝大国史学科関西地方修学旅行記」『史学雑誌』第四七編第二号、一九三六年二月。一四三頁。この旅行記は平田俊春が手を入れたために論旨が狂った箇所があるが、少なくとも引用箇所については家永による内藤智秀著『史学概説』への書評と内容が大筋で同じであり、致命的な形で平田の手が入ってはいないと判断できるので、そのままとった。
(22) 前掲家永「薬師寺美術の根源を求めて」同二〇〇頁。
(23) 家永三郎「戦時下の思想史研究の回想」『激動七十年の歴史を生きて』新地書房、一九八七年。八六―八七頁。
(24) 前掲家永「薬師寺美術の根源を求めて」『家永三郎集』第一六巻二〇一―二〇三頁。
(25) 『国史大辞典』「史料編纂所」の項。
(26) 前掲家永『一歴史学者の歩み』岩波現代文庫版一一四頁。
(27) 大久保利謙『日本近代史学事始め――一歴史家の回想』岩波新書、一九九六年。六一―六二頁。
(28) 佐藤雄基「東京帝国大学における史学と国史――史料編纂事業との関わりと卒業生進路から」小澤実・佐藤雄基編『史学科の比較史――歴史学の制度化と近代日本』勉誠出版、二〇二二年。三九―四〇頁。なお佐藤は辻・黒板両者がともに東大アカデミズムの拡大を担った点にも注意を向けるが、家永にとっては辻の指針との関係が重要であると考えられるため割愛した。
(29) 家永三郎『津田左右吉の思想史的研究』岩波書店、一九七二年。三二八―三二九頁。
(30) 家永三郎『現代史学批判』「序に代へて――現代日本史学に於ける二つの学風」和光社、一九五三年。
(31) 家永三郎「私の研究遍歴　苦悩と彷徨を重ねて」『家永三郎集』第一六巻二二六頁。
(32) たとえば門脇禎二「官学アカデミズムの成立」（歴史学研究会・日本史研究会編『日本歴史講座第八巻　日本史学史』東京大学出版会、一九五七年）。
(33) 家永三郎「歴史研究の自由――破壊活動防止法の成立を前に」『歴史の危機に面して』東京大学出版会、一九五四年。一四頁。ただしここでは「天壌無窮の神勅文の成立について」という論題は示されず、『一歴史学者の歩み』岩波現代文庫版、一二三―一二四頁の記載によりそれとわかる。
(34) 前掲家永『一歴史学者の歩み』岩波現代文庫版、一二四頁。
(35) 同一一四―一一七頁。史料が揃っていることの有難さは、史料採訪に基づく実証研究に従事した経験のある読者なら誰しも身に覚えがあるであろう。
(36) 戦後のことに属するが、家永は『現代史学批判』（和光社、一九五三年）所収「序に代へて――現代日本史学に於ける二つの学風」において、アカデミズム史学の非実践的性格を強く批判している（とくに一二―一三頁）。
(37) 前掲家永『一歴史学者の歩み』岩波現代文庫版、一二五―一二六頁。
(38) 家永三郎「日本思想史に於ける否定の論理の発達」『歴史学研究』第八巻第一〇―一二号、一九三八年一〇―一二月初出。一九三九年張我軍による中国語訳「日本思想史上否定之論理的発達」が『北京近代科学図書館刊』六・七号より出（ただし現認は『北京近代科学図書館叢刊』二三・二九号）、一九四〇年に弘文堂より単行本、一九六九年に新泉社より復刊。のち『家永三郎集』第一巻収録。
(39) 家永三郎『日本思想史に於ける否定の論理の発達』緒言（『家永三郎集』第一巻四頁）。
(40) 家永三郎「歎異抄私感」（第一東京市立中学校同窓会誌『第一』第三号、一九三四年一一月。三三一―三三八頁）。関係部分を引用しておく。

不幸にして私は資性鈍闇に生れ何をやつても行くとして不可といふありさまであり加之病弱の身は常に死の影を目前に見て居る為め従つて生の苦悩やその無力をも一層痛切に感じるのでありそれだけ又その有限性を否定して無限の生命に転入し現世を厭離して彼岸を忻求しようとする要求も自ら強からざるを得ぬのである。

(41) 黒羽清隆「家永史学の今日によびかけるもの」『家永三郎集』第一巻月報、三頁。
(42) 前掲家永『日本思想史に於ける否定の論理の発達』緒言（『家永三郎集』第一巻四頁）。
(43) 前掲黒羽「家永史学の今日によびかけるもの」三—四頁。
(44) 家永三郎と古在由重との対談「現代を生きる学問と思想」一九七四年四月一日対談。季刊『現代と思想』第一六号、青木書店、一九七四年六月。一七八—一七九頁。
(45) 前掲家永『一歴史学者の歩み』六—一二頁。
(46) 家永三郎「国史学科関西地方修学旅行記録　昭和拾年拾弐月」『家永三郎集』第一六巻一九五—一九六頁。
(47) 平泉澄「国史学の骨髄」『国史学の骨髄』至文堂、一九三二年。一一頁。
(48) 永原慶二『永原慶二著作選集』第九巻（『歴史学叙説』『二〇世紀日本の歴史学』の二冊を収録。吉川弘文館、二〇〇八年）。

第六章　民主主義精神と学問の自由認識について
――東京教育大学文学部の運営実践との関わりから――

はじめに

家永三郎は戦後、平和主義・民主主義の立場から日本国憲法を護る運動に身を投じていった。またその立場から学問を進めていった。このことは、たいへん有名な事実である。その延長線上に教科書裁判があることも、いちいちいうまでもなかろう。けれども、それではどうして実践家となっていったのか、ひいてはこの課題を前に家永自身どのような成長を遂げたのかということを考えてみると、思いのほか納得のいく答えに辿り着きづらい。

なるほど、家永の自伝『一歴史学者の歩み』によれば、自らが憲法を護る取り組みを始めたきっかけについて、一九四四年末の結婚に伴う家庭生活上の問題に取り組んだこと（家庭の民主化）、一九五〇年ごろに文学部改革に取り組んだこと（職場の民主化）、そしてそれらの経験があってはじめて、憲法の問題が重要であるという問題意識そして実践に辿り着いたことが知られる(1)。それがやがて教科書裁判に結びついてゆくとされる。

家永を論じた多くの研究者も、この点についてはさほど問題にしていない、あるいはできていない、またはするまでもないと判断しているように思われる。それは家永の叙述が筋立っているということもあるだろうし、ことに家庭の問題はプライバシーに関わるから不明な点が多いということもあるだろう(2)。また職場の民主化については、家永の関係者は多く大学の関係者でもあったから、色々と仄聞していたに違いなかろう。

けれどもよくよく考えてみれば、家永没後の現在にあって、結局事実がどうであったのかということは、かえってわからないままになっているというのが実情ではなかろうか。家永の自伝類を数多く通読してみて、家永の内面的認識において家庭の民主化↓職場の民主化↓社会の民主化という三段の過程があったことは間違いないであろう。しかしそのことがそのまま、事実そうであったという客観的証明にはならないのである。

家庭にもせよ、職場にもせよ、複数の人々がそれぞれの思惑で動く世界である。家永自身が家庭や職場をどのように考えていたか、また理解していたかとは別に、家庭や職場がどのように動いていたかという問題があることはいうまでもない。最悪の想定をするならば、家永自身はこのように思っていたけれども、客観的な事態は全然異なっていたということさえありうるのである。

むろん、家永における家庭・職場の民主化は、憲法を護る実践に身を投じた家永を支えた真実であったであろう。その意味で家庭・職場における家永の行動の実態がどうであれ、憲法とくに教科書をめぐる家永の社会的実践の真価が損なわれるわけでは全くない。しかしながら、民主主義が基本的人権の尊重、つまり生活全部に及ぶものであるとするならば、家庭・職場での実際の行動次第で、家永の実践家としての評価は大きく異なってくることになるであろう。

そしてこのような視点からこれまでの研究を見直してみると、実は家永が実践家となっていった過程については、何一つ確実な証明がなされていないことに気づくのである。それもそのはず、家庭については家永自身の証言があるにとどまり、また職場についても家永執筆の『東京教育大学文学部』があるにせよ、結局は自伝同様家永自身の証言という側面もあり、いずれも家永自身の行動を客観的に裏づけるものとはなっていないのである。

家庭の問題については、主たる史料が家永自身の証言しかない現時点では、再検証はほぼ不可能である。しかし職場の問題については、関係の人々の証言や関連の文献をいくつか発見することができた(3)。そこで本論では、改めて基礎的な事実を確定し、今後の認識の要点となるべき史料を提示しながら、職場の民主化過程がどのように進行し、そのなかで家永が実際に何を得ていったかについて、叙述を進めていきたいと思う。

一、文学部改革の前提

文学部改革は、教授会の設置と、その展開としての運営改革とに大別できる。その大筋については家永『東京教育大学文学部』に詳しく、また家永の自伝『一歴史学者の歩み』にも簡潔に記されている。まず家永の証言のあらましを確認して、その後で複数の証言からそれが裏づけられるかをみていきたい。

そもそも東教大は、東京高等師範学校（以下高師）、東京文理科大学（以下文理大）、東京農業教育専門学校、東京体育専門学校の四校が新制大学として合併してできたもので、文・理・教育（大塚キャンパス）・農（同駒場）・体育学部（同幡ヶ谷）・光学研究所の五学部一研究所、併せて六部局と附属学校より成る総合大学であった。

学校教育法によれば、「大学には、重要な事項を審議するため、教授会を置かなければならない」（第五九条）。したがって旧制大学は教授会ともに速やかに解散され、新制教授会が設置されなければならない。一九四四年に高師に就職した家永は、ほかの職員ともども速やかに新制大学の所属とならなければならないのであるが、実態はそうはなっていなかった。

それどころか、文学部には教授会が設置されず、かわりに実権をもたない予定教授会と称するものが置かれていた。そして、全学の評議会ならびに文、教、理の三学部長は文理大が押さえ、文理大の教授会が評議会を通じて人事を好きなように動かしていた。その状況がもたらす矛盾を乗り越えることが、学部運営の当面の課題であった。

ここまでが家永の主張するところである。ではそれは事実であろうか。当時文理大に属していた稲田正次は次のように述べる。

昭和二三年一二月頃から新制大学の校名問題が起って文理大、高師の意見が真向から対立した。文理大は東京文教大学、高師は東京教育大学を主張した。一二月二八日文理大教授会で、東京教育大学との名称が決まった場合には参加しないと決議した。これに賛成は四二票、白票は三票あった。文理大が東京教育大の名に反対する理由は、この名称の下に従来の師範教育の弊風が温存せられるおそれがあるというのであったけれども、私としては校名問題を不参加の理由とするのはやや穏当を欠くのではないかと考え、あえて白票を投じたのであった。しかしこのことのため私はその後文理大の中で相当不利な立場に立たされることになった。

しかるに、文部省は東京教育大学の名を採り、その名を掲げた国立学校設置法案が国会に提出された。そこで二四年四、五月頃は文理大、高師とも国会に陳情のため猛運動をした。しかし国会では五月国立学校設置法が通過し、東京教育大学の名称が確定した。かくて文理大の人々は新制大学不参加を声明した。ところが、私はその間の事情は全く知らないのであるけれども、伝えられるところによると、文理大の人々と農教、体専の人々との間に了解ができ、柴沼新学長に彼等にとって有利な解決案を承認せしめることによって文理大の人達は九月復帰することに成功したのであった。そこで文理大から、文、教、理の三学部長を採り、学長、三学部長を含む評議会をもって新制大学についての重要事項を決定できる体制ができ、高師側は反って抑えられることになった。また私のように無益な抗争から超然であろうとした少数者も、反って不利な取り扱いを受けることになったのである(4)。

ここからは家永の証言とほぼ同じ内容が確認できる。つまり文理大側は「師範教育の弊風が温存せられるおそれがある」ことを理由として、新制大学に「教育」という名称がつくことに反対し、新学長の斡旋による妥協を経て人事権を掌握したのである。

では文理大側はなぜそこまでして「教育」を拒んだのであろうか。そこでさらに歴史を遡ると、文理大が高師から昇格してできた大学であり、目的を異にしていた事実にぶつかる。もともと文理大は一九二九年に高師の大学昇格運動を通じて昇格した大学であり、高師とは意識を異にしていた。たとえば次の記述。

昭和四年に文理大が開設された。これは単に高師の年限が長くなったことではない。文理大英文科は高師英語科の兄貴分として誕生したのであるが、その内容は異質ともいうべきものであった。今までは教育者を教育するための教育であったが、大学は真理探究の場でなければならぬという自覚と責任感が、教える側にも学ぶ者にもみなぎってきたように思われる(5)。

文理大側は、こうした観念から、文理大が高師ほかを吸収合併すべきであると考えていたという。鈴木博雄『東京教育大学百年史』は、文理大の「新制東京教育大学脱退に際しての声明書」を引いた上で、文理大の底意は次のとおりであったと述べる。

ここ（新制東京教育大学脱退に際しての声明書——小田注）に謳われているのは、新制大学の理念の問題であり、従来の師範教育を否定して、学術の探究を目的とした純然たる大学でなければならないということであるが、その内実は、それ故にこそ学術研究において高い水準を保持して来た文理大が新制大学の主導権を持つべきものであるというにあった(6)。

いわゆる「師範タイプ」の問題であろう。つまり文理大側は、師範学校の教育は独善的と非難される教師像を生み出した当のものであり、学術も文理大の真理探究に比して程度の低いものであるから、師範学校の影響の残る大学を設置運営すべきではないとし、「教育大学」という名称に徹底的に反対しようとしたのであった。また名称問題妥結後も、人事権を実質的に掌握することで、教育界の人々を長期的に追放し、真理探究のための真理探究の場を形成していこうとしていたとみてよかろう。

だが政府はより広い視野から「教育大学」を位置づけようとしていた。一九四九年五月一二日衆議院文部委員会一六号、政府委員・日高第四郎の発言。

> 私どもといたしましては、この大学においては、第一に目的として次のようなことを各学校の間に十分了解してあるはずであります。
>
> その第一は、この大学は教育の学問的な原理的な、実証的な研究を徹底的にすること、これと連関して、文科及び理科の学問の理論的の研究をも期待しておるのである。
>
> 第二には、右の学問研究を前提として、これが応用によつて全国の模範的な教育《ママ》養成の学校にしてもらいたいということ。
>
> 右の二つの点は、教員養成が目的であつて、学問はそれの単なる手段であるというようなものではないのだ。学問的研究は、よい教員養成のための必要な前提であり、必要な条件であつてこの研究の背景を持たない、従来のいわゆる教員養成学校が、ややもすれば一時的な思いつきや、あるいは主観的な見解に基く技術的なものに堕するおそれが多いので、この弊をぜひとも改めてもらいたい、こういう意味において、学問的な理論的な研究を十分やつてほしい、そうしてその成果によつて、りつぱな教育大学をつくつてもらいたい。こういうことを要望してありま

す。もちろん学者がいわゆる純粋理論的な研究のみを重んじて、応用やあるいはそれの生産への適用というようなことを軽んずるとか、あるいはそれにむとんちやくであるとかいうことは、従来の日本の大学の欠点の一面でありますので、これは断じて許すことができないのであります。日本の学界の弊風をためると同時に、従来の師範教育において、末梢的な、技術的なものに陥ることを避けるためには、ぜひとも教育の学問的研究を徹底的に追求してもらいたい。これは特にこの大学にわれわれが期待するところであるということを明らかに申して、それについては各学校がことごとく賛成を表して来たわけであります。文部省としては、このほかの学校には必ずしも期待することのできない日本の教育の進展のためにぜひとも必要な、こういう大学をりつぱにつくり上げて育てていただきたいという強い執拗な希望を持つておる次第であります(7)。

この議論をみてみると、政府としては新制大学に真理探究と教育技術追求との両面を統一実現する研究者・教育者を養成する大学の完成を期待していたことが読みとれる。当時日高は、学校教育局長として調整に尽力していたという(8)、日高のような視点が貫徹するならば、学問の新しいあり方が切り開かれていくはずである。

さて文献を読み進めていくと、結局のところ文理大側は、ひとえに高師を押さえこみたかっただけであるかのようである。

東京教育大学が誕生するとき、文理科大学は、教育大という名称に猛反対しましてね。教育大になるなら全員辞表を提出するといっていたが、学長が、それなら辞表を提出しなさい、預かります、といったら、だれも辞表を出しませんでした(9)。

なお鈴木博雄は、具体的な史料は提示しないが、高師ほかの底意として「設立委員会が文理大側の主導によって運営された場合に、教員の資格審査の際に学問的業績を理由に降格など不利益を蒙る教員が出て来るのではないかという強い警戒心があった」(10)と述べている。結局のところこの名称問題は、戦前からの教育観と学問観とがある意味では衝突した問題とはいいながら、それぞれの地位確保が主問題のまま、低次元の問題として推移したといえよう。

それからもう一点、人事問題における学閥の問題にも簡単ではあるが触れておかなければならない。

私は西田〔幾多郎〕の『全集』が出るまでは、仙人のようなこの哲学者のことであるから、河上〔肇〕や美濃部〔達吉〕流の態度であったのだろうと何の根拠もなしに漠然と思っていたところ、その書簡集を読み、西田が門弟・近親の就職に異常な熱意を傾け、他大学の人事異動にまで注意を払い、将棋の駒の動かし方みたいなプランを練っている事実を発見し、西田の意外な横顔を見た思いを禁じえなかった（中略）。ことに昭和十二年六月二十九日付高坂正顕宛書簡の「昨日は務台君の論文をよみ、けふは君の論文を読了した。両者共に中々面白い。東京文理万歳といふべきだ」という表現を見て、深く思い当たるところがあったのである。能力ある門弟を適当な研究機関に就職させ、その人ならびにその機関の学問の発展、学会への寄与を期待することは、大学教授としてむしろ責務であるかもしれないし、門弟がその能力にふさわしいポストを得るよう配慮するのは、たしかに美わしい師弟愛の発露であろう。選科出身であるために能力不相応な不遇の地位に長年堪え、（中略）にがい思い出を持つ西田にとって、教え子に安定した研究生活を保障してやることに一種の使命感を覚えたとすれば、その心情の由来までがよく理解できる。（中略）晩年の矮小化された師弟愛の中で「東京文理万歳」が叫ばれたことには、大きな問題があった。他大学への人事斡旋は、たとい個別的に公正に行なわれても、巨視的ないし社会的観点からみれば、特権的強力大学の弱小大学の系列化を作り出すという機能を演ずるのである。（中略）新制大学評議会をトンネル機関として文理大の人事を新制大学側にいやおうなしにのませようとする事件が続発したが、その中で京都帝大、ことに哲学出身教授の学閥意識が実に露骨に発揮せられ、たびたび紛争のたねとなった。後から考えてみると、それは西田のこうした過度の門弟売り込みの熱意がその門弟に相続されたのではないかとの印象を禁じがたい。私が「東京文理万歳」の一句に、東京文理大の系列化に喜悦した西田の意思を看取して、深く思い当たったのはゆえなしとしないであろう。（傍点ならびに〔括弧〕内小田。文中の家永による（括弧）補記は省略した）(11)

真理探究のための真理探究ということと、学閥意識の形成とは一見全く異なることのようであるが、実態としては右のように相補って系列化をつくり出していた。一般に、ある正統性を信じ、そのために人を送りこむことは、限られた椅子の取り合いとして現れざるをえず、ここに悲喜交々の人間模様が浮かび上がる。右は家永の証言にとどまり、現時点で裏づけを得ないが、大学運営を考える上での一つの重要な問題であるからここに付記しておく。

いずれにせよ、家永もまた、稲田と同じようにこうした問題の続発を冷ややかに見ていたのであった。だがこの低次元の問題の延長上に、教授会設置問題は存在し、またその後の改革と学問探究のあり方への問題提起は存在する。というのは、とにかく文理大側が教育は低次元であるという発想で新制東教大での実権を握ってしまったからであり、家永が直面したのもこうした状況だったからである。

二、教授会設置

文学部は設立当初、哲学科・史学科・文学科・社会科学科からなっていた(12)。家永は史学科主任を押しつけられ、稲田は冷や飯を食わされていた。

東教大文学部改革の実像については、いまのところ、家永の論述と稲田正次の回想記とが基本的な史料である。家永の叙述のほうが質量ともに優れるが、最初に述べたように家永自身の客観的位置を示すものかどうかは一時保留してあるのだから、まずは稲田の回想記から、当時の文学部をめぐる情勢の概略と、そのなかでの家永の客観的な位置とを測っておきたい。

　新制大学である東京教育大学は昭和二四年九月から授業を開始したが、（中略）ところが実は私は教授と予定されているだけで三年間身分は講師であった。二七年七月になってはじめて教授となった。二四年に教授を予定されていた者が年度の進むに従って次第に正式の教授となったが、私のように二七年の大学の完成年度まで延ばされた人は少数であった。そして二四年以来予定教授会なるものは開かれていたが、報告を受けるだけで大学の重要事項は前述の通り評議会で決めていた。しかし予定教授会で正式の教授会を早く召集すべきだという論が起った。家永〔三郎〕氏の如きは最も熱心であったが、私も同論であった。学校教育法や教育公務員特例法の規定にてらして早く正式の教授会を開くべきであると思った。ある時私は東大の我妻〔栄〕教授に会って意見をきいたこともあったが、同意見であるとのことであった。私共は福原〔麟太郎〕文学部長にお願いしたが、ある時学長が法理論で堅く反対しているという話しもあった。文理大の人々はこの問題についてはむろん消極的であった。二六年一月六日の教授会では、委員を選んで教授会召集要請の理由書をつくることになり、家永、枝〔法〕、綿貫〔芳源〕、芳賀〔幸四郎〕四人と私が委員となった。やがて委員の手によって要請書ができ、予定教授会に提出され、四月二五日にはそれが通過する状況であったが、学部長が実質的に予定教授会を充実するよう努力するとの言明があったので、それに信頼して採択を延期したこともあった。

昭和二七年三月二〇日の予定教授会で私から来学年よりの正式の教授会を召集するよう提案したところ、可三三票否三白票一の圧倒的多数で可決された。数年来の情弊かく清することとこれよりはじまると私は当時記した(13)。

家永の位置を測る上で、稲田の「家永氏の如きは最も熱心であった」という記述は決定的である。つまり家永こそは教授会設置運動の中心人物なのである。そして後述するように、その後の学部運営に大きな役割を果たした人物でもあった。

家永は東教大を主題として『東京教育大学文学部』『大学の自由の歴史』という二冊の著書を遺しているが、『東京教育大学文学部』は学部運営の中心人物が語った東教大文学部の総括的通史であり、『大学の自由の歴史』はその人物の手になる大学自治の理論書なのであった。ここに家永の東教大に関わる叙述の史料的価値が確定できる。本論ではこの史料群を中心に用いて、東教大での経験を通じた家永の成長を検討すること、これをここに確認しておく。

さて、文理大で校名問題について白票を投じた稲田が冷や飯を食わされていたころ、高師でその問題を冷ややかにみていた家永は不当人事に巻き込まれた。

私が高師側の先頭に立っていないのを見てとった文理大側の人々は、私を自分たちの味方と考えたらしい。この紛争は、終局的には文部省から赴任してきた柴沼直学長の提案により、文理大側が多数を占めるように構成される評議会で大学運営を行なうということで結末がつき、そうした体制下に新制大学が発足したのであるが、文理大側の意図したとおり、新制の文学部長・教育学部長・理学部長は文理大教授によって占められ、人事権はすべて評議会の手に掌握され、ここで文理大の企画どおりの人事が進められることになった。この評議会のスケジュールにより、私は真っ先に新制大学の専任教授に移行させられたばかりでなく、文学部の教授の中では最年少であったにもかかわらず、文学部長福原麟太郎氏から天下り式に史学科主任のポストをおしつけられたのである。かような不自然な人事が、私をロボットとして利用しようとする文理大側の政略から出たものであることは、間もなく判明した。というのは、私を史学科主任といった重要なポストに据えておきながら、私の知らぬ間に史学科の教官人事が行われるという奇怪な事態が、次々と起こってきたのである。

私か初めてそういう仕掛けに気づいたのは、史学科のある停年退職教授の後任問題である。当時新制大学にはまだ学部教授会が設けられず、新制大学の人事権がすべて評議会の手に握られていたことは上述のとおりであるが、旧制の文理科大学にはなお教授会があり、文理科大学の人事は同教授会が引き続きこれを行なっていたので、まず文理大教授会で他大学から後任者をスカウトして文理大に入れ、それを横すべりに新制の文学部におしこもうと企てた事実が私の耳に入ったのである。私は憤慨せざるを得なかった。このようなやり方は、旧制大学の特権を、別個の組織である新制大学の中にそのまま持ち込もうとするものであり、学科主任の知らない間に退職教授の後任人事が決定されるというような不法な手続を前にして、私はもはや黙っているわけにはいかなくなった。

私が福原文学部長に強硬な抗議を申入れたとき、私をなめてかかっていた福原氏は大変意外に感じたらしく、いろいろ弁解したが、退職教授が文理大の持駒であったから、その後任もまた文理大できめてよいと思ったというような言いわけをしたのには、あいた口がふさがらなかった(14)。

家永は新制大学の教員としての意識を就任当初からもち、天下り式とはいえ主任としての責任意識で行動していた。前段で縷々みてきたさまざまな因縁にがんじがらめの文理大側、とくに福原学部長が見落としていたのはこの点である。福原が「文理大の持駒」という考えをもち、家永の抗議を「大変意外に感じた」というのも、前節の次第で理解はできるが、家永のいうとおり、「旧制大学の特権を、別個の組織である新制大学の中にそのまま持ち込もうとするものであ」ったからであろう。

ここで家永に決定的な影響を与えたのが、先ほどから引用している稲田正次であった。

ところが、たまたま一九五〇年の十月ごろの文学部予定教授会で、憲法学者である稲田正次予定教授から、法律の規定によれば当然新制大学にも教授会が置かれるべきであるという発言がなされたのを聞き、雷にうたれたような思いがした。あらためて学校教育法をみると、第五十九条に「大学には、重要な事項を審議するため、教授会を置かなければならない」と明記されているし、教育公務員特例法第四条・第二五条によれば、教員の採用・昇任および学部長の選考は「教授会の議に基き」行なわなければならないことになっている。どうして法律にこういう明文規定があるのに、今まで新制大学には完成年度まで教授会を置かないという当局の説明を怪しむことなく受け入れてきたのだろう。私はこのとき法律を勉強しなければ権利を守ることができないのを肌にしみて学びとったのであった(15)。

こうして家永は、稲田らとともに教授会設置のために奔走することになる。

ところが旧制大学の特権をあくまでも維持しようとする学部長らは、この要求を聞き入れなかったばかりでなく、柴沼学長のごときは、新制大学は大学設置審議会の管理下にあるのであって、どこの大学でも教授会を置いているところなどない、うそだと思うならば、大学管理法の起草委員長である我妻先生にでも誰にでも聞いてみろ、と放言するに至った(16)。

そこで家永は、大学管理法起草委員長であった我妻栄に面談して問い合わせるとともに、東京大学教養学部学部長矢内原忠雄以下、同大教育学部・お茶の水大学・一橋大学についても実態の聞き取りを行い、吾妻からは「教授会を開くのが理論上当然である」こと、また「少なくとも上記四新制大学ないし新制学部のいずれもが、すでに教授会を置き人事権を行使していることを確かめた」(17)。稲田が我妻に面談したのもこの時期であろう。

東大の教養学部は旧制第一高等学校・旧制東京高等学校を包摂して戦後に成立した。同教育学部は戦後に新設された学部である。お茶の水大学は国立学校設置法の公布・施行により、東京女子高等師範学校を包摂して新設された大学である。また一橋大学は東京商科大学からほぼそのまま新制に移行した大学である。各大学は必ずしも東教大と同じ経緯で成立したわけではないが、それゆえに複数の角度から確実な証拠を積み重ねたことは間違いない。

右のように書くと簡単なようであるが、一人の組織人が、一面識もない五人もの人物に会い、しかも大学運営というきわめて高度な問題について聞こうというのであるから、聞く方も聞かれる方も、大変な労力である。しかも家永自身もまた複数の仕事を抱えているので、自分の時間を割くのも決して容易ではなかったはずである。この点想像力をめぐらせておきたい。

かくて福原は立論の根拠を失うのであるが、権力闘争は容易に終わるものではない。福原は文理大の歴史を背負おうとしたのであろうか、容易に引かず、この後も有形無形の激しい攻防が繰り返されることになる。しかし予定教授会は設置派が圧倒的多数を占め、福原の延長工作もついに尽きて、一九五二年四月、福原側が先手を打つかたちではあるが、教授会が設置されることになるのである。

三、教授会の民主主義

この後文学部では、残った特権を廃止するための制度変更が次々と行われることになる。その過程については『東京教育大学文学部』に詳しい。そこでこれらの問題については、客観性の確保を念頭に置いて稲田の証言をもとに簡単に触れるにとどめ、ここではむしろ家永らが生んだ文学部教授会の運営等について、可能な限りみていくことにしたい。

一九五三年一月から四年間学部長を務めることになる稲田は、制度変更の過程と意義について次のように述べる。

大学院設置審議会から管理者は大学院の授業を担当する教員で組織することが望ましいという通知が本学に来た。二八年六月の評議会でこの問題について論議があり、理学部からは大学院規則を改正すべきであるという主張があったが、文学部は規則改正の必要なしとし、結局文学部の主張通りとなった。

私としては当時の文学部の多数の意見に従って教授会の権限を強化することが当然であると考えた。文学部に関する事項は、教授会から特に委任を受けた場合、緊急の場合は別として、原則として教授会に付議し学部長などが専断することはみとめられないこととした。そしてそれまで人事については正教授のみの教授会で決めて来ており、教育大の学則に人事に関する事項は教授のみをもって成員とする会議において審議するとあった。

二八年六月文学部教授会で教育大学則改正までの暫定措置として助教授、専任講師が人事に関する審議に出席発言したり選考委員になることをみとめた。人事に関する審議は各学部の定める方式によるとする学則改正は六月の評議会において文学部から提案したが理学部の藤岡氏その他の反対が強く、七月の評議会でも審議したが、決定に至らなかった。翌二九年四月の学則改正を文学部から再提案しようやく可決された。そこで文学部教授会において、人事の審議に当って助教授、専任講師に教授と同等の権限を与えることとなった。

> 学部教授会の権限を強化し教授会をもって大学自治の中心とする考えは今日においても正しいと思う。大学の管理組織にはいろいろなものが考えられ各長所短所をもち、学部教授会を中心とするものを唯一のものとすることはできない。しかし学部教授会の場合は、大学自治体の全部の構成員が代表者を通さず、直接に大学の運営に参加できる体制すなわち直接民主主義の体制であって、独裁専制を防いで学問の自由をはじめ個人の自由を守って行くためには最も適当な組織であることは論を待たないと思う。もっとも学部教授会もその運用を誤れば、その弊を生ずるはいうまでもない。（傍点小田）(18)

これが文学部改革の概略であり、また文学部教授会が共有した「民主主義」の定義である。なお家永は、文学部改革には学生自治の確立や助手の権利確保の問題、事務職員との連携の問題が含まれたことを語っている。具体像は『東京教育大学文学部』Ⅱの5から7に記されている。

この「民主主義」のあり方について、家永は教授会設置の経験をもとに次のように総括する。

> 旧制大学の特権意識をまざまざと見せつけられることにより、東京教育大学文学部は、これを反面教師として、新制大学への脱皮を意識的に推進していくこととなり、管理運営についても、大学の自治と学部の自治との貴さを強く自覚し、これをたたかいとることに成功したのである。
>
> そのたたかいの主体となったのは、学部の自治と教授会の意思の尊重を基本とする学部の運営を実現する目的に向かって結集した、改革派グループとでもいうべき教授会構成員の集団であった。おのずから、教授会には、文理

大の特権意識に執着する、いわば保守派とでもいうべきグループと、改革派との間に対立関係が生ずるのをさけることができなかった。もちろん、そのどちらにも属しない、無所属ないし中間派の人々もいたし、改革派といっても、必ずしも純粋に上記の理想達成のみを目的とした人々ばかりで形成されていたわけではない。そこには創設をめぐる文理大対高師の低次元の争いのなごりをとどめるものがなかったとはいえないが、学部自治確立の運動は、少なくともその推進者たちにおいては、旧制学校の利益のためではなく、新制大学の立場に立って進められた。

その意味では、創設をめぐっての争いとはまったく異質の、高次の運動として展開されたものであることもまた否定しがたい事実である。東教大文学部のその後の歩みに見られる独自の特質は、学部の発足とその自治獲得が、他大学他学部に例のとぼしい自覚的努力のもとになされたという歴史的由来に淵源することを、あえて強調しておきたいと思う(19)。

はじめにみたように、新制東教大は、旧制大学時代の利害関係に骨がらみになっていた。本人たちにとっては死活問題となっているこの状況を正面から突破し、すべての構成員にとって価値のある組織をつくり上げていくこと、それが家永はじめ文学部教授会にとっての「民主主義」の出発点であった。

稲田は、戦後すぐに有志とともに憲法懇談会を設けて日本国憲法草案を作成、マッカーサー草案の前日に公表したことで歴史に名を残す人物である。この試案は稲田自身、平和主義・人権尊重そのほか日本国憲法に近い内容をもつと自負したものであった(20)。家永もまた、家庭・職場・社会の動向から日本国憲法の価値に到達していた(21)。つまり右でいう「民主主義」は、日本国憲法に典型的に現れた民主主義理念の具体的実践でもあったのである。

家永はこの過程で、学部内に強い信頼を勝ち取ることになったようである。だいぶ後になるが、筑波移転問題のさなか、一九七〇年九月に家永が評議会から「辞職勧告」を受けたときの様子について、一九五〇年に助手として東教大に着任し、最後の文学部長となった森岡清美の証言は学部の人々の家永への信頼感を示していて興味深い。

家永さんは先の教授会出席率が九八％（一九七〇—七三年度。九五回のうち九三回出席——小田注）というきわめて忠実な構成員で、常に誠実に協議に参加し、毅然とした議論で指導的な役割を果してきた。ただ、時により議論が先鋭的になりすぎることがあるので、学部長などの管理職に選出されなかったが、誰しも家永さんを信頼し尊敬し、辞職勧告に憤らぬ者はなかった(22)。

家永が信頼を集めた過程については、いまのところ史料を見出すことはできない。だがそれだけの積み重ねを経てきたことは間違いなかろう。家永のような人物が発言力をもつ組織は、道理の通る組織であろう。道理をいう人が自分の利害や実現不能な夢のために発言しているのではなく、本当に道理をいっていると周囲もわかっているからである。腹の探り合いの必要がないといい換えてもよい。道理が通るほど、ますます聞くに値する人の意見が聞かれることになる。家永はそれでいて人格が穏やかであるから(23)、その意味でも人々の信頼を集めたであろう。当時の様子について、家永は次のように語る。

文学部教授会は、多くの大学の教授会がそうであると伝えられるような、報告、了承というセレモニーの場ではあり得ず、しばしば激論が交じえられ、つばぜりあいの評決も行われた。けわしい対立の現象を生ずるのもいたし方ない。教授会に入ってくる新任の人々のうちには、あまりにもはげしい論争に驚いたり不快の念を生じた場合もあったようである。しかしながら、改革のためには、摩擦を避けるわけにはいかなかった。激論も、多数派工作も、合議体で改革を行うための必要悪であった。しかし、その反面、権威や圧力に屈せず、所信を遠慮なく発言できる場所として、文学部教授会が合議体としての真面目を発揮しはじめたのである。

聞くところによれば、その頃の多くの大学では、教授会も評議会も、学長・学部長のそれぞれ要求する議決や委員会の報告などを機械的に片づけていくセレモニー同然の会議として短時間で終るのが普通であったようである。東教大文学部教授会が午後一時すぎから開会して、ときに夜八時ごろまで議論するというはなしを聞いて、ある東大教授は「すきだなあ」とあきれたようすであった。しかし、東教大文学部教授会は、いやしくも異論のある議題については、トコトンまで意見をたたかわせるのが義務であると確信していたからこそ、夕飯ぬきで七時間も八時間も議事をつづけることを、あえていとわなかったのであった。いいかげんに議事を片づけて、研究室なり書斎に帰って専門の勉強がしたいという気持を抑えて審議を尽すことにやぶさかでなかったのは、大学の管理運営を、研究・教育に劣らぬ、いや、りっぱな研究・教育を行なう条件づくりのための、教官の大切な職務と考えていたからである。

議事運営のまずさや、時には無用な論争もなかったわけではないけれど、大学・学部をよくするために、時間を忘れて熱っぽい議論を続けた教授会の空気が、今でもなつかしく回想される(24)。

方針を決定するために、すべての人々の意見が尽くされる。これが民主主義の原像であろう。そして歴史的性格においては、戦前の大学制度の矛盾を自らの力で克服しつつ成立したという意味で、戦後の民主主義の典型例の一つであるということができるのではあるまいか。戦後史の研究はいまだフロンティア的要素の強い領域であるが、こうした民主主義の実現が全国でどのように進んでいたか、これこそ戦後史研究の一大課題であろう。またそのなかでの家永らの実践の位置の解明も今後楽しみとすべき事柄の一つであろう。

なお助手会の権利確保運動は挫折したが、それについて、家永は次のように述べている。

民主化されない教室では、助手は教授の強い圧力下で萎縮し、助手会は弱体だったようである。助手側に、あくまで教授会出席権をかちとろうとする熱意も乏しかった。権利は自らたたかいとるべきもので、恩恵として上から与えられるべきものではない(25)。

助手会の権利確保運動の挫折も、つい「教授の強い圧力」に構造的原因を求めがちになるが、ここまでの次第からいえば、要するに助手会に家永のように構造を力破する人物が出なかったことが根本問題であるのかもしれない(26)。なお、こうした熱気に満ちた議論の一方で、教授会の方針に従って実務を切り回す立場にある事務方がこの動きをどう感じていたのかは大変気になるところである(27)。

この後文学部では、元高師系の巻き返し運動もありながら、全体としては民主的討議の態度が定着していく(28)。また大学の自治を徹底すべく、文学部自身がさまざまな社会的発言を行っていくことになる(29)。大学史ないし学術史および社会史等の観点からいえば、ここから東教大の歴史的位置についての検討に議論を進めることもでき、それもまた興味深い解明課題なのではあるが、いまは家永が得たもの、すなわち家永の民主主義精神の解明に取り組むべく、以下、学者である家永がこの改革の過程でどのように変化していったか、検討してみることにしたい。

四、平和主義・民主主義の実践者・家永三郎の誕生

家永が一九五〇年代初頭に大きく変化したことはよく知られている。自伝『一歴史学者の歩み』によれば、それは戦後の逆コースへの危機感、戦時下の自分自身への悔悟の念や、日本国憲法の価値の強調といったことであった。だ

が右の次第を考えてみるならば、それは要するに、民主運営という新しい体験がもたらした成長であり、その成長が翻って右のような視点をもたらしたのであった、と総括することができるだろう。

ではこの体験を通じて、家永は学者として具体的にどのような課題を見出したのであろうか。そこで家永の論述を見渡してみると、一九五三年に発表された随筆「学問をする者のよろこびと苦しみ」があることに気づく。

　趣味を犠牲にすることは、おのれの分を知る私にとって、それ程の苦痛ではない。しかし、学問する者としての義務と社会人としての義務とを如何にして矛盾なく両立させ得るかは、大きな課題となって私の前に投げ出されている。

　ある偉い学者が、学問をする者は腐儒になる位の心がけでなければならぬ、と云われたそうである。あまりに佞儒のみ多い日本では、腐儒になることさえが一つのレジスタンスでもあろう。しかし、社会が不幸なる方向に向ってころげ落ちようとするのを外に見て、自分には専門のしごとがあるとすましているのが、果して学問をする者のとるべき態度であろうか。

　太平洋戦争の間、私は腐儒となることによって佞儒となることを免れた。私は、今になって自分が消極的な意味での戦争犯罪人——戦争を防止する義務を怠った不作為の犯罪人であったとの自責の念に堪えない。

　私は今度こそはその後悔を二度としたくないと思う。同胞を破滅の道に駆り立てる力に向って、私たちは敢然と立ち向かわなければならぬ、と思う。終戦後には、微弱ではあるが、抵抗のための橋頭堡が築かれている。私たちはこの橋頭堡を死守して、前進のための機会を窺わねばならない。

　学問は他の手段たるべきものではない。「科学のための科学」と云ったポアンカレの言葉は不朽の光に輝く。「科学のための科学」への奉仕と社会の一員として公共の義務に奉仕することを両全させねばならぬという要請が、力の弱い私に新しい一つの「苦しみ」を加えるのである(30)。

学問と社会とをどのようにして両全させるか、これが家永にとっての大きな課題であった。はじめにみてきたとおり、これの拒否、つまり真理探究のための真理探究のみに専念することこそが旧文理大ひいては旧制大学そのもののレゾン・デートルであった。それを力破したのが新制教授会であったが、今度は家永自身の研究者としての態度の課題として、この問題がもち上がってきたのである。

その後の変化を踏まえ、歴史学の方法の観点から自身の見解を語ったものとして、次の記述が挙げられる。

さきに述べたとおり、私が幼少時から注入されてきた正統的道徳から脱却して自分の頭で自主的に物を考えるようになった頃に、最大の課題となったのは、どのような実践的規範にのっとって生きていくべきか、ということであった。それ以来私の生涯を通して価値・当為・規範への関心が常に私の意識の中で首位を占めてきた。歴史学という、もっぱら事実を研究する学問（Tatsachenwissenschaft）を専攻する身の上となったのちにも、その点にかわりはなく、厳密な史実の認定という基礎作業を抜きにすることは決してしないけれど、問題の設定、史実の選択、大勢の把握、認識結果の叙述等のすべてにわたり、私は自分の主体的価値意識を強くうち出すことを憚らなかった。元来歴史学というのは、往々誤解されるように、おびただしい史料とその示す事実からおのずとある歴史的事実が帰納的に浮びあがってくるのであるから、思想的立場をもつ研究は邪道であるなどというものではない。無限に近い過去をなんらかの問題意識で整理しなければ歴史像を構成することは不可能であって、主体的立場なしの歴史学などあるはずがないのである。（中略）実践的主体性を堂々とうち出すとしても、史実の認定を価値意識で歪曲したり隠蔽したりしないかぎり、歴史学の科学的方法を逸脱するものではなく、ただその表現に直接間接または濃淡の相違があるにすぎないのではなかろうか。

そして、実践的関心が広がることは、今まで見えていなかった歴史的世界のさまざまな分野が新しく視野に入ってくるというプラスの成果をもたらす。一九五〇年代に入って社会的発言をするようになった私が、学問研究の面でも、今まで学界で見落とされていた分野について専門的研究の成果を発表するようになったのは、社会的実践的関心の高まることが、たとい実践的行動のために書斎内での純研究作業に必要な時間と精力とを割愛しなければならぬマイナスを伴うとしても、大局的に必ずしも学問研究のためにマイナスとしてのみはたらくわけではないことを物語っているように思われる。戦後憲法学と歴史学との境界領域に属する分野について、私が多くの力を注いでかなりの数にのぼる著作を公刊できたのは、そのような理由によるものであるが、今は一々その具体的内容に立ち入るのはやめる(31)。

家永のこうした研究態度を可能にしたのは、第五章で述べたとおり、家永が一九三八年の「日本思想史に於ける否定の論理の発達」以来、実証的かつ問題設定を鋭角にするという方法をとっていたからである。それを応用して、新たな問題意識のなかで研究を展開するという方法をとったのであった。この方法に至る理論的背景には東京帝国大学国史学科の実証主義史学に対する批判と経世的な性格をもつ民間史学の方法の再評価の問題があるが、史学方法論にまつわる理論的問題の解明は第十一章にゆずる。

いま重要なのは、家永が実践的行動のなかで現れた問題意識や事実認識を研究に活かしたということである。我々もまた学問とは真理探究のための真理探究と教わりがちであり、研究は実践とは別に行われるようにみえる。だから両立ということが問題であるかのようにみえるのだが、家永がとった道はそうではない。むしろ実践そのものを実質的な研究フィールドに転換し(32)、そこで得た認識を踏まえて研究課題を設定し、アカデミズム史学に由来する精緻な史料批判に基づいて叙述を行うという、新しい型の歴史研究を積み重ねていったのである。

現実の課題はたいていの場合一つの専門分野内では片づけられないから、この作業は必然的に、目前の課題に対応しうる新分野を開拓することになる。その動きはやがて法史学のような独自の領域をつくり出していくことになる。

右の研究の型の具体例として、東京教育大学での最終講義「歴史学と法律学の接点」をみてみよう。

「歴史学と法律学の接点」と申しますと、まず第一に考えられるのは法制史あるいは法史学です。法制史とか法史学とかにもいろいろな方法があるようですが、一つは、過去の法体系を現代の法体系に翻訳するような形で理解していくアプローチがあります。

たとえば、封建的な土地所領関係をどういうカテゴリーでとらえるか、これを所有とか占有とか、そういう近代法的な観念のどれにあてはまるか、というような視点から過去の法体系を再構成していくという方法があるようです。また、それぞれの時代に具体的にどんな法制度があったかの即物的な調査から始まり、各時代における法体系がどのようなものであったかを、その歴史的全状況の中で再構成する、というアプローチの仕方もあるように思われます。いずれにしても、従来の法史学のもっとも科学的な目標は、法社会学を過去の時代に遡及させて発展的にとらえるところにあったと思われます。が、歴史学と法律学との間には、そういう方法ばかりでなく、法解釈学を歴史学に導入するという形での接点もあるのではないかと思います。

例えば、ある事件を単にその事件の外面だけを追っていたのでは全然評価できない、どうしてもそこに法解釈を導入しなければその事件の意味がわからない、というような現象があります。こういう場合には、やはり高度の法解釈学の技術・理論が必要となってきます。もう一つは、現在にまでなお現実課題となって続いている生きた歴史的事実にたいし、法解釈学的な観点から評価を加える、というアプローチもあると思います。

前者の例を申しますと、例えば大津事件などが典型的なものでありまして、大津事件の現象経過を追っただけでは、それがどういう性格の事件であり、どういう歴史的意義を有するものか、明確にならないのです。この場合どうしても法解釈学によって事件の意義を確定する必要があります。後者の例としては、太平洋戦争、私は「十五年戦争」と言うべきだと考えておりますが、十五年戦争についての戦争責任の問題が現代において一つの社会的な課題となって提起されていますが、これなども歴史的事実の認識と同時に、そこにやはり法律上の責任という視点を導入する必要があると思います。そうしなければ、漠然たる戦争責任という形では、どういう意味の責任かということが確定しないといううらみがあります。こういうタイプの歴史学と法律学の接点もあると思います(33)。

家永がここで提起しているのは、一つには歴史事実を理解するために法律の知識を援用することであり、もう一つには歴史の分析視角として法律上の概念を導入することである。家永は、法律学的観点ひいては当為の視点を歴史学に導入し、それと関連づけて歴史を評価していくことによって、自身の民主主義の実践と歴史研究とを結びつけたのであった。

その背景にあったのは、現状を力破するために歴史を理解しようとする努力であり、歴史を理解するために既成学問の枠組みをまたぐことをいとわない姿勢である。こうした研究は、当然、実践家の現実認識という性格を兼ねており、しかも歴史学的方法に則っているから、事実認識としての信頼度がきわめて高く、したがってそのまま、同じ実践に取り組もうとする人々にとって座右の書として役に立つ。こうした学問のあり方は、日高第四郎にみられるように、民主主義実現を期待する時代の政府が期待した学問のあり方そのものであり、また戦争体験を背景にして少なからぬ学者のあいだで拡大しつつあった(34)。

この研究態度を家永は「境界領域」の「彷徨」であって「権道」であると謙遜しているけれども(35)、科学、少なくとも文化科学を事とする学者としてはむしろこのほうが正道なのではあるまいか。専門研究の視点に限ってみても、そもそもある枠組みと方法とを定めた専門研究が有意義なのは、その上位の観点においてその研究の意義が認められるからである。その最上位には、そもそも自分の問題としている論点になぜ根本的な価値があるのかという問いが生まれざるをえないが、家永の研究実践はこの点を捉えて決して離さないのである。

家永教科書もまたそうであって、教科書という通史叙述であると同時に、日本において民主主義を建設しようとする人々が、つまり日本国憲法下にあるすべての国民が、現状を把握し未来を展望するために必要な知識として、学校教育を通じて役立てられるはずのものであった。そしてそれが妨害されたとき、家永の力攻が再び始まったのである。

家永にとって、学問をすることと、一人の人間として可能な限り正しく生き、討論を通じて合意に辿り着くことと、学問の自由を守ることとは、一連のものである。なおこの学風は、東教大文学部が専門分野を超えて培っていった学風であり(36)、また教科書裁判を通じて、ことに裁判と関係の深かった教育学・法学・歴史学を中心に、日本中の研究者に影響を与えることになる学風でもある。

ただしこうなると、多忙の上にも多忙をきわめることになる。当然のことだが、家永には日々の生活もある。研究それに生活や雑務の時間を割いて、大学民主化に取り組んでいたのである。ここに教科書裁判が重なってくるのであるから、よほど大変だったにちがいない。実際、常に小走りで移動し(37)、帰宅後はゴールデンタイムをすべて研究・作業にあてていたという(38)。それを支えたのが民主主義実現への熱意だったのである(39)。

おわりに

家永三郎の民主主義精神の本質は、矛盾を力破する行動力にあった。それを得たのは、一九五〇年の教授会設置運動によって得られたものであった。それは自分自身や周囲にふりかかった矛盾について、その苦しみのもととなっている仕組みを把握して突き崩し、そこに新たな仕組みを構築し、よりよい状況をつくっていこうとする努力であった。この姿は教科書裁判を通じて数多くの人々に知られるところとなり、戦争の記憶と相俟って、多くの人々が感動して驥尾《きび》に従うことになる。

家永三郎こそは、直面する課題に徹底的に取り組むことによって戦前社会の矛盾を乗り越えようとした、戦後の民主主義者の一典型である、と考えてよいのではなかろうか。戦後の家永の学問にもその性格が反映されており、そこからは、民主主義者の学問の姿を追うことができる。それは既成の学問の枠には収まらない、新たな学問をつくり出すエネルギーとして現れている。

家永はこの後、教科書検定への反撃として一九六五年に教科書裁判を提起、七〇年には国民の教育権を認めた杉本判決を勝ち取ることになる。この運動は、家永自身にとっては東教大での経験の展開であり、さらにまた家永の予想を越えた裁判支援の広がりを通じて、何万ともつかぬ数多くの人々が民主主義の原体験を得ていくことになる。その具体像の解明は本書の課題を越えるが、今後ぜひとも解明していくべきであろう。

一方東教大では、この後、一九六二年の朝永原則の制定、つまり大学自治の原則の成文化を頂点に、一転して激しい嵐に見舞われることになる。筑波移転問題である。この問題は、東教大文学部の自治運動を通じて大学自主管理の頂点をきわめた東教大の解体であり、それは同時にまた、高度成長下の日本社会の矛盾を抱え込み、現代に続く大学管理のみならず、広い意味での管理社会の出発点の一つとなる。

この構造の矛盾を数多くの人々が目前の問題から順に一つ一つ力破してゆく姿を描くことが、現代民主主義発達史を語ることの重要な一環となるだろう。文学部教授会は、この事態の成立に徹底的に抵抗し、脱落者を出しつつも、家永ら主流派は最後まで節を貫くことになる。そのときの情勢と、そのなかでの家永のふるまいについては次章で取り扱う。

（1）家永三郎『一歴史学者の歩み』岩波現代文庫版第Ⅷ章参照。

（2）江村栄一「家永史学を支えるもの」大田堯、尾山宏、永原慶二編『家永三郎の残したもの　引き継ぐもの』日本評論社、二〇〇三年。五頁。

（3）主要な史料となるべき主な文献は概ね次のとおりである。

①家永三郎を偲ぶ会編『家永三郎・人と学問』（私家版、二〇〇三年）所収、大江志乃夫「家永さんとの十七年」、櫻井徳太郎「東京教育大学時代の家永先生」、西山松之助「高等師範学校から教育大終焉まで」。

大江は教科書裁判や筑波移転問題を中心に、また櫻井は教育者としての家永の姿を中心に、西山は研究者としての家永の姿を中心に、豊富な証言を行っている。

②稲田正次「教育大学在職当時の思い出」東京教育大学文学部編『東京教育大学文学部記念誌』私家版、一九七七、四〇一頁以下。

③東京教育大学新聞縮刷版刊行会編集発行『文理科大学新聞　教育大学新聞』一九七八年。

④家永三郎『東京教育大学文学部』。『家永三郎集』第一〇巻所収。

（4）前掲稲田「教育大学在職当時の思い出」。四〇四―四〇五頁。

（5）福原麟太郎監修『ある英文教室の一〇〇年　東京高等師範学校・東京文理科大学・東京教育大学』大修館書店、一九七八年。八九―九〇頁。
（6）鈴木博雄『東京教育大学百年史』日本図書文化協会、一九七八年、三三五頁。
（7）第五回国会衆議院文部委員会第一六号。一九四九年五月一二日、二頁。
（8）前掲鈴木『東京教育大学百年史』三三八頁。
（9）西山松之助「高等師範学校から教育大終焉まで」。前掲『家永三郎・人と学問』一一三頁。
（10）前掲鈴木『東京教育大学百年史』三三六頁。
（11）家永三郎『田辺元の思想史的研究』『家永三郎集』第七巻一三九―一四一頁。
（12）『教育大学新聞』一八二号一面「教育大学人事一覧」。一九四九年九月五・一五日合併号。前掲『文理科大学新聞　教育大学新聞』九一頁。

なお組織としては「学部―学科―専攻」となるのであるが、東教大設立初期の編成が具体的にどのようであったかについては、いずれの史料にも欠落していて不明瞭である。穂積重行「文学部小史」（前掲『東京教育大学文学部記念誌』所収）は、「実際には各『専攻』が独立の学科としての性質をもち、『哲学』『史学』『文学』『社会科学』といった大わくは日常的な運営には大きな意味をもたなかった」（四七六頁）と述べて専攻のみを列記し、学科との関係を記していない。家永『東京教育大学文学部』、鈴木『東京教育大学百年史』でもやはり学科は記されていない。

穂積によれば一九四八年度の学科・専攻（講座）は次のとおりであった（前掲書四七六・四七八頁）。

【学科】哲学科・史学科・文学科・社会科学科

【専攻】哲学　倫理学　史学研究法　日本史　東洋史　西洋史　国語国文学　漢文学　英語英文学　アメリカ文学　独語独文学　仏語仏文学　言語学　社会学　法律政治学　経済学　外語研

後年の学科編成と対照して、ほぼ間違いなく〔哲学科　哲・倫〕〔史学科　史研・日・東・西〕〔文学科　漢・英・米・独・仏・言〕〔社会科学科　社・法・経〕〔外語研〕であろうと思われ、教授陣の配置などからさらに状況証拠を固めることもできるが、こういう問題はやがて一枚物の確実な史料を見出すことができるであろうし、そもそも本章の目的は東教大の制度関係を明らかにすることそのものではないので、一旦ここでとどめておく。

(13)　前掲稲田「教育大学在職当時の思い出」。『東京教育大学文学部記念誌』四〇六頁。なお〔括弧〕内は小田による注。
(14)　家永三郎『一歴史学者の歩み』岩波現代文庫版一七二―一七三頁。
(15)　前掲家永『東京教育大学文学部』『家永三郎集』第一〇巻三五頁。
(16)　前掲家永『一歴史学者の歩み』一七四頁。
(17)　いずれも前掲家永『東京教育大学文学部』『家永三郎集』第一〇巻三六―三七頁。
(18)　前掲稲田「教育大学在職当時の思い出」。『東京教育大学文学部記念誌』四〇七―四〇八頁。
(19)　前掲家永『東京教育大学文学部』『家永三郎集』第一〇巻四一―四二頁。
(20)　前掲稲田「教育大学在職当時の思い出」。『東京教育大学文学部記念誌』四〇二―四〇三頁。
(21)　家永三郎『一歴史学者の歩み』一六四―一七〇頁。
(22)　森岡清美『ある社会学者の自己形成――幾たびか嵐を越えて』ミネルヴァ書房、二〇一二年。二三六頁。括弧内は同二〇七頁。
(23)　たとえば小林直樹は「家永さんの人柄が曖昧さのない、澄明な誠実さと、たおやかそうに見えながら不正に屈しない剛直さとで、太い筋の通っていることは、誰の目にもはっきりしている点である」と述べている（『家永三郎集』第一二巻月報、一頁）。また同僚の証言としては櫻井徳太郎に「それぞれ特色ある先生方がお集まりで、その点では大いに議論を闘い合わせるのでありますけれど、こと教室運営になりますと非常にスムーズに運ばれ、和気藹々たる空気がたちこめていたかと思われます」とある（前掲『家永三郎・人と学問』一〇一頁）。
(24)　前掲家永『東京教育大学文学部』『家永三郎集』第一〇巻四三―四四頁。
(25)　同五七―五八頁。
(26)　たしかに、権利獲得に意義のある助教や、これ以上の昇進がない教授と異なり、今後の就職を見込まなくてはならない助手に、たたかいに腰を据えられるだけの社会的基盤があったかは疑問となしうる。しかしいずれにせよ意思力を欠くところに現実は成立しえない。
(27)　従来どういう事情があったのかはわからないが、一九七八年にようやく「文学部は長年疎遠であった大学事務局と懇意にな」ったという（前掲森岡『ある社会学者の自己形成——幾たびか嵐を越えて』二四〇頁）。事務局がなければ組織運営はできないのであるから、一九五〇〜六〇年代にはどのような関係であったのか、家永の大学民主化論の質をめぐって一つの問題となる。

（28）前掲家永『東京大学文学部』『家永三郎集』第一〇巻九一—九二頁。

（29）同右「Ⅲ　大学の社会的使命にめざめて」。『家永三郎集』第一〇巻六三—一一〇頁。

（30）家永三郎「学問をする者のよろこびと苦しみ」一九五三年七月。『歴史の危機に面して』東京大学出版会、一九五四年。二二七—二二八頁。

（31）家永三郎『激動七十年の歴史を生きて』序。新地書房、一九八七年。二二三—二二五頁。

（32）家永自身は「第一私の心理的・生理的限界のためにフィールドワークが全然やれませんから、フィールドワークを生命とするフォークロアは、いちばん私に不向きな学問ですので、自分でやろうと思ったことはありません」（家永三郎述「一歴史学者のあゆみ——家永教授に聞く」家永三郎教授東京教育大学退官記念論集刊行委員会『家永三郎教授東京教育大学退官記念論集1　古代・中世の社会と思想』三省堂、一九七九年。三二三頁上段）と述べるが、客観的に見て家永の研究姿勢はフィールドワークそのものである。

（33）家永三郎「歴史学と法律学の接点」『家永三郎集』第九巻、二五三—二五四頁。

（34）戦後、家永同様の学問の型が広範に成立しつつあったことを示す一例として、関西圏の学術ネットワークの中心人物の一人で近代史家として活躍した小山仁示（一九三一—二〇一二）が西淀川公害裁判第一次訴訟（地裁）の証人調書速記録に遺した次の発言を挙げておきたい。

小山　（前文略）私は現代史家なんです。現代に関与しつつ同時に、あ、これは一つのいい機会だというんで、もちろん私は住民運動をやっておる人格とは切離せないことは確かでです、この時は歴史家で、この時は住民運動家なんて、そんな器用なことはようしませんけれども、少なくともここで証言する場合には歴史家としての立場を堅持しておるつもりです。それと、こういうものを書く時には、住民運動をやる中で体験したことを私なりに、学問などという偉そうなことはとうてい言えないレベルのものですけれども、私としては貴重な体験をしておりますから、それを私流にまとめ上げたら、論文と言えるようなものではないですけれども、そう書いたというわけです。（三五五番）

弁護士　どうも書かれている中身はあなた自身が住民運動家として行なった体験に基づく部分が非常に多いように思うんですけれども、如何でしょうか。

小山　研究というのはあくまでも物事自体とかけ離れた段階で、象牙の塔にこもってやるものやと思い込んでる、非常に古い学問のあり方ということから発せられてる議論だと思います。（三六一番）

（証人調書甲尋第六号証の二。あおぞら財団付属西淀川・公害と環境資料館蔵）

（35）家永三郎「私の研究遍歴　苦悩と彷徨を重ねて」四、五。『家永三郎集』第一六巻二二九―二三二頁。

（36）家永三郎・小牧治編『哲学と日本社会』（弘文堂、一九七八年）、「まえがき」四―五頁（小牧治執筆）参照。

（37）横山篤夫「家永三郎先生を追悼する」『大阪民衆史研究』二〇〇二年一二月。

（38）前掲「一歴史学者のあゆみ――家永教授に聞く」前掲書三三八頁上段―下段。

（39）もっとも家族は閉口気味だったようである。「真理の夢追い人　『教科書裁判の人』その素顔は…」東京新聞、二〇〇三年七月一日付、三二面。出田阿生署名記事参照。家永における家庭民主化の質と関わるので付記しておく。

第七章　民主主義精神の試練に耐える——東京教育大学の筑波移転問題を中心に——

はじめに

一九五〇年代、「逆コース」を歴史的背景として確立した家永三郎の民主主義精神は、一九六〇年代に入ると最大の危機を迎える。東京教育大（以下東教大）の筑波移転問題である。この問題は一九六三年に文部省の意を受けた三輪知雄東京教育大学学長が主導して推進したことに始まり、筑波大学の開学ならびに一九七八年の東教大閉学によって幕を閉じた。家永は文学部の一教授として、この問題がより厳しさを増していくなかで、折からの学生紛争も関わり、激しい嵐のなかにたたき込まれていくことになる。

だがそれだけに、家永の民主主義者としての面目が明らかになったのもこのときであった。すでに知られるように、家永は意を同じくする多くの教授たちとともに節を守り抜き、東教大の閉学・解散の日を迎えたのである。「先生はこれらの闘いでの理念的支柱の役割りを果たされたといっていい」とは、家永を間近で見ていた同僚の暉峻衆三（農業経済学者）の証言である(1)。しかしその過程は決して生易しいものではなく、家永自身、何度も「私は死にたい」と口にしていたともいう(2)。この試練のあらましを、家永の認識の外にあった史料も含めて現時点で可能な限り客観的に理解し、家永の歴史的位置づけを考えてみようとするのが、本章の検討課題である。

東教大筑波移転の過程については、さまざまな立場から、総括的な書物が刊行された。家永三郎および東京教育大学文学部の歩みについては、家永自身の手になる『東京教育大学文学部』（『家永三郎集』第一〇巻）が、文学部に関する実証的研究として、また家永の思想を知る上での証言史料として、優れている。しかし筑波移転全体について、移転賛成・反対を含めてその意義を総括する著作はまだ現れていないと見受けられる。それぞれの立場からの総括として、現時点で筆者が見出しえた主たる文献は次のとおりである。

【文学部教授会】

文学部各学科・教員の立場から

東教大文学部編『東京教育大学文学部記念誌』（東京教育大学文学部、一九七七年）

文学部教授会主流派（朝永原則堅持・筑波移転反対）の立場から

家永三郎『東京教育大学文学部』（現代史出版会、一九七八年。のち『家永三郎集』第一〇巻収録）

暉峻衆三「『東京教育大学文学部』に寄せて」（『家永三郎集』第一〇巻月報）

文学部の立場からの資料集

家永三郎・大江志乃夫『東京教育大学　たたかいの記録　一九六二―一九七〇』（法政大学出版局、一九七一年）

文学部最後の学部長の証言として

森岡清美『ある社会学者の自己形成――幾たびか嵐を超えて』（ミネルヴァ書房、二〇一二年）

【学生運動】

東京教育大学新聞部の立場から

東京教育大学新聞縮刷刊行会編『文理科大学新聞　教育大学新聞　縮刷版』（東京教育大学新聞縮刷刊行会、一九七八年）

東京教育大学新聞会ＯＢ会ウェブサイト（http://tue.news.coocan.jp。二〇二四年六月二二日最終確認）

東京教育大学学生・新聞会員の立場から

水沢千秋「かつて教育大闘争があった」（『置文21』編集同人編著『回想の全共闘運動――今語る学生叛乱の時代』彩流社、二〇一一年）

農学部移転反対派学生の立場から

黒川敏夫・夢諸野迷共著『東京教育大学闘争の敗北――ある農学部生の総括』（三協社、二〇一〇年）

【筑波移転推進派】

筑波移転推進派の立場から

鈴木博雄『東京教育大学百年史』（日本図書文化協会、一九七八年）

宮島龍興『宮島龍興エッセイ集　わからないものですよ　世はあべこべ』（東京書籍、二〇〇五年。一九九八年に出版した同名書籍の再版と思われるが、刊記には初版初刷とあり関係は不明）

同　『宮島龍興エッセイ集　再び・わからないものですよ』（日本教育工学振興会、二〇〇二年）

本章の課題である家永の思想と行動については、家永『東京教育大学文学部』が、また文学部の動きについては「文学部教授会」として挙げた各書籍が、また家永と反対の立場の視点からは、鈴木が重要な内部史料を駆使して検討を加えている。大学史研究の立場よりみれば右に挙げた諸文献のみでは史料蒐集として不充分であるのはもとより承知であるが、家永の動きを理解する上での最低限の文献は揃っていると考えられるので、このまま検討作業に踏み切ることにする。

叙述は筑波移転の前段階、朝永振一郎が東教大学長であった一九六二年に制定された民主運営原則である「国立大学の管理運営について」、通称「朝永原則」の制定過程から始めることにしたい。そこでまず、暉峻の次の言葉を引いておきたい。

家永先生はこういった文学部をはじめとする教育大の民主的ルールづくりに積極的に参画し、「朝永原則」への昇華をよろこび誇りにされた。それだけに、筑波移転問題を契機に推進派によって「朝永原則」が反故にされていくことはひときわ許し難いことだった(3)。

この「ひときわ許し難い」過程において家永が何を感じたかを理解するためには、まず、その前提となった「『朝永原則』への昇華」の、家永にとっての意義をみなければならないからである。

なお本論では、可能な限り引用を長く取り、列挙する手法で叙述を進めていきたい。というのは、ただでさえ展開がきわめて複雑であり、しかもさまざまな立場からの立論を踏まえて読み解いていくと、いずれの立場からにもせよ、にわかには信じがたいような情勢の展開が論定されざるをえないからである。また史料のうち最も要点と思われる箇所には、筆者の判断で傍点を付した。

一、朝永原則の制定

朝永原則が制定されたのは、さきに述べたとおり、一九六二年のことである。この原則は、国立大学協会での大学制度改革審議に東教大としての意見を体して臨むため、一九六一年に朝永学長の起案要望により委員会を設置、一九六二年六月二九日に東教大評議会で正式に決定されたものであった。家永は委員として原案を担当し、「大学管理機関についての試案」(4)（一九六一年七月七日に提出。以下家永原案）を起草した。

一九五〇年代における文学部民主化改革の経験は、第六章で検討したように、家永に矛盾は力破しうるものであることを教え、また家永に大学の自治のあるべき姿についての指針を与えた。家永原案にはその体験がみなぎっている。家永は民主化改革での経験を踏まえ、大学自治の主体を、「教授・助教授・専任講師の全員」「助手」「事務職員および学生」、つまりすべての「大学構成分子」と考えていた。

成立時期から考えて家永原案の理論的な裏打ちの一つとなっていると考えられる論考「大学の社会的使命と大学の自由」（一九六〇年一月初出）でも、やはりすべての大学人を大学構成分子とする原則が現れている。

大学管理の民主化を制度的にも確立するためには、教授・助教授・講師という職階制の廃止と大学財政の独立とがぜひとも必要であるけれども、もし法令の前向きの改正がただちに望みえないとすれば、現行制度の範囲内で能うかぎり民主化の徹底をはかるべきであろう。具体的な方法として、私は次のような提案をしたい。

（一）できるだけ職階制による権限の差別を廃止すること。（中略）大学の内規で定められる範囲において教授・助教授・専任講師には同一の職権を与え、大学管理に平等の資格で参加させること。（中略）助手も大学の管理へ能うかぎり大幅に参加させることが望ましい。

（二）教官と事務職員との民主的な統一を実現すること。大学内部における身分的分裂が大学の自由を守る上に最大の妨害となるのであるから、（中略）教官と事務職員との間の壁をも打破しなければならない。そのために、教官と事務職員とが共同してその権利を守る組織である教職員組合の組織の拡大と、能率的な活動の強化とに努力する必要がある。

（三）職員と学生とが大学の自由を守るために協力できる体制を整えること。大学は教授だけの大学ではなく、学生が大学の不可欠の構成要素であることを忘れてはならぬ。大学の自治が教授会を中心に行なわれねばならないということは、大学の自治が教授会の自治であることを意味しない。学生をふくめた大学全体にわたり学問の自由を保障するのが、大学の自治の目的である。（中略）

（四）大学教授と人民大衆との内面的結合を可能とする組織をつくること。（中略）大学教授が「象牙の塔」にたてこもる精神的貴族としての特権を要求するのみに終わり、人類の福祉と世界平和とに寄与すべき義務の履行を怠ることは許されない。（中略）

大学人は、今までの閉鎖的な孤立主義を反省して、もっと積極的に大学の社会的使命を達成するにふさわしいルートを開拓することを心がける必要があるのではあるまいか(5)。

そして大学自治の決定機関として位置づけられるのが教授会である。

学問の自由という原則の認められるかぎり、研究について指揮命令関係はありえず、したがって職階制は有害無益ではないかということである。それは、ちょうど裁判官の独立に関するかぎり、判事と判事補との間に上下の関係のありえないのと同じである。したがって学問研究という観点からいえば、教授・助教授・講師（専任）という職階制の存在理由は認めにくいのではなかろうか。存在理由があるとすれば、学校行政上の必要以外には考えられないが、その場合でも、職階制を不可欠とするかどうかは、疑問である。いずれにしても、職階制が大学人の思想と学問の自由をいちじるしく妨げていることは、すでに述べたとおりであった。大学管理の上からみても、大学の民主的管理がこのためにいちじるしく阻害されているのを忘れてはならない。すべての国民に参政権を与えることが国民の愛国心を高めるゆえんであるというのが、国会開設論者の主要な論拠であり、同じような理由が普通選挙論者によっても唱えられたのであるが、大学で研究・教育に従事する人々ができるだけ広範囲に大学管理に参加してこそ、大学のよりよい運営が可能となるはずであり、ことに大学の自由を守るためには、もっとも強い力を結集できるのではあるまいか。（中略）

大学管理が、全教授の総意を反映させうる教授会を中心としなければならない理由がそこにあるのであって、評議会は、各学部間の連絡調整機関にとどまるのを原則とすべきであろう。譬えていえば、評議会と教授会とは、中央政府とその出先機関とのような関係にあるべきでなく、国際連合と加入国家との関係のようなものであり、加入国家はある範囲で主権の制限を受けるが、現在の段階では国家主権が基礎になっているのと同じく、大学管理の基礎はどこまでも教授会に求められねばならないのである(6)。

ここに引用した考えがこれまでの民主化の体験と自信に裏づけられていることは、たとえば「私は、右のような方向をめざして大学の民主化を企てた実験例を知っているのである」(7)として東教大の民主化実践を提示していることから窺うことができる。

しかし実際に議決された朝永原則では、家永の構想した全構成員参加の原則は影をひそめ、教授会自治のみが強調されることになった。朝永原則について、家永は次のように評価する。

いつ頃からか、これが当時の学長の名を冠して「朝永原則」と呼ばれるようになったのは、もっぱら東教大の管理のいわば最高憲法であるとの法的確信が大学構成員の間に生じたためであった。

その内容は、ほとんど東教大における慣行を基にしたものであって、文学部に関する限りは、稲田学部長時代の改革により教授会ではここに示されたとおりの運用がなされ、文学部代表はここに示されたとおりの運用を評議会

家永による「大学管理機関についての試案」（家永原案）の構成

総　説	（第1—第2）
教授会	（第3—第5）
評議会	（第6—第9）
学長および学部長	（第10—第15）
委員会	（第16—第18）
大学管理機関の管理権の限界	（第19）
その他	（第20—第21）
備　考	（2項目）

家永原案における大学自治の主体に関係する条文

第一、大学の自治は、大学構成分子のできるだけ広汎な意思の結集の上に確立されなければ、真に強固なものとはなりえないこと、かつ、単に大学が外部からの干渉侵害に対して独立を維持することを意味するだけでなく、内部においても、学部の自治と教官の独立とが保証されることを意味すること、以上二つの命題を前提として、大学管理機関の組織および権限の配分を考えるべきである。

第二、したがって、少くとも教授・助教授・専任講師の全員が、大学管理に関する重要問題の審議に、直接または間接に参加でき、かつ、各員の独立権限の侵害を防止するための発言の機会が与えられるように、大学管理機関の組織および権限の配分を考えるべきである。

第三、教授会は、少くとも教授・助教授・専任講師の全員により構成されることが望ましい。助手も、その職務上必要な事項に関しては、教授会に出席して、その審議を聞き、意見を述べる機会を与えられることが望ましい。

第十九、大学管理機関の管理権は、教官の独立権限の域内には及ばない。

　大学管理機関の管理権は、特に職務と関連のある場合を除き、職員の私生活には及ばない。

第二十一、大学の運営につき、事務職員および学生の意見を聴取するための協議会のようなものを設けることが望ましい。

※　第二十一について家永自身はより踏み込んで述べたかったようで、「家永個人も、大学構成分子としての学生の意思を管理運営に反映させる方法を講ずべきであると考えていた。しかし、当時の東教大全学の空気では到底そこまでの合意を得られる見込みがなかったので、最後に」この「一条を加えるにとどめておいた」のであるという。（『東京教育大学文学部』（『家永三郎集』第10巻95頁））

その他の全学合議機関で主張してきたのであった。（中略）
少なくとも教授会構成員全員の直接民主主義を基幹とする「教授会自治」方式としては、この時点での多くの構想の中で、日本学術会議のそれと並んでもっとも徹底したものであったと言ってよい(8)。

家永原案と朝永原則との関係について、大江志乃夫は次のように述べる。

いわゆる「朝永原則」は家永さん起草のこの原案を大学制度研究委員長が評議会への報告にまとめ、さらに評議会で修正を受けたもので、原案からかなり後退した内容になりましたが、大学運営の基盤を教授会におき、大学運営は合議体の議によるのであり、学長・学部長の専決権限にはよらないという基本精神は変わっていませんでした(9)。

この考え方が政府の意を体する中央教育審議会（中教審）の意向と真っ向から対立するものであったことは家永が史料を提示して明らかにするとおりで(10)、新たな史料を追加するとすれば、たとえば学長の選考について一九六三年の中央教育審議会答申「大学教育の改善について（答申）」（第一九回答申、一九六三年一月二八日）をみてみると、

イ　選考、任命

（中略）

評議会（評議会については後に述べる。）で複数の学長適格者を学の内外から選び、それについて学内で投票を行ない、その結果に基づいて評議会が学長候補者を決め、学長がこれを文部大臣に申し出ることとする。文部大臣は、それによつて任命するものとする。

「国立大学の管理運営について」（朝永原則）

一　大学の管理運営は各大学自体の責任において行なわれるべきものであり、管理運営における大学の自治を確立維持すべきである。

大学の自治とは、研究、教授の自由、人事に関する自治を包含するものである。従って学長、学部長、研究所長（以下所長と略す）その他の部局長、及び教員の選考についてはそれぞれの大学の決定に委ねるべきである。不利益処分についても同様である。

二　大学の自治的管理の機関としては学部および研究所教授会（以下教授会と略す）がそれの基本的主体であるべきであり、評議会の権限、教授会との関係、学部長、研究所長、学長の職務権限はそれぞれの大学の慣行によって明確に規定する必要がある。

三　教授会と学部長、研究所長

教授会と学部長、所長との関係を規定するに当っては、教授会を以て、学部長、所長の単なる諮問機関とする考え方には反対であって、教授会は議決機関であるべきであり学部長、所長の専決権は教授会の委任事項および緊急事項に限られ、それも事後報告または事後承認を要するものとする。

四～六（略）

七　その他

その他大学の自治を保障するためには、

A　人事院規則一四の七をそのまま大学教官に適用することには問題がある。少くとも大学教官がその本務として行なう行為を拘束するものでないという規定（人事院規則一四の七の五）の解釈を確立する必要がある。

B　大学構内に対する警察権の行使については少くとも大学の特殊の性格にかんがみ特に慎重を期すべきであり、そのための制度慣行を確立すべきである。

C　現在文部大臣が任命権をもっている事務職員の人事については学長（本来的には評議会）に具申権をもたせるようにすべきである。

（前掲家永・大江共編『東京教育大学たたかいの記録　1962-1970』史料10より一部省略の上抄出）

投票者は、大学における教育研究の主たる責任者である教授とする。ただし、特に必要がある場合にかぎり、助教授または常勤講師を加えることができるものとする。
学長適格者の選出、投票等に関する手続は、制度化することとする(11)。

ここでは教授会は諮問機関であり、学長は文部大臣の監督下に位置づけられる。この考え方は朝永原則の理念の対局に位置する。民主主義の実現を目指し日本国憲法の理念に則れば則るほどに政府の意向と対立するというのが占領政策転換以後の日本の基本的な流れであり、ここでも同様の事態がくり返されているのであって、一九六〇年代初頭の大学自治論における憲法対政府の対立の一方の極として「朝永原則」は位置づけられる。そして家永原案は、朝永原則より以上に民主化路線を徹底したものであった。

家永大学自治論の歴史的意義はここにある。家永は、教科書裁判に隠れてあまり知られてこなかったが、実は東教大の民主化実践において指導的位置を占めた大学自治理論家だったのである。この後、朝永原則は、家永の目指した程度に比べればやや低いものであったとはいえ、東教大の運営上の憲法的な役割を果たすことになる。ところが一九六二年夏、朝永原則の公表後に学長となった三輪知雄は、この原則を無視する行動をとりはじめた。

二、移転問題の決裂

東京教育大学は設立時の事情からキャンパスの分立・敷地の狭小が問題となっており、何らかの対策が必要であるとして、何度か移転案が検討されてきたが、十分な場所はみつかっていなかった。そうした折の一九六三年八月、文

筑波移転問題が決裂に至るまでの経緯

年	月	日	状況
1966	6		教育学部より妥協案としてツー・キャンパス論持ち上がる
	10		各学部、見解を表明。文学部は移転を希望せず
1967	1		大学の将来計画委員会（全将計）、基本的な全学共通了解をつくる
	3	24	評議会、議論が一応まとめられる。文学部は「目下検討中のため」「文学部を除く五部局の共通了解として文学部委員は教授会にこれを報告する」とする。
			本学は総合大学としての発展を期し、研究教育上の全学的利用のために大塚地区を保有して、条件付で筑波に土地を希望する 付記　1、文学部・教育学部は当分の間大塚にとどまる。（以下略）
	4	26	文学部教授会、「文学部調整案」を議決、「『文学部調整案』の真意」を了承
			文学部調整案 本学は総合大学として発展することを期し、筑波に土地を希望する。ただし、次の点について政府が明瞭な保障を与えることを条件とする。 1、文学部が将来にわたり大塚地区において正常な発展をなしうること（以下略）
			「文学部調整案」の真意 （前文略）現状では、妥協としては筑波に土地確保を希望する部局のためには、全学の名において協力するが、逆に筑波に土地確保を希望しない部局のためには、やはり全学で保障を取りつけるという以外に妥協がない。
		27	全将計開催。文学部、文学部調整案を提示。
		28	評議会。評議会側、文学部が筑波移転に歩み寄ったと受け止める
	5	10	文学部教授会（10,17,24）。ツー・キャンパス論を再度明瞭にする
		17	
		24	
	5	29	評議会開催。文学部「『文学部調整案』の真意」を報告。「意向表明と打診を含む評議会案」作成
	6	7	文学部、上記が事実上の筑波土地確保の決定であり文学部の希望する「政府の明確な保証」についての確認が欠如していることに反対し修正案を決定
		10	評議会、文学部による修正動議を却下

（本章「はじめに」に挙げた各種文献より作成。なお「文学部調整案」ならびに『文学部調整案』の真意」はそれぞれ家永・大江共編『東京教育大学　たたかいの記録1962-1970』所収資料38・39より引用した）

部省は東教大に対し「筑波研究学園都市計画にそって移転を希望するか(12)」との趣旨の打診を行った。三輪学長はすぐに評議会で筑波移転を提案、さらに文学部教授会にも出席し、筑波移転を力説した。ところが文学部では移転案に対し、遠隔地であり研究に差し支えがあることなど、反対意見が続出した。

こうした対立から生じてきたのが、ツー・キャンパス案である。文字どおり東京に残る学部は残り、筑波に移転する学部は移転するという案である。ところがこれも、「文学部は筑波移転を希望しない(13)」「総合大学として同一キャンパスで発展することを期する(14)」理学部との間で最後まで調整がつかず、一九六七年六月一〇日の決裂に至ることになる。

家永は同年四月末から五月にかけての状況を次のように述べる（傍点小田）。

> 以上、四月二六日の文学部教授会で了承された「文学部調整案の真意（39）」ならびに「文学部調整案」の審議経過を見れば、文学部は筑波移転を希望せず、したがって本学の名において筑波に確保される土地の中には文学部用地は含まれていないものは明らかであったが、文学部がある時期に筑波地区に移転することを想定し得るものとして、文学部用地も含めて本学の土地確保を行なおうとする志向が評議会の中に強まった。このような誤解とそれにもとづく志向とを防止するため、五月二四日の文学部教授会は、すでに四月二六日の教授会で了承されていた前述の「文学部調整案の真意」をあらためて採決に付して、文学部としての態度を一段と明確にした(15)。

文学部教授会は評議会の「誤解」を防がなければならないと考えたのであった。ところが鈴木博雄『東京教育大学百年史』は、文学部が移転に賛成したと理解する立場から記述されており、そこでは四月二八日以来、文学部がツー・キャンパス案を克服したとしている。ここに、決裂に至る本質的な問題が潜んでいる。

鈴木は四月二八日評議会につき、次のように述べる。

文学部三評議員としては、四．二八評議会に文学部の調整案が提案された時点で、「将来にわたり」の解釈は弾力的になり、文学部の永久ツー・キャンパス論は克服されて、将来における移転の可能性までは否定されていないという前提に立ったものと考えている(16)。

右のように理解する証拠として鈴木が提示するのが、五月二九日の評議会にかかると思われる次の記事である。決定的な発言を引いておく（傍点小田。なお文学部評議員はイニシャルとした）。

4N　文学部が不変に移転しないと言ったというのは、あやまりである。四・二六教授会で穂積氏は「永久といわず、当分といわず」とあいまいに「将来にわたり」を定義した。元来はツー・キャンパス論を持っていたが、三．二四評議会でイエスかノーかの返事をせまられたために文学部調整案をつくった。これは移転の可能性を示したものだ。

5鈴木　五．一七文学部教授会では「将来にわたり」については、文学部が将来ある時期、筑波地区に移転する事を想定しているのではないという了解がはっきりしている。

6N　5鈴木発言の「想定」とは積極的に行きたいのではないという議論であって、移転の可能性が全くないという事ではない。

7S　四．二六文学部調整案以前には、永久ツー・キャンパス論を主張していた。しかし移転しないなら調整案の必要がないというのに対して、調整案を作ったのだから、もう永久ツー・キャンパスではない。永久に行かな

「朝永原則」における教授会と評議会との関係の規定

A　教授会と評議会との関係を規定するに当っては、原則的には各教授会の自主性をできるだけ大幅なものにすることが望ましい。統一体としての大学の運営上、必要であると認められる事項に限って、評議会に独立の決定権を与えるべきであり、その場合にも評議会は各教授会の意見を尊重し、その間の調整をはかりつつ決定をなすべきである。

B　それと共に評議会は、本来各教授会毎の意思決定に委ねるべきものであるが、しかもなるべく各学部、研究所が同一見解、同一歩調であることが望ましいと考えられる事項については、学部、研究所間の意思調整機関としての機能をもつべきである。

（前掲家永・大江共編『東京教育大学　たたかいの記録』史料10より抄出）

いとは、最後まで積極的に言わなかった。調整案が否決されていない以上、調整の線がつづいていると言える(17)。

文学部評議員「N」（指弾することは本旨ではないから、名前は伏せる。筆者は研究者としてNに敬意を抱いているので、大変衝撃であったことを付記しておく）の発言は、明らかに文学部が移転する意向を伝えている。険しい対立の局面であるから、評議会作成と思われるこの議事録自体が編集の過程で評議会の主張に沿うように改竄されていた可能性もないわけではない。しかし鈴木書からその判定を試みることは不可能であり、少なくとも当面はこの史料を信用するよりないであろう。

鈴木書には、評議会からみて文学部がこれまでの歩み寄りの姿勢を突然翻したと感じられたこと、当時の他部局の評議員が文学部に対してもった不信感が伝えられている(18)。つまり現時点の結論としては、文学部教授会の代表たるべき文学部評議員が、文学部教授会の意向を無視し、評議会に妥協するかたちで行動してきたことが、この決裂を招いたと結論づけざるをえないのである。

文学部評議員の行ったことは、「朝永原則」にも違背していた。事実彼らは六月一〇日決定の後に文学部教授会によって責任を問われてリコールされ(19)、また一九六八年一〇月三日に声明を出して文学部教授会から離脱した「本学の正常化と発展を期する会」の人々のうちにも名を連ねている(20)。おそらく筑波移転にある一定の共感を覚えていたのではなかろうか。

こうして六月一〇日評議会決定が行われる。まず家永の言葉をみよう（傍点小田）。

ついに破局がきた。一九六七年四月に入り文学部を除く五部局は「文学部・教育学部は当分の間大塚にとどまる」ことを条件として「筑波に土地を希望する」移行表明案を作成、文学部は「文学部が将来にわたり大塚地区において正常な発展をなしうること」を条件とする調整案を提出、五月二十九日の評議会ではこの両案を併記した土地希望表明案を作成するにいたった。そこで六月十日の評議会で、文学部から「文学部が将来にわたり、大塚地区において正常な発展をなしうるか否か」をあらかじめ政府に打診するという修正案を提出したところ、他部局評議員のセカンド（支持）がなかったために、学長は「賛成者がないので、文学部修正案は採択されないものと認めてよろしいか」と、不当にも文学部提案の動議を却下する挙に出た(21)。

つぎに鈴木の言葉をみよう（傍点小田）。

この六・一〇評議会の議事運営を正当と見るか否かは本学紛争の正邪を決するところである。しかし、すでに述べた通り、五月二九日の評議会で、文学部評議員も参加して、「意向表明と打診を含む評議会案」をつくり、全員がこれに賛成し、これを各部局教授会に持ち帰り諮って来た経緯を考えると、六月一〇日の評議会で文学部修正案の動議に対して他部局の支持がなければ、議題として採択されないのは当然の手続きである。また他部局が提示された評議会案を各教授会で審議してその結果を持ち寄って来ているにもかかわらず、それを別において文学部が修正案を提出したからと言って、それを各部局教授会に持ち帰るべきだという文学部の主張はあまりにも独善的というべきである。もし修正案を出すなら、五月二九日の評議会の席上で、評議会案と併せて文学部修正案として提起すべきであったろう(22)。

ここからも、文学部の代表が文学部内の意向を無視して、「意向表明と打診を含む評議会案」に参加したことがみてとれる。それが移転賛成側に六月一〇日の議事決定が正しいとする理由を与えたのである。文学部は一歩遅かったのであった。人選を間違えていたのであった。

家永のみるところ、六月一〇日の修正動議の否決は自治慣行にさえ沿わないものであった(23)。（傍点小田）

従来東教大評議会では、評議員各一票の無記名投票で議決を行なうのが慣行となっていた。評議員は選出母胎の代議員であると考える私は、評議員の無記名投票には疑問をいだいているが、少なくともこの慣行のもとでは、文学部提案が文学部三評議員の提案である以上、当然動議として採択したうえ、各部局にもち帰って審議すべきであったのに、動議不成立として審議しようとさえせず、評議会原案を決定してしまったのである。十四日の文学部教授会は、意向表明の延期を申し入れたが拒否され、十九日文学部不参加のまま文相への「意向表明」が強行された。

しかし評議会は、「従来の慣行からいって、他部局のセコンドなしに文学部修正案が成立しなかったと見る方が当然である」という立場をとっていた(24)。条理としてどちらが正しいのか、東京教育大学の評議会運営慣行について検討していない現時点で筆者に判定することはできないけれども、事実からいえば、評議会の判断がその後の展開を決定したのであった。

文学部教授会の筋そのものは、筆者が史料を通読する限り、その後も含めて常に通っていると見受けられる。だがたしかに、評議会に与する鈴木の立場からすれば、評議会での文学部評議員の発言（議事録）がすべてであり、右のような結論になるに違いはあるまい。東教大文学部の民主化実践は、一九六七年五月二九日に、内部の裏切りによって実質的に挫折していたのであった、と、少なくとも当面は結論づけるしかないと思われる。

三、さらなる裏切りの発生

一一日後の六月二一日、文学部は協力拒否声明を発表する。この時期について、森岡清美は次のように回想する。

文学部の六．二一声明以後、評議会で筑波関連案件が議題に上ると、文学部評議員は退席して非協力の態度を示した。しかし、退席戦術のくり返しから何の展望も生まれず、かえって大学権力に文学部切り捨てのハラを固めさせることになるだろう。文学部主流派のなかに、そのことを予想して戦術転換の必要性を訴えた教員がいなかった。それに、大島派＝学部内少数派が学内多数派＝大学権力与党と組んで、学部内多数派を追い落とす地盤を築きつつあることまでは、見通すことができなかった(25)。

翌一九六八年一〇月三日、文学部主流派は文学部反主流派の「声明書」、続いて「本学の正常化と発展を期する会」による文書『筑波シンポジウム　第一回　大学のビジョン』を目にすることになる。家永は次のように述べる。

十月三日、文学部教授会構成員のうちで筑波賛成の人々が、六－一〇評議会決定を支持する声明書を発表した。署名者二八名「外一二名」、代表者は大島清となっている。彼等を含む全学有志は「本学の正常化と発展を期する会」を組織し、十二月七日に第一回の会合を開き、次いで一九六九年一月九日に『筑波シンポジウム　第一回　大学のビジョン』なる文書を公にしたが、それには、「今日および未来の大学は（中略）実社会の要求に応えて高度な知識と技術とを身につけた人間性豊かな人材を大量に世に送る（中略）任務をもつ」、「大学の自治を確保するためには、教官や学生が大学内で特定政党の綱領や政策に基づいて、政治活動を行わないようにする必要がある」、「学部中心の自治体制を大学一本の自治体制に改める。教官は学問研究と教育に専念できるようにし、立案・審議決定の機関を明確にする」、「学生の厚生補導面は研究・教育部門に属する教官の任務から切り離し、強力な責任体制をつくる」、「学長は一定範囲の教官の選挙によって選任される」、「学長は副学長を任命する」、「評議会の権限は予算その他について学長の諮問に応じ、教官の人事については評議会の人事委員会の議を経て学長が文部大臣に申請する」、「理事会は市民・卒業生および評議員の中から選出された一定の教官によって構成され、学内の紛争・大学基金など、一定範囲の事項について決定する」、「教授会は教官人事に関する案・研究計画・教育課程の作成・学位の授与などについて決定する」という、驚くべき内容が記載されていた。筑波移転の政治的意図がはじめて覆面を脱ぎ、素顔をあらわしたのである。

筑波移転論争は、移転論者が広大な敷地の必要のみを主張していたために、反対論者も敷地問題という土俵内で応戦するのを余儀なくされてきたのであるけれど、筑波構想の本質は敷地問題ではなくて、実は右のとおり大学管理制度問題にあったことが明確となった。最初からそのことが明らかにされていたならば、学内論争も問題の本質をめぐり展開できたであろうし、世間ももっと早くから東教大の「内紛」にとどまらぬ重大性に気づいたであろうのに(26)。

家永によれば、一九六五年の段階で右の意図は気づかれていたとのことである。しかし「移転派が、敷地の狭いのを理由に広大な敷地に移り総合大学として発展したいということを理由としている段階で、移転派がまだ口にしていない政治性をあまり強調すれば、すぐにイデオロギーによる反対というレッテルはりをされるおそれが強かったので、用心してその点に深入りするのを避けたのである」という[27]。

ここで注目しておきたいのは、『筑波シンポジウム　第一回　大学のビジョン』の主目的が、家永の引用からは少しわかりにくいが、学生運動の排除にあてられていることである。重複を含むが、引用しておく（傍点小田）。

もはや旧来の組織や方法によっては、新しい科学の分野において創造的な研究を行い得なくなったといわなければならない。他方、社会においては、このような科学の進歩に反比例して人間性の喪失が急速に進行し、今日の学生運動に象徴されるように、人間的愛情や理性が失われ、これを恢復させるためには、学校教育とくに大学における人間形成のための教養が重視されなければならない。したがって、今日および未来の大学は、創造的な学術研究とくに組織的研究の面で大きな成果をあげるとともに、実社会の要求に応えて高度な知識と技術とを身につけた人間性豊かな人材を大量に世に送るという二面的任務を持つといわなければならない。

もとより、このような大学の使命を達成するためには、基本的に大学の自治が保障さるべきであり、大学内では教官・職員・学生それぞれの立場がお互に尊重され、相互信頼と自由の空気の中で創造的研究と主体的教育が行なわれなければならない。しかし、大学の自治を確保するためには、教官や学生が大学内で特定政党の綱領や政策に基づいて、政治活動を行なわないようにする必要がある。今日、大学の自由な研究や教育を破壊する最大の要因は、学内における過激な政治行動に他ならないからである[28]。

推進派教授の学長権限強化論の根にあったのは、学生運動が激化するなかで生まれた、教官集団による学生不信であった。これが前々節でみた一九六三年の中教審答申「大学教育の改善について」といった一連の文部省の管理教育へ向けた動きと手を結んだとき、筑波大学への移転は文学部有志の支持として、移転に向けた推進力の一つとなったのである。朝永原則を破壊した内的要因は、実はここにあったのである。

しかしただでさえ大学全般に不信感を抱いていた当時の学生が、教官のこうした態度によってますます不信感を募らせたであろうことは想像に難くない。少し後の一九七三年から七七年にかけて東教大の学生であった吉田裕の証言をみてみよう（傍点小田）。

とりわけ、私たちの心を暗くしたのは、筑波移転賛成派の教員の無責任な言動です。彼らは、移転によって大塚キャンパスの教育・研究条件が低下することはありえないと公言しながら、時には学期の半ばで授業を放棄し、学生たちを置き去りにして筑波に移っていったのです。ある時、一方的に授業を打ち切った教員を学生たちが研究室から引き出して、受講生の前で釈明を求めたことがありましたが、その時のあの高名な（だったらしい）英文学者の卑しい顔つきを私は一生忘れないでしょう。

そんな中にあって、家永先生を中心にした日本史の諸先生の存在は、やはり輝いていました。法案に明確に反対の立場をとっただけではなく、最後まで大学に踏みとどまって、在学生の勉学条件を確保し続けてくれたのです。多くの学生が将来への不安にさいなまれる中で、家永先生たちの毅然とした姿勢が、どれだけ私たちを支え励ましてくれたことでしょうか(29)。

興味深いのは、学生が信頼したのは、「人間形成のための教養が重視されなければならない」と主張したはずの筑波賛成派ではなく、むしろ抵抗を貫いた文学部主流派であったということである。文学部の筑波賛成派にもさまざまな立場があったと思われるが、大きな見通しとしては、学生の攻撃に倦んだ気持ちは多少わかるとしても（研究を本旨とし、年老いて身体がついていかない一人の人間が、最新の理論で武装しいくらでも身体の動く複数の学生と事を構えるのは並大抵ではなかっただろう）、目先の利害に捉われて大きな見通しを失っていったと判断してよかろうと思われる。

同種の考えは、次節で触れる宮島龍興の次の一文からも窺える。

学園紛争のとき学校が占領されて、教育も研究もできないのに、何もしないで平気で給料を貰う教授たちのあべこべが嫌で、なんとか解決して、新しい時代に相応しい「皆の、皆による、皆のための大学」を作ろうと言う信念で努力しました。それが筑波大学構想になりました。この信念が良かったかどうかは歴史が示すでしょう(30)。

学生運動と文学部の抵抗を同じものとみなして、それらを鎮圧して管理の行き届いた大学をつくろうというのが、筑波移転派を突き動かす原動力であったとみてよい。つまり、教授会民主主義の徹底という問題と、学生による大学秩序批判という問題が、批判を受ける側において混同され、そのままどちらも同時に鎮圧されていったのである。この意味で、暉峻衆三の見通しは正確な情勢認識であったと思われる。

三輪学長をはじめとする移転推進派は、はじめ「朝永原則」もあってごり押しもできず、いらだっていた。この「朝永原則」を反古にし、学長専決体制のもとで一挙に事を運び、教育大廃学と筑波新構想大学創設へと突進させる重要な契機になったのが、教育大をも重要な拠点とした学生の「全共闘」運動だったとぼくは思っている。筑波推進派と体制側は客観的にはそれを最大限に利用しつつ事を運んだ。ここにも「時代（の制約――小田注）」というものをぼくは感じる。

全共闘運動は、一面で当時の大学が抱える問題を鋭く抉りだしたにもせよ、その問題解決の方途を大学解体、力による大学封鎖に求めた。そのもとで、教育大も研究・教育機能が麻痺させられた。大学全構成員の相互の信頼にもとづく論議と調整による合意形成によって学部や大学を自治的に運営する方向を追求しつづけた文学部にとって、この全共闘の方途への速効的対処は困難で、学園紛争は長期化した。

そのもとで、学生の「力による大学解体」に対しては、逆に「力による大学回生」を、という学長側が勢力を増した。学長専決体制下の機動隊導入と大学管理、文学部抜きでの筑波移転が一挙に推進された。体制の側も、全共闘運動を利用しつつ、かねてからの宿願であった、学長を中心とする大学管理機関への権限集中を内容とする筑波大学法案を強行採決した。こうして教育大は単に移転にとどまらず、体制が求める大学のモデルとしての筑波新構想大学として換骨奪胎させられた。

こうして教育大文学部は敗れた。廃学とともに最後まで筑波批判者として文学部に留まった教員はそれぞれに散っていった(31)。

かくて、かつての民主化実践とは全く逆の、学長への権限集中が後に残された。文学部教授会に残された道は、閉学の最後まで筋を貫き通し、その態度をもって民主化実践の理念を後代に託すことしかなかったのであった。世論が逆転をもたらす可能性はまだあったのであるが、それは不発に終わった。

四、弾圧下の日々

かくして文学部教授会は弾圧の対象となった。移転反対派の一人であった家永がその後これまで以上に凄まじい状況に置かれたことは間違いない。このときの文学部の状況については、一読者としての心情をいえば、背景として簡単に触れることさえ忍びないほどである。ここではただ家永への人身攻撃や家永が怒りを示した箇所を列挙するにとどめたい(32)。

第一、宮島学長代行による機動隊導入に伴う文学部講義の排除（一九六九年一〇月六日）

一九六八年六月二〇日の移転調査費概算請要求の予算案計上に憤激した学生により翌七月五日までに文・農・理学部学生によるバリ－ストが決行され、教育学部学生も授業放棄をはじめたが(33)、宮島学長代行は六九年一月二八日に機動隊を導入して封鎖を解除し、機動隊の実力を背景に検問を実施、移転反対派の学生もろとも移転反対派の教官を大学から排除した(34)。一〇月六日、新学期の講義のため入構しようとした家永らは講義不能となった(35)。

第二、評議会「事実調査委員会」による家永らへの陳謝要求（一九七〇年七月三日）

一九七〇年二月二一日、バートランド・ラッセルらのベトナム法廷になぞらえた「教育大法廷」（教育大法廷実行委員会主催）が開催された。これは世論に訴えるための言論活動を意図したものであったが、評議会は賛同呼びかけ人に名を連ねたかどで家永以下八名を攻撃、陳謝を要求した(36)。

第三、評議会「紛争責任検討委員会」による家永らへの辞職勧告（一九七〇年九月七日）

家永は何の役職にもついていなかったが、評議会は前文学部長入江勇起男、星野慎一の弾劾と併せ、「一、家永三郎教授　その行動により本学紛争を激化させた責任」を家永に被せようとした(37)。家永を攻撃した理由は当時文学部側には一切知らされていなかったが、これは「教育大法廷」への意趣返しだったようであり(38)、また一時は周囲が家永の身辺に注意するほどだったという(39)。

第四、憤激と苦悩のあまり体調を崩す（一九七四年一〇月六日）

「機動隊導入のその夜、憤激した桜井正寅教授が『憤死』とも呼ばるべき死をとげたことは本文に述べたが、憤激と苦悩とは心を痛めるにとどまらず、故障しやすい肉体のもち主には健康にも災するのである。『はらわたが煮えくりかえる』というのは、決して譬喩ではない。一九七四年十月六日深夜におよぶ教授会で切迫した議論を続けている間に、慢性の胃腸の痼疾をもつ私ははげしい下痢を起し、翌日から入院しなければならないはめとなった。それは文学部の苦悩が絶頂に達した時期であり、その『痛み』が私の肉体をも鋭く刺したのであろう(40)。

第五、停年退職後、文学部による家永の名誉教授号授与推薦を評議会が保留（一九七七年四月以降）

東教大の名誉教授号は、慣習上、二〇年以上教授として勤めることによって資格を得ることができた(41)。したがって二七年あまり教授であった家永には当然その資格があるのだが、評議会は一九七二年三月に停年退職した入江勇起男、星野慎一両元教授の名誉教授号授与を否決してその後再議を拒否し続けたのに引き続き、家永の名誉教授号授与推薦をも保留した。つまり辞職勧告を受けた全教授が再度攻撃に遭ったことになる。結局家永の名誉教授号発令は同年六月二四日になってようやく決定した（同時に入江・星野の再議は行われないことが決定され、翌七八年の閉学までついに発令されることがなかった）(42)。

あまりの扱いである。経歴からみても、わずか三四歳である一九四八年に日本学士院より恩賜賞を、しかもその二年後には東京大学より博士号を受けた人物に対する扱いとして信じ難いものがある。国家の方針に手向かうことの厳しさを思うべきであろう。

当時文学部助教授であった森岡清美は、当時のことを次のように回想する。当時の文学部主流派の位置を典型的に示すものと思われるから、ここに引用する。（傍点小田）

> 自他ともに許すノンポリ教員であった私が、造反教員と言われた。ノンポリ教員にたいするものを活動家教員とよび、活動家教員を権力同調と反権力に分けるとすれば、私はそれほど活動的ではないが、分類すれば反権力教員となっていたのである。ただ、反権力といっても、反権力を標榜する既成の党派にはなじめなかった。
>
> 封鎖解除後も大学構内では小競り合いが絶えなかった。警棒をふりかざし、拳から下腕を分厚い革製の籠手で固め、楯で体を覆って、争乱鎮圧の「武装」をした機動隊員が大学構内になだれ込み、抗議の座り込みをしている非暴力・無抵抗の学生に襲いかかって手荒くごぼう抜きにする。機動隊の暴力のもとに逃げまどう哀れな学生を助けようと身を乗り出すと、学生を庇う教員は共同正犯として逮捕する、との警告のもとに追われる身となる。こういう経験を幾度か重ねるうちに、反権力の側に追いやられている自らを発見するのである。私もこうして反権力教員となった[43]。

この弾圧は一九七七年三月の停年退官まで続くことになる。同時に東教大はその機能をほぼ停止し、一九七八年度の残務処理を経て、二九年の歴史の幕を閉じた。

このような状況のなか、家永を支えたものは三つあると考えられる。第一、大学民主化の義務意識とそれに基づく大学自治の理論を蓄積してきた経験。第二、教科書訴訟を提起し、かつ有利に展開したこと。第三、主敵をはっきりと見据えていたこと。第一の問題については本論で述べたところであるので割愛し、家永が第二と第三の問題を同時に語る箇所を引くと、（傍点小田）

私は一九六五年六月、まだ筑波問題の紛糾を見ない時点で、教科書検定は憲法に違反するという訴訟を起したのであるが、これが予想を上回る大きな問題を投じた結果となり、原告としての重みがひしひしと感じられた。教科書訴訟と筑波問題とが時期的に重なり合ったことが、いよいよ私の負担を重くした。しかし、よく考えてみると、教科書検定の強化も、筑波大学構想も、小・中・高校の教育と大学の教育という違いはあるが、ともに教育の国家統制強化を進めようとする文教政策の所産である点で、同一の根から生れたものである。その意味では、教科書検定とのたたかいも、筑波大学構想とのたたかいも、無関係のできごとの偶然の一致ではなく、根本では同一精神による行動（一方は一市民としての、他方は教育公務員としてのという相違はあるが、広義の教育者としての共通性をも有する）であって、どちらも手をぬくことのできぬ課題として受けとめたのである。

両者の同根的性格は、筑波構想の推進者たちが同時に教科書訴訟で文部省側を支援する組織のリーダーとして活動した事実により、反対の方向からも裏づけられた。（以下例示の列記。省略する——小田注）。教科書検定と筑波大学構想とが、文部省の文教政策の重要な基軸として一体のものであることは、このような裏側の動きを見ても、疑問の余地のないところといわなければならない。

私が、東教大での筑波反対と一市民としての教科書訴訟の両方にひとしく努力したのは、以上のような理由による。教科書訴訟は、一九六五年の提訴直後から広範な国民的支援を受けて進められ、あたたかい声援につつまれていたので、『全貌』その他での下劣な攻撃や、右翼の暴力による脅迫に接しても、そんなことではほとんど心を煩わされることなしに、愉快に訴訟追行に当ることができた。それに比べると、東教大での筑波反対のたたかいは、「辞職勧告」事件発生まで、東教大の内紛と見なされ、文学部と他学部反対派の人々はまったく孤立無援の状態に置かれていたから、精神的にきわめて苦しい思いであった。正直に告白すれば、東教大内での絶望的な雰囲気のなかで、教科書訴訟が私の心のささえとなっていたと言ってよい。筑波移転と教科書訴訟とは二重の負担を私に課したかのようにも感じられる反面、教科書訴訟を追行していたことが、私を筑波問題での挫折から救ってくれたのである(44)。

家永は別のところで、筑波問題と教科書訴訟とをまとめて「『精神的自由を守る』活動」と位置づけてもいる(45)。これらを貫くのは、国家統制への抵抗の意思であり、その背景にあったのは、戦時下の自分自身のふがいなさへの後悔であり、二度と同じことをしないという意思であった。

この受難を耐え抜いたとき、家永が得たのは誇りと友情であった。

制度上一学部の力で全学部を支配し、国家権力と結合した反動勢力の企画を阻止することの不可能にちかいのは、何人の目にも明白であり、敗れたことは少しも恥辱ではない。あれだけの迫害にたえながら基本的信念を変えることなく、しかも最後まで四分五裂となって自己崩壊をとげることもなく、節操と団結を維持し得たのは、むしろ誇とするに足りるのではないか。そのような学部の一員であったことを、私は生涯の光栄と思っている(46)。

また、

そのような苦しみにたえぬいて、意見の相違をはらみながらも共通の「敵」を前に連帯をくずさず艱難を共にしてきただけに、文学部教授会多数派の同僚諸氏との間には、平穏無事で経過してきたならばおそらく生じなかったであろう、目に見えぬ友情のきずなが生れたのであった(47)。

かくて家永は、東京教育大学の問題について、必死の努力の甲斐あって、戦時下のこととは違って、今度こそ後悔なく最後を飾れたのであった。この後家永は大学自治について語ることはほとんどなくなる。そして闘いの舞台もまた教科書訴訟に絞られることになる。だが主敵が同じである以上、教科書裁判もまた同じく「精神的自由を守る」闘いの展開なのである。つまり東教大民主化運動は、家永において、教科書訴訟にかたちを変えて引き継がれていったのであった。

なお一九七〇年ごろから家永の問題意識は宗教に回帰するが、たとえば「自由民権にせよ、社会主義にせよ、大正デモクラシーにせよ、戦後民主主義にせよ、挫折と転向とに終ることが多かったのは、相対有限世界内での価値原理のみを指導規範としていたために、人間の根源的基盤から発する確信において脆弱性を内包していたところがあった事情にもよるのではなかろうか(48)」という一文から典型的に窺われるように、思想課題が不撓の主体の構築に向けられたのも、東京教育大学の崩壊という体験によるところが大きかったのではないかと思われる。

おわりに

筑波問題は、家永自身参画し、実現に尽力した朝永原則の破壊の歴史であって、しかも内部の裏切りや妥協といったかたちで、文学部民主化運動の内的限界が明らかになっていった歴史でもあった。したがって、筑波移転問題が家永の理論に新たな何かを付け加えたということはとくにない。また家永を主体に描いた本論ではやや影に隠れざるをえなかったが、移転賛成側にも相応の理由づけがあったことが明らかになったことも付け加えておきたい。しかしそれは文学部の民主化実践を破壊する役割を演じたのであった[49]。

さて、思想には担い手の意思の強度の問題があるのではなかろうか。強靭な意思をもった担い手がいなければ、どれだけ精緻な理論も実現することはありえないのである。ことに民主主義のように権力闘争を含む問題は、担い手の意思の強度が敵対者の圧力に勝っているのでなければ、いかなる理想も実現手段の問題を欠き、したがって実現することはありえない。またそれゆえに、意思の問題を度外視して担い手を歴史上に位置づけることは不可能である。

歴史上に位置づけるに足る思想家・実践家と、単なる口舌の徒とを区別し、前者を歴史上に位置づける徴表は、本人の意思を超えた歴史の展開が必然的にもたらした受難のなかで、頑迷固陋や逃避ではなく、状況への柔軟な対応を通じて、どれだけ思想を堅持し、見通しを得て、次に繋ぎえたか、またその繋ぎ方が歴史上どのような位置をもっているか、ということにある。その意味では、筑波問題は、思想家・実践家としての家永の意思の強度をはかる最適の実験例であった。思想の堅持については本論で述べたから、以下家永らが立てた見通しについて簡単に検討して、家永の歴史的位置づけについて述べておきたい。

東教大文学部教授会は、一九六九年、筑波移転を通じて起こった問題を次のように捉えていた（傍点小田）。

この「新大学構想」およびその推進者たちの姿勢は、未来を拓く批判的・主体的人間の形成よりは、むしろ現在の「高度産業社会」に対する、より直接的な奉仕を目的とし、かつ、二月以来の本学の実情に具現されているような学長への極度の権限集中とその下における管理運営を原則化する大学のモデルを作りあげ、その方向にそって日本の大学を改編させようとするものである。したがってこの「構想」は、われわれの求める大学改革の道とは正面から対立する性格のものであり、ひいては、日本の全大学の運命をも危殆に導く突破口となるものと考えざるをえない(50)。

この問題につき、大江志乃夫は次のように述べる。

> この「紛争」を当時の世間は、東京教育大学の筑波「移転」をめぐる単独の「紛争」と当時日本の社会をゆるがせた全国的な大学紛争との複合と見ていた向きも多く、しかも東大紛争のかげに隠れて軽視されがちであったのですが、現在全国の国立大学にふりかかっている大学の行政法人化をめざしての差別と選別、スクラップ・アンド・ビルドのまさに先導的試行の政策的標的とされたのであります。ここに同時期の他大学の紛争が主として学生対大学当局の闘争という様相を呈したのに対し、教育大の場合は政府・与党の政策路線に乗ってスクラップ・アンド・ビルドを推進する筑波移転推進派とこれに批判的なグループに二分されて、大学の存立を賭けたたたかいに発展したのであります。ここで反対派とせずに批判的なグループと述べたことには意味があります。というのは大学の意思決定のあり方をめぐる問題が対立の焦点となったからであります(51)。

この指摘は、二〇〇四年に行われた国立大学法人化等を通じて大学管理をめぐる問題が噴出している現状を考えるとき、東京教育大学の状況を踏まえ、現代日本の大学をめぐる状況を展望したものであるといわなければならない。現在の大学自治をめぐる問題は、東教大文学部における自治の実現とその崩壊過程に遡って考え直さなければならないであろう。

そして家永は、この見通しを支えた精神的・理論的支柱であった。家永は実に、戦後における大学自治運営の頂点を体現した思想家・実践家なのである。そしてその実践は、教科書裁判を通じて中等教育とも連続し、また研究を通じてさまざまな課題とも結びついていた。その背景にあったのは、当時多くの人々と共有された戦時下の自分自身への後悔の念であり、そこからくる強靭な意思は、戦争への無反省に基づくあらゆる行動への抵抗へと結実した。ここに家永三郎の戦後における民主主義者としての歴史的典型性がある。

(1) 暉峻衆三「『東京教育大学文学部』に寄せて」『家永三郎集』第一〇巻月報、一九九八年。二頁。
(2) 同二頁。
(3) 同三頁。
(4) 家永三郎・大江志乃夫編『東京教育大学たたかいの記録　一九六二―一九七〇』法政大学出版局、一九七一年。史料8「〔東京教育大学大学制度研究委員会で審議された原案〕」。
(5) 家永三郎「大学の社会的使命と大学の自由」一九六〇年一月初出。家永『大学の自由の歴史』一九六二年に収録。『家永三郎集』第一〇巻二三七―二三九頁。
(6) 同二三一―二三二頁。
(7) 同二三九頁。
(8) 同一〇四頁。
(9) 大江志乃夫「東京教育大学闘争における家永先生」大田堯・尾山宏・永原慶二編『家永三郎の残したもの　引き継ぐもの』日本評論社、二〇〇三年。一九頁。
(10) 家永三郎『東京教育大学文学部』『家永三郎集』第一〇巻九八―一〇一頁。
(11) 中央教育審議会「大学教育の改善について（答申）」第一九回答申、一九六三年。文部科学省ウェブサイト https://

www.mext.go.jp/b_menu/shingi/chuuou/toushin/630101.htm（二〇二四年六月二一日最終確認）
（12）東京教育大学文学部編『東京教育大学文学部記念誌』東京教育大学文学部、一九七七年。四九〇頁。
（13）一九六六年一〇月一一日「文学部案」鈴木博雄『東京教育大学百年史』日本図書文化協会、一九七八年。四五七頁。
（14）一九六六年一二月二一日「移転問題に関する理学部調整案」鈴木同書四五八頁。
（15）前掲家永・大江『東京教育大学たたかいの記録　一九六二—一九七〇』七二頁上段。
（16）前掲鈴木『東京教育大学百年史』日本図書文化協会、一九七八年。五〇五頁。
（17）同五〇四—五〇五頁。
（18）同五一二—五一三頁。
（19）前掲家永『東京教育大学文学部』『家永三郎集』第一〇巻一二六頁。
（20）同一二八頁および鈴木『東京教育大学百年史』五四四—五四五頁、五九〇—五九二頁。
（21）家永同一二四頁。
（22）前掲鈴木『東京教育大学百年史』五一〇頁。
（23）前掲家永『東京教育大学文学部』『家永三郎集』第一〇巻一二四—一二五頁。
（24）前掲鈴木『東京教育大学百年史』五〇八—五〇九頁。
（25）森岡清美『ある社会学者の自己形成——幾たびか嵐を超えて』ミネルヴァ書房、二〇一二年、二〇〇頁。
（26）前掲家永『東京教育大学文学部』『家永三郎集』第一〇巻一二八—一二九頁。
（27）同一二三頁。
（28）前掲家永・大江編『東京教育大学たたかいの記録　一九六二—一九七〇』史料85「『筑波に設置するわれわれの総合大学』の要旨」一二八頁上—下段。
（29）吉田裕「家永三郎先生の思い出」『家永三郎・人と学問』私家版、二〇〇三年。八六—八七頁。
（30）宮島龍興『宮島龍興エッセイ集　わからないものですよ　世はあべこべ』東京書籍、二〇〇五年。二頁。
宮島はその後機動隊導入を決断するなど、文学部教授会・移転反対派学生弾圧の主体となるが、同書からは、この姿勢の背景には、本引用でみたような文科系学科への不信感と、憲法の条文を「まずは自分の頭で考えてみる」（八八頁）といった人文学全般への無理解（憲法条文を考察するならばまずは憲法学の基本書を読むのが本来当然である）とが折り重なっていることが窺える。

たしかに、宮島は原子核物理学が専門であるから、自然科学分野に進むと文化科学分野と生涯にわたってほとんど接点がなくなる戦前戦後を通じた日本の学校制度において、人文諸学への理解が乏しいのは無理もないことである。同書ならびに『宮島龍興エッセイ集　再び・わからないものですよ』（日本教育工学振興会編、二〇〇二年）からは、宮島なりに晩年まで民主主義の問題を考えていたことがわかり、少なくとも家永らの問題提起け受け止めていたことが窺える。この意味では、宮島の立論にも理科系の分野における民主主義に関する問題意識の萌芽がみてとれ、興味深い。

しかし学園紛争を通じて当時他大学の学生であった息子と対立し、それがもとでおそらく息子が自殺したことが示唆され（『あべこべ』二六七頁）、また晩年の宮島が民主的合意形成の具体的局面ではなく図式を提示するにとどまっており（たとえば『再び』一九頁）、本論に掲げた朝永原則における民主的合意形成の具体性とは大きく径庭がある。これらのことから考えて、少なくとも一九七〇年前後の紛争時期において、宮島に家永らの立論および学生らの問題提起に対する無理解があったことは疑いなかろう。

(31)　暉峻衆三「『東京教育大学文学部』に寄せて」『家永三郎集』第一〇巻月報、四頁。
(32)　以下の叙述は主として前掲家永『東京教育大学文学部』、前掲家永・大江共編『東京教育大学たたかいの記録　一九六二―一九七〇』をもとにしている。
(33)　前掲家永『東京教育大学文学部』『家永三郎集』第一〇巻一二七頁。
(34)　同一三一―一三二頁。
(35)　同一四六―一四七頁。
(36)　前掲家永・大江編『東京教育大学　たたかいの記録』史料一五六―一六四。とくに史料一六四。
(37)　前掲家永『東京教育大学文学部』『家永三郎集』第一〇巻一五二―一五三頁。
(38)　前掲鈴木『東京教育大学百年史』。この著書は本文中で触れたとおり移転推進派の立場から書かれたもので、「紛争の責任をめぐって、反対派は『教育大法廷』という茶番劇を開催して執行部を弾劾し、執行部は文学部の入江、星野、家永三教授への辞職勧告で応酬した」（五九四頁）とある。

(39) 前掲大江「東京教育大学闘争における家永先生」前掲大田・尾山・永原編『家永三郎の残したもの　引き継ぐもの』二四頁。

(40) 前掲家永『東京教育大学文学部』『家永三郎集』第一〇巻一九九頁。

(41) 前掲森岡『ある社会学者の自己形成――幾たびか嵐を超えて』一三五頁。

(42) 前掲家永『東京教育大学文学部』『家永三郎集』第一〇巻一五八頁。

(43) 前掲森岡『ある社会学者の自己形成――幾たびか嵐を超えて』二一二―二一三頁。

(44) 前掲家永『東京教育大学文学部』『家永三郎集』第一〇巻一九九―二〇一頁。

(45) 前掲家永『一歴史学者の歩み』岩波現代文庫版二三八頁。

(46) 前掲家永『東京教育大学文学部』『家永三郎集』第一〇巻一七四頁。

(47) 同一九八頁。

(48) 家永三郎「政治的抵抗の基盤としての宗教」『家永三郎集』第一二巻四三―四四頁。

(49) もちろん、だからといって現行の筑波大学を筆誅しようなどというつもりは毛頭ない（筆誅はおそらく、そもそも歴史研究の役割ではない）。いうまでもなく、筑波大学の運営実態は、大学史研究によって明らかにされるべきである。ただし筑波大学創設過程が同時に東教大における民主主義実践の破壊過程であったことは動かしがたく、したがってそれが民主主義の実現という価値理念において負の役割を果たすものであったことは確認しておかねばならない。

(50) 前掲家永・大江編『東京教育大学たたかいの記録　一九六二―一九七〇』史料一一九「学生・院生諸君へ」（一九六九年八月六日公表）。

(51) 前掲大江「東京教育大学闘争における家永先生」前掲『家永三郎の残したもの　引き継ぐもの』一八頁。

第八章　家永三郎と教科書裁判――生涯にわたる教科書との関わりとその歴史的意義――

はじめに

教科書裁判は、家永三郎の実践活動上の業績として最も著名なものであり、また、その三二年にわたるたたかいは、学術上では歴史学・法律学・教育学を中心として研究の飛躍的な進展をもたらし(1)、また運動上では従来の枠組みを超えた全国的な裁判支援活動が展開するなど、多方面にわたって刮目すべき内容を具えている。

家永三郎は、いうまでもなく、この高校教科書をめぐる裁判の原告であって、したがって裁判闘争の中心人物である。家永がこの裁判に賭けた意気込みは「かちまけはさもあらばあれたましひの自由をもとめわれはたたかふ」という、精神的自由権と関わる自作の短歌からも知られるとおりである(2)。だからこそ、これまでの家永の顕彰ならびに研究も、この点を中心に進められてきたといっても過言ではなかったのであった。

家永研究の立場から教科書裁判を検討するにあたり、ここで本書全体の課題と研究内容の全体をふり返っておきたい。そもそも、教科書裁判に向かう家永の像を示した最初の論述は、家永自身の手になる自伝『一歴史学者の歩み』である。これまでの家永および教科書裁判に関する研究もまた、基本文献として同書を用いてきた。しかし同書を基本とする家永理解の方法には、一つの問題がある。自伝の「自分で書く」という特質ゆえに、家永の自己認識に歪みがあるのではないかという疑いが捨てきれない。その点を巧みに利用したのが右派の一連の非難であったが、一方で菊池克美『家永史学論ノート』を起点とする文献研究が現れるきっかけともなった。

筆者もまたこうした流れを踏まえつつ、家永の記述の収集と分析に取り組んできたわけであるが、そのなかで明らかになってきたことは、新出史料をも踏まえて自伝『一歴史学者の歩み』の叙述を史料批判してみると、やはりきわめて実証的な叙述であること、しかしそれゆえに陰に隠れてしまった解明課題も少なくないということであった。それをまずは取り上げ、表に出すことが、筆者の課題となった。その内容については、前章までの各論で述べてきたとおりである。

さて教科書裁判に関連する問題でも、そうした点は少なくない。ほとんどの問題はむしろ教科書裁判研究の課題とされるべきであろうけれども、一つ、家永三郎研究としても決して外せない課題がある。それは、家永がなぜ教科書裁判を提起したのか、ということである。いい換えれば、家永はなぜ教科書をそれほどまでに大切にしたのか、どういう経緯があったのか、家永が体験を通じて何を得たのか、総じて家永の生涯にとってどのような意義をもつのかということ、さらにそれを踏まえて、我々は家永をどのように捉えればよいのかということを、教科書の執筆および裁判提起の過程の再認識を通じて、改めて解明する作業である。

これらは一見、『一歴史学者の歩み』にすべて書かれているように見える。だが同書では自身の思想の変遷に焦点があてられていて、経験面の蓄積には必ずしも焦点があてられていないのである。そのため、優れた魂による思索の記録にはなっていても、泥のなかでたたかう一市民としての家永の姿は、必ずしもみえてこない。これは『一歴史学者の歩み』に依拠する家永論においてもなべて同様にならざるをえない(3)。

本来、教科書訴訟が成立するためには、そもそも歴史教科書を書ける実力がなければならないし、文部省が教科書を否定したときに怒るだけの心理的・理論的な準備ができていなければならない。そして何より、訴訟をたたかいの舞台として選択するにも、法知識の蓄積が必要であるし、また訴訟以外の手段をとらない決断をするだけの腹積りが必要である。こうした経験の蓄積が『一歴史学者の歩み』からははっきりとはみえてこないのである。

また同書一九七七年版に追記された第X章は「教科書裁判と東京教育大でのたたかい」に宛てられているとはいえ、あくまでも運動を当時の時点で総括して今後の意欲を語ったにとどまり、家永が教科書裁判運動から具体的に何を得たのか、またどのような課題に突きあたったのかは必ずしも明瞭ではない。

そこで本論では、これまでの研究を踏まえつつ、訴訟提起に至る経験の蓄積の面から家永に関する文献を再検討し、そこから浮かび上がってきた家永の生涯にわたる教科書との関わりとその意義を通史的に叙述していきたいと思う。具体的には、通史認識を得る過程、教科書執筆の経緯、裁判に至る経緯、そして裁判運動の展開とそのなかで家永が得ていったものについて順に述べ、最後にその意義を考えていくことになろう。

一、通史認識の成立

幼年時代の家永が初めて触れた歴史認識は、記紀神話から始まる学校教科書と歴史物語とが結びついた物語的な歴史であった。ついで触れたのがH．G．ウェルズ『世界文化史大系』と西村真次『大和時代』をもととする、考古学的知識に基づく一連の実証的かつ人類史的な歴史認識であった(4)。両者は矛盾するが、家永は当時を振り返って両者を切り分けていたと述べており(5)、内面上矛盾を感じなかったことが窺われる。

ウェルズの人類史的な認識は、後々まで家永の歴史認識の基本となる(6)。それは要するに平和の希求に向かう人類全体の発展の歴史であり、この巨大な展望のもとで家永が議論を進めている点は、家永の文献を読む上で常に念頭に置いておくべきことでもある。ただしウェルズはヨーロッパでの平和構築論を中心に叙述しており、世界各地の平和希求の動きについては必ずしも丁寧ではないから、家永の研究は日本史の視点からその点を補ったものともいえる。

つまり家永の論述を理解する場合、さらに大きな世界史上における平和主義の展開という視野から考察していく必要があろう。

物語的な歴史認識は、高等学校時代のマルクス主義との邂逅のなかで衰え、知識の断片のみが後々まで活用されていくことになる(7)。歴史認識の問題でいえば、マルクス主義の理論は物語的な歴史認識を打ち崩したのであるから(8)、文献的に確認できるわけではないが、その内容はけだし社会主義へと至る発展史観に基づくものであったろうと思われる。一方人類史的認識は、新カント派の哲学に基づく青年時代の理論に組み込まれることによって、マルクス主義の衝撃を生き延びた(9)。

以上が前歴史学者的時期における家永の歴史認識の大要である。とはいえまだ研究には至らない。実証研究においては、確固とした視点をもちつつ、史料の示す意想外の事実に沿って柔軟に認識を改め、新たな認識を提出していかなければならない。だからいかに理論的で概念整合的な認識であっても、それは所詮仮説にすぎないのであって、したがって実証の観点からいえば、ここまでの議論は、史料読解の萌芽はあれ(10)、あくまでも視点や仮説の構成の問題にすぎないのである。

家永が実証主義の手法とそれに基づく歴史認識に本格的に触れるのは、東京帝国大学国史学科に入学してからのことである。しかし歴史研究の視点の面から言うと、マルクス主義の洗礼を受けた家永にとって、東大の実証的研究者たちの素朴な態度は、到底満足のゆくものではなかった(11)。一方でデモクラシー期の強い影響を受けた世界主義的な視点をもっていたことから、平泉澄の国家主義的な視点もまた、到底ついていけるものではなかった(12)。大学卒業後、津田左右吉の一連の研究から、物語的歴史や国体論を超えた批判的な歴史認識の仕方について刺激を受けた(13)。これらの経験から、家永は歴史学における視点設定の意義を強調するようになる(14)。

家永自身の通史認識の成立過程は、卒業論文から論文「日本思想史に於ける否定の論理の発達」への展開のうちに窺うことができる。具体的な内容については第五章で検討したので、ここでは割愛する。この論文によって家永は「否定の論理」を視角とする自分自身の歴史像を一応完成させたのであるが、教科書との関係でいえば、家永は日本歴史を「否定の論理」という側面から通覧したにすぎないのであって、日本全体の歴史を叙述するに至るまでにはまだ大きな隔たりがある。自身の歴史認識と日本史全体の把握との溝が改めて埋まってゆくのは、新潟高等学校で教鞭をとり、通史の講義をして以来のことであった(15)。

以下教科書執筆の問題に触れていくが、その前に、一九四六年の夏にGHQの命令によって家永ら四名の手で執筆され、左派史学から猛攻撃を受けた『くにのあゆみ』について確認しておきたい。同書の成立過程については家永三郎『くにのあゆみ編纂始末』に詳しいので(16)、ここではその他の史料の紹介を兼ねて、別文献からの引用を行ってみたい。

家永は『くにのあゆみ』執筆の体験を次のように語る。（傍点小田）

私として何よりもまずうれしかったのは、神代の話を全部抹殺した教科書が書けたということです。当時文部省にはほとんど発言権がありませんでした。私たち執筆者や占領軍関係者との直接の交渉で執筆が進められました。しかも占領軍からこれを書けと強制されたのは、私の担当でない最後の部分で「政府も国民も、この聯合軍の占領の目的に、よく力を合はせて、平和な日本をきづきあげることにはげんでいます」というその一行だけなのです。あとは完全にわれわれにオートノミイが与えられまして、この点は教育基本法の制定によく似ているのです。欠陥が多いとすれば、それは執筆者の能力によるもので、占領軍の圧力ではありません。私などそのころ意識が低かったし、当時まだ皇室を客観化して扱うことができない段階にいましたし、何々天皇の「御代」と書いたところ、歴史の教科書に敬称をつけるのはおかしいから、「御」という字をとれと言われまして、私はなるほどと敬服いたしまして、むしろ占領軍から教えられたという気持の方が強いのです(17)。

家永にとって、『くにのあゆみ』執筆は、日本歴史をより客観視する上で、大きな役割を果したのであった。ところが、戦前から天皇制を問題にしていた講座派系のマルクス主義史学からみると、家永らの論述は全く話にならないものに映った。（傍点小田）

「くにのあゆみ」は冒頭に日本列島の風土の素描をしているが、これは何のために書かれているのがほとんど了解できない。これは編者の主観的な御国じまんにすぎない。しかも自然をたゞの風景として「おもむき」としてながめることが歴史に何の意味があるか。これは、いわば地上の楽園にこれからくりひろげられるたのしく美しい物語の序とでもいう役割を果たそうとしているものと思われるが、主観的に絶対化された国土への讃美は、たゞちに過激国家主義の温床である(18)。

このとき左派史学が問題にしたこと、およびそれに対する執筆者の反応については、『くにのあゆみ』執筆陣の一人であった大久保利謙の次の証言から窺える。（傍点小田）

わたしと岡田さんの二人が『朝日評論』主催の座談会に呼ばれたことがあります。銀座裏の料亭に席が設けられていて、わたしと岡田さんは上座にすわらされたのですが、ものものしくて、ほとんど被告席という感じでした。そして、井上清・藤間生大のお二人が先頭に立って、さかんに「講座派」史論を述べる。つぎに、大将格の羽仁五郎さんが一席ぶつわけです。社会・経済の話が多くなっているのはよいが、やはり皇室中心主義で天皇制を擁護するものになっている、現代史では戦争責任のことが全然書かれていない、そういう厳しいお叱りでした。わたしは何のことかわからず、さりとて彼らと喧嘩してはじまらない。黙って聞いていましたが、何とも不愉快でしたね(19)。

家永の場合は次のとおりである。（傍点小田）

占領軍の干渉のために非民主的な教科書をつくったという批判は、まったく的外れです。出来上がってから、きびしい批判を受けましたけど、あの程度のものさえ当時の現場の先生には実に大きな変化で、今まで天照大神から始まる国定教科書を子どもの前で教えていた先生が、こんどは石器時代の歴史から教えろと急に言われてと惑った方が多かったのではないでしょうか。あのくらいの程度のものから始めてだんだん改善していくのがいちばんじみちなやり方だったのではないでしょうか。批判のうちにはもっともと思うところもたくさんありますが、少々清算主義的な批判に走りすぎていたという気もしますが、実はあまり批判を読まなかったのです。それが精神衛生的に良かったようで、何くそという気持になったら、右旋回してしまったかもしれません(20)。

人間はいつでも理論で動いているわけではない。とくに物の見方を決める出発点のところでは、そうである。滑稽な話だが、もし家永が左派史学のいうことをまともに聞いていたら、教科書裁判どころか、本当に「反動主義者」になっていたかもしれなかった。この左派史学が教科書裁判では支援側に回ったのは歴史の皮肉である。『くにのあゆみ』を踏まえた家永は、教科書の執筆改訂作業を通じて、自身の過去を着実に乗り越えていったのであった。

二、教科書執筆の経緯

家永の教科書執筆過程については、『家永三郎集』第一六巻第三部（七）「三省堂発行高等学校用検定教科書『新日本史』のテキストの種類」に詳しい。以下この記述を手掛かりに、考証を試みよう。

1　初版本　昭和二十七年検定合格本
冨山房版一般書『新日本史』を基として編集したため、冨山房版の文章が随処に残っており、終戦後まもないころの著者の考えが部分的に残っている。したがって、著者のその後の考え方からすれば不満足な点が多い。

2　改訂版検定提出用原稿校正刷
1に大幅の修正を加え、面目を一新するにいたった。検定の修正要求により若干の修正を加えたものが次の3である。

3　改訂版　昭和三十年検定合格本
検定に際し、2に対し多くの修正要求が示され、その結果若干の箇所において後退を余儀なくされているが、いまだいちじるしい改悪にいたっていない。しかし、今日からみれば初版本の改定という点で不徹底なところもある。

4　三訂版検定提出用原稿本　昭和三十一年検定不合格本
3を基として大幅に修正したものである。文一出版株式会社発行一般書『国民の日本史』は、この原稿の本文をほとんどそのまま用い、挿図の数を減じ、若干をとりかえ、「研究問題」と資料を削り、公刊したもの。また、三一書房発行一般書『検定不合格日本史』は、この原稿のカラー図版をモノクロにしたほか、全体をそのまま写真復刻したものである（後略）(21)。

最初の教科書は、右1にあるとおり、冨山房版一般書『新日本史』を基として編集したものであった。この冨山房版一般書『新日本史』は、冨山房からの依頼により日本史の教科書として企画され、一九四七年に刊行されたものであった。家永は新潟高等学校時代の講義ノートをもとにして教科書を作成したが、国が国定教科書を使うこととなったために一般書として販売されたものであったという。

敗戦直後、今度国定教科書制度が廃止されて検定教科書制度になるだろうから、中等学校用の教科書原稿を書いてくれといわれました。高等学校時代の講義ノートをもとにして通史を書いたのです。ところがすぐ単行本になる機会がありませんで何年かお蔵になり、三年目か四年目（年数は家永の記憶違い——小田注）に出版されたのです(22)。

冨山房版『新日本史』執筆の基本方針は、次のとおりであった。

終戦後日本歴史は書き改められなければならぬと云ふ声がいろ〳〵な方面から聞えて来た。しかし所謂歴史の書きかへとは何のことであるか、まだ十分吟味されてゐない様である。それが正しく理解されねば、これに関する正しい議論を立てることはできないであらう。そこで第一に申したいのは、日本歴史の書きかへとは、今の時局の流行にあはせて歴史を書き改めると云ふやうな風に考ふべきではないと云ふことである。若しそんな考へから日本歴史を書き改めるとしたならば、それは極端なる国家主義乃至帝国主義の時流にあはせて日本歴史を書き改めたと同様の誤謬をくりかへすことになつてしまふ。時流に応じてそれに自らをあはせてゆく歴史はたいこもちの歴史である。その様な卑屈な動機から生れた歴史知識は国民を寸毫も益するものではない。勿論歴史の知識は固定したものではなく、常に変化発展してゆくべきものであるが、それは史観の発達と史実研究の進歩とにより知識が向上してゆくという意味であつて、時代と歴史との関係は、時代の変化に応じて歴史の内容をそれにあはせてゆくのではなく、正しい歴史の認識に基いて時勢を正しい方向に導いてゆく、という反対の関係にたたねばならぬ。今日日本歴史の書きかへが必要であると云ふのは、今迄時勢に引きずられて正しい姿を失つて来た日本歴史に今後逆に時勢を指導すべき歴史の本来の使命をとりもどさせる、と云ふ意味に理解せねばならないと思ふ。つまり真に正しい歴史のすがたにたちもどらせると云ふことが、日本歴史の書きかへと云ふことの正しい意味であつて、決して新らしい時勢の流行を追ひかける（それ程露骨ではないまでもそれに近い又はそれに類する）と云ふことでない点をくれぐ〳〵も忘れてはならないのである。

ここに於て日本歴史の書き改めと云ふことは結局真に正しい日本歴史を建設すると云ふに帰着する。さうしてその正しい日本歴史の知識を国民に理解させることが、すなはち今後の国史教育の進むべき道だと云ふことになるのである。それでは、正しい国史教育の内容となるべき正しい日本歴史の知識は如何にして求めるべきであらうか。私は正しい国史学の研究以外にこれを求める方法はないと思ふ(23)。

ここから家永は、「国史学と国史教育とは、あらはれた形に於てこそ異なれ、究極に於て同一の理想に朝宗することとなる」(24)のであるから、事実を無視した理論のあてはめは禁じられるべきであり、史実と確定できない事柄は削除されなければならず、また印象的な叙述の工夫が必要である、等々の結論を導く。

この方針の源流は、歴史哲学の思索に由来し(25)、新潟高等学校時代にはすでに具体化が試みられていたことが、証言から窺える。

よく覚えているのは、冒頭の部分である。講義はまず考古学の成果から始まり、記紀は神話として一蹴され、確実な日本史は魏志倭人伝の「邪馬台国」の記述から始まるとされた。壬申の乱のザッハリッヒな扱いも、印象的であった。要するに、戦後の日本史の教科書に書かれていることを、当時講義されたのである。私は中学校のとき、平泉澄の門下生であるN教諭により典型的な皇国史観を熱情的に教わっていたので、目から鱗が落ちる思いをした(26)。

とはいえ論旨の面からみると、冨山房版一般書『新日本史』は天皇への崇敬で彩られており、主権者としての国民への関心はさほど強くない。家永の思想において天皇崇敬の色合いが薄まっていくのは一九五〇年代初頭にかけてのことである(27)。

民主主義への意欲は、長い時間をかけつつも、より強まってゆく。この点について、冨山房版一般書『新日本史』と三一書房発行一般書『検定不合格日本史』とを用いて比較してみよう。

〔冨山房版一般書『新日本史』〕

更に進んで国民の総意にもとづく政治を行ふために国家組織を根本から改編すべく、憲法の全面にわたる改正の手つづきがとられ、昭和二十一年十一月三日を期し、新しい日本国憲法が公布されたのである。新憲法の主眼は、天皇を国家の象徴とし、権力者が大権に名をかりて専断を行ふ余地なからしめること、基本的人権を保障すること、国会を国権の最高機関とすることなどにある。

この様にして我が国は更生の道を歩みはじめた。戦争による痛手はきはめて深く、国民生活の復興は容易ではないけれど、我々はこの困難に屈せず努力を続けなければならぬ。我々は今次の悲劇を深く肝に銘じ、再びかかるあやまちを繰り返さないやうにするのは勿論のこと、明治維新以来果さうとして果さなかった真の近代化をなしとげる機会の来たことを自覚し、禍を転じて福とする覚悟をもつて進むべきであると思ふ(28)。

〔三〕書房発行一般書『検定不合格日本史』〕

私たちが日本人であり、日本の歴史の中で成長してきたことは、だれでもこれを認めないわけにはいかない。私たちの身近な過去には、太平洋戦争のような悲惨な経験があって、今なお私たちはそのために生じたさまざまの困難からぬけきれないで苦しんでいる。なぜ私たちはそうした悲惨な経験をしなければならなかったのであろうか。それに対する答は日本史の学習が与えてくれるであろう。私たちは新しい日本の再建設のために現に努力しており、将来も努力を続けなければならないが、どのような方向に日本を再建設すべきかについて、日本人は真剣に日本の過去を反省してみなければならない。日本の過去に生まれ出たいろいろの矛盾を自覚してこれを排除する決意を固くし、日本の過去の発展の道筋を把握して、いよいよその推進に努力する覚悟を新たにすべきであり、そのためにまず日本史の正確な理解が要求される。よりよき日本を建設することによって、よりよき世界の実現に邁進する、そうした遠大な理想達成を目ざして、私たちの日本史学習をこれから始めよう(29)。

家永が一貫して目指すところは、史実に基づいて把握される「更生の道」であり、「日本の再建設」である。一方、家永の語り口は、「我が国」の「真の近代化」という指導上の理念を大所高所に掲げるところから、「遠大な理想達成を目ざして、私たちの日本史学習をこれから始めよう」という、「私たち」を軸とした主体的なものへと進展している。この進展にこそ、次に述べる一九五〇年代初頭の転換を経て起った家永の思想の深化が反映している。

三、裁判に至る経緯

家永の主体的な意思の核心は、一貫して、戦争に対する「不作為の責任」への自覚にあった。「不作為の責任」というのは法律上の用語で、対処すべき事実を知りながらそれを黙過したことに伴う責任を指し、家永はそれを自身の戦争責任に対して用いている。この自覚がはっきりするのは、一九五〇年代初頭のことであった。

私は、過去の暗黒の時代に、学問の正道が狂信者の手で歪められ虐げられるのを痛感しながらも、これと正面から争う勇気を欠き、ただ自分一個の良心をつなぎとめる事にのみ心をくだいて来た。今にして、私は、真理を防衛する義務を怠った不作為の罪に対する自責の念に耐え得ない。今、忌まわしい過去の悪夢のふたたび蘇ろうとする情勢をみて、こんどこそ学問を守るために、身命をささげて、過去の罪責を償わなければならぬ、と思っている(30)。

家永の根にあるのは、戦時下の自分自身の身の振り方への後悔であった。それは償うべき不作為責任であった。そこで家永は、戦争に向かう流れに対し、終始一貫して抵抗運動を行っていったのである。教科書執筆もまた、その運動の一環として位置づけられる。この意思が窺えてはじめて、家永が『一歴史学者の歩み』で裁判提起について次のように語っていることの意味が理解できる。

私の教科書は二回続けて不合格になり、第一回の不合格理由書として次のような文章が交付された。

この原稿は、構成・記述・表現等について特色があるが、高等学校社会科日本史の教科書としては、下記のような欠陥が認められる。

（中略）

第三に、過去の史実により反省を求めようとする熱意のあまり、学習活動を通じて祖先の努力を認識し、日本人としての自覚を高め、民族に対する豊かな愛情を育てるという日本史の教育目標から遠ざかっている感が深い。

以上のような事由を勘案し、総合的にみて、この原稿は高等学校社会科日本史の教科書として適当とは認め難い。

この不合格理由もまたおどろくべきものであった。そもそも「過去の史実により反省を求めようとする」ことは、日本国憲法および教育基本法が、戦争に対する深刻な反省に基づき、そのような不幸を再び繰り返さない決意のもとに制度せられている以上、むしろ社会科教科書で強調されねばならないところであるはずであるのに、それが不合格の理由として示されるのであるから、憲法無視もはなはだしいものといわざるを得ない。明らかに違法の不合格処分というべきである(31)。

家永は怒ったのである。まことに、家永は、自身の積み重ねてきた歴史認識の延長線上で受け止めざるをえなかった戦争の悲惨な経験を踏まえ、教科書執筆を通じてそれを乗り越えるための努力をしていればこそ、怒ったのである。その相手は、具体的には、戦争の反省を否定しようとする検定官であり、ひいては平和憲法を否定しようとするすべての人々であった。

しかし訴訟の提起は、決して思いつきだけでできるものではない。そもそもなぜ裁判を手段としたのかという問題もあるし、また裁判を提起するためには相当な費用もかかる。それに家族の理解も得なければならないし、敵味方がはっきりする以上、世間のしがらみということも引っかかってくる。これらが片端から乗り越えられてはじめて、憲法裁判というものは成り立つのである。以下この点についていくらか検討してみよう。

家永は軍人の家庭に生まれ、幼少期には父の転勤に伴い引越しを繰り返し、最後に東京に落ち着いたので(32)、基本的には都会生活者である。したがって、家格や血筋、家の名誉といった言葉に代表される複雑に入り組んだ親族関係や利害関係から成る、いわゆる田舎のしがらみに捉えられることは、比較的少なかったかと思われる。ただし家制度のしがらみには、嫁姑問題をめぐって深く捉えられたと述懐している(33)。

家永が民主主義精神を確立していく過程、ことに裁判と関わって重要なのは、家永自身『一歴史学者の歩み』に記すとおり、一九五〇年頃、教授会設置運動を通じて、法律の意義を掴んだことであり、また「逆コース」を通じて、日本国憲法を守る必要を痛感したことにある(34)。これらの経験を通じて、家永は自身の課題として日本国憲法を守らなければならない旨を受け止めていく。この過程を通じて家永は、やや比喩的な表現になるが、憲法を頭ではなく身体で受け止めたのである。

裁判を方法としたことについては『一歴史学者の歩み』IX章・X章、および『教科書裁判ニュース』連載の家永三郎「提訴の原点をかえりみて」(35)に詳しい。それらによれば、状況はおよそ次のとおりとなる。教科書の検定は文部省の管轄であり行政上の問題となるから、方法としては、文部省への陳情、国会を通じた立法措置などが有力ではある。しかしその方法はすでに何度もとられ、かつ行き詰まっていた。陳情は無視されればそれまでであり、国会での追及は答弁でかわされるからである。

一方裁判所では、東大ポポロ事件をはじめとして国民の権利を守る判例が次々と出ていた。家永はこの動きに感激を覚えていたが、そうした折柄、家永自身も教育裁判に出廷して裁判に実地で関わる機会ができた。しかし教育裁判では憲法を守ろうとする側が被告席に立たされてばかりであったから、家永は、一度国を被告席に立たせることが必要なのではないかと考えた。

また家永はもともと駆け引きが苦手で、むしろ概念思考に長けているから、運動よりも裁判のほうが自分の資質に合っていると感じられた。そして裁判所は勇気ある行動を続けていて信頼できると思われた。また裁判には勝敗があるとはいえ、勝ち目がないわけではない。さらにまた、国を被告席に引きずり出し、検定の意図を明らかにすることを通じて、社会に警鐘を乱打することができる。

裁判提起の意義は相談相手の知人たちにもなかなか理解してもらえず、教育関係の判例もまるで乏しかったが、そこは自分で勉強して、専門知識を活かしつつ、裁判の出発点になりうる法理論をつくることにした。一九六五年三月、訴訟提起目前に刊行された『教科書検定――教育をゆがめる教育行政』がそれである(36)。

家永がハードルと感じた点は訴訟費用、弁護士の存在、出版社の同意の三つであった(37)。このうち訴訟費用と弁護士については、教育裁判を通じてつきあいのできた尾山宏弁護士らが可能な金額で引き受けた。それでも結局、訴訟提起から七年にして「家の一軒、建つくらいのお金は使ってい」たという(38)。出版社の三省堂は、一緒に裁判をすることはできないが、社員が法律所定の証言をすることは妨害しないと約束した。

ちなみに家族はといえば、あまり賛成しなかったという。

――訴訟を起こすことについて、奥さまをはじめ家族の方々はどういうご意見でしたか。

家永　家族はあまり賛成しませんでした。こういうことにかかわりあうことは、損得の面からいえば何にも得にはならないわけですから（笑）。むしろ家族としては困るという感じだったようですが、私がいったんやると決めた以上、決してあきらめないだろう（笑）と思ったのか、とにかく同意してくれました。そして、私はいつも最悪の場合を考えて行動する人間ですので、訴訟が長く続いて、万が一私が死ぬような場合には、妻が継承人になることにも同意させまして、一札とってあるのです（笑）。

（中略）

――先生のそういうご苦労については、奥様の内助の功が大きかったのではないかと思うのですが、先生から奥様にひとこと（笑）……。

家永　あまり乗り気じゃなかった訴訟に最後は同意してくれて、今日までガマンしてくれた（笑）ことにはとても感謝しております。ただ、私は〝家ぐるみ闘争〟にはあまり賛成ではないのです（笑）。家族共同体的な関係で近代的なたたかいをすべきではなく、やはり独立した個人が主体となるべきだ、というのが私の持論ですから、〝家ぐるみ闘争〟になっていないことを私はマイナスには評価していないのです。夫婦といえども、それぞれ独立した人格をもっていますからね(39)。

かくも当時としては全くめずらしいことに夫唱婦随ではないところに、家永の民主主義精神の徹底を思うべきであろう(40)。こうしてあらゆる壁は乗り越えられ、裁判が提起されることになったのであった。

四、教科書裁判の展開のなかで

家永の怒りは、同時に、同じように戦争について悩み、考え続けてきた人々の怒りでもあった。だからこそ多くの人々が、立ち上がった家永に喝采を送り、また尾山らによる支援組織結成への尽力を通じて、支援者の幅広い輪がつくりだされていくことになったのである。このときの具体的な様子について、家永は次のように語る。

いちばん感激したのは提訴直後の反応ですね。新聞に教科書検定違憲の訴訟が始まったというニュースが出て、そのあと一ヶ月間位の間に全然知らない人から続々手紙が来る。現場の先生、お母さん、学生、あるいは全く教育問題などには直接関係のない普通の勤め人の方から〝よくやってくれた〟という手紙が数十通きました。その中には預金封入書留でカンパが入っていたのがずい分あるんですね。こちらから何の救援のよびかけもしていないし、カンパ募集をやっているわけでもなかったのですが、積極的に自分の方から送って下さりこれは本当に驚きました。わずか二、三ヶ月の間に何万円に達したかわかりません。（中略）

なかには、名前は漏らさないでほしい。自分は公然と応援できる立場にはないけれども、全面的に賛成だとおっしゃってくれる方もあります。保守的な職場にいる人ですね。案外のところに同志がいるんですね。中には怪電話があり「自分の名前は言えないがこういうことはご存知ですか」という形でかなり重要な情報提供をして下さる方もありますよ。それは私は半信半疑だったんです。敵の謀略（笑）というおそれもありますしね。ところがあとから出てきた事実と符合しているんですよ。そういう事実もあります(41)。

家永にとって、教科書裁判は一種の清涼剤であった。東京教育大学をめぐる問題で疲労困憊していた一九七〇年代はじめのちょうどそのころ、あたたかい支援に支えられながら訴訟を遂行することができ、国民の教育権を認める杉本判決に接することさえできたからである。

ここでは到底紹介しきれないが、『教科書裁判ニュース』は、各地での学習会の様子など、裁判をめぐる支援者のさまざまな活動を活写していて興味深い。また家永の家庭に近いところでは、右翼の街宣車による嫌がらせが行われたことがあるが、近隣の支援者が直接抗議を申し入れるとともに、速やかに反論のビラが近隣にまかれ、ほんの数時間のうちに収束したことが知られる(42)。

こうした直接間接の支援者の活動のなかで、基本的に一人でたたかう家永もまた、運動体の実力をより高く評価するようになったようである。その意味で、家永の総括的な研究である一九七四年刊の『田辺元の思想史的研究――戦争と哲学者』のなかで家永が田辺の日本思想史上の意義について次のように述べていることは興味深い。

民衆思想の重視は、歴史を動かす根源的なエネルギーに着目する点において、動かすことのできない真理を示しているが、民衆をマスとしてとらえるに終わり、個の独立不可侵性を軽視することがあったならば、それは所詮前近代的共同体社会を固定化するものとなり、かえって非歴史的な誤に堕するであろう。個の自発性独立性不可侵性と、その個が孤立した個に閉じこもることなく、個の自発的意思による連帯、volunteer の組織を通じて、前近代的共同体から脱皮した社会的実践のエネルギーを形成し、それが国家・世界を動かすという形での、種・個・類の三極関係を定立するならば、田辺哲学の「種の論理」は中井正一の「委員会の論理」と矛盾しない、二十世紀の歴史的発展段階にふさわしい哲学として再生され得るであろう。民衆思想重視論もまた、そのような意味での個ならびに個の自発的連帯の思想によって補完されないときには、きわめて危険な役割を演ずるおそれなしとしない。

さらに民衆思想重視論にとって、最大の哲学的欠陥は、それが現実・内在の論理に終始して、超越・否定の論理を欠如するところにある。人間の相対性、歴史の有限性という根源的事実から目をそらした世界観は、いかに具体的・現実的であろうとも、哲学の根本問題を解く思想としての資格を欠く(43)。

ここからは、家永が、罪の自覚と社会的実践との統一としての「否定の論理」の立場から、独立した人格の集合によって成る実践者の連帯による民主化への筋道を理論的に展望していたことが読みとれる。今のところ文献的裏づけは欠くけれども、ここでいわれる「個の自発的意思による連帯、volunteer の組織」について、家永が、目前で展開し感激しつつある裁判支援運動を具体例の一つとして念頭に置いていなかったとは到底考えられないところである。裁判は家永の視角の拡張に何らかの影響をもたらしたのではなかろうか。

そしてその意味で、裁判支援運動は、家永の求めてきた個の独立と連帯のあり方として、大きな意義と課題とを残したように思われる。

いうまでもなくこの訴訟は、国家権力による検定の不当性を衝くものとして起されました。その意味では基本的に国家の容喙を撥ね返そうとする抵抗運動の性格をもっています。この点の重要さは、幾度繰り返されても、繰り返されすぎることはないでしょう。とともに、それは、抵抗運動に止まらず文化創造運動の性格を帯びてきたことを、指摘したいと思います。運動は、抵抗をとおして、これまでの文化および文化認識に否応なく反省をせまり、日本にほんとうに民衆的な文化が生れ出るための基盤を造りつつあるといえます。あるべき文化の像が、より明確に意識されてきたわけです(44)。

教科書裁判は、裁判そのものだけではなく、より広がりをもった運動であった。というのは、平和主義・民主主義を核心とする憲法との関連で進められる訴訟への支援活動を通じて、いつとはなしに自分自身の矛盾したありように気づき、やがて主体に変化をもたらしていくような運動だったからである。

この意味で、その核となった家永の存在はきわめて大きなものであり、その流れは今も続いている。だが一方で、そうした敬意が却ってよくない方向に働くことがある。というのは、裁判をめぐる最も肝心のところで、敬意のために十分な討議が欠けてしまったように思われるのである。

〔家永三郎の証言〕

家永　私は第一次訴訟、第二次訴訟と二つも抱えているのに、また第三次訴訟までやるのはちょっとしんどいなと思ったのですが、あのときはむしろ弁護団のほうが熱心でした。とくに高嶋訴訟の中心的な担い手である大川隆司先生が熱心に第三次訴訟を起こすことを主張されて、わたしもそのときはちょっとつらいなとは思ったのですが、いまになってみると、可部判決のようなもので第一次訴訟が終わり、第二次訴訟が「訴えの利益なし」というような門前払い同然の形で終わっていることからみれば、やっぱり第三次訴訟はやってよかったと思っています。

というのは、そこでとにかくある程度盛り返したわけですから(45)。

〔家永三郎・高嶋伸欣の証言〕

家永　ほんとうは複数の原告でやりたかったのです。というのは私一人だと、これは家永一人の色がついた教科書だとみられるおそれがありましたのでね。一流の研究者たちは証人には喜んで出てくださるのですが、自分が当事者になる、とはどなたもおっしゃらないんですね。

高嶋　それについてもまた何人かの方から、こうやって私が提訴するようになってからですが、伺ったところでは、提訴寸前までいかれた方々が多少いらっしゃったのだそうです(46)。

〔元三省堂編集者・今井克樹の証言〕

それから二〇年近くたった昭和六〇年代のはじめ、教科書執筆の歴史研究者が連結して相談をはじめました。丁度そのとき家永さんが第三次の教科書訴訟を提起しようとしました。それを聞いて私は、「それはやめるべきだ。第一次、第二次のときは家永さんしかいなかった。いまは歴史執筆者の共同が出来つつある。そこでの共同訴訟をこそ検討すべきだ」と、遠山さん、福島さん、永井さんなどに問題提起に走り回りました。みなさんが、状況の変化を認めてくれました。そんなとき、家永さんが訪ねてこられました。「わたしとしては、これまでの総仕上げの意味からもこの訴訟をしたいので同意してください」と頭を下げられました。その姿は孤高でした。「わかりました」というしかありませんでした(47)。

ここから窺えるのは、自身は第三次訴訟に乗り気でなかったのにもかかわらず、自分の手で訴訟をせざるをえないと思いつめた家永の姿であり、一方で歴史執筆者の共同訴訟が多くの壁を乗り越えて行われた可能性がまだなお無ではなかったのにもかかわらず、家永の姿を前に「実は…」から始まるたったひと言がいい出せなかった今井の姿である。結局家永は、第三次訴訟の方針について、裁量権濫用を主たる争点とすることで訴訟本来の目標である学問・教育の自由の主張が弱まっていること、および根拠学説がマルクス主義理論を前提とするもののみに傾く状況に対して違和感を抱いたようである(48)。

運動は走りながらするものだ、とは教科書訴訟に関わったある方の言葉であるが、実際、折衝は瞬間の出来事であり、それに意思決定の難しい複数原告という手法が本当に正しい道であったかという問題もあるから(49)、今井のとっさの判断を一概に誤ったものだと決めつけることはできない。それでも、家永を「孤高」とみてしまったのは、複数原告という選択肢を失わせる上で少なくない役割を果たしたという意味で、やはり決定的な瞬間での大きな失敗の原因ではなかっただろうか。

相手への敬意と、自分が考える最善の意見を提案することとは別であり、それらが両立することによってはじめて、独立した個人の対等な関係が成り立つはずである。これはもはや家永というよりは運動体の問題ではあるけれども、当事者の努力が周囲の敬意を生み、しかしやがて対話不全に陥ったというのは、家永が最後に辿り着いた「連帯」の問題をめぐって現れた、当人だけでは解決できない難題であるといえるだろうから、最後に一筆しておく次第である。

おわりに

家永三郎にとって、教科書裁判は、人生を賭けた出来事であった。それは、歴史学の分厚い蓄積を前提とした専門知識に加え、平和主義・民主主義を核とする日本国憲法とともに再度の成長を遂げようとした人格だからこそ衝突せざるをえなかった課題であり、そして行動であった。その行動をもたらしたのは、単なる概念ではなくてむしろ実地体験であり、そのなかで培った責任意識と勇気と視野と、それから人間の生命に対する感覚である。そのどれが欠けていても、家永は裁判を提起することはできなかったに違いないし、仮に提起したとしても、自身の生活が支えきれず、失敗に終わっていただろう。

ではこうした家永の行動を、我々はどのように評価すべきであろうか。最初にも触れたとおり、これまでの家永論は、少なからず、教科書裁判を遂行した家永三郎の偉大さを顕彰することに焦点があてられてきた。たとえば尾山宏が語る次の一文は、その消息を如実に物語る。

私がいう「家永精神」とは、不正義、不合理、とくに公権力が犯す不正義、不合理を絶対に見すごさないこと、これと断乎として闘うこと、不正義、不合理を正させるまで闘い続けることなのです。このような強い意志とエネルギーをもった人びとこそが、古今東西の歴史を見てもわかるように、民主主義を支えてきたのです(50)。

この視角からいえば、解明するべきは「家永精神」の内実そのものであり、個々人の努力目標は「家永精神」をもち、なるべくそこに接近すること、となる。「家永精神」の内実は、たしかに本研究全体の解明課題であった。だが、この視角は家永研究の強い動機たりうるが、それのみに拘泥すると、家永を歴史上に客観的に位置づける契機が失われかねない。

筆者は、家永の思想を客観的に位置づける際はいうまでもなく、家永の思想を継ぐという意欲にあっても、家永を高く仰ぐよりはむしろ、家永を対等な人間の一人として捉え、客観的に位置づけなければならないと考える。そもそも家永の思想は先に述べたように、独立した個人の対等な関係を前提としており、何らかの意味で「仰ぐ」ことは家永の思想の継承としても不適当である。その上で、日本人にとって、あるいは世界の人々にとって家永が何であるのかということを考えることが必要であろう。

では、教科書裁判を集大成とする家永三郎の歴史的な位置はどこにあるだろうか。ここで改めて、平和主義・民主主義を核とする日本国憲法の理念実現に生涯を捧げた人物であった、ということが問題となる。たしかに、憲法に沿って行動した人々は無数にいる。しかし、戦前からの蓄積を踏まえつつ、実生活と憲法との関連を常に考え、それによって、無数の失敗をしながらも身をもって憲法とともに成長し、憲法理念を高く掲げて行動するに至った人物はさほど多いわけではない。

いうまでもなく、多くの人々が憲法理念との関連で家永を高く評価してきたことが、その傍証となる。それどころか、右派の人格攻撃でさえ、結局のところこうした家永への高い評価をどうにか打ち消そうとする努力であったのだから、そのことが却って家永の典型性を如実に物語る。この意味で、家永三郎は、戦後の日本人の典型である、ということができる。

したがって同時に、日本国憲法の平和主義・民主主義を核心とする特質を通じて、家永は国連憲章の展開にかかる第二次大戦後の世界歴史における典型的人物の一人であるといえる。つまり家永は、平和主義・民主主義の実現の系列において、たとえばインドにおけるガンディーといった人々と、同じ列に立つ。

ここで典型というのは、平和主義・民主主義を核とする憲法理念を高く評価する人々にとって何らかの意味で学ぶに値する人物である、という意味を含むが、さしあたって、変貌を遂げた一九五〇年代以降の家永の姿は、憲法との関連で戦後の日本人を検討する上での標準として活用することができる、ということを意味する点を、今はより強調しておきたい。

むろん、大学教授である家永は、生活習慣や給与体系その他多くの意味で戦後の標準的な生活者ではない。その典型は戦後の経済成長を担った会社員や工員にむしろ求めるべきであろう。また教科書裁判を起こしたという一事で家永を典型化するのでもない。それはあくまでも手段であり、その手段としての意義と限界もまた平和主義・民主主義の実現の観点において吟味されるべきだからである。つまり、価値の観点において、自分自身の生き方に平和主義・民主主義を核とする憲法理念を組み入れつつ状況に対処していくことを通じて、自分自身の生き方をも変えていったこと、この意味で家永は、戦後の日本人の標準たりうるのである。

それは日本通史に対する視角として働き、したがってまた、今を生きる我々に対する標準ともなる。自分は家永をはるかに上回っていると思うならば、その人は憲法理念においておそらく歴史の先端にいる人であり、家永を下回っている、あるいは平和主義・民主主義を上回る価値のある視角があると思うならば、いずれにせよそれらの意味を明瞭にすることによって、これもまた何らかのかたちで、自分自身の立ち位置と現在なすべきことを明確にすることができるであろう。

(1)　たとえば家永に即して語られたものとして、大田堯・尾山宏・永原慶二編『家永三郎の残したもの　引き継ぐもの』（日本評論社、二〇〇三年）が挙げられる。編者の大田が教育学者、尾山が弁護士、永原が歴史学者であることからだけでも、このことが窺える。
（2）　家永三郎『一歴史学者の歩み』岩波現代文庫版二二八頁。
（3）　たとえば新藤謙『国家に抗した人びと』（子どもの未来社、二〇〇四年）第五章「内心の自由を求めて――家永三郎」参照。同書は教科書裁判に至る家永の「抵抗」を『一歴史学者の歩み』に依拠して論じた典型的な著述であるが、結果的にどうしても『一歴史学者の歩み』の敷き写しとなってしまい、訴訟に到達する経験面の蓄積やそこからみた訴訟決意への過程は見落とされている。これはほかの論者でもなべて同様である。
（4）　以上、前掲家永『一歴史学者の歩み』岩波現代文庫版六二―六五頁。
（5）　暉峻淑子との対談『なぜ教科書裁判をたたかったのか』岩波ブックレット、一九九四年一〇月。一〇頁上段。
（6）　小林直樹「家永憲法論の特質」前掲『家永三郎の残したもの　引き継ぐもの』三五頁。小林によれば、家永は小林への手紙のなかで、「家永さんも若いころからH・G・ウェルズに共感を持ち、われわれの先覚者としてウェルズが宇宙論的発展の中に人類史を据えて『進歩』の方向を見定めたという事例を示され」たという。
（7）　家永三郎『一歴史学者の歩み』岩波現代文庫版六二―六四頁。
（8）　同七七―七八頁。
（9）　本書第四章第三節参照。
（10）　家永が歴史史料に触れた姿を示すものとして、たとえば付録一史料20「関ヶ原の露と消えた義人大谷義隆」における「この時彼が如何なる態度を取り、如何に答へたかは知るに由ないけれど、慶長見聞集、落穂集等の古書に散見する記事はその真相を多少なりとも穿ち得たものと思ふ」という一文が挙げられる。
（11）　前掲家永『一歴史学者の歩み』岩波現代文庫版九〇頁。
（12）　同九一頁。
（13）　家永三郎『津田左右吉の思想史的研究』岩波書店、一九七二年。序。家永が津田を読んだ時期については前掲家永『一歴史学者の歩み』一一二頁。
（14）　家永三郎『現代史学批判』「序に代へて――現代日本史学に於ける二つの学風」和光社、一九五三年。

(15) 家永三郎「新潟高等学校時代の思いで」『憲法・裁判・人間』名著刊行会、一九九七年。二九二頁。
(16) 家永三郎『くにのあゆみ編纂始末』民衆社、二〇〇一年。またNHKドキュメンタリー「日本の戦後(6) くにのあゆみ～戦後教育の幕あき～」(一九七七年一〇月二七日初回放送)は、家永の証言等をもとに『くにのあゆみ』をめぐる当時の情勢を再構成しており、証言史料として大変興味深い。
(17) 家永三郎述「一歴史学者のあゆみ——家永教授に聞く」家永三郎教授東京教育大学退官記念論集刊行委員会編『家永三郎教授東京教育大学退官記念論集1 古代・中世の社会と思想』三省堂、一九七九年。三二八頁下段—三二九頁上段。
(18) 井上清『くにのあゆみ批判』解放社、一九四七年。五頁。
(19) 大久保利謙『日本近代史学事始め』岩波新書、一九九六年。一四九—一五〇頁。
(20) 前掲家永述「一歴史学者のあゆみ」三二九頁上段—下段。
(21) 『家永三郎集』第一六巻三六八頁。
(22) 教科書検定訴訟を支援する全国連絡会編『教科書裁判ニュース縮刷版・第五集』教科書検定訴訟を支援する全国連絡会、一九九八年。三六頁。第二七六号、一九九一年四月二〇日付四面。
(23) 家永三郎「今後の国史教育」一九四六年一〇月。『日本歴史の諸相』富山房、一九五〇年。二三六—二三八頁。
(24) 同二三九頁。
(25) 本書第五章第一節参照。
(26) 五十嵐清「新潟時代の家永三郎先生」『家永三郎集』月報一三、二頁下段。
(27) 本書第十二章参照。
(28) 家永三郎『新日本史』富山房、一九四七年四月。二九二—二九三頁。
(29) 家永三郎『検定不合格日本史』三一書房、一九七四年。序論三頁。
(30) 家永三郎「学術会議会員候補者として推薦を受けるに当って」一九五三年一一月。『歴史の危機に面して』東京大学出版会、一九五四年。二二九頁。

(31) 前掲家永『一歴史学者の歩み』岩波現代文庫版一九〇―一九一頁。
(32) 同書「著者関連略年表」。二六七―二六八頁。
(33) 前掲家永述「一歴史学者のあゆみ」三一三頁上段―三一五頁上段。
(34) 前掲家永『一歴史学者の歩み』第Ⅷ章に典型的に叙述される。
(35) 家永三郎「提訴の原点をかえりみて」教科書検定訴訟を支援する全国連絡会『教科書裁判ニュース縮刷版・第一集』教科書検定訴訟を支援する全国連絡会、一九七五年。九四―九八号。一九七五年一月―六月。
(36) 家永三郎『教科書検定――教育をゆがめる教育行政』『家永三郎集』第八巻所収。
(37) 本段落の記載はとくに注記する部分を除き家永三郎「訴えを起こすまで――弁護団諸先生に感謝する」(『続　わたしが思うこと』民衆社、一九九九年。所収)による。
(38) 「ことしは地裁三部結審・判決の年　教科書裁判原告家永三郎先生にきく」前掲『教科書裁判ニュース縮刷版・第一集』三九三頁。七二号(一九七三年三月一五日付)七面。なお裁判支援運動の実態を調査した石田雅春によると、当初裁判費用は家永本人が出すとりきめであったが、訴訟提起の数年後には支援団の中核組織である教科書訴訟を支援する全国連絡会が事実上肩代りするようになっていったとされる。(石田雅春『戦後日本の教科書問題』第七章「家永教科書裁判と支援運動」。吉川弘文館、二〇一九年。一七九頁)。
(39) 同第三集、一九八五年。三六九頁。二〇八号(一九八五年六月二〇日付)三面。
(40) ただし実際的な面では家族には色々と不満もあったことが窺われる。「真理の夢追い人　『教科書裁判の人』その素顔は…」東京新聞二〇〇三年七月一日号三二面、出田阿生署名記事参照。
(41) 「無数のエピソード　提訴から七年」前掲『教科書裁判ニュース縮刷版・第一集』三七四頁。七〇号(一九七三年三月)二―三面。
(42) 同三七五頁。
(43) 家永三郎『田辺元の思想史的研究――戦争と哲学者』第四部20結論。『家永三郎集』第七巻四六八―四六九頁。
(44) 鹿野政直「家永三郎　求道の思想史学」『鹿野政直思想史論集』第七巻。岩波書店、二〇〇八年。三七九頁。

(45) 家永三郎・高嶋伸欣『教科書裁判はつづく』岩波ブックレット、一九九八年。二二頁。
(46) 同書四九—五〇頁。
(47) 今井克樹「決然として時代を開く」『家永三郎・人と学問』私家版、二〇〇三年。八四頁。
(48) 前掲石田『戦後日本の教科書問題』一七八—一七九頁。
(49) 前掲家永・高嶋『教科書裁判はつづく』五〇—五一頁。
(50) 教科書検定訴訟を支援する世田谷地区連絡会編『提訴者としていのちあるかぎり　なぜ教科書裁判か』私家版、一九九四年一一月。三〇—三一頁。

第三部　家永三郎の学問と思想

第九章　家永三郎の学問業績の全体像
――問題意識の発展過程を視角として――

はじめに

家永三郎の生涯の全体像を理解しその意義を考察するにあたっては、鹿野政直の指摘にもあるとおり(1)、家永が遺した学問的諸業績の体系的な把握が欠かせない。また個別のいかなる立場からであれ、従来の家永理解を批判的に継承し、新たな家永理解を切り拓くには、何よりもまず、当面の主題との関係で家永三郎による研究上の諸業績を前後関係とともに把握し、評価する作業を行う必要がある。

いずれの作業の際にも、どうしても問題となるのは、無数の分野にわたる家永の学問的諸業績における内的連関の緊密さである。その連関が論者においてどれだけ自覚的に考慮されているかが、そのまま家永を踏まえた立論としての価値の帰趨を決めるであろう。ではどのようにすれば、この連関は捉えられるであろうか。

無論、家永の諸業績はきわめて膨大であり、個別の連関すべてを論じることは困難である。しかしながら、本論第五章で縷々検討したように、家永史学が問題意識に拠って立つことが明らかであり、かつ第四章から第八章にかけて家永の精神史的発展を改めてひととおり見通した以上、第一章にみた従来の研究史上の諸見解を越えて、あらためて問題意識の発展の観点から家永の全業績に見通しを与えることは可能であろう。それはまた、家永の全著作についての基本的な文献案内の役割をも果たすものとなろう。

家永三郎には著作集があるのみで全集は存在せず、全著作を収集するのは容易ではないが、幸い『家永三郎集』第一六巻に著作目録が付されている。目録に収められた単行本のみでも約一三〇冊に上り、改訂版や教科書、編著等も加えるとゆうに二〇〇冊を越える。さらに論文等は一〇〇〇近くを数え、その上目録から漏れたものも少なくないようである。ただし幸いなことに、論文の多くが著書に収められている。

そこで本論では、著書を基本的な史料とし、年次順に読み解き、各著作の位置づけを明確にし、文献案内に努めながら、家永がいつの時点で何を課題にしていたかについて見通しを与えることを試みる。類似の先行例として菊池克美「家永史学における前近代史研究概観――初期家永史学の形成によせて」があるが(2)、表題の通り一九五三年までの叙述であり、新たに追加すべき知見も少なくないから、改めて全体の叙述を試みる。なお調査にあたり著書は基本的にすべて収集・通読したが、稀覯書や論文の収集では手が回らなかった部分もあり、また版ごとの差異の分析も膨大にわたるので断念せざるをえなかった。何卒了承されたい。

家永の生涯をどのように区分するかは一つの問題であるが、本章では、家永の基本論理である「否定の論理」を解明するという本論の目標に従い、かつ前章までの内容を踏まえ、「一、基本的立場の成立」「二、実践的態度の体得過程」「三、平和主義・民主主義を護るたたかい」「四、晩年の問題提起」という四つの項目を立てて叙述していきたい。

なお叙述の都合、代表的な著作を中心に取り上げたため、言及しなかった著書論文も少なくないが、基本的な論点を網羅し、今回不言及の著書論文についても読者の必要に応じて把握できるよう心がけた。また煩を避けるため論文は「(鉤括弧)」、著書は『(二重鉤括弧)』とのみ表記し、本文中引用のない書目は年月のみの記載にとどめた。各書誌の詳細は『家永三郎集』第一六巻著作目録と対照されたい。

一、基本的立場の成立

1、思想形成

家永が国家主義、マルクス主義をともに拒否し、新カント派の立場を学生なりに明確にしたのは、「国家哲学の根本問題について」（一九三三・七）である(3)。この時点で民主主義を論じているとともに、参考文献に世界平和の展望を論ずる朝永三十郎『カントの平和論』やウェルズ『世界文化史大系』等を挙げており(4)、家永が平和主義・民主主義の基本理念を獲得していたことが窺われる。ただしこの時点ではあくまでも概念の獲得にとどまり、実践的体験に裏づけられていたわけではない。

また「偶感二題」（同・一二）にも当為の立場からの立論がみられる(5)。ただし詳しい思索過程は「自然科学の越権」（三二・九）にみられるマルクス主義への反発(6)を除き不明である。ともあれこの過程で、それまでとは違い自分自身の頭で考えることを身につけた(7)。また関心からいえばこの後本来であれば哲学科に進むべきであり、そこでドイツ語の原典に触れていれば別の展開があったかもしれないが、そうはならなかった。ただし「歴史に於ける時間の構造について」（三四・一一）(8)では、新カント派の哲学者ヘルマン・コーエンの議論を衝立にしている箇所がみられるので、史学方法論において、新カント派の史学論が取り込まれていたことが窺える。

新カント派の立場から進んで家永がとったのは宗教の立場である。これを「否定の論理」という。この立場は『愛』と『闘争』」（三四・一二）(9)および「歎異抄私感」（同・一一）(10)、「歴史に於ける時間の構造について」（前掲）に先駆的にみられる。家永自身の問いに対する解答として、最も重要なものであるから、ここで少し紹介しておく。

「『愛』と『闘争』」をみてみよう。

因縁所生法　君説即是空
亦名為仮名　是亦中道義

これは有名な龍樹の三諦偈であるがこの短い句の内にあふれてゐる宗教の真精神はまさに百万の経典にもまさつて人の心を衝くものがある。私は仏教について何も知らない。しかしこの一句によつてだけでもその教の大きさをしみじみと感じることが出来るのである。

宗教の骨髄は実にかゝるものであらねばならない。それは実に一切の対立を包み一切の相対を超越する。価値と反価値との対立はもはや其処に於て見出すことが出来ない。「善人なほ《マ》すら《マ》往生す然るをいはんや悪人をや」これが宗教の真髄である。かゝる立場は愛の立場である。すべてを包みすべてを覆う「摂取不捨」の愛こそまことに宗教の本質を示すものとしてこの上なくふさはしきものとしなければならぬ。

しかし我等はこの愛の立場に完全に没入し得るであらうか。宗教は果して人間の永遠の安住の地となることが出来るであらうか。何人もそれを願はぬものはない。しかし人間は、相対の世界に生き対立の世界に死する人間は、その人間としての本質の故に遂にこの世界への永住に耐えることはできないのである。はらへどもはらひ切れぬ現実感は我等に絶えざる不満を提供する。如何ともし難き自然的社会的環境の圧迫は我等を駆つて不断の闘争に陥れるのである。この不満あるが故にこの圧迫あるが故に我々はこれを乗り越えこれを克服しなければならぬ。闘争はDaseinとしての我々の不可避の本質である。そしてこれこそまさに道徳の立場であらう。宗教の立場が愛であるならば道徳の立場は闘争であるといはなければならない。所謂宗教はこの道徳の立場を屡々無視したのではなかつたであらうか。其処に宗教の堕落の源が横たはつてゐたといへる。巷に飢ゑたる人の群を見息づまる社会の危機が人毎に感じられる時に当つて壮大なる伽藍の内の空虚な説教に時を費やす宗教が無力とされ阿片とさへせられるに到つたのも亦無理なからぬこととしなければならぬ。たゞ闘争の内に愛を、相対の内に絶対を望むことのみが有限なる我等人間に許された立場である。（下略）

家永の生涯にわたる立場は、この「闘争の内に愛を、相対の内に絶対を望むことのみが有限なる我等人間に許された立場である」という一文に尽くされる。これは後述する晩年の宗教的叙述でも反芻され、自身の思想を六〇歳の時点で「総括」した『田辺元の思想史的研究――戦争と哲学者』でも「論理的順序からすれば、絶対者が基本であり相対者が二次的であるとすべきかもしれない。しかし、相対者が相対者であるという所与を飛び越えて絶対者を定立することは、相対者にとって不可能事を強いるものであ」ると語られる(11)。

信仰の問題は通常、構造的には、絶対者の既在性を前提とし、人間側からは人生に対する単純な肯定から絶対否定そして救済に基づく絶対肯定への段階として語られ、絶対肯定の立場からみた場合はすべてが本来的に同一であるとされるが、家永の場合、常に人間にとっての信仰の起点、つまり絶対否定に力点がある。「否定の論理」あるいはその史的発達というのも、信仰の起点の自覚がどのようにして成立してきたかということが焦点にある。

なお右の記事の段階では否定の自覚以後とその後の実践の必要性に視点が注がれている。これは救済の問題と実践との結びつきが不明瞭な当時の宗教理解に規定されたものであるが(12)、後には、悲劇と葛藤がより焦点化され、信仰は社会構造が生み出す苦難に対する実践的模索の過程のうちに、重要な解決手段の一つとして、また実践の起動原理として、位置づけられる。

またこの着想に至った時期は、文献上、一九四〇年頃以降から一九五〇年代初頭以前という以上には確定し難い(13)。

しかし家永が自分の人生の悩みを乗り越えつつ、他人の人生やその苦しみにまで想像が及ぶようになったのは概ね一九四四年の結婚より後のことであるから、それ以降の時期であると思われる。

2、実証史家としての出発

さて、大学二年のときの「東京帝大国史学科関西地方修学旅行記」(14)（ただし平田俊春による改竄あり）には、すでに『日本思想史に於ける否定の論理の発達』にみられる通史認識の大半が出揃っている。この旅行記を踏まえた家永の卒業論文「上古初期に於ける新文化発展の精神史的考察」は、家永によれば次のとおりである。本文四百字原稿用紙一一四枚半、附表六枚、史料篇同じく一五四枚、附表三枚。

第一章　仏教信仰を中心として観たる新文化の発展
　第一節　仏教元興の文化史的意義
　第二節　法興寺の造立に始り東大寺造立に完成する朝廷の興仏運動
　第三節　興仏運動と新文化の発展
第二章　上古初期仏教の精神的側面
　第一節　聖徳太子による新世界観の成立
　第二節　救済の要求
　第三節　来世への志向
　第四節　大乗利他精神
　第五節　結論

第三章　支那思想の浸透と其限界
第四章　新文化と固有文化との対立及其相互強化
　第一節　仏教信仰の盛行による神祇崇拝の深化
　第二節　支那思想に対抗する固有思想の自己強化
　第三節　結論
第五章　時代精神の転移
　附表第一　聖徳太子建立寺院一覧
　附表第二　上古初期寺院造立年表
　附表第三　寺院資財の文化的構成一覧　寺院文化財拾遺
　附表第四　寺院典籍提供表
　附表第五　聖徳太子三経義疏最古の流布状態
　附表第六　上古初期阿弥陀仏像年表

（史料篇補注要目）
法治思想の初見
金光明寺の初見
羅索堂成立年表
令制に於ける政府の文化施設（表）
壬申の乱に於ける両軍の背景勢力について

壬申の乱参加者家系別一覧（表）
天寿国は太子の信仰に非ず
両晋南北朝時代の西方阿弥陀仏信仰の趨勢
推古朝以前の阿弥陀像
光明皇后に西方願生の御思想なし
西林寺造立年代
華厳宗の成立年代
鎌足伝の原形成立年代
東大寺大仏仏身観の変遷
律の勢力進出について
東大寺大仏銅座及陰刻の成立年代
八幡神の本質について
公式令と宣命との関係
上古初期の修史思想　付日本書紀の序文
日本書紀一書の神勅の文章成立について(15)

これが家永の研究者としての下地となった。家永は研究者となった当初について次のように回想する。

研究者としての業績発表はまず卒業論文の切り売りから始まった。私の初期の著書論文はほとんど卒業論文のあちこちをぬき出してそれをふくらませたものにすぎない。いわば私は卒業後の数年間、大学三年のときの「勉強」による貯蓄の食いつぶしでつないできたのであった。

『上代仏教思想史研究』（敞傍書房版）所収の「聖徳太子の浄土」「飛鳥寧楽朝に於ける仏教興隆運動」「国分寺の創建について」「東大寺大仏の仏身をめぐる諸問題」、『新講大日本史飛鳥時代史』（雄山閣版）第一章第五節「壬申の乱」・第三章「新思想と固有思想との並立的発展」・第四章第一節「寺院の造立と其文化的機能」、『社会経済史学』掲載「飛鳥寧楽朝に於ける摂政政治の本質」、『日本思想史に於ける否定の論理の発達』、『日本思想史に於ける宗教的自然観の展開』所収「飛鳥寧楽時代の神仏関係」などがそれであって、卒業論文の各部分をぬき出し、問題をひろげたり史料を大幅に加えたりして一篇の論文としてそれぞれ独立させて発表したものである(16)。

家永が「否定の論理」に基づく通史認識を初めて提示したのは論文「日本思想史に於ける否定の論理の発達」（三八．一〇―一二）である。また姉妹編として自然への信頼についての通史認識と史的評価を語った「日本思想史に於ける宗教的自然観の展開」（四三．一―三）がある。この時期以後、家永はくり返し「やがて日本思想史の体系的認識を完成したい」旨を語っているが(17)、それは『日本道徳思想史』（五四．四）を最後の体系的著作として遂に果たされなかった。また後述する問題意識の拡張に伴い、古代中世史研究の表舞台からも離れざるをえなくなっていった。

なおこの「宗教的自然観」論文は和歌を多用しているが、これは趣味として古典文芸を読みあさるなかで生まれてきたものである(18)。またその過程で逸失絵巻物の多さに気づき、後には上代倭絵の研究として結実した(19)。著作としての『上代倭絵年表』『上代倭絵全史』は一九五〇年に学士院賞を受け、また一九五〇年には博士論文「主として文献に拠る上代倭絵の文化史的研究」となった(20)。このように半ば趣味的に出発した研究もときに見受けられる。

家永の初著作は硲裕行との共著『日本上代思潮芸術』（三九．七）であり、宗教思潮と造形美術を担当した。また単行本は『日本思想史に於ける否定の論理の発達』（四〇・一一）が最初である。前記同題論文に基づくこの著作においてはじめて、思想形成期の家永の問題意識こと「否定の論理」の問題が歴史研究の立場に取り込まれ、青年時代の家永自身の問題意識と研究実践とが一つの態度の下に統一された家永の研究姿勢が世に顕れることになる。

二、実践的態度の体得過程

1、戦時下の境位

満州事変から一九五〇年ころまでの時期は、家永にとっては新しい課題に連続して直面し、それを一つ一つ解いていく時期である。家永は戦争へ向けて深まりゆく暗雲に対して強い怒りを抱いていた。そのことは、滝川事件のあった年に思想的良心を論じた「偶感二題」（三三・一二）や、美濃部事件に怒った「現代の問題二、三」（三四・一二）、世界文化のなかで日本文化を捉えるべきことを論じた「関西地方国史修学旅行記録」（「東京帝大国史学科関西地方修学旅行記」のうち平田による削除部分。三五年末頃(21)）にみることができる。

こうした主張の展開は、『外来文化摂取史論』（四二初—四五・三執筆(22)、四八・九公表）に結実することになる。外来文化摂取の問題意識は、たとえば「日本思想史における外来思想の受容の問題」（六一・一一）に典型的にみられるように、その後もくり返し登場することになる。また家永はこの時期、卒業論文から抜き出した「日本書紀一書の神勅の文章成立について」をリライトした「天壌無窮の神勅文の成立について」を投稿したが、不敬を理由とした掲載見送りの憂き目に遭っている(23)。これらの体験は後々、社会的実践の原体験として働くことになる。

ここで、社会的実践に至る過程について少し触れておきたい。この時期の家永は、帝大卒とはいえ、まだ一介の青年学者にすぎない。社会的な正義感は多少強かろうけれども、まさか国を相手取ってたたかうことになるなどとは思ってもいない。家永の回想の類を読むと、身体も弱くどうせ早く死ぬだろうからと思っていたことが窺われる。これは家永の研究態度と直結しているので、とくに引いておく。

私は卒業した年からすでに論文の公表を始め、次々と連続的に論文を雑誌に掲載していった。巨大なテーマを設定し、腰を据えて息の永い研究に長期的に取り組むことができず、こまぎれの研究成果を次々に活字化していくのが習性化して、学究生活三十年の今日にまで及んでいる。このようなやり方を意識的に採用した最初の動機は、病身の私はいつまで生きのびられるか自信がなかったし、やがて日中戦争から米英との戦争へというふうに、戦争が激化していって、たとい病気で死なないにしても、いつ戦争で生命を失うかはかりがたい境遇にあったので、できるだけ短期間のうちにでき上がった分だけを活字として客体形象化しておけば、私のようなつまらぬ人間でもこの世に生まれてきたことが全く無意味でなかったことになるのではないか、という気持が強かったからである(24)。

しかし傍からみると、日本思想史という分野を東大アカデミズムの立場から切り開き、その視点から卒業直後とは思えないような優れた研究論文を連続して発表する、気鋭の研究者であるということになる。かくて家永は、一九四一年五月に新潟高等学校に就職した。さらに一九四四年六月には東京高等師範学校に任官、同年一一月には結婚する。

2、問題意識の展開

この過程で、家永の内面には新しい動きが現れはじめていた。近代史への関心の発生である。そのきっかけは新潟高等学校での講義や『外来文化摂取史論』（前掲）にあるが[25]、その後も『国民之友』研究（活字化されず）[26]などが続けられ、やがて『近代精神とその限界』（五〇・一二）や『日本近代思想史研究』（五三・一二）に結実する。『日本近代思想史研究』は、表題こそ種々雑多であるが、当時の家永の問題意識が混沌のまま示されていてきわめて興味深い。

まず題目を掲げておく。

町人文芸にあらはれたる庶民の倫理／増穂残口の思想／安藤昌益の思想／良寛私見
新民法精神の萌芽／植木枝盛の思想／西村茂樹論／「福翁百話」「福翁百余話」「丁酉公論」「痩我慢の説」考／福沢精神の歴史的発展／明治哲学史の一考察／反近代主義の歴史的省察
日本に於ける反戦思想の歴史／日本人の洋服観の変遷／明治思想史寸描（『明治国民亀鑑』の歴史的価値・思想家としての鴎外二題・木下尚江）

このうち「町人文芸～」以下四論文は近世にかかり、「新民法～」以下七論文は近代史に、また「日本に～」以下三論文は各論でありいまでいえばテーマ史にあたる。ここで注目したいのは近代史論における家永の問題関心である。典型的なのは「『福翁百話』～」にみられる次の一文である。

それら雑然たる記事を通覧して、思想的観点から重要な問題が少くとも三つ含まれてゐる様に思はれる。その一つは家族道徳の問題であり、一つは歴史哲学の問題であり、今一つは宗教的人生観の問題である(27)。

事実、「新民法」は家族道徳の問題が基調に据えられており、西村・福沢論また「反近代主義～」では歴史の進歩の問題が、「植木枝盛」では全ての問題が基調に据えられている。宗教的人生観については前節で触れたから、ここでは家族道徳と歴史哲学の問題をみておく。

家永が女性の問題に関心をもったのは、自身の結婚後の事情による。家永が後に語るところによれば、結婚後の家永は、世の常に漏れず、早々に嫁姑問題を引き起こしてしまっていた。ところが家永は世の常とは違って妻の側に立ち、家制度の矛盾を乗り越えようとしはじめた。ちょうどその直後、すなわち日本占領と民主化が進められた時期、五大改革指令で婦人解放がいわれ、家永はその方向への家庭民主化の実現に取り組むことになったという(28)。そのことが家永の家族道徳への関心をつくり上げていた。なお「日本人の洋服観の変遷」は後に増訂されて刊行された（同名。七六．一一）。家永の女性史との関係については「日本女性史とのめぐりあい」に回想がある(29)。

歴史哲学の問題については、家永は客観的進歩の実在を期待していた節がある。この進歩に関する一定の期待は、一方で家永の歴史哲学に支えられていたとみられ、一九五〇年代には法解釈の客観性をめぐって行われた戦後のいわゆる法解釈論争において「客観説」の形成に大きな影響を与え(30)、後に家永は自身の見解を『美濃部達吉の思想史的研究』（六四．七）の第二章注一二―一四にまとめた。なお『近代精神とその限界』（前掲）収録「福沢諭吉の階級意識」といった論考が示すように、この時期家永は歴史全体への見通しの一つとして、将来における社会主義の実現をある程度想定していたことが窺われる。

これらに対し「明治哲学史の一考察」は、哲学史論である。論文はアカデミズム哲学形成期に近代的市民的な大西祝と封建的な井上哲次郎との対立があったことを述べるものである。

国家又は階級てふ種の範疇に対して個の範疇が如何なる意義に於いて定立せられるか、現代哲学に於ける最も重要な問題がその点にかかってゐる様に見受けられるのであって、しかもそれは個人の人格と自由との権威を全体の権威に対して何の程度に許容するかと云ふ明治中期の問題と相通ずる問題と解せられないであらうか（傍点小田）(31)。

この言葉からは、家永が田辺元の「種の論理」を批判的なかたちで念頭に置きながら(32)、日本哲学史の下で個の問題を考えようとしていたことが窺われ、興味深い。なお個の問題は、やがて独立した個人による連帯＝ボランティアの概念として結実することになる（『田辺元の思想史的研究――戦争と哲学者』第四部二〇。七四．四。本概念については本章四で改めて触れる）。

また家永は並行して自身の母胎であった東大の史学研究への批判を敢行している。『現代史学批判』（五三．九。のち増補および収録論文を部分的に入れ替えた『日本の近代史学』を刊行。五七．一〇）にまとめられた諸論文、および『日本道徳思想史』（前掲）に据えられる予定だった他二本の論考がそれである。両書の論題を掲げておく。

『現代史学批判』

序に代へて――現代日本史学に於ける二つの学風／思想史学の立場／津田史学の思想史的考察／美術史学について（美術史学の対象・美術史学と歴史学）／和辻博士「日本倫理思想史」論（初論・再論）／福山博士「奈良朝寺院の研究」／今日の歴史教育の問題（逆コースと歴史家の立場／歴史教育は回れ右をするか／歴史教育に於ける遠近法）

『日本道徳思想史』配当計画論文（圧縮により削除。のち『日本思想史学の方法』九三．三にまとめて掲載(33)）

日本思想史学の課題／思想史学の方法／思想史学の立場（この論文は『現代史学批判』掲載のものと同一）

家永は、『現代史学批判』「序に代へて」において、東大のアカデミズム史学に対して経世的性格を持った「民間史学」を対置し、民間史学の価値を称揚する。この経世的性格が、その後の家永史学の特質でもある(34)。なお教科書裁判と密接な関係をもつ『津田左右吉の思想史的研究』（七二．六）も、こうした研究姿勢の延長線上にある。また家永三郎責任編集の日本思想史通史である『近代日本思想史講座』第一巻（六九．七。筑摩書房）からは、家永三郎・小田切秀雄・久野収・竹内好・丸山眞男の共同討論に基づき竹内好の責任でまとめられた「講座をはじめるにあたって」を含めて、戦後の思想史学における家永思想史学と他の思想史家との間での戦前世代としての基本的一致点、ひいては思想史学における家永の位置が窺える。

3、実践的論陣の発展

一九五〇年代は、家庭生活のみならず教科書執筆や大学での体験をも踏まえ、社会的関心が一挙に拡大してゆく時期である。『やまと絵論』（四七．二）は初めて一般読者を想定した著作である。『日本歴史の諸相』（五〇．三）では「今後の国史教育」の一論文が収められていただけであるが、『現代史学批判』（五二．一〇）では右にみた「今日の歴史教育の問題」として三論文が、さらに逆コースが明瞭となるなか、時評を集めた『歴史の危機に面して』（五四．一〇）、そして『歴史と教育――深まり行く歴史の危機に面して』（五六．九）、さらには『歴史と現代』（五九．七）が刊行されていく。

『歴史の危機に面して』は「私の職業に直接結びつく歴史学研究の自由に関するものから始めて、だんだんとよりひろい歴史的社会的な主題に問題を展開して行く、という形でならべてみた」ものであり(35)、また『歴史と教育』は「大体において『歴史の危機に面して』の各編に接続するように構成されて」おり、前者との具体的な接続関係も述べられている(36)。そこで両者の章別を比較してみると、家永の関心が、身近なところから社会全体へとより幅広くなっていることが窺える。

こうした時評のなかで最も重要なのは、『法律時報』誌に掲載され『歴史の危機に面して』に収められた「『教育の

『歴史の危機に面して』と『歴史と教育』の章立ての対比

『歴史の危機に面して』	『歴史と教育』
歴史学研究の自由をめぐる問題	―
歴史教育をめぐる問題	教育の危機をめぐる問題
教育二法律をめぐる問題	
大学の自治をめぐる問題	(「たまたまこれについて公に見解を発表する機会が生じなかった」ため割愛)
憲法の危機をめぐる問題	憲法の危機をめぐる問題
―	司法権の危機をめぐる問題
歴史の現段階に関する問題	歴史の現段階に関する問題
附録　学問生活をめぐる随想	―

(家永『歴史と教育』「私はなぜこういう本を書いたか――序に代えて」より作成)

中立』と憲法との関連」（五四．四）である。この論文は、家永にとっては初めて憲法との関連を念頭に置いて執筆した論文であり、また戦後のいわゆる法解釈論争において重要な一角をかたちづくった論文でもある。戦後のさまざまな動きに教えられながら成長した家永の社会的関心は、この時期以降、平和主義と人権保障を規定した日本国憲法を国家に守らせることを通じ、平和主義と人権保障を国家に実現させていくことを基本線として、展開していくことになる。

かつて家永は、「否定の論理」の研究を通じて、自分自身の課題に対して自分なりの答えを与えようとしていた。この点は生涯を通じて変わらないのであるが、大きな変化として、他者と関わって自分がどうするか、という問題が視野に入ってきていることが挙げられる。つまり学生上がりの独身男性のものの見え方から、家庭生活や職業生活を含む、社会人としてのものの見え方に変化したのであり、こうした環境の変化に応じて、家永の当面の課題もまた展開していったのである。この延長線上に、教科書裁判にまで至る実践の蓄積がある。

三、平和主義・民主主義を護るたたかい

1、戦闘的民主主義者としての活躍

一九五〇年代後期以後のこの時期は、民主主義の実現のためにたたかった時期である。『数奇なる思想家の生涯――田岡嶺雲の人と思想』（五五．一）には「矛盾にみちていても、つかむところをちゃんとつかんでいる」という一文が(37)、また『革命思想の先駆者――植木枝盛の人と思想』には「枝盛の民主主義が、（中略）人民の抵抗によっ

て下から奪い取るべき民主主義であった」という一文があり(38)、田岡・植木を評価した言葉であるが、家永の方法からみて、家永自身の一九五〇年代以後の態度をも窺わせる。なお植木研究は後に大著『植木枝盛研究』(六〇・八)が著される。

初期の大変重要なたたかいは、松川事件などをめぐって戦われた最高裁判所長官・田中耕太郎との裁判批判論争である。事件では広津和郎が中心となって容疑者らの無罪を主張するなか、田中は裁判官を万能とし、在野からの裁判批判を「雑音」として退けようとした。家永はそれに対し在野の声がなければ裁判官は容易に権力に随順する立場にあることを念頭に置き、法理論を駆使した『裁判批判』(五九・一一)を著して反撃、田中を沈黙させるに至った。ほかにもこの時期、家永は教育問題を中心に複数の裁判で証言を行っている。その姿は『家永三郎教育裁判証言集』(七二・七)や、『家永三郎憲法裁判証言集』(八三・七)でまとめてみることができる。

実は家永は少年時代から法律が好きで、六法全書を読んでいれば退屈しないという希有な趣味の持ち主であった(39)。また早熟であったので美濃部達吉が弾圧されるより前の時期、兄に借りて美濃部の『憲法撮要』を読んでいた(40)。哲学青年となってからも「国家哲学の根本問題について」(前掲)の参考文献中に美濃部『日本憲法』が含まれており、関心は常に保存されていたようである。こうした関心が戦後に復活、東京教育大学の同僚には日本国憲法に繋がる草案を提出した稲田正次のような人物もいたから(41)、縁にも恵まれたのであろう、憲法との関連を自覚し、遂にここに至ったのである。

こうした関心はやがて法学と歴史学とを組み合わせた法史学という独自の領域を生み出していく。この仕事は、『司法権独立の歴史的考察』(六二・七)、『植木枝盛研究』(前掲)、『権力悪とのたたかい　正木ひろしの思想活動』(六四・四)、『美濃部達吉の思想史的研究』(同・七)、『歴史家のみた憲法・教育問題』(六五・一一)、『日本近代憲法思想史研究』(六七・二)、『明治前期の憲法構想』(同・四。松永昌三・江村栄一共編)、『歴史のなかの憲法』上下(七七・九

―一〇）、『日本憲法学の源流　相川正道の思想と著作』（八〇．一）といった、一人の一生の仕事といってもにわかには信じ難いほどの厖大な成果へと繋がっていく。なおこの領域について客観的な評価をしたものとして、鈴木安蔵「日本憲法学史ならびに憲法史にたいする寄与」がある(42)。

右に触れた『権力悪とのたたかい　正木ひろしの思想活動』（前掲）は、歴史研究の方法論上の問題としても興味深いものを含んでいる。というのは、正木は家永の尊敬する人物の一人だが、そもそも身近な同時代人を歴史学の研究課題とすることができるかという難題を含んでいるからである。この点について家永は「要するに歴史の研究は、常にその歴史の段階に即した相対的な認識でしかありえず、その限界内でせいいっぱいのしごとをするほかないのだから、たとえ不完全な認識しか可能でないにしても、それが将来の研究の進展になにほどか役立てば、それでよいのではなかろうか」(43)という答えを与えている。

2、二つのライフワーク（東教大自治運営・教科書裁判）の展開とその心境

ところでこの時期は東京教育大学の民主化改革が軌道に乗った黄金時代でもあった(44)。そこから生まれてきたのが『大学の自由の歴史』（六二．一二）である。ここで家永は、大学自治の歴史的・理論的探究を行い、東教大での成功体験を裏づけとして、日本の制度の限界内での可能な限りの民主化改革案を提示する。

なお東教大の自治は後に筑波移転問題によって破壊され、一九七八年、遂に閉学に至る。家永は新制東教大の存続の全過程で「東京教育大学文学部小委員会答申　教授会設置に関し評議会に提出する要請書案」（五一．二）以下計二四件の公文書を起草し（『家永三郎集』第一六巻「家永三郎著作目録」八参照）、また『東京教育大学　たたかいの記録　一九六二〜一九七〇』（七一．七。大江志乃夫との共編）、『東京教育大学文学部　栄光と受難の三〇年』（七八．

二）を執筆している。

この時期の家永の心境を示すものとして、『歴史家のみた憲法・教育問題』（前掲）の冒頭に収められた「日本の理想」の全文を挙げておきたい。

戦前には、教育においても、政治においても、はっきりとした目標があった。国民はその目標に向かい全力を注いで協力するように要求されていた。

戦後の現在では、そうした目標がない。政治は目さきのやりくりに追われたその日暮らしであり、国民は自分ひとりの利益か、せいぜい自分と配偶者や子どもたちとの間でいわゆる炉辺の幸福を追求することだけに生き甲斐を感じている。国民的理想の喪失が、享楽主義を助長し、青少年を非行に追いやっているという。そこで、道徳教育をさかんにして「愛国心」を青少年にうえつけようといった考え方が出てくるのだが、上に述べてきたような一連の考え方には、根本に大きな狂いがあるのではなかろうか。

第一に、戦前の日本の支配者たちがはっきりした目標をもっていたことは事実だが、それは反民主主義的、好戦的な内容のものであり、その目標を追求したあげくが未曾有の戦争の悲劇となった。そこで、この悲惨な経験をくり返さないために、憲法で戦争放棄と人権保障の精神をかかげ、これを今後の日本の進むべき理想と定めたのである。ところが、その後の政治の方針は、ことごとに憲法の理想とその反対の方向をとり、アメリカの軍事政策への協力と人権の縮限にこれつとめ、教育の世界でもできるだけ憲法の精神を教えないような教育をやらせてきた。これでは国民的理想が喪失して、享楽主義や非行・犯罪のはびこるのは当たりまえである。蒔いた種は刈らねばならぬ、ということわざの示すとおりといってよい。

国民的理想を回復しようというならば、何よりもまず憲法の精神の回復に努力しなければならぬ。政府がそれをやらぬのだから、国民が自らやるよりしかたがないではないか(45)。

一九六五年、家永は遂に教科書裁判を提起する。これは教科書検定が現実には思想審査を含んだ事実上の検閲であるから、裁判を通じてそれが違憲であることを国家に認めさせることを直接の目的とし、それを通じて日本国憲法の危機への警鐘を乱打することを究極の目標としていた。なお家永教科書の書誌的な変遷については、『家永三郎集』第一六巻「家永三郎著作目録」の七に一括記載されている。教育関係では、ほかに『日本の歴史』全一〇巻（七七・一一。責任編集）や『日本文化史12講』（八八・六。テープ音声）、『「くにのあゆみ」編纂始末』（〇一・一二。民衆社刊）等がある。

3、教科書裁判と戦争史研究

教科書裁判の提起の意義をあらかじめ世に示すことを目的としたのが『教科書検定——教育をゆがめる教育行政』（六五・三）である。また裁判提起がきっかけで自伝『一歴史学者の歩み——教科書裁判に至るまで』（六七・九）が著された。この後家永の仕事は裁判と密接な関わりをもって展開する。

何より、『家永三郎集』全一六巻を分厚さにおいて上回るほどの裁判記録が誕生することになる。これらはむろん家永一人の仕事ではないが、家永がいなければありえなかった仕事である。また月刊の『教科書裁判ニュース』は一九九八年の裁判終結までに三六三号が発行された。家永旧蔵の厖大な教科書裁判関係史料は、東京都立大学図書館に一括して収められている。

また家永自身の裁判と関連した著作としては『歴史家のみた憲法・教育問題』（前掲）、『教育裁判と抵抗の思想』

（六九．一二）、『教科書裁判と裁判の独立』（七一．八）、『戦争と教育をめぐって』（七三．二）、『教科書訴訟十年』（七四．五）、『歴史と責任』（七九．八）、『激動七十年の歴史を生きて』（八七．一〇）、『「密室」検定の記録　八〇年代家永日本史の検定』（九三．九）、『なぜ教科書裁判をたたかったのか』（九四．三。暉峻淑子との対談）、『わたしが思うこと』（九五．四）、『家永三郎対談集・教科書裁判の三〇年』（九五．七）、『憲法・裁判・人間』（九七．七）、『教科書裁判は続く』（九八．二。高嶋伸欣との対談）、『続わたしが思うこと』（九九．三）等がある。ほかにも、目録から漏れたものは数知れない。

また教科書裁判の展開と相前後して、戦争史研究も本格化する。戦争研究の背景にあったのは次のような意思であった。

ある偉い学者が、学問をする者は腐儒になる位の心がけでなければならぬ、と云われたそうである。あまりに佞儒のみ多い日本では、腐儒になることさえが一つのレジスタンスでもあろう。しかし、社会が不幸なる方向に向かってころげ落ちようとするのを外にみて、自分には専門の仕事があるとすましているのが、果して学問をする者のとるべき態度であろうか。太平洋戦争の間、私は腐儒となることによって佞儒となることを免れた。私は、今になって自分が消極的な意味での戦争犯罪人――戦争を防止する義務を怠った不作為の犯罪人であったとの自責の念に堪えない。私は今度こそはその後悔を二度としたくないと思う。同胞を破滅への道に駆り立てる力に向って、私たちは敢然と立ち向かわなければならぬ、と思う(46)。

家永の戦争史に関わる最初の仕事は「日本に於ける反戦思想の歴史」（前掲『日本近代思想史研究』収録）であるが、その後は二、三の例外を除いて長く姿を見せない。しかしその間に家永は戦争に関する数多くの文献を収集しており(47)、それが『太平洋戦争』（六七．二）、そして『戦争責任』（八五．七）へと繋がることになる。また責任編集者として『日本の原爆記録』全二〇巻（九一．五。共編）、『日本平和論大系』二〇冊（第一期九三．一〇、第二期九四．四）の刊行にも携わっている。

四、晩年の問題提起

一九七〇年代半ば、定年退職の近づく時期以降は、自身の来歴をふり返り、仕事をまとめ、全体を通じて問題を提起していく時期である。この時期になると、一九八四年提起の第三次教科書訴訟に関わる一連の動きを除き（ただし家永自身は複数原告となることを期待していた(48)）、新たな社会的実践課題を論考の主題に含むことはほとんどなくなる。それにかわり、宗教哲学の問題が再び全面に押し出されてくる。

著作としては『田辺元の思想史的研究――戦争と哲学者』（七四．四）、『刀差す身の情なさ　家永三郎論文創作集』（八五．四）、『戦争責任』（八五．七）、『国家は万能か』（八七．三）といった研究著作や、史学方法論に関する論述を一冊にまとめた『日本思想史学の方法』（九三．三）、稀覯の論述を集成した『古代史研究から教科書裁判まで』（九五．二）等が挙げられる。また『家永三郎集』全一六巻（九七．一一―九九．三。著作選集）が刊行された。

晩年の家永が課題としたのは、宗教的関心と民主主義の体験との再統一という問題であった。そもそも家永は、信仰における「愛と闘争」の両立という視点をもっていたのであったが(49)、『日本思想史に於ける否定の論理の発達』（前掲）ではこのうちの「愛」の側面、ことに救済の瞬間、いい換えれば相対が絶対に触れたことを自覚する瞬間が日本史上いつどのように訪れていたかということに傾斜していた。しかし家永の戦後の活動は、総括的にいえば、信仰に関わらず「闘争」との関係が密接であった。

しかし実際に「闘争」に至る過程もまた単純ではない。家永の関心は歴史の客観性の問題や、目前の家族制度や大学自治の問題とも密接に絡み合いながら動いていたのである。家永自身は、歴史の現段階における理想の実現形態は日本国憲法の理念であるとみていたが、権利主体の問題もやや複雑であるのみならず、こと歴史の客観性の問題については、碧海純一の整理のとおり、法学界の通説ではそれを主張することは不可能というところに落ち着いており(50)、問題は決して容易ではない。そこで以下、諸書に埋め込まれた晩年の家永の問題意識を整理して紹介しつつ、課題点を洗い出してみたい。

家永が信仰と実践との関係を自身の基本問題と考えたいきさつは『田辺元の思想史的研究』（前掲）「あとがき」に詳しい。また同じ問題意識をもつ著作として小説『真城子』（七二・一一）がある。信仰と実践の関係の論考としては「歴史上の人物としての親鸞」（七一・四）、『田辺元の思想史的研究』（前掲）、「日本思想史における超越性と内在性特に日本仏教を中心に」（七八・二）、「政治的抵抗の基盤としての宗教」（八一・七）、「日本人の思想としての仏教とキリスト教」（八三・一二）、『戦争責任』（前掲）、『国家は万能か』（前掲）等が挙げられる。典型的な一文を挙げておく。

仏教・キリスト教が、古代特定社会の歴史的社会的諸条件と不可分の地上の政治的・社会的実践原理と結びつくことなく、絶対無限対相対有限の逆説的結合のみに問題を限定したからこそ、その思想が、まったく歴史的・社会的条件を異にする二十世紀の現代世界にも、なお普遍妥当性を失わない価値を保持できたことを喜ぶべきではなかろうか。また、それなればこそ、もういちどベラーの、（中略）「信仰は政治的影響をともなうためには、つねに世俗のイデオロギーと結びつかねばなりません」。そして、その「世俗のイデオロギー」が「虚偽意識」という意味での「イデオロギー」であってはならないためには、それは厳密な科学的認識を基盤とした社会思想であらねばならないのである。その意味では、あまりに図式的に過ぎ多くの問題をはらむとはいえ、田辺元が「キリスト教とマルクシズムと日本仏教」で提案した三者の否定的媒介による統一のアイデアは、今日なお十分に顧慮せられるに値するものがある、と私は考えている（拙著（家永―小田注）『田辺元の思想史的研究』参照、本集（『家永三郎集』―小田注）第七巻所収）。ただし、近代社会思想としてマルクス主義に限定することには賛成できない。マルクス以前の、および以後の民主主義・平和主義思想をも広くふくめなければならないと思う。もちろんマルクス主義を排除すべきではない(51)。

つまり問題は、否定の論理と実践の理論との統一にある。ここでいうのはむろん静態的な理論としての統一ではなく、実践的統一の指針の提示であろう。だから問題は、信仰と実践は少なくとも同時に成立するか、するとすればどこで成立するか、というところにある。実践からみた信仰の価値については、次の一文が挙げられる。

生老病死はまさしく人間の有限相対性の徴表であり、（中略）専制君主の地位といえども、死とともに消滅するはかないものであるという自覚が常に仏教の底に流れていた。ひとたび成仏すれば、有限相対の世界の内にありながら、精神的には有限相対の不安を超克した絶対無限の境地に入ることができ、この境地から見れば政治的権力の強さがどれほどとるに足らないみじめなものかが理解できるであろう。

キリスト教において、（中略）人間は神を信仰することにおいてのみ真の生命を保つのである。神によることなく、人間の力をもって君臨する世俗的権力が、絶対者である神の前にはなんの権威をも誇り得ぬ相対有限者にすぎないことは言うまでもない。それ故にすべてを神にささげるキリスト者であるならば、不義不正の権力に対し敢然として闘うことに少しのためらいも感じられないはずなのである。（中略）もちろん権力の政治的抵抗は、多くの場合、むしろ宗教によることなくして行われてきた。（中略）しかし、自由民権にせよ、社会主義にせよ、大正デモクラシーにせよ、戦後民主主義にせよ、挫折と転向とに終ることが多かったのは、相対有限世界内での価値原理のみを指導規範としていたために、人間の根源的基盤から発する確信において脆弱性を内包していたところがあった事情にもよるのではなかろうか。事はあまりにも重大な問題に属するので断定的表現は差し控えるけれど、絶対無限の世界への深い結び付きの上に立つ政治的抵抗の場合には、有限相対の世界内の原理のみに依存する場合よりも、強く固い思想的態度を維持できる論理的可能性により多く富んでいることもまた事実ではなかろうか(52)。

家永は信仰に実践上の最大の起動力を認める。ではそもそも信仰は実践を必要とするか。この点につき、『真城子』（前掲）に次の一文がある。

真城子の獄中での体験と鋭い洞察力は、彼女に、宗教が社会の現実と無関係に観念の世界だけで救いと称するものを説くのであったならば、かえって矛盾のしわよせを背負わされている恵まれない底辺の人々に現実から目をそらせることに終わってしまうのではないか、イエスや親鸞のような偉大な宗教家は、そのような「救い」を説いたのではなく、現実の矛盾をたじろがず見つめる目を持っていたがゆえに、貧しい恵まれぬ人々の救済を何よりも第一義と考えていたのではないか、「罪人」「悪人」ということばも、まずそのような人々のことを念頭において使われたのではなかったか、という想像を直感的にはたらかせるにいたっていたのである。

だが、もし真城子からさらに進んでそこまで質問されたとするならば、念信は前の質問のときのようにすらすらと答えることができたであろうか。親鸞が主著『教行信証』の中で「悪人」ということばを「屠沽の下類」すなわちその頃の社会でいちばんいやしい身分とされていた人々の意味に用い、そのような意味での「悪人」こそ「往生の正機」であると弟子に語っていたことも、また、東国の信徒にあてた手紙の中で、「いなかのひとびとの文字のこころもしらず、あさましき愚痴きわまりなきゆえに、やすくこころえさせむとて、おなじことをとりかえしとりかえしかきつけたり」と言って、農村の無学な民衆に福音を伝えるのに心をくだいたことをも、十分に学び知っている念信は、いよいよ真城子の慧眼に驚いたにちがいないけれども（下略）(53)

家永の場合、信仰の問題には、出発点において社会的問題意識が含まれているという認識があった。そのため、「政治的抵抗の基盤としての宗教」（前掲）等に典型的にみられるように、実践の欠如は信仰の堕落として語られるのである。信仰は、人間が他者との関係で生きるとき、当然実践と統一した視点で考察されざるをえないはずだというのが、家永の基本的立場であるとみてよかろう。なお『田辺元の思想史的研究』（前掲）と『国家は万能か』（前掲）とを併せ読むと、全世界的展望の下での実践者の連帯＝ボランティアの問題が含まれていることが読みとれる。右の考えは、『戦争責任』では「形而上学的責任」として次のように具体化された。

過去に生じた「戦争の惨禍」は、それが人間の生命と心身とに与えたものについては、永久に回復できず、その責任を、加害者の処罰や加害国の物質的賠償によって償わせたとしても、失われた生命や傷つけられた心身を元通りにすることの永久に不可能な以上、もっとも有意味な償いは、将来における「惨禍」の再現を阻止する責務を達成することにあると考えざるを得ない。その目的を果たす努力こそが戦争責任を自覚するものにとって、最高の償いとなるものと信ずる。

ただし、人間の力は有限であるから、どれほど誠実かつ全力を傾けても、必ず目的を達成できるとは限らない。不幸にして核戦争を阻止できず、もはやその「惨禍」を惹き起こした責任を問うものも問われるものも地上に存在しない状態が現出しないという保証はない。それにもかかわらず、人が人であるかぎり、相対有限のなかでなすべきことをなすことによって相対有限の世界にありながら絶対無限の世界に超出し、時間を超えた永遠の生命を獲得することができるのである。それは形式論理では解くことの出来ないパラドックスであるけれど、人の人たるゆえんは、そのようなパラドックスの内にのみ生きるほかないというところにある、というのが、ありのままに人の生き方を直視したときに明らかに見えてくる事実（Sache）である。戦争責任は、単なる相対有限の人と人との間で生ずる責任にとどまらず、相対有限の人が絶対無限なるもの（ここでは有神論に立つ「神」に限定して考える必要はない）に対する責任でもあるのである。最悪の事態を想定しても、戦争責任を償うための努力が無に終わることはないとの確信に立ち、そして最悪の事態を回避する選択肢が現に存在する今日、その選択肢を選ぶことを誤らないように、もっとも理性的かつ良心的に努力することが、戦争責任を償おうとするもののとるべき唯一の道として私たちの前に開かれているのである(54)。

家永にとって、信仰とともにある実践に生きることとは、具体的には、戦争の惨禍を防ぎ、改めて平和な社会を構築するための努力をすることにあった。平和主義・民主主義の実現のための人文科学的な見通しと、意思ある人々の連帯とを通じて、よりよい社会を実現し、それを通じて人間としての責務を果たすことが原則において必要なのではないかというのが、家永の最後の問題提起であろうと思われる。

家永が死去したのは二〇〇二年のことである。没後、新たに増訂や書き入れがあることが知られ、それを含んだ著作が再刊された(55)。ことに『一歴史学者の歩み』の岩波現代文庫版は、複数の近しい研究者に託された「私と天皇制・天皇」を収録し、家永と天皇との関係についての貴重な証言を提供している。

おわりに

家永三郎の問題意識の発展系列を歴史的に描き出すと、概ね、青年期に得た哲学的な問題意識を、壮年期にかけて歴史学の研究と社会的実践とのいわば折衷を通じて歴史社会のなかで具体化し、晩年には哲学的問題意識に差し戻してひととおり取りまとめるところまで進めることができた生涯であったと考えられる。家永の研究経歴は紆余曲折に満ちており、自ら「権道」と述べたほどであるが(56)、ふり返ってみれば、実に一貫した思索の展開であったといえるのである。

また家永の各著作は、いずれも新たな研究領域を開拓する役割を果たし、各分野においてきわめて重要な位置を占めた。そして研究者のみならず無数の市井の読書人や、あるいは実践家たちが、家永の著作が出版されるたび、課題意識の横溢するその内容に敬服してきたのであった。今後改めて、各々の立場から家永の業績を再検討し、新たな意義を開拓する作業が必要であろう。

家永三郎の各業績を捉えるにあたっては、右にみた史的展開過程とともに考察することが必須である。家永においてある一定の時期にクローズアップされ、その後表面上触れられなくなった研究主題であっても、問題意識は晩年まで保存され、全く別主題の著作で言及された際にきわめて重大な問題提起が行われることがしばしばあるからである。家永三郎の諸業績を継承発展させるにあたっては、常にこの点を念頭に置く必要がある。

家永の見解を批判的に考察するには、当面論ずべき各論点に即して基本書籍を収集の上、一見無関係の著作からも関連部分を収集し、当該課題についての家永の見解の歴史的全体像をかたちづくることが望ましい。家永三郎の姿勢を把握する上では、やはり自伝『一歴史学者の歩み』が有力である。これを味わって家永の志とするところを把握し、その上で家永の全体像を視野に、当面の関係著作を収集していけば、基本的には各位の求めるものが得られるはずである。

ここで併せていくつか問題提起をしておきたい。まず、家永三郎の各業績を批判的に発展させるために、家永による各論を個別に取り上げ、当該主題の今後の研究展望との関係を提示する研究論文が積み重ねられるべきだということである。これまでの蓄積では、教科書裁判関係のものがもっともよく進捗しており、参考となる。各主題それぞれについて、問題意識を痛切にもった専門研究者による共同作業が望ましい。

そのためにも今後、全集ならびに総索引が制作されることが望ましい。現状、まとまったものとしては選集である『家永三郎集』しかなく、膨大な著作群を収集するのも容易ではない。また底本が定まらない状態であることも大きな問題である。家永は版や刷が改まるごとに修正を加えており、結局のところ何版何刷を用いるかによって内容が変わってくるのである。

もとより研究は職人芸的性格をもち、関係文献はすべて集めて読んだ上で系統的に理解し必要に応じて頭脳から取り出すべきであるとはいうものの、各個別テーマを深める必要上から家永の見解を必要とする各位にそれを求めるのはさすがに過酷である。誰しもが家永にアプローチできるような体勢を構築する必要がある。それは結局のところ、家永が関与した各論を分析評価する論文の蓄積、および全集と総索引の制作ということになるのである(57)。

(1)　本論第一章一参照。また家永三郎『一歴史学者の歩み』岩波現代文庫版、鹿野政直による解説。二八五―二八六頁。

（2）菊池克美「家永史学における前近代史研究概観――初期家永史学の形成によせて」『人民の歴史学』六二号、一九八〇年三月。
（3）この間の具体的な事情については本書第五章参照。
（4）家永三郎「国家哲学の根本問題について」本書付録史料23。また『家永三郎集』第一六巻一七三頁。
（5）家永三郎「偶感二題」同24。
（6）家永三郎『一歴史学者の歩み』岩波現代文庫版七五―七八頁。家永「自然科学の越権」については本書付録史料22参照。
（7）同一〇三―一〇六頁。
（8）家永三郎「歴史に於ける時間の構造について」本書付録史料29。
（9）家永三郎「『愛』と『闘争』」同26。
（10）家永三郎「歎異抄私感」同27。
（11）家永三郎『田辺元の思想史的研究――戦争と哲学者』。『家永三郎集』第七巻三九五頁。
（12）仏教における救済と実践との関係の不明確さは、家永が問題を認識してから実に半世紀後、一九八〇年代に部落差別問題と関わって「本覚思想批判」として噴出することになる。袴谷憲昭『本覚思想批判』（大蔵出版、一九九〇年）参照。
（13）家永が「日本思想史に於ける否定の論理の発達」を執筆した一九三八年段階では、社会的実践のことは考えていなかったという（家永三郎「一歴史学者のあゆみ――家永教授に聞く」家永三郎教授東京教育大学退官記念論集刊行委員会編『古代・中世の社会と思想』三省堂、一九七九年六月。二九五頁下段―二九六頁下段）。また信仰と実践との関係を語る小説『真城子』の執筆は一九五〇年代前半である。
（14）家永三郎「東京帝大国史学科関西地方修学旅行記」『史学雑誌』第四七編第二号、一九三六年二月。
（15）『家永三郎集』第一六巻二〇一―二〇三頁。
（16）同二〇四頁。

（17）家永三郎「わが著述と思索を語る」『歴史の危機に面して』一九五三年八月一四日初出。東京大学出版会、一九五四年、二三三頁。
（18）前掲家永「一歴史学者のあゆみ――家永教授に聞く」二九七頁下段。
（19）同二九九頁上段―三〇〇頁上段。
（20）家永三郎『上代倭絵全史』改訂版序言。墨水書房、一九六六年。なお博士論文論題はCiNiiデータベースに拠る。https://ci.nii.ac.jp/naid/500000491132
（21）家永三郎「関西地方国史修学旅行記録」『家永三郎集』第一六巻所収。
（22）家永三郎『外来文化摂取史論』岩崎書店、一九四八年。緒言三頁。
（23）前掲家永『一歴史学者の歩み』岩波現代文庫版一二三―一二五頁。
（24）同一一六―一一七頁。
（25）同一三二―一三三頁。
（26）家永三郎「『国民之友』研究の思い出」『激動七〇年の歴史を生きて』新地書房、一九八七年、所収。
（27）家永三郎『日本近代思想史研究』東京大学出版会、一九五三年。一七〇―一七一頁。
（28）前掲家永『一歴史学者の歩み』一七〇―一七一頁。ただしこの点についてはいまのところ史料は発見されておらず、この記述も家永自身の証言による。
（29）家永三郎「日本女性史とのめぐりあい」『家永三郎集』第一六巻所収。
（30）たとえば碧海純一「戦後日本における法解釈論の検討」（谷口知平編集代表『恒藤先生古稀祝賀記念　法解釈の理論』、有斐閣、一九六〇年）参照。
（31）前掲家永『日本近代思想史研究』二二八―二二九頁。
（32）「種の論理」についてはたとえば藤田正勝編『田辺元哲学選Ⅰ　種の論理』岩波文庫、二〇一〇年。参照。
（33）この間の経緯については家永三郎『日本思想史学の方法』名著刊行会、一九九三年。「序」参照。
（34）本書第十一章参照。

(35) 家永三郎『歴史の危機に面して』東京大学出版会、一九五四年。「はしがき」。
(36) 家永三郎『歴史と教育――深まりゆく歴史の危機に面して』「私はなぜこういう本を書いたか――序に代えて」大月書店、一九五六年。
(37) 家永三郎『数奇なる思想家の生涯――田岡嶺雲の人と思想』岩波新書、一九五五年。一九〇頁。また『家永三郎集』第五巻一三三頁。
(38) 家永三郎『革命思想の先駆者――植木枝盛の人と思想』岩波新書、一九五五年。一九五頁。
(39) 前掲家永『歴史の危機に面して』一五二頁。
(40) 前掲家永『一歴史学者の歩み』六六頁。
(41) 本書第六章三参照。
(42) 鈴木安蔵「日本憲法学史ならびに憲法史にたいする寄与」家永三郎教授東京教育大学退官記念論集刊行委員会編『近代日本の国家と思想』三省堂、一九七九年六月。
(43) 『権力悪とのたたかい　正木ひろしの思想活動』弘文堂、一九六四年。三―四頁。『家永三郎集』第五巻一六二頁。
(44) 本書第六章参照。
(45) 家永三郎「日本の理想」『歴史家のみた憲法・教育問題』日本評論社、一九六五年。二―三頁。
(46) 家永三郎「学問をする者のよろこびと苦しみ」『形成』一九五三年七月に初出、『歴史の危機に面して』(東京大学出版会、一九五四年) 収録。引用部は家永が『戦争責任』(岩波書店、一九八五年。二〇〇二年、岩波現代文庫として文庫化)「はしがき」で引用した箇所でもあり、意思がくり返し噛みしめられたさまが窺える (岩波現代文庫版同書「はしがき」五―六頁)。
(47) 家永三郎『太平洋戦争』岩波現代文庫版四五二頁。
(48) 本書第八章四参照。
(49) 本書第四章四参照。
(50) 前掲碧海「戦後日本における法解釈論の検討」。

(51)　家永三郎「日本人の思想としての仏教とキリスト教」『家永三郎集』第三巻二四六―二四七頁。
(52)　家永三郎「政治的抵抗の基盤としての宗教」『家永三郎集』第一二巻四一―四四頁。
(53)　家永三郎『真城子』文和書房、一九七二年。一八三―一八五頁。また民衆社訂正再版、一九九六年。一九〇―一九一頁。
(54)　家永三郎『戦争責任』岩波現代文庫版四四〇―四四一頁。
(55)　岩本努「家永先生との三〇年」(『歴史評論』六三七号、二〇〇三年五月。一〇七―一〇八頁)には『太平洋戦争』に関する記載がある。
(56)　家永三郎「私の研究遍歴　苦悩と彷徨を重ねて」『家永三郎集』第一六巻二三一頁。
(57)　なおこの他、新史料を発見調査することも必要である。この点については、南開大学家永三郎文庫の調査報告である拙論「南開大学日本研究院家永三郎文庫在家永三郎研究中的価値――開拓一万両千余冊蔵書未来的可能性」(呉呈苓訳。宋志勇主編『南開日本研究二〇一九』天津人民出版社、二〇一九年)を事例として参照されたい。

第十章　家永三郎に於ける否定の論理の発達

はじめに

家永三郎の信念を根底で支えていたのは、家永独特の信仰論である「否定の論理」であった。とはいえ、「否定の論理」がいついかなる形態をとって現れていたかさえ、いまだ必ずしも充分には知られていない。家永の思想を根底から理解するためには、ひと度はこの「否定の論理」に論点を絞って考察する必要がある。家永において、「否定の論理」はいかにして獲得され、深められたのであろうか。

家永にとって、「否定の論理」は思想の核心であると同時に歴史研究上の視角でもあった。ことに初期の代表作である『日本思想史に於ける否定の論理の発達』（一九三八年初出）と、自身の思想の「総括」と位置づけた『田辺元の思想史的研究――戦争と哲学者』（一九七四年刊行）において、いずれも「否定の論理」が歴史研究上の視角として用いられていることは、家永にとって「否定の論理」が終生の課題であったことを窺わせるに足る。

ところで両書を見比べてみると、通史認識上の関係が窺える。まず『日本思想史に於ける否定の論理の発達』をみてみよう。

かくして日本思想は否定の論理と絶縁すること凡そ三百年、最近に至り西洋哲学の新しい動きに伴ひ再び否定の論理の建設せられようとする機運を見るに至った。而して（中略）新しき否定の哲学が生れ出でる為には「論理学をその根抵から変ぜなければならな」かったのである。しかしこの新しい否定の哲学に就いて語ることは姑らく他日に譲り、今はひとまづここに筆を擱かうと思ふ(1)。

次に『田辺元の思想史的研究』をみてみよう。

田辺の『懺悔道としての哲学』から『キリスト教の辯証』にいたる思想的営為は、いかに不十分であり、体験・実践の裏打ちに欠けていようとも、十三世紀の日本思想の到達した水準の回復と、往年のそれに欠けていた歴史哲学・社会科学の補完による二十世紀哲学としての復活の道とを開拓するに足りる理論の試みと称して、必ずしも過大評価ではないと思う(2)。

家永は、約三六年越しに「新しい否定の哲学」として田辺の哲学を語ったのであった。これによって家永「否定の論理」論は、古代から現代に至る日本通史の全体像を表現しえたことになる。

ところで両書には一点、大きな違いがある。それは、『田辺元の思想史的研究』においては、家永が「否定の論理」の問題として、新たに「社会的実践」の問題を含んでいることである。つまり家永の「否定の論理」理解は、一旦成立してから後、改めて「実践性」を導入するという過程が存したということになる。両書の差異はその現れである。

歴史家において、研究の進展や人生経験のなかで視角が深化することは珍しいことではない。問題はむしろ、なぜ「否定の論理」に変更が加えられたのか、ということであろう。つまり「否定の論理」の家永における史的形成・発展過程はいかなるものであったかということが問題である(3)。この視点から改めて研究史を見直してみることにしよう(4)。

先達が「否定の論理」理解における基本論文とするのは、ロバート・N・ベラー「家永三郎と近代日本における意味の追求」である(5)。ベラーは「否定の論理」の性質として、「救済は、現世を逃れることからではなく、それを『真正面から直視し』、罪と苦悩に満ちたその性質を認識することから生ずる」ものであることを指摘した(6)。しかし別の箇所では「彼が今でも保持している宗教的立場と彼の現在の社会活動との有機的連関を見ることは、必ずしも容易ではない」とも指摘している(7)。実は『田辺元の思想史的研究』自体、こうしたベラーの問いに応答したものであった(8)。

この点について、松永昌三は、論文「家永史学と裁判」(9)で、明確にそう述べているわけではないが、ベラーに対し事実上の応答を行った。すなわち、「絶対否定を通じてむしろ現実世界を絶対肯定する思想を生み出し、その立場からの積極的な実践が要請されるに至った」という指摘がそれである(10)。また松永は後に講演で、「戦後の先生の関心は大きく変わります。それは一挙にではなく徐々に時間をかけて変わっていったように思われます。彼岸の世界から現実の世界への関心の変化です」とも指摘している(11)。この二つの見解を併せ考えてみるならば、絶対否定という宗教的立場が戦後の状況において実践主義を生み出したということとなろう。

したがって家永の実践上の課題であった日本国憲法に典型的に示される平和主義と民主主義との実現もまた、「否定の論理」が形成され展開する過程で位置づけられ、結びつき展開したことが予想される。とはいえ、家永のこうした一連の思想的展開に軸を置いて研究した論述はまだ現れておらず、自伝『一歴史学者の歩み』からも、はっきりとは読みとれない。

そこで本論では、家永『日本思想史に於ける否定の論理の発達』に方法上の範をとり、家永の執筆した文献を博捜し、実証的検証を通じて各時期の特質を抽出し、最善と思われる史料を取捨選択して要点を提示していくことによって、家永三郎における「否定の論理」の発達過程を検討してみたいと思う。論述は一九三三年七月の「国家哲学の根本問題について」から始めたい。家永自身、この著述が「民衆の横の組織に基づく歴史的発展を考えることができなかった」とはいえ、「今日まで私の思想を貫く基本的な考え方が幼稚な形を通じてにせよ一応出そろっている」ものであると評価しているからである(12)。

一、理想主義の獲得と限界への逢着

家永は、もともとは大正期の国定教育をかなり素直に受けとり、国家の絶対性を信頼し、物語的歴史に興味をもっていた。家永は「社会＝国家のレヴェルでものを考えることから出発し」ていた。ところがデモクラシー期の自由思想の余風たなびく東京高等学校でマルクス主義やストライキに出会って衝撃を受け、自分なりの思想的立場を再構築しなくてはならなくなった。家永はさまざまな本を読み漁るうち、田辺元の『科学概論』をきっかけに、新カント派の哲学に関心を抱いた。そしてとくにドイツ西南学派のリッケルトの主著の一つ『認識の対象』（岩波文庫版、山内得立訳と推定される）を愛読することになる(13)。

リッケルトは『認識の対象』において、懐疑の徹底により無前提の立場を見出す過程で、あらゆる判断が価値判断を前提していること、ひいては不許不（Sollen 当為）の問題へと論旨を展開させ、それこそが認識の対象であることを表明する（以上山内訳）。家永は「必ずしも『認識の対象』という、その一冊の書物だけからどうこうというわけではないが、ドイツ西南学派のゾルレンの哲学というものは、私が今まで全く考え及ばなかった世界であっただけに、その影響は決定的であった」(14)と述べている。

つまり当時の家永の哲学的原理がリッケルトの受容からのみ成り立つというわけではないが、ある程度広い意味で新カント派的な立場に依拠していたといえる。家永の新カント派理解については以下詳しく検討するが、論理主義にとどまらず現実から理想を抽象しようとする傾向が強いことから考えて、新カント派哲学の日本的受容である「文化主義」との関連が深いかとも感ぜられる(15)。家永はこの立場を後に「相対的否定の段階」と整理し、次に述べる否定の論理の前段階と位置づけることになる(16)。家永は、こうした新カント派の当為の理論に基づき、国家の意義を哲学的に正当化しようとしたのである(17)。

「国家哲学の根本問題について」は、そうした立ち位置から生まれた著述である。家永はこの論述を通じて、新カント派の論理を活用し、事実としての国家学ではなく、理念としての国家を哲学的に検討することを試みる。参考文献によればリッケルト、桑木厳翼、恒藤恭、高橋里美、ハルトマン、西田幾多郎らに、またとりわけ土田杏村の社会哲学の方法と三谷隆正の国家哲学の方法とに学んで(18)、家永はゾルレンの哲学を国家哲学へ向けて展開することになる。

家永は「純粋国家」の概念を打ち出す。すなわち、存在ではなく当為としての国家が検討されるのである。この概念は後で触れる土田杏村『社会哲学』(19)、三谷隆正『国家哲学』(20)にもみられないもので、家永自身の工夫に基づく概念であるとみてよかろう。家永によれば、文化価値は本性的に実践的であり、一方実践は文化価値を予想することによって普遍妥当性を得る。家永はこの実践と文化価値との関係を「実践の公準」と定義し、理想主義哲学の根本とみなす。なお一般に文化価値 Kulturwert は新カント派哲学に用いられる術語で、真善美といった普遍妥当的価値のことを指すものである。

純粋国家とは、この実践の公準に無自覚な人格の相互聯関である共同社会 Gemeinschaft を実践の公準に自覚的な人格の相互聯関である目的社会 Gesellschaft へと高めることを保障する形式である。すなわち普遍妥当的な価値を国民に自覚させるのが、純粋国家の理念なのである。それゆえ、純粋国家の理念は同時に「国家政策原理」であり、その具体化としての「国家政策」においては理念の全土への徹底（普遍拡充の原則）、国家が理念を自覚させる存在であることに背いて理念を生産することの禁止（外部性の原則）、国家の状況に応じて理念へ至る政策を構想することの必要（個性化の原則）が論理的に要請される。

ところで参考文献として挙げられている書目のうち、家永が最も影響を受けたのは、家永自身が述べるように、土田杏村の『社会哲学』と三谷隆正の『国家哲学』とであったと考えられ(21)、事実両著の影響は家永の論述の随所にみることができる(22)。恒藤恭は土田の『社会哲学』について、「社会哲学の全問題を体系的に、且つ、出来るだけ簡明に論述したものである」と紹介している(23)。また南原繁は後年、三谷の『国家哲学』について、「そこには国家哲学の主要問題が取り扱はれてゐる」と紹介している(24)。青年家永の文献選択眼が窺える。

また参考文献として、家永が傾倒した美濃部達吉の『日本憲法第一巻』を引いていることから、純粋国家概念は日本において具体化されては大日本帝国憲法の自由主義的解釈となると考えられていたと思われる。家永が「国家哲学の根本問題について」を書いたのは一九三二年、一九歳のときのことである。この時期、まさに満州事変が進行していた。家永自身述べるように、事変の進行と社会の急速な右傾化という流れのなかで、自由主義的立場を正当化する思想を練っていたことになる(25)。

また家永は後に大日本帝国憲法を乗り越えて日本国憲法へと立場を移行させることになるが、それができたのは、時期は遅れるがたとえば教科書裁判にあたって国家哲学における「外部性の原則」を基礎に据えたように(26)、純粋国家概念およびそれに基づく国家政策のより十全な展開として大日本帝国憲法を批判して日本国憲法をとることができたからであると考えられる（ただしこの間の過程はきわめて複雑である）。家永の思想的立場の一貫性はこの国家哲学において保障されていた。

かくて家永の思想は論理的結晶を得ることになったのである。なおリッケルトによれば、信仰の対象として現れる実在は認識の対象とはならないものであり(27)、思索も実在の手前で終了するが、家永は、親鸞『歎異抄』との出会いを通じ、「人間世界のみを規準としてその中で価値を考える」、「新カント派のような内在的な哲学をのり越えて進まなければならないということを自覚」し、さらに「バイブルを愛読」して「そこにほとんど親鸞の思想と見まごうばかりのよく似た思想を見出し」ていった(28)。

こうした立場をとっていた東京帝国大学時代の家永について、当時同級生であった遠山茂樹は後に次のように回想したという。

クラスでも、抜きん出た勉強家だったね。彼が東京帝大にはいったのは、京大・滝川事件（一九三三年）の翌年だった。国史学科では、思想団体の朱光会をつくった平泉澄の国粋主義が強まる時期だった。左の学生では石母田正がいて、中立的な学生とも協力して抵抗していた。家永は堅実な学生で、その立場は一貫していてウロウロせず、クラスでも信頼されていた(29)。

家永の国家哲学、および次に述べる宗教的関心は、当時の知識青年の間にあったさまざまな見解を十分咀嚼し考慮に入れたものであったことが窺える。つまり家永の思想は、もちろん専門哲学の視点からすれば不十分な点はあるにもせよ、当時の知識青年の思想の上質な一結晶とみなすことができるのではあるまいか。

ところが時代は満州事変から進んで中国との決定的な対立の局面に突入しており、デモクラシーの余風もまた消えつつあった。不況にあえぐ日本は中国大陸を突破口とみなし、大陸への道を開いた軍への信頼が高まる一方、内閣と議会政治の権威は失墜し、かつての理論的指導者たちは次々と職を追いやられた。デモクラシーは抑え込まれようとし、現実は急速に理想から遠ざかっていく。家永の論理は国家が民主主義へ向けて進んでいかないこと、いい換えれば理想が挫折していくことを考慮に入れていなかった。ここに当時の家永の思想の限界があった。

二、絶望の心境と救済の思想

その後家永は病身に苛まれ、「個人的＝内面的な問題にのみ関心を集中させた」(30)。元来虚弱体質で、哲学志望の夢は破れ、デモクラシーは衰微し、進学した東京帝国大学では平泉澄が実質的指導者となっており、皇国史観が幅を利かせていた。家永はなげやりになっていった。かくて精神的にも肉体的にも打ちひしがれつつあった家永にとって、より大きな存在となっていったのが、救済の思想であった。家永は心の底から救済を求めた。もうすぐ日中戦争が始まる(31)。

家永の関心は自己一個に集中された。前途は暗澹たるものであった。それを救ったのが親鸞であり、パウロであった。悪人こそが救われる、という逆接的な教えに家永は救われた(32)。初期の思索は本論第四章でも触れたところであるが、その立場から著されたのが、一九三八年の論文「日本思想史に於ける否定の論理の発達」から始まり一九五五年六月の増補版『中世仏教思想史研究』に至る、一連の著作群である。まず、理想主義をどのように超克したかをみるべく、一九四〇年一二月に発表された「更級日記を通じて見たる古代末期の廻心――日本思想史に於ける彼岸と此岸の問題」をみてみたい。

さて第一節に略述した更級日記一篇の構想の内に存する思想性は、一言にして云へば、此岸より彼岸への廻心の過程と云ふことが出来る。又肯定的精神より否定的精神への成長の経路とも云ふことが出来る。浪漫的理想主義は人間活動の原動力として欠くべからざるものであるが、単なる理想主義はそれだけでは畢竟現実の真相に徹せざる抽象的人生観と云はなければならない。理想が現実に直面してもろくも破れ去る時、始めて理想と現実との矛盾を本質とする世界構造が開示せられるのである。人間の力を以て乗り切るべくこの矛盾の深淵が余りにも絶望的であることが自覚されたときにのみ、絶対他者の宗教的救済力を仰いでこの矛盾を超越的に克服すべきことを知る。然しこの境地はただ人間の無力に対する徹底的自覚と人間的価値の全体的否定との関門をくぐつた者のみの到達し得るところである。それは例へば「教へ」を読み又は聴くことによつて観念的に学ぶことも出来るであらうが、しかし何と云つてもその十分なる理解は自ら現実の真相に身を以て直面し、人間の無力を体験的に自証するにまさるものはないと云はなければならぬ(33)。

ここには家永の思想の一端が吐露されているとみるべきであろう。すなわち、「浪漫的理想主義は人間活動の原動力として欠くべからざるものである」というのが理想主義に対する同論文執筆当時の態度を示し、「理想が現実に直面してもろくも破れ去る時、始めて理想と現実との矛盾を本質とする世界構造が開示せられる」というのが理想主義の敗北および救済の思想との出会いを示している、と考えられる。つまり家永は、自由主義的な理想主義者としての態度、すなわち国家哲学の立場を維持し続けるがゆえに、その挫折という現実のうちに救済の思想を見出したのである。

ただし家永はこの後、「もとより更級一篇の思想が猶往相の境地を超えぬ小乗的限界の内にあることは事実であり、「還相の世界の還帰が真に達せられたのは親鸞以後のことと云つてもよいのである」と評価している(34)。つまり挫折の先に救済が開示されたとて、それはまだ開示されたという事実にとどまり、真の意味での救済の理解を意味しない、というのである。それは、日本においては、親鸞および鎌倉新仏教によってはじめてすべての人々に開かれた、というのが家永のみるところである。

以下改めて論文「日本思想史に於ける否定の論理の発達」に目を向けよう。家永は「親鸞の宗教の核心」を「われらは真如の世界について何事をも知らず、唯この世に於ける我ら自身の煩悩に就いて知るのみである。而して金剛の真心とはとりも直さずこの直接の所与たる自己の煩悩を直視することに外ならぬと云ふ一見逆説的なる教」である(35)、とみた。つまり、人間の罪悪を見据えるという方法を実践することこそが、救済に至る道である、と家永は把握したのである。

この方法は「念罪」あるいは、「罪障の自覚」とも呼ばれる。これは一見すると自力めき、他力宗の本旨を逸れるかのようであるけれども、家永の考えによればそうではない。「念罪」の内実について問われた家永は「確かに罪障と取っ組むだけでは単なる絶望に終る。そこで絶対他力に身を任せて、それに自分を投げ出すということが必要だと思うのです。そういう意味の投げ出し方が一番中心の宗教的情操になってくる」と述べている(36)。家永は、罪悪を見据えることを方法とし、それを通じて自分を投げ出し他力に身を委ねる、というところに信仰の本質をみていたのであった。

また家永は「否定の論理」の論理構造について、「日本思想史に於ける否定の論理の発達」六冒頭部で『長秋記』長承二年八月一三日の条を引いた後、それを評価して「貧しき一下層貴族の苦悩を今耳底に聞くが如き感がある。所詮一旦の発心によつて解消し去ることの出来る苦悩は真の苦悩ではなく、従つて又かかる苦悩の超克を目的とする救済への転換も真に弁証法的なる絶対的転換では有り得ない。アポリヤが真に解く能はざる二律背反を構成する時にこそ、初めて其の不可通性が絶対否定的に自己を開通せしめるのである」と述べている(37)。

また家永はこの立場の世界観について、「真の浄土はかかる現世のうちに求むべきものではなく、現世の否定に於て求むべきことが明かにせられ、ここに厳格なる非連続的二世界観に立脚する来世主義の成立を見たのである。ひとは仏界の荘厳を観ずとも一の益もなく、反対に人間界の醜穢を観ずることによつて否定の念を強固ならしめるに如くはない」(38)と述べ、「絶対他力主義と来世主義とは其の程度及び表現の方法に差こそあれ、新宗教の何れにも共通する処の態度であつて、共に絶対否定を通じて絶対肯定に還るの道に外ならないのである」(39)と述べている。

そして歴史的見通しとしては、同論文の最後に次のように述べられる。

かくして日本思想は否定の論理と絶縁すること凡そ三百年、最近に至り西洋哲学の新しい動きに伴ひ再び否定の論理の建設せられようとする機運を見るに至った。而して明治以後は其の外観上の大きな相違にも拘らず本質的には江戸時代と同じく近世の内に一括せらるべき時代であって、徳川的封建思潮の打倒に奮闘した啓蒙主義運動も、啓蒙主義の克服を標携した大正年間の新カント派哲学の如きも、何れも内在的論理に終始する近世現実主義の西洋的新装に過ぎず、それらの思想体系は依然として否定の論理を拒否しつづけたから、それ故にかかる地盤を突き抜けて新しき否定の哲学が生れ出でる為には「論理学をその根抵から変ぜなければならな」かったのである(40)。

この「論理学をその根抵から変ぜなければならな」いという一文は引用であり、注によれば「西田幾多郎博士『形而上学序論』(『哲学の根本問題』九〇頁)」とある。つまり家永の展望によれば、西田・田辺とそれを継承する哲学が今後の否定の論理を発達せしめていくものであった。なお家永自身は西田の哲学から仏教とキリスト教とを重ねる思考は身に着けた(41)としても、「全体から出発することがどうも私の要求には合わ」ず(42)、むしろ田辺にあった実践《プラクティス》(43)の観点に惹かれていた。

これが「否定の論理」の大要である。この名称がどこから名づけられたものか、文献から直接確定することは難しい。右に加え、家永が『日本思想史に於ける否定の論理の発達』は「田辺の『哲学通論』の段階の弁証法論理を、キリスト教の信仰に重ね合わせ、さらにそれを親鸞を頂点とする日本思想の一側面の実証のための方法的指針として適用したものであっ(44)」たと述べていることとを併せ考えると、「否定の論理」とは、田辺が『哲学通論』で提示した弁証法のいわゆる反定立《アンティテーゼ》を指すとひとまずみてよかろう。

家永の「否定の論理」は、しかしながらあくまでも救済を展望するための概念であって、家永自身は田辺哲学からの影響をくり返し強調しているけれども、田辺が構想し提示した絶対弁証法と直ちに同定できるかどうかは改めてよく考えてみる必要がある(45)。田辺の信仰理解には無理があるという説に従うならばますますそうである(46)。それどころか、家永の弁証法理解の形成には西田哲学からの影響があったことさえ可能性として想定しておかなければならない。

ともあれ、田辺が同書緒言で「この書に於て読者諸君と私とは協同して思索するのである」(47)と述べており、論述全体が弁証法で貫かれていることから考えて、家永は『哲学通論』から弁証法という思索の態度そのものを「アポリヤが真に解く能はざる二律背反を構成する時」に成立するものと理解し(48)、それを信仰の問題に適用したと考えるのが現時点では最も自然であろう(49)。

また『日本思想史に於ける否定の論理の発達』を「否定の論理」と対立する「肯定の論理」の観点から見直してみると、古事記にみられる古代思想や儒教といった外来思想、新カント派の哲学など、実に多様な思想が含まれている。これらは「否定の論理」の欠如、つまり人間の限界性をみつめてはいないという点で共通するが、後述する実践性との関連でいうと、家永からみて実践的に価値のあるものもあれば反価値的なものもあり、整序は乏しい。次節以下で述べるように、国家主義者はここに自身の意図する意味を与えようと忍び込み、家永もまた実質的に国家主義と生涯にわたって対決していく。この問題を解決する核となるのが、国家主義と対決する立場からの信仰と実践との統一という問題である。

ともあれ、これを家永自身の思想発達史上から見直してみると、先ほどの『更級日記』についての論文の叙述からみて、ここで「否定」されたものは、直接には「浪漫的理想主義」、いい換えれば家永の当為の哲学における、実現すべき当為としてのデモクラシーの理想が実現しない現実をどのように考えるかを見落とした理想一途の態度である。かくて理想主義を前提とする人間理性の不可能への逢着と絶対者による救済およびその認証という、救済の構造が確認される。以上が「否定の論理」の理論的内容であろう。家永はこの論理に沈潜することを通じて心の平衡を保ったのである(50)。

三、否定の論理の矛盾

家永の著作『日本思想史に於ける否定の論理の発達』はかなり広く読まれたようである。刊行は一九四〇（昭和一五）年であるが、筆者架蔵の弘文堂版『日本思想史に於ける否定の論理の発達』の奥付には「昭和十八年一月廿日再版（七〇〇〇部）」とある。初版の発行部数は定かではないが、相当多く売れたのではあるまいか。またそれに先立つ一九三九年、当時日本の統治下にあった台湾出身の文学者張我軍の手によって、「日本思想史上否定之論理的発達」として全文が中国語訳されている(51)。

だがこの時期の家永は、まだ宗教と社会との関係、別のいい方をすれば、社会のなかでの宗教の働きということを充分突き詰めていなかった。たしかに、ベラーが指摘するように、「その書物がいかに批判的（政治的な含意においてさえも）であるかは、それが日本の市場に自己賛美的な『日本精神』の歴史が氾濫していた一九四〇年に公刊されたことを思えば、明らかになるであろう」(52)。しかし一方で「日本思想史に於ける否定の論理の発達」七には、鎌倉新仏教と「恰も時を同じうして起つた中古貴族を中心とする社会的頽落は、独り貴族のみならずさまざまの階層の人々をもその凄まじい頽落の渦中に巻き込むことにより、あらゆるひとをして人間の無力無価値を痛感せしめないではおかなかつたのである」(53)とあるように、家永は歴史的状況というものを、専ら宗教心を深める前提としてみており、宗教的態度そのものの社会的意味を明瞭には引き受けてはいなかったことが窺える。

ここに自由主義者としての家永の思想的限界が存した。近藤俊太郎の指摘にかかる普賢大円の「否定の論理」解釈は家永の限界を示す典型である(54)。家永は『日本思想史に於ける否定の論理の発達』で古代には否定の論理がなく、肯定の論理のみがあった、と実証的に論じていた。普賢は家永の論旨を参照し逆用して、古代には否定の論理がない、つまり宗教が存在しないと論じて神道非宗教論を唱え、浄土真宗に国家神道との結びつきをもたらしたのである。近藤の発見は当時の家永の論旨が政治イデオロギー的に逆用される危険性のあるものであることを立証するものである。筆者は近藤の発見・立証を踏まえ、さらに一例を追加したい。

戦時下、戦争遂行の哲学であった「世界史の哲学」の中心人物に高山岩男がいる。家永の「日本思想史に於ける否定の論理の発達」は高山の推薦によって刊行の運びとなったが(55)、その高山が一九四四年八月に刊行した『日本の課題と世界史』所収「日本史の諸時代」において、家永の骨格である否定の論理を換骨奪胎して自己の哲学の一環に組み込んでいるようなのである。

高山は家永を直接引用しているわけではないが、同論著で高山が「否定」という言葉を要点の一つとして用いていること、それに関わる高山の論旨が聖徳太子と親鸞という二つの強調点において家永の強調点と合致していること、当時日本思想史として史実に徴して否定の論理を通史的に論じたのは家永の創意であり(56)、したがって高山が他の本から利用した可能性が乏しいこと、また高山が家永の論文の刊行を援助したことから、高山が家永の論旨を直接利用した公算はきわめて大きい。たとえば次の一節。

高天原は神々の光明世界である。この光明世界を近く国家生活の現実の中に見出さうとするのが、日本民族の基本態度である。日本民族には単なる現世の観念も、単なる彼岸の観念も存せず、却つて国家的現実の中に神国を追求しようとする。神国日本の観念はここに基礎を持つと思はれる。

右に述べたやうな上代の文化的精神には確かに上代的性格が存してをり、従つてそのままの形が後々まで持続するものではないが、なほ如何に対立的・否定的精神の発現を俟つても消えない基本精神をなすものである。併し文化的精神の発展は漸次対立的・否定的の態度を生み出して行く。そしてこのやうな態度の発展を促したものは国内・国外に亙る諸情勢の変化であつた(57)。

ここでも普賢のとき同様、否定の論理に低い評価を与え、肯定的精神を強調することによって、否定の論理は国家主義の一環に組み込まれている。高山が事実家永から換骨奪胎したかどうかはなお状況証拠の段階にとどまるから追究は控えるが、この時期の家永の一般的な理論的欠陥が、肯定の論理（ここでは家永の本来意図した意味とは異なり、国家主義と実質的に同定される）の立場からの換骨奪胎を許すことにあることは、およそ確定できると思われる。

ところで家永は、高山が『日本の課題と世界史』を発表する一ヶ月前、「道元の宗教の歴史的性格」を発表し、次のように述べていた。

菩薩戒経を引いて「出家人法、父母礼拝、六身不務」（化身土文類末）と宗教と道徳竝に政治との次元の相違を明にし、悪人正機を説いた親鸞の逆説的思想は、正しく道元の如上の反世間主義と揆を一にする……(58)(以上原文ママ。空白部は「不向国王礼拝、不向」の八文字が落されている)。

この一文は、否定の論理がその内包する反世間主義のゆえに国家の権威をも否定するものであることを表明した箇所である、と読みとることができ、家永自身後年にはその意義を明瞭に理解する(59)。だが「不向国王礼拝」を含む肝腎の八文字は「昭和十九年という時点において、活字にすれば発売禁止か、あるいは、刑事訴追を受ける危険があった」ことから家永自身の手で空白とされたのであった(60)。

また普賢や高山が「否定の論理」の意味内容を「肯定の論理」＝国家主義の立場から奪いとったことに家永が反応しなかった理由は直接には明らかにし難いが（とくに普賢については家永が気づかなかった可能性もある）、反論すれば家永の非国家主義的な思想が白日の下に晒されたであろうし、「否定の論理」を強調して「高天原」を明瞭に否定すれば不敬罪となるおそれもある。家永が普賢や高山の論述を目にしていたとしても、道元論文同様の理由で実質的に沈黙を余儀なくされたことは間違いないだろう。

また当時の家永は実践的態度について、戦時下という状況に圧し潰され、理論的にのみならず体験的にも不十分な内容しかもちあわせていなかった(61)。つまりこの時点において、家永の否定の論理は信仰面では肯定の論理との決定的対立を明らかにしていたとはいえ、否定の論理のもう一つの重要な側面である実践的意義についてはほとんど突き詰められておらず、したがって国家の専横を前にしては全く無力のままであった。

この意味で家永は、戦時下を通じて一定の限界の範囲内にとどまっていた、といわざるをえない。戦時下における否定の論理は、現実の歴史的展開においては、「個人的＝内面的」に家永の精神を支えたものではありえたし、意を同じくする読者の精神を支えたものでもあったかもしれないが、おそらくはそれ以上の役割を果たしえたものではなかった。

この問題を解決する道は、否定の論理が国家主義としての肯定の論理と社会的実践的にも対立関係にあることを明瞭にすること、すなわち「社会＝国家のレヴェル」と不可分の関係に立つことによってのみ拓かれる。たしかにその関係を理解する萌芽は右菩薩戒経引用部分にみることができるとはいえ、次節で述べるように、十全な是正が果たされるのは一九五〇年代以降のことである。

一九四五年八月一五日、日本は連合国に対し無条件で降伏した。社会主義文献はいうに及ばず、川柳『末摘花』や井原西鶴の『浮世草子』をも含む、かつての非合法出版物が陽の目を見はじめた。焼け跡にあふれる古書を見たとき、家永は自由を感じ取った。「暗い谷間の時代」は過ぎ去ったのである。そうしたなか、ジャーナリズムは民主主義を高唱し始めた。だが家永は、民主主義者であるにもかかわらず、こうした動きを手のひら返しとみて反発した。家永は、自己の思想をそのままにとどめることを決意する。新憲法が制定されたが、家永には、すでに訪れていた自由を追認したように感じられた(62)。だが日本国憲法は、数年のうちに揺らぎはじめる(63)。

四、否定の論理と日本国憲法

朝鮮半島は三八度線から南北に分かれてそれぞれ国家をつくり、やがて戦争が始まった。日本は特需に湧き、またやがて自衛隊となる警察予備隊が創設された。かくて日本は西側陣営の一郭に組み込まれていく。「諸国民との協和による成果と、わが国全土にわたつて自由のもたらす恵沢を確保し、政府の行為によつて再び戦争の惨禍が起ることのないやうにすることを決意し」た日本国憲法は空洞化されつつあった。家永は公職追放解除の動きやレッドパージを経て、一九五二年に「破壊活動防止法の制定が行なわれるころになると、おそまきながらようやく時勢の逆転に初めて気づくようになってき」たという(64)。

家永が「国家＝社会の問題に積極的に取り組まねばならぬと考えるようになっ」(65)てきたころ、否定の論理もまた大きな転機にさしかかった。ここでは一九五三年一月に発表された「親鸞の念仏——親鸞の宗教の歴史的限界に就て」に注目してみたい。これは親鸞の念仏に対する批判的検討である。家永は念仏および坐禅を「現実生活に活かす」ことのできないものとして批判しつつ、自己の立場を述べる。

歎異抄第九章に示された深重の罪業を直視することによつて信心を獲得する、あの『念罪』の道に邁進すべきであつたのである。それは具体的には如何なる行となつてあらはれるであらうか。云ふまでもなく『愛欲の広海に沈没し、名利の大山に迷惑』する（教行信証信巻）日々の血みどろな生活の各瞬間が、いづれとして人間の罪深さの自覚のたねとならないものはない筈である。さうした血みどろの現実をさし措いて『罪障の自覚』に達する契機はなく、罪障の自覚なくして信心獲得の道もあり得ないのである(66)。

ここに「人間の社会的実践→罪障の自覚→信の決定、といふ信仰の構造」がある、というのが、家永の認識である(67)。論述「親鸞の生涯」に、親鸞を「外に円滑にして、内に一徹の骨が潜んでゐる」(68)人物であると述べており、こうした像は家永についてもよくいわれるところであるので(69)、家永は親鸞に理想の人間像を託し、かつその実践に努めていたように思われる。だが家永は、それでも親鸞には、法然から継承した念仏という方法が必然的にもたらす現実との遊離があるとみた(70)。家永は、状況のなかに罪業を見出し、したがってそれとの格闘のなかに救済の道を見出したのである。

家永が否定の論理の理解の上でとくに強調するところは、「日々の血みどろな生活」という言葉に象徴される、体験的事実である。右引用部にみえる「いづれとして人間の罪深さの自覚のたねとならないものはないはずである」という断言は、家永自身の経験が裏打ちされた確信の表現であると思われる。事実、家永は職場である東京教育大学文学部における学部長の専横に対する教授会設置運動以下一連の民主化運動を通じて、民主主義の原理に基づいて体を張ってたたかうことを身に着けていっていた(71)。

つまり家永は、体を張ってたたかうなかに救済を見出したのである。この内容は、同時期に成立した思想小説『真城子』(刊行は一九七二年)に、より深められ示されている。同書で家永は、下獄した主人公真城子の前に五人の女囚を登場させ、いずれの境遇も「実は社会の欠陥や矛盾の産物であること」(72)を表明し、「罪人のための救いを説いた場合に、まず貧しい人々、社会的に恵まれない人々のことを第一に考えていたのではなかろうか」(73)として、救済の問題と結びつける。つまり体を張ってたたかう場面には、何らかのかたちで社会の問題が奥に控えている、というのが家永の認識であった。家永の立場は、個人における二律背反的状況の直視から、社会矛盾における格闘へと深化したのであった。

かくて家永は、実践の立場を明瞭にしたのである。否定の論理から逆説的実践への論理展開は一種必然的なものである。すなわち、罪悪の直視こそが救済の前提であり、罪悪が個人の観念のなかではなく社会的な関係の下で成立するとすれば、罪悪を個々人の問題として観察しているだけでは到底足りず、罪悪をもたらす社会的背景の理解に至らざるをえないからである。その延長上に平和や人権の問題、ひいては平和主義・民主主義を基礎とする日本国憲法の意義の理解が連なってくることもまた当然のことであろう。

松永昌三は「絶対否定を通じてむしろ現実世界を絶対肯定する思想を生み出し、その立場からの積極的な実践が要請されるに至った」(74)と述べていたけれども、このように絶対否定から絶対肯定への路線の延長線上に実践を置くのはけだし不正確である。後の著作からであるが、家永はむしろ、実践と信仰とは、我々が生きるなかで弁証法的に統一されなければならないと考えていたことが窺える[75]。

そして家永において、実践における基本的立場は国家政策としての日本国憲法へと収斂しつつあった。翌一九五四年、家永は求められて『法律時報』同年四月号に論文「『教育の中立』と憲法との関連」を執筆することになる。この論文は、「再軍備を基としたファッショの文教政策、植民地頽廃文化からこどもを守るため、平和と独立に連結した民主的教育体制強化のために闘う」[76]とする日本教職員組合に対し、文部省が「教育の中立」を盾にいわゆる教育二法を制定することによってその抑制を試みようとしたことを批判するものである。家永はこの論文をきっかけに「現実に生起するさまざまの諸問題を『憲法との関連』において論ずる習慣」[77]をもつことになったという。つまり変貌を遂げつつあった家永にとって、この論文は日本国憲法を主体的立場とする上での一つの画期であった。

このとき家永が、事実上、自身の「国家哲学」に基づく「国家政策」として、外部性の原則と個性化の原則の下、日本国憲法を根本に据えたと考えられる点も見逃がせない。家永は論述の過程で人事院規則における「政治の方向に影響を与える意図で特定の政策を主張し又はこれに反対すること」を禁止する見解を批判し、「教育も学問も、その内容として単に客観的事実の認定を含むだけでなく、必然的に事実に対する価値判断を含むものである。（中略）社会現象に対する価値判断が『特定の政策』と合致または矛盾することのあるのは当然である」と述べる[78]。そしてさらに右「……含むものである」の部分に次のように注を附した。

学問には、価値判断を任務とする規範学と、事実の認識を任務とする事実科学（Tatsachenwissenschaft）とがあるが、事実科学の最も典型的な歴史学さえも、事実に対する歴史的評価をともなうことなくして、事実を叙述しえないのである。そして歴史的評価は、なんらかの『政策』の前提なしには成立しない[79]。

この一文と、一九四九年二月公表の論文「日本思想史学の課題と方法」における「史学がリッケルトの云ふ如く価値に関係づける（auf Werte beziuhen《ママ》）ことによって対象を選択する以上、たとひ価値評価（werten）自体が目的でないにしても（文化科学と自然科学）、何等かの意味で価値判断の作用のはたらくことは当然である」[80]という一文とを対照してみると、両者は歴史的分析において価値判断が必然的であるという理解において同じであることがわかる。この一文は家永の国家哲学の立場と同一であり、家永が新カント派の枠組みから「政策」をみていることがわかる。

そして家永は、「真に『教育の中立』を必要とするならば、それは憲法の下においての中立であるべきであって、憲法の擁護と憲法の破壊との二者に対する中立であってはならぬ、と確信する」と結論する[81]。つまり、実質において「政策」として日本国憲法がとられているのである。家永は逆コースの下での一連の過程において、「憲法の平和主義と民主主義の画期的な意味」を「改めて深く理解」するようになっていった、という[82]。つまり家永は、当為の立場において、今後の日本の国家政策として平和主義と民主主義とを基礎とするところの日本国憲法を採用することを表明したのであった。

家永は、戦時下から戦後にかけての自身の体験と時代状況への対応を通じ、信仰構造が社会的実践を必然的に要求するという側面を認識し、かつ当為を日本国憲法へと集約していった。それにより、日本国憲法と否定の論理とは理想主義を媒介として緊密に結びつくことになったのである。家永は戦時下、理想主義それ自身の役割を捨象せざるをえない状況にあったとはいえ、理想主義の挫折が否定の論理の不可欠の前提であるという側面を強調し、実践の立場からの捉え返しにはいまだ及ばなかった結果、社会からの切断のみに終始する態度とそれに伴う肯定の論理による包含の可能性とを導いた。だが戦後の家永はそうした問題点を一掃し、平和主義と民主主義という理想の実現へと勇猛邁進する立場へと転換したのである。また教科書訴訟の報を聞いた黒羽清隆が「家永史学の今日によびかけるもの」において「家永氏にとっては、『日本国憲法』に結晶された民主主義の原理は自らの思想史学のイデオロギー的な『メートル原器』であ」(83)ると評するのは、こうした地点である。

ところで家永は植木枝盛を評する過程で「自己の主体的能動性にたいする自信のみが自同律的に固執されて、自己の有限性に対する否定的自覚がともなわないとき、具体的実践に対する充分の自己批判は期待されえない」(84)と述べているが、ここから理想主義的な実践の立場が否定の論理の裏づけによってのみ十全なかたちをとると考えていたことがわかる。つまり実践の立場において、否定の論理は実践を是正する原理として組み込まれるのである。家永は「社会＝国家」的関心に基づく理想の論理と「個人＝内面」的関心に基づく否定の論理とを「逆説的な実践哲学の論理」(85)の立場において止揚し、救済と理想という二つの論理、具体的には否定の論理と日本国憲法とを両輪として、社会的実践を繰り広げていった。ここに戦後の民主主義の一原動力としての家永の基礎がある。

五、逆説的実践の立場とボランティアの組織

教科書裁判において家永は、「外部性の原則」を基礎として教科書への国家の不介入を主張することになる。この原則は杉本判決において国民の教育権説に反映される。裁判の間、家永の周囲では支援から襲撃に至るまでさまざまなことが起こったことが知られ(86)、またおそらくは記録に残らない無数の小事件もあったに相違ないが、家永のみるところでは、苦悩と彷徨の道である(87)と同時に、一切が理想の遂行であり、かつ救済への道として把握されていたと考えられる。少なからぬ人々が家永に求道性をみてとったのも(88)、まさにこの立場がにじみ出ていたからであったといえよう。

この時期の家永は、「もういちどその問題（宗教の問題を指す――小田注）を呼び起こして、それと社会的活動の問

題とをリンクさせる必要があることを、今私自身の課題として痛感しています。それによってまた今後もういちど悲劇（戦争の悲劇を指す――小田注）をくりかえさないための歯止めの理論ができたら、というのが今の私の願いなのです」[89]という立場から、立論を行っていく。

その像をとくに具体的に示すのが『田辺元の思想史的研究』（法政大学出版局、一九七四年。「あとがき」によれば擱筆は「一九七三年九月末日」）である。「もっとも家永の思想的内面に接続した作品」[90]となった同書において、家永は戦争を挟む時期のさまざまな日本哲学者の動向を思想史的方法によって評価しつつ、自身の思想を集約的に表現した。同書は本章の「はじめに」でも触れたように、最初に引いたベラーの「彼が今でも保持している宗教的立場と彼の現在の社会活動との有機的連関を見ることは、必ずしも容易でない」という指摘等に触発されて執筆したものである[91]。

同書において家永は、本章の「はじめに」で触れたとおり、「田辺の『懺悔道としての哲学』から『キリスト教の辯証』にいたる思想的営為は、いかに不十分であり、実践・体験の裏打ちに欠けていようとも、十三世紀の日本思想（否定の論理の把握を指す――小田注）の到達した水準の回復と、往年のそれに欠けていた歴史哲学・社会科学の補完による二十世紀哲学として復活の道とを開拓するに足りる理論の試みとして、必ずしも過大評価ではないと思う」[92]と位置づける。この田辺への歴史的評価のうちに、家永の一九七三年九月時点における理論的観点と歴史的見通しとが集約的に示されている。

それと関わり、「人が相対であり有限であることを、あらゆる思索の出発点とすることなしに人生観を展開することはできないと私は思う」[93]と述べていることにも注目しておきたい。きわめて短い一語であるが、これが「否定の論理」の探究を経て辿り着いた家永の立場と方法の核心である。ここから罪悪の直視・参入・格闘という立場も、また参入における理想の保持という立場も、ひいてはカント主義とそれに基づく日本国憲法の高い評価および日本国憲法の評価軸としての活用も、また有限者の能力の限りにおける事実立脚的な歴史認識と歴史的見通しという立場も出てくるのである。

ところで家永は、裁判批判論争や東京教育大学移転問題、教科書裁判等さまざまな実践を経験しつつ、国家権力に対する抵抗の問題を提起していき(94)、「政治的抵抗の基盤としての宗教」(一九八一年七月)において、次のように述べるに至る。

しかし、自由民権にせよ、社会主義にせよ、大正デモクラシーにせよ、戦後民主主義にせよ、挫折と転向とに終ることが多かったのは、相対有限世界内での価値原理のみを指導規範としていたために、人間の根源的基盤から発する確信において脆弱性を内包していたところがあった事情にもよるのではないだろうか。事はあまりにも重大な問題に属するので断定的表現は差し控えるけれど、絶対無限の世界への深い結び付きの上に立つ政治的抵抗の場合には、有限相対の世界内の原理のみに依存する場合よりも、強く固い思想的態度を維持できる論理的可能性により多く富んでいることもまた事実ではなかろうか(95)。

ここにおいて家永は、日本思想史を通観してきた経験に基づき、いまなお仮説的ではあるが、今後の政治的抵抗においては逆説的実践を基盤に据える必要があるのではないか、との指摘に至るのである。

また抵抗の主体として家永はボランティアという主題を見出していく。この着想は、久野収の示唆を一契機とするものとみられ(96)、また久野の背景には久野が継承しようとした中井正一の哲学である「委員会の論理」がある(97)。家永の理解は『田辺元の思想史的研究』第二部10にみることができる。家永は、中井による古代ギリシア以来の論理思想史の提示を踏まえ、次のように述べる。

中井は、論理が個人の「思惟」を経ながらも「確信」は「主張」として「討論」せられ、「虚言の構造」が否定されて「同意的是認」を得なければならず、しかもそれを（中略）「実践の論理」に統合し、そこでの虚偽排除の担保として「提案」、「質問」、「説明」、「討議」を経て「決議」にまでいたる審議性と、その「決議」→「委任」→「実行」→「報告」→「批判」の「無限進行の過程」を「委員会の論理」として定立することにより、（中略）集団討議と試行錯誤是正との無限反復の内に真理の展開の保証を求めようとする、類例のない組織的認識論を提示したのである(98)。

かつての家永の立場は、絶対者との関係を理解する個人に依拠し、周囲の人々との協同を問題に含まないものであった。だが委員会の論理という組織的認識論が組み込まれることによって、家永の思想は横の連帯を理論的に獲得することになる。

また家永は委員会の論理を次のように位置づける。

民衆思想の重視は、歴史を動かす根源的なエネルギーに着目する点において、動かすことのできない真理を示しているが、民衆をマスとしてとらえるに終り、個の独立不可侵性を軽視することがあったならば、それは所詮前近代的共同体社会を固定化するものとなり、かえって非歴史的な誤に堕するであろう。個の自発性独立性不可侵性と、その個が孤立した個に閉じこもることなく、個の自発的意思による連帯、volunteer の組織を通じて、前近代的共同体から脱皮した社会的実践のエネルギーを形成し、それが国家・世界を動かすという形での、種・個・類の三極関係を定立するならば、田辺哲学の『種の論理』は中井正一の『委員会の論理』と矛盾しない、二十世紀の歴史的発展段階にふさわしい哲学として再生され得るであろう。民衆思想重視論もまた、そのような意味での個ならびに個の自発的連帯の思想によって補完されないときには、きわめて危険な役割を演ずるおそれなしとしない。

さらに民衆思想重視論にとって、最大の哲学的欠陥は、それが現実・内在の論理に終始して、超越・否定の論理を欠如するところにある。人間の相対性、歴史の有限性という根源的事実から目をそらした世界観は、いかに具体的・現実的であろうとも、哲学の根本問題を解く思想としての資格を欠く(99)。

家永は民衆を「歴史を動かす根源的エネルギー」とみるが、一方で民衆の思想には否定の論理と歴史的展望とが欠落しがちであることに注意する。その注意の上に立って、民衆に依拠した委員会の論理と田辺元の種の論理とを結びつけるのである。田辺においてはおもに民族と国家とを念頭に構想された種の概念を(100)、家永はボランティアの組織の動きとして捉え直すことにより、種の論理を委員会の論理との関係で捉え返し、否定の論理とその横の連帯に論理的な意味において世界的な展望を与えようという提案をなしたのである。

家永はかつて田辺に面会して「人類若しくは歴史全体の有限性」を問い、「特殊を内容とする民族と異なりて有限に非ず」という答えを得ていたが、家永は人類でさえ永遠ではないとみて有限のなかに組み込んでいる(101)。家永は、一切が有限であると観じつつ、なお理想主義的に社会的実践を遂行していくところに、救済があるとみたのであった(102)。

一九八五年七月、家永は講演「教科書裁判の人類史的意義――教科書裁判二十周年を迎えて」において、この立場と歴史的見通しとに基づき、自己の実践たる教科書裁判を人類史的観点から位置づけた。すなわち、「この訴訟は、精神的な自由を国家権力が侵害することへの争いとして、日本国憲法の人権章典を武器としてたたかわれていますが、それは直接の目的であって、もっと広い意味では、日本国憲法が人権の保障と同時に戦争放棄、戦力不保持という平和主義を不可分の関係でもっているところから、『再び戦争の惨禍が起ることのないやうに』という点に究極のねらいがある」[103]のであり、そうした意味において、「この訴訟は日本国内だけの人権を守るたたかいというにとどまらず、（中略）その究極において人類の破滅を阻止するための人類史的課題を背負っている」[104]ものなのである。またそれゆえに、その実践において救済への道としても展望されることになる。

おわりに

家永三郎における否定の論理の発達は、宗教性と実践性とのいわば弁証法的な綜合の過程であった。すなわち学生時代の理想主義哲学を前史とし、戦時下には理想主義を超えて宗教的立場が深められた。当時は実践性において限界を抱えていたものの、戦後には実践的態度を獲得するとともに日本国憲法を媒介として理想主義が再び捉え返され、さらに集団的実践の論理にまで辿り着いたのであった。

家永の思索過程においては、前章までに縷々みてきたように、多分野にわたる膨大な知見と、平和主義・民主主義をめぐる無数の経験とが踏まえられている。家永が遺した「否定の論理」とは、その成果の全体を踏まえ、一つの論理として再びまとめ上げられたものなのである。家永は田辺哲学を「新しい否定の哲学」「二十世紀哲学」と呼んだが、家永の思索もまた、日本近現代史の全体像を踏まえた新たな思索の展開としてみるべきものがあると考えられる。

家永の知見の全体像については前章までに検討したとおりであるが、とりわけ「否定の論理」を把握する上で参考となるべき主たる書物としては、宗教哲学の系列においては『日本思想史に於ける否定の論理の発達』『田辺元の思想史的研究』、社会的実践の系列においては国家哲学に関する「国家哲学の根本問題について」『国家は万能か』および、日本憲法史全体を展望した『歴史のなかの憲法』[105]（第十三章四参照）などが挙げられるであろう。

また本章の検討からは、家永三郎の業績全体をトータルに乗り越える道筋が浮かび上がってくる。すなわち、『日本思想史に於ける否定の論理の発達』から『田辺元の思想史的研究』に至る道程が宗教的思索における実践性の導入だったとするならば、その全体像を踏まえて家永の事績をふり返るとき、家永の中心的課題を踏まえ、さらにもう一歩先を行く研究を進めることができると考えられるからである。

たとえば、右に挙げた諸書を踏まえ、宗教的実践の立場から平和主義・民主主義の意義を捉え直し、さらなる思索を加え、視角を改めて再編した上で、「日本思想史に於ける平和主義・民主主義実践の発達」といった論著を書くことも可能になってくるであろう。それは家永史学の現代における再生を意味することになるかもしれない。ほかにも色々な展望が考えられるであろう。

とはいえ、こうした作業については急ぎすぎないことにしたい。家永がいうように「思想史学は、対象がどのような思想を形成したかを究明するだけではなく、どのような思想を欠落させていたかをも究明して、はじめて対象を批判的に考察したことになるのである」(106)とするならば、家永の限界を見出したときはじめて、これらの作業を始めることができるからである。今後に向けた展望は、いくつかの角度からの検討をさらに加えたのち、本書第四部および結語で述べられるであろう。

（1）　家永三郎『日本思想史に於ける否定の論理の発達』『家永三郎集』第一巻七五―七六頁。
（2）　家永三郎『田辺元の思想史的研究――戦争と哲学者』『家永三郎集』第七巻四六九頁。
（3）　「否定の論理」が他の哲学と比較して客観的にどのような意義をもっているかについては第十六章で改めて取り扱う。
（4）　家永の「否定の論理」に関わる研究は、ロバート・N・ベラー「家永三郎と近代日本における意味の追求」、武田清子「日本思想史の方法《アプローチ》——宗教思想を軸に」、松永昌三「家永史学と裁判」、菊池克美「円環弁証法について」、田口富久治「家永三郎の『否定の論理』とと丸山眞男の『原型論』」、末木文美士「家永三郎と戦後仏教史学」（以上書誌は本書所収「家永三郎研究参考文献一覧」一参照）、松本三之介「家永先生の学問と『否定の論理』」、武田清子「『否定の論理』をめぐって」（同二c4参照）、江村栄一「家永史学をささえるもの」（同二c5参照）等が挙げられる。

（5）ロバート・N・ベラー「家永三郎と近代日本における意味の追求」（河合秀和訳）。マリウス・B・ジャンセン編、細谷千博編訳『日本における近代化の問題』所収。岩波書店、一九六八年。

（6）同二九五頁。

（7）ベラー著・河合秀和訳『社会変革と宗教倫理』第七章「極東の宗教的状況」未来社、一九七三年。二〇〇頁。

（8）前掲家永『田辺元の思想史的研究』『家永三郎集』第七巻四七四頁。

（9）松永昌三「家永史学と裁判」。前掲『家永三郎教授東京教育大学退官記念論集2　近代日本の国家と思想』所収。

（10）同書四一五頁。

（11）前掲松永「家永三郎先生の学問——家永史学の特色」『自由民権』一八号、二〇〇五年三月。

（12）家永三郎『一歴史学者の歩み』岩波現代文庫版八五頁。

（13）以上、同書Ⅲ「歴史へのあこがれ」、Ⅳ「思想上のコペルニクス的転回」。引用部は一〇三頁。

（14）同書七九頁。

（15）日本の文化主義における現実から理念への抽象についてはたとえば桑木厳翼『文化主義と社会問題』至善堂書店、一九二〇年。二六、一五一頁参照。

（16）前掲家永『一歴史学者の歩み』岩波現代文庫版一〇八頁。

（17）新カント派の哲学は、大正期以降日本思想に多大な影響を与えたにもかかわらず、乗り越えられたものとみなされたこともあって研究が全般的に遅れている。本書では基礎事実を解明した高坂正顕「新カント学派」（上下。『岩波講座哲学』岩波書店、一九三三年）、『理想』「新カント派〈特集〉」（六四三号。理想社、一九八九年七月）の各論文、『岩波哲学思想事典』「新カント学派」の項、大橋容一郎「新カント学派と近代日本——桑木厳翼と三木清を手がかりとして」

（『思想』一一一八号、岩波書店、二〇一七年六月）等を参照し、リッケルト『認識の対象』以下諸書にもとづいて思索および実証を進めたが、家永と直結するかたちでの充分な見通しを得ることはなお今後の課題である。
（18）家永三郎「土田杏村と私」『憲法・裁判・人間』名著刊行会、一九九七年。所収。
（19）土田杏村『社会哲学』日本評論社、一九二八年。
（20）三谷隆正『国家哲学』日本評論社、一九二九年。
（21）前掲家永「土田杏村と私」。
（22）ことに土田杏村『社会哲学』第五部と理論構成が似通っており、家永が「国家哲学の根本問題について」を構成するにあたり、同書からある程度換骨奪胎したことを窺わせる。
（23）『土田杏村全集』第二巻「小引」第一書房、一九三六年。
（24）『三谷隆正全集』第三巻「後記」岩波書店、一九六五年。六三九頁。
（25）たとえば前掲家永『一歴史学者の歩み』Ⅳ「思想上のコペルニクス的転回」小見出し「『ゾルレン』の哲学に血路を開く」など。
（26）同書Ⅳ「思想上のコペルニクス的転回」小見出し「国家観念の再検討」。
（27）リッケルト著・山内得立訳『認識の対象』岩波文庫、一九二七年。一・一〇―一一一頁。ただし筆者架蔵二〇一四年一四刷では二六八―二六九頁。いずれかの時点で紙型が改められたのだろう。
（28）以上、家永三郎「私にとっての親鸞」『河出人物読本　親鸞』河出書房新社、一九八五年。一四三頁。
（29）鎌田慧「歴史学者・家永三郎」『ＡＥＲＡ』一九九四年一一月七日号五五頁。のち「国を相手にたたかう（家永三郎）」と改題のうえ鎌田慧『ひとり起つ――私の会った反骨の人』岩波現代文庫、二〇〇一四年。再録。三五頁。
（30）前掲家永『一歴史学者の歩み』一〇六頁。
（31）同書Ｖ「学生運動消滅後の大学生生活」。
（32）同Ｖ「学生運動消滅後の大学生生活」小見出し「宗教への関心――親鸞とバイブル」。
（33）家永三郎「更級日記を通じて見たる古代末期の廻心――日本思想史に於ける彼岸と此岸の問題」『家永三郎集』第

二巻一三九—一四〇頁。

（34）同一四七頁。

（35）家永三郎『日本思想史に於ける否定の論理の発達』『家永三郎集』第一巻六三頁。

（36）家永三郎・小野清一郎対談、三原真一司会「念仏か念罪か小野博士家永博士対談」『大宝輪』大宝輪閣、第二一巻二号、一九五四年二月。二四頁。

（37）前掲家永『日本思想史に於ける否定の論理の発達』『家永三郎集』第一巻四四頁。

（38）同六四頁。

（39）同六五頁。

（40）同七五—七六頁。

（41）家永三郎「日本人の思想としての仏教とキリスト教」第三節参照『家永三郎集』第三巻所収。とくに一二三—一三五頁。

（42）古在由重との対談「現代を生きる学問と思想」『季刊　現代と思想』青木書店、一九七四年六月。一六四頁。

（43）前掲家永『一歴史学者の歩み』一四一頁。

（44）前掲家永『田辺元の思想史的研究』『家永三郎集』第七巻二一四頁。

（45）田辺元『哲学通論』岩波全書版、一九三三年。あるいは全集版第三巻、筑摩書房、一九六三年。第二章第八節弁証法参照。

（46）たとえば滝沢克己「田辺元の学問と思想」『滝沢克己著作集1』法蔵館、一九七二年、参照。

（47）前掲田辺元『哲学通論』岩波全書版六頁。

（48）家永が参照を指示する田辺元『哲学通論』岩波全書版一二九—一三〇頁については本書第二章三で引用したが、南開大学家永三郎文庫の家永旧蔵書には傍線が引かれているから、改めて示しておく。

アポリヤとは前に述べた如く路を通ぜざる難関、行詰まり、難問の意であるが、それは前に挙げた例で明なやう

> に、畢竟思惟が矛盾に逢着したことを意味する。ところで其矛盾が相対立する二つの主張（定立《テージス》と反定立《アンティテージス》）として夫々それに相当する理由により証明せられたものが二律背反に外ならない。然るに二律背反が真に二律背反である以上はそれは論理的に解くべからざるものなることを意味する。論理的に解かる、二律背反は真の二律背反ではないのである。さてアポリヤの中には一見矛盾を含むも、実は究極的に矛盾ではなく、従つて必ずしも二律背反でないものがあるから、それ等は勿論論理的に解ける筈である。併し真の二律背反に基くアポリヤは論理的に解くべからざるのものであるのでなければならぬ。アリストテレスがアポリヤとして掲げながら而もそれを解いて居ないものが少なからずあることは、今日ハルトマンなどの注意した通りである。然るにアリストテレスの論理的存在論は凡てアポリヤを解くことが出来るといふ前提の下にのみ成立する。存在が論理的に捉へられると考ふる以上は、存在のアポリヤに解くべからざる最後の矛盾があつてはならない筈である。此処にアポリヤとアンティノミーとの一方で相通じながら他方で正反対なる点がある。弁証法は此アポリヤの段階に於ける論理の要求を二律背反の段階に高め、二律背反として解くことの出来ない矛盾を、却て対立の統一として思惟しようとするものである。そこに至つて始めて理性的思惟が具体的なる個体的存在の究極的反省たることが出来るのである。斯くしてアポリヤの不可通性は絶対否定的に自己を開通せしめる。然るにアリストテレスは此アポリヤの二律背反的不可通性を問題とせず、直接に論理の存在に対する十全性を信じて存在論を立せんとした。其結果が却て論理の制限を暴露するに至つたのは当然である。併し哲学は究極の絶対反省である以上、彼の究極原理とした神を思惟し得る論理を有しなければならぬ。（下略）[45]。

（49）　なお近藤俊太郎は「戦後親鸞論への道程——マルクス主義という経験を中心に」（『親鸞とマルクス主義——闘争・イデオロギー・普遍性』法蔵館、二〇二一年。三一三—三一四頁）において、次のような問題提起をしている。

> この家永の議論は、浄土を現実と異なった世界として実体的に措定するのではなく、現実の「絶対否定態」とのかかわりにおいて把握したかのように見える。だが「真の浄土はかかる現世の内に求むべきものでなく、現世の

否定に於て求むべきことが明かにせられ、ここに厳格なる非連続的二世界観に立脚する来世主義の成立を見たのである」と述べ、「二世界観に立脚する来世主義」として家永が論じたとき、浄土は実体的に措定されて現実に対置されているようでもある。ここで浄土に託された否定が二元論的世界観に基づくものであるかどうかは、家永のいう否定の内実を大きく方向づける問題であろう。

なるほど家永が実体的に浄土を措定しているとすれば、家永は信仰について一種誤解していたことになろう。しかし本論の次第からいえば、家永はあくまでも浄土を弁証法でのみ理解されうる「絶対否定態」として捉えている。またそもそも「二世界観」の語は「現世の内」つまり「肯定の論理」と連なる「連続的世界観」と対置された語であるし、何より先に引用したとおり家永の前提には「絶対他力に身を任せて、それに自分を投げ出す」という考えがあるのだから、家永の宗教理解を実体的とみる必要はないように思われる。

しかしそれゆえにこそ、もし田辺元が宗教をある種実体的に捉えていたとするならば、家永は自身の信仰理解のゆえに田辺を読み違えていたことになる。本文中で西田哲学にも一応言及したのはこのためであった。ただし家永は後に滝沢克己の田辺批判を念頭に置いてなお田辺の優位を認めることになるのであって（前掲『田辺元の思想史的研究』第四部18「田辺哲学の限界」参照）、議論は複雑である。この点については第十六章で改めて検討する。

(50)　前掲家永『一歴史学者の歩み』V「学生運動消滅後の大学生生活」小見出し「宗教思想への沈潜」。

(51)　『家永三郎集』第一六巻「家永三郎著作目録」（三六五頁）によれば『北京近代科学図書館刊』第六・七号。ただし現存する国会図書館所蔵抜刷は『北京近代科学図書館叢刊』第二三号・二九号。

(52)　前掲ベラー「家永三郎と近代日本における意味の追求」前掲書二八三―二八四頁。

(53)　前掲家永『日本思想史に於ける否定の論理の発達』『家永三郎集』第一巻六〇頁。

(54)　前掲近藤『親鸞とマルクス主義――闘争・イデオロギー・普遍性』三一七―三一九頁。

(55)　前掲家永『日本思想史に於ける否定の論理の発達』緒言（教養文庫版序文）。『家永三郎集』第一巻五頁。

(56)　家永三郎「戦時下の思想史研究の回想」『激動七十年の歴史を生きて』（新地書房、一九八七年）所収。とくに八七一八八頁。
(57)　高山岩男『日本の課題と世界史』弘文堂、一九四三年。三八九―三九〇頁。
(58)　家永三郎「道元の宗教の歴史的性格」『宗教研究』日本宗教学会編、一九四四年七月。四三頁六行目。
(59)　前掲家永「戦時下の思想史研究の回想」前掲『激動七十年の歴史を生きて』九〇―九一頁。
(60)　家永三郎「私にとっての親鸞」。前掲『河出人物読本　親鸞』一四七頁。
(61)　前掲家永『一歴史学者の歩み』一三〇頁。家永は大陸の占領地区を書き込んだ地図を前に、「『こんなに手を広げて、後はどうするつもりでしょう』と不安げにつぶやくのが、私の表現し得た最大限のプロテストであった」と述べている。また家永は戦後、戦時下にさまざまな抵抗があったことを知ったという（同書一四六―一四七頁）。
(62)　同書一六四―一六五頁。また哲学的にみても、たとえば、戦後すぐの段階で現れ広く行われた「文化国家」論はドイツの Kultur 概念に近く、とりわけ一九四七年に制定された教育基本法の法解釈では「文化価値の実現をめざ」すと語られ、内容においても家永の国家哲学にいう「外部性の原則」と同じ内容をも具えていたことが窺える（中村美帆『文化的に生きる権利』春風社、二〇二一年。第四章5、6。とくに一八七、一九七頁）。憲法や教育基本法の解釈は後に大きな問題となるとはいえ、戦後すぐの時点の家永としては新国家の歩みに違和感がなかったのではないかと考えられる。
(63)　以上、本段落の内容は前掲家永『一歴史学者の歩み』Ⅶ「敗戦直後の心境」。
(64)　以上、右に同じく同書Ⅷ「逆コースの開始と私の社会的認識の成長」。引用部は一六〇頁。
(65)　同書一六九―一七〇頁。
(66)　家永三郎「親鸞の念仏――親鸞の宗教の歴史的限界に就て」『中世仏教思想史研究』増補版、宝蔵館、一九五五年。二四二頁。
(67)　同頁。
(68)　家永三郎「親鸞の生涯」。前掲『中世仏教思想史研究』増補版、一九七頁。
(69)　たとえば小林直樹は「家永さんの人柄が曖昧さのない、澄明な誠実さと、たおやかそうに見えながら不正に屈しない剛直さとで、太い筋の通っていることは、誰の眼にもはっきりしている点である」と述べている（『家永三郎集』第一二巻月報一頁）。これが近しい人物の感想だけではないことは、論敵の秦郁彦でさえ、「語り口はソフト」であると否定的文脈ながら述べていることからみても明らかであろう（秦郁彦『現代史の争点』文芸春秋、一九九八年。一一二頁）。

（70）家永のこの見解は念仏―念罪論争を惹起した。なお前掲家永・小野対談「対談　念仏か念罪か」もその関係で行われたものである。

（71）本書第六章参照。なお家永が民主化に目覚めていった内的過程は、『一歴史学者の歩み』によれば家庭の民主化↓職場の民主化↓社会の民主化の三段に整理できる。ただし家庭の民主化については家永自身の証言を裏づける史料がないので現時点では未証明として本文では一応言及を避けた。前掲家永『一歴史学者の歩み』Ⅷ「逆コースの開始と私の社会的認識の成長」参照。

（72）家永三郎『真城子』文和書房版一六九頁。民衆社再版一七四頁。

（73）同書文和書房版一八三頁、民衆社版一九〇頁。以上、獄中で瀕死の真城子が教誨僧の念信へ質問しようとして果たさなかった内容であるが、この後ナレーションは真城子の質問内容を全面的に肯定する。

（74）前掲松永「家永史学と裁判」。前掲『家永三郎教授東京教育大学退官記念論集2　近代日本の国家と思想』四一五頁。

（75）家永が自著『田辺元の思想史的研究』において田辺を次のように評価していることはその典型例である。

相対世界内での社会的実践こそが絶対相対の矛盾克服の不可欠の契機であるとともに、社会的実践の正しい遂行には科学的社会認識の必要なことを明らかにし、宗教的信仰と社会的実践とを弁証法的に統一する理論を形成したこと（中略）が田辺哲学の日本思想史に遺した大きな功績である、と私は考えるのである。（『家永三郎集』第七巻三七三頁）

ほかにも、たとえば創作「新編上宮太子未来記」（前掲『刀差す身の情なさ　家永三郎論文創作集』）に、聖徳太子の口を借りた次のような一文がみられる。

我が子孫《うみのこ》たちよ、よく聞いておいてほしい。昨日、山代と橘の妃には聞いてもらったことであるが、そのことを今ひとたびくり返す。「世間《よのなか》は虚仮《むなし》、唯だ仏のみ是れ真そ」。この上宮が生涯かけて学びとった真《まこと》の理《ことわり》、この一句に尽きる。しかし、これだけでは、そなたたちの誤り解《わきまえ》えるおそれがある。いま一つ言っておきたい。仏の経《ふ》典《み》に、「諸《もろもろ》の悪《あ》しきことをな作《な》せそ。諸の善きわざ奉行《おこな》え」という、貴い御教えがある。さきのわしの言葉とあわせて、この御教えをよく覚えておいてもらいたい。

よいか、人間の欲、男女の愛欲も、財宝への貪欲も、位、身分への競望も、おしなべて虚《むな》しきわざじゃぞ。いや仏への功徳《くどく》と申しながら、伽藍仏像にいたるまで、人の力にてこの世に作らるるものは、みな一時《ひととき》の幻。さればとて、仏の真はその幻の虚仮《こけ》なる世間《せけん》を外《よそ》にして求むるすべはない。この虚仮なる世間の中にあって、世のため人のため身をささげること、これを菩薩の行《ぎょう》と言い、御仏の最も切に求めらるるところじゃ。「諸の善きわざ」とは、とりもなおさずこのこと。空しき欲に溺れて菩薩の行とはさかしまに、人を害《あや》め世を損《そこの》うが「諸の悪しきこと」。これをわきまえ知って文字どおり身をもって践《ふ》み行《おこ》なうとき、はじめて虚仮《こけ》の世間《せけん》に生きながら、そのまま不壊《ふえ》の真《まこと》の浄土に身を置くことになるのじゃぞ。(二五一―二五二頁)

(76) 日本教職員組合一九五三年度運動方針。文部省調査局『中央教育審議会要覧』第一集、一九五四年。三一頁。
(77) 家永三郎「『しろうと』法律論由来記」『家永三郎集』第一三巻二三一頁。
(78) 家永三郎「『教育の中立』と憲法との関連」『歴史の危機に面して』東京大学出版会、一九五四年。九八頁。
(79) 同一〇三―一〇四頁。
(80) 家永三郎「日本思想史学の課題と方法」『日本思想史学の方法』名著刊行会、一九九七年。三三頁。ただし再録改題に伴い表題は「日本思想史学の課題」となっている。
(81) 前掲家永「『教育の中立』と憲法との関連」九九頁。
(82) 以上、『一歴史学者の歩み』Ⅷ「逆コースの開始と私の社会的認識の成長」小見出し「今ぞ知る平和憲法の画期的意義」。引用部は一六五頁。

(83)　黒羽清隆「家永史学の今日によびかけるもの」『家永三郎集』第一巻月報、八頁。
(84)　家永三郎『革命思想の先駆者――植木枝盛の人と思想』岩波新書、一九五五年。一八七頁。
(85)　家永三郎『日本道徳思想史』第五章「僧侶の道徳思想」小見出し「出家意識」『家永三郎集』第三巻七〇頁。
(86)　まとまったものとしては『教科書訴訟十年』ほるぷ新書、一九七四年。『家永三郎集』第一四巻収録。
(87)　たとえば家永三郎「私の研究遍歴　苦悩と彷徨を重ねて」(『家永三郎集』第一六巻収録)という表題が示すとおりである。
(88)　たとえば鹿野政直「家永三郎　求道の思想史学」(『鹿野政直思想史論集』第七巻、岩波書店、二〇〇八年。所収)という表題が示すとおりである。
(89)　日高六郎との対談「戦争責任」『家永三郎集』第一二巻一六二頁。
(90)　『家永三郎集』第七巻「解題」(松永昌三執筆)。四八二頁。
(91)　前掲家永『田辺元の思想史的研究』『家永三郎集』同巻四七五頁。
(92)　同四六九頁。
(93)　同三六七頁。
(94)　たとえば「憲法裁判と抵抗の思想」(一九六八年一一月初出。『家永三郎集』第一四巻収録)など。
(95)　前掲家永「政治的抵抗の基盤としての宗教」『家永三郎集』第一一巻四三―四四頁。
(96)　前掲家永『一歴史学者の歩み』一四三頁に、「戦後近づきになった田辺先生の門弟久野収氏に語ったところ、それはお前の読み違いである、田辺哲学では個の組織化、すなわち市民的な連帯性の問題が完全に欠落している」という対話のやりとりが記録されている。このとき久野が「委員会の論理」の説明に及んだかは定かではないが、同じく久野の証言を踏まえて執筆された『田辺元の思想史的研究』では「委員会の論理」を高く評価しており、この間いずれかのうちに家永が久野から示唆を受けたことは間違いないと考えられる。
(97)　久野の中井理解については、久野収編『中井正一　美と集団の論理』(中央公論社、一九六二年)所収「編者のことば」にまとまったものが見られる。また久野による他の著作や発言にも散見される。

(98) 前掲『田辺元の思想史的研究』『家永三郎集』第七巻一五三―一五四頁。
(99) 同四六八―四六九頁。
(100) 田辺元「種の論理の意味を明にす」(初出は『哲学研究』第二五九号、一九三七年一〇月) 一冒頭部。『田辺元全集』第六巻、筑摩書房、一九六三年。四四九頁。また藤田正勝編『田辺元哲学選Ⅰ　種の論理』岩波文庫、二〇一〇年。三三七頁。
(101) 前掲家永『田辺元の思想史的研究』第三部16注44(『家永三郎集』第七巻三五九―三六〇頁)。引用部は家永による「田辺元先生との唯一回の会話」(「昭和十八年十月八日午後」面会、一九六八年五月公表。家永三郎『教育裁判と抵抗の思想』三〇五頁)からの引用部分。
(102) 家永三郎『国家は万能か』(一九八七年三月)「六　人間の営みはすべて有限相対」小見出し「逆説のなかで生きるほかない」『家永三郎集』第一一巻三四〇―三四二頁。
(103) 家永三郎「教科書裁判の人類史的意義――教科書裁判二十周年を迎えて」『家永三郎集』第一四巻三一四頁。
(104) 同三一七頁。
(105) 家永三郎『歴史のなかの憲法』上下、東京大学出版会、一九七七年。
(106) 家永三郎『田辺元の思想史的研究』序、『家永三郎集』第七巻四頁。

第十一章　家永三郎の学問方法とその深化

——家永思想史学の確立と法史学の開拓を中心に——

はじめに

家永三郎の学問は思想史学を軸とするが、いわゆる専門の枠にとどまらず、文学や教育学、法学といった「境界領域《グレンツゲビート》」（家永自身による表現（1））にわたる研究を推進し、いずれの領域でも同時代の研究を牽引する高度な学術的成果を収めた。これは一般に知られた事実であるが、文献上もたとえば『家永三郎の残したもの　引き継ぐもの』第一部「家永三郎先生　業績とその意義」において、歴史学・法学・教育学といった各界の第一人者が名を連ね、論を展開していることなどから容易に窺える（2）。本章ではこの学問の意義を捉えたい。

そもそも学問とは真理探究のためのものである。専門分化がますます進みつつある現在、諸学科の専門的方法ならびに成果一切を踏まえた総合的認識を達成することはいよいよ困難であるが、少なくとも根底的意欲においては、学問の一部たる自学科を研鑽し、あるいは他学科にも教養を深め、総じて「真理」への到達に努めていると心得ることが、学者たるものの矜持であろう。その意味において、領域横断的な事績を題材に学問全体を省察することには大きな意義があると考えられる。

そこで本章では、世界的な学術史の発展を念頭に置き、観点を日本に絞った上で、家永三郎の学問方法の展開を検討し、それを長期的な視野から日本の学術史上に位置づけることを試みる。なおここでいう「方法」とは、何らかの意味での専門領域内部の「理論」を意味するわけではない。むしろ、いわゆる「文化科学」的な科学的営為の原理的省察であり(3)、またそれに基づく研究態度の考案である。その観点から、家永の学問がどのように成立し、また深められたかをみていこうとするのである。

家永の学問方法論に関する研究史を見直してみると、主な研究としてロバート・N・ベラー、黒羽清隆、武田清子、鈴木正、菊池克美、鹿野政直のものが挙げられる(4)。しかしいずれも、中心的な関心は家永の方法論の中核的な本質を把握することにあてられており、一生涯にわたる方法論の形成・展開過程や相互批判の実情についてはまだ視野が及ぼされていない。すなわち次のような事情である。

そもそもここでいう家永の方法論の本質とは、本論第五章でも検討した主体性と実証性との統一のことである。すなわち黒羽のいわゆる「意外なほど純一な」「主調低音」のことである(5)。家永自身の言葉を借りれば、「私の思想史研究の方法上の手法のプロトタイプ(6)」こと家永『日本思想史に於ける否定の論理の発達』（本章では以下煩を避けて「『否定の論理』書」と略記する。また前身となった一九三八年初出の同名論文に言及する場合は「「否定の論理」論文」と略記する）に典型的にみられる、「東大国史学科の実証主義の学風」と「哲学青年時代の興味のもち方に規定されている主体的な強い問題意識に発する思想史の方法」との両面(7)を具えた方法である。

ベラーの場合は家永の学問の思想的性格への言及を通じて、黒羽の場合は家永の数多くの著書の読解からの帰納を通じて、武田の場合は家永の思想史方法論文と家永『否定の論理』書ほか初期の研究実践の検討を通じて、鈴木の場合は家永の思想史学方法論の超越的批評を通じて、菊池の場合は講義ノートからの受容を通じて、鹿野の場合は「思想家＝思想史家」という規定を通じて、家永の研究態度における実証性と主体性という特質がくり返し確認され、それぞれの視点から論じられてきたのである。

ところがそれゆえに、研究上の視点は『否定の論理』書の成立に収斂する時期および家永の方法論論文に絞られ、また家永の著作そのものを史料として批判することも充分には行われていないのである。しかしこれでは、どうしても論者自身の学問理解の範囲で論じざるをえず、先達としての家永を乗り越えることは難しくなるのではなかろうか。

この典型的な事例として、家永の認識を超越的に批評し、学説史上に位置づけようとした鈴木論文をみてみよう。鈴木は「家永思想史学の方法的特質をひろく日本近代史学の二つの学風との関連で位置づけ」(8)ようとし、家永の学問が「精神において明治以来の啓蒙的批判主義を嗣いでいることはあきらかである」と評価する(9)。しかしここで鈴木が依拠しているのは一九五三年刊行の家永『現代史学批判』の序にみられる学説史理解である。つまり学者としての家永の学説史理解に強く依拠し、もって家永の方法論を位置づけるという、いわゆる縮小再生産に陥っているのである。

鈴木がこのような状態に陥ったのは、家永史学の成立過程についてては家永自伝にほぼ直接依拠し、また家永の研究が長い期間をかけて学問的批判にさらされる過程についての史料採訪には手が及ばなかったため、結果的に家永の自己認識のみをもとに家永を批評することになったためであろう。家永の表明した自己認識は当然家永自身による取捨選択を経た結果の産物なのであるから、それをもとにどれほど優れた整理を行ったとしても、家永の縮小再生産にならざるをえないのである。

本章では、家永自伝ほか家永の主要著作からはみえづらい家永の見解や、家永の視野の外にあったさまざまな視点を織り込みながら、家永史学の成立と展開の過程を可能な限り客観的に追い、その位置づけを考えることによって、先達の認識からさらに一歩を進めたいと思う。本章は、家永三郎研究の立場から、家永の学問方法論の発達過程を考察し、ひいては日本の学術史上に位置づけ、その意義を考えていくものにしたいと期するものである。

一、方法論の研究実践における実現

家永が自ら「私の思想史研究の方法上の手法のプロトタイプ」(10)と語る論文「否定の論理」論文を公表するのは、先程述べたように、一九三八年のことである(11)。しかるに史学方法論が理論的に成立したのはそれよりも数年前、学生時代のことに属する。そこで本節では、家永の方法論の基本性格について確認すべく、第五章での検討をも踏まえ、主体性と実証性との統一が理論的にどのようなかたちで『否定の論理』書に応用されているかを検証することにしたい。

そもそも歴史的時間の把握は、家永によれば、将来への展望に立つ現在の自分自身が、過去を事実に基づいてふり返り、将来への歴史的見通しをもつことによって成立するとされる。主体性を伴い、実証的に歴史認識を形成していくのが、歴史学の実践である。以下この姿勢を念頭に置き、『否定の論理』書をみてみよう。(番号・【小見出し】ならびに傍点は小田)

①【古代―否定の論理の欠乏】

要するに古代人にとって悪は容易に超克せられるものであり、現世の快楽を根抵からゆるがす如き存在は思惟の外にあつたものと見なければなるまい。現実を其の儘肯定した太古人にとつて現実界の否定による超越的世界の考へられないことは当然の結論である。されば肯定的人生観こそは前の連続的世界観の基礎づけとなってゐたのであり、両者は互に相即し、不離の関係を以て太古思想の基調を形成してゐたのである。而して両者の間を貫く共通の立場こそ、実に否定の論理の欠之に外ならないのであった(12)。

②【聖徳太子―否定の論理の登場】
支那南北朝に行はれた涅槃系統の教学を正依とし古三論の宗学を傍依とし、之を御自身の御体解に照して自由に取捨組織し給ひ、以て大乗仏教の真髄を領解せられたる聖徳太子に於て、仏教の理解は明かに否定の論理の理解を意味してゐた。橘夫人によって伝へられた「世間虚仮。唯仏是真」の有名なる御遺語は太子の仏教の極致を最も簡明に表現したものであるが、世間虚仮の一語こそ肯定の論理より有しなかった太古日本思想の夢にも思惟することの出来なかった観念だつたのである(13)。

③【古代の限界―肯定の論理の圧倒】
仏教によつて学び取られた新しき論理は、飛鳥寧楽時代を通じて次第に国民の精神生活の中に根を下して行つたのである。（中略）それにも拘らずこの時代に於ては猶否定の論理の成長をも圧倒する程の強き現実肯定の心情が優勢を占めてゐたのである(14)。

④【中世思潮―否定の論理の実感】
アポリヤが真に解く能はざる二律背反を構成する時にこそ、初めて其の不可通性が絶対否定的に自己を開通せしめるのである。かうした真の意味に於ける矛盾の苦しみは王朝貴族の到底味ふ能はざる経験に属したことであらう。それは唯貧なるが故に修苦の道にいそしむことも出来ぬ人々や、悪業とは知りながら生活の為に罪障の世界に執せざるを得なかつた人々の間に於てのみ感ぜられた処であつたと云ふことが出来る(15)。

⑤【親鸞―中世思想の頂点としての否定の論理】
要するに鎌倉新仏教の出発点は他にあらず、唯人生の否定的側面に対し逃避することなく真向から直面してゆく処にあったと云ってよい。新宗教の祖師達にとつて人生は深刻なる否定の面に於て把握され、人間の罪業が其の本質的なる姿に於てとらへられてゐたのである。而も彼等は之を教義上から理論づけつつ、更に時代の経験と自

己の生活とを通して体験的なる信仰にまで高め、以て驚異すべき思想体系を築き上げたのであった。かかる悪への直面の深化の過程の一方に於て、恰も時を同じうして起つた中古貴族を中心とする社会的頽落は、独り貴族のみならずさまざまの階級の人々をもその凄まじい頽落の渦中に巻きこむことにより、あらゆるひとをして人間の無力無価値を痛感せしめないではおかなかったのである。新仏教とは畢竟かくの如き絶望の雪崩の中に立ち直つて、deus caritatis の声を聴き取らんとする努力であったと見ることが出来ようが、それ故に彼等は何よりもまづ肯定的精神の崩壊、人間的価値の頽落てふあらしの内に身を委ねなければならなかつたのである[16]。

⑥【近世―肯定の論理の再圧倒】

然しながら室町時代の後半以来、時代は之と全く別個の論理によって新しい展開を始めるのであつた。織田信長を先頭とする近世 Absolutism の建設は中世的封建勢力を打破する中央集権運動であると同時に、他方俗権による独裁政を以て教会の宗教的支配権を駆逐する処に大きな史的意義をもつ。この目的を遂行せんが為に、独裁者たちは兵力と経済力とに基礎づけられる自己の政治的権威以外一切の形而上的権威を否認しなければならなかったのであり、換言すれば絶対他者としての神仏に代つて自らを神仏の地位に祭り上げる必要があったのである[17]。

⑦【近世思想から近代思想へ―否定の論理の潜在から復活へ】

然しながら近世現実主義と雖もそれが中世を経由し来れる近世の所産である限り、決して古代現実主義と同一ではない。試みに近世町人の面目を最もよく発揮してゐると考へられる次の川柳をとって考へてみよ。

あすありと思ふはけちな女郎かひ　（誹風柳多留二十篇）

其処には成程「今日」の財貨と享楽とを絶対視する徹底した現実尊重が表明されてはゐるが、かかる現実尊重は「あす」と「けふ」との間に無限の闇黒を置く処の「けふ」の有限性に対する底知れぬ不安を無意識的にもせよ前提とすることによってのみ成立してゐるのである。（中略）かくして日本思想は否定の論理と絶縁すること凡そ三百年、最近に至り西洋哲学の新しい動きに伴ひ再び否定の論理の建設せられようとする機運を見るに至った。而して明治以後は其の外観上の大きな相違にも拘らず本質的には江戸時代と同じく近世の内に一括せらるべき時代であって、徳川的封建思潮の打倒に奮闘した啓蒙主義運動も、啓蒙主義の克服を標携した大正年間の新カント派哲学の如きも、向れも内在的論理に終始する近世現実主義の西洋的新装に過ぎず、それらの思想体系は依然として否定の論理を拒否しつづけたから、それ故にかかる地盤を突き抜けて新しき否定の哲学が生れ出でる為には「論理学をその根抵から変ぜなければならな」かったのである[18]。

家永は、古代の日本にはなかった「否定の論理」が仏教の伝来を経て中世には中心思潮となり、近世以降再び衰えて現在また復活しようとしている、とみる。一九四〇年に教養文庫から刊行された同論文の序によれば、この時点の家永の関心の中心にあるのは、自身の苦悩であり、同時に「古人の苦悩の声」であった。

筆者は学窓に於て紀伝の道を修めたものであるが、史を繙く毎に最も強く心を惹かれたのは何よりも先づ、超克し難き人間の有限性と罪業とに対する古人の苦悩の声であつた。おのれの体験を通じて常にこのことを人一倍深く自省せざるを得ない身の上にある筆者は、古人の同じ苦しみを他人《ひと》ごととして看過することが出来なかつたのである。されば本稿は単なる知的興味のみから書かれたものではないわけであるが、然しさればとてこの要求の為に恣意なる構成を作為するが如きことの決してなかつた点は特に明かにして置きたいと思ふ[19]。

こうした普遍的な苦悩が、日本史上どのようにして「否定の論理」つまり絶対肯定的な救済への転換のきっかけとなる罪の自覚にまで至ってきたか、またその後それがどのような経路を辿って自分自身をとりまく環境にまで行き着いているかという問題意識が、「否定の論理」論文には貫かれている。この論文において、家永の時間論は応用され、主体性と実証性との統一が実現されているとみてよいだろう。

また家永の史料読解が哲学のそれに類似することにも注目しておきたい。それは先ほど引用した「アポリヤが真に解く能はざる二律背反を構成する時にこそ、初めて其の不可通性が絶対否定的に自己を開通せしめる」という一文に典型的にみられる。ここで家永が念頭に置くのは田辺元『哲学通論』における絶対弁証法の立場であるが(20)、その論理の要素であるアンティノミー（二律背反）の性質を、家永は親鸞の論旨のうちに読みとり、通史全体にも視点として及ぼすのである。

家永の哲学理解については第十六章であらためて検討するが、方法論およびその成果の観点からいえば、哲学者の田辺が「否定の論理」論文を激賞して奨学金を斡旋し(21)、また同じく哲学者の高山岩男が著作刊行を斡旋した(22)ことは、哲学界からみても家永の研究が高く評価しうるものであったことを窺わせる。

実際、少し後になるが、高山は一九四二年刊行の『上代仏教思想史研究』（初版に『上代仏教思想史』と題されたものもあるが同内容）について、次のように述べて家永を高く評価している。

　仏教史に関しては家永三郎氏『上代仏教史《ママ》』の諸論稿は一つの生面を開くものといへる。仏教に沈潜する専門家には多く歴史的感覚が欠け、歴史といへば多く資料の実証的研究が主となつて、最も重要なるべき思想と歴史との統一面が失はれ易いのが従来の通弊であるが、家永氏の研究は実証的研究に立脚しつゝこの統一面を失はぬものとして、新しい傾向を代表する一つの労作たるを失はない(23)。

家永のこうした方法は、青年時代の家永が哲学中心の読書体験を積んでいたことと、哲学出身で内在的理解を推奨する思想史家、村岡典嗣の影響によるところが大きいと思われる(24)。ただしいわゆる哲学的解釈と決定的に違う点は、実証主義史学の方法を継いで、内的論理の抽出においても一次史料の読解作業を離れず、また日本通史の視点をもつ点にある。つまり「否定の論理」論文は、いわゆる歴史学者の範囲のみにとどまらず、当時の哲学の研究水準を念頭に置き、かつ実証的方法に貫かれた日本哲学通史としての性格をもつのである。

二、思想史学のアカデミズム史学における確立

日本学術史のなかで家永の学問方法論を考察するという本章の目的においては、『否定の論理』書によって家永の方法論が確立したということと同時に、それが当時の学界においてどのように受容されたか、また受容の特質は何であるかということが大きな問題となる。

家永の「否定の論理」をめぐる一連の研究が、当時のアカデミズム史学界でどのように受容されたかについては、次の各記事から広く窺える。

① 「研調部」署名「回顧と展望　昨年度の歴史学界」（家永が「日本思想史上に於ける否定の論理の発展について」を一九三八年度に部会発表したことを報告。『歴史学研究』第九巻第一号、一〇〇頁、一九三四年一月）

② 家永三郎「日本思想史に於ける否定の論理の発達」（『歴史学研究』第八巻第一〇―一二号、一九三八年一〇―一二月）

③ 多賀谷健一による家永「聖徳太子の浄土について」論評（『史学雑誌』第四九編第一一号、一〇七―一〇九頁、一

九三八年一一月）

④張我軍訳家永「日本思想史上否定之論理的発達」（上下。北京近代科学図書館叢刊第二三・二九号、一九三九年）

⑤矢田俊隆による家永「日本思想史に於ける否定の論理の発達」書評（『歴史学研究』第九巻第三号、一九三九年三月）

⑥家永三郎『日本思想史に於ける否定の論理の発達』（弘文堂書房教養文庫、一九四〇年一二月）

⑦田中某による家永『日本思想史に於ける否定の論理の発達』書評（『歴史地理』第七七巻第三号、六六頁、一九四一年三月）

⑧植田彰による家永『日本思想史に於ける否定の論理の発達』書評（『史学雑誌』第五二編第三号、九四―九六頁、一九四一年三月）

⑨村尾次郎による家永『上代仏教思想史研究』書評（『史学雑誌』第五三編第八号、八七―九〇頁、一九四二年八月）

⑩坊城俊孝による家永『日本思想史に於ける宗教的自然観の展開』書評（『史学雑誌』第五五編第五号、一〇一―一〇四頁、一九四四年五月）

⑪山上正太郎「思想家としての夏目漱石、竝に其の史的位置」論評（『史学雑誌』第五五編第八号、一〇九―一一三頁、一九四四年八月）

⑫五十嵐清「新潟高等学校時代の家永三郎先生」（当時の生徒の思い出。『家永三郎集』第一三巻月報、一九九八年一一月）

【参考】家永三郎「戦時下の思想史研究の回想」（『講座日本史』月報二、一九八九年一一月。『激動七十年の歴史を生きて』収録。新地書房、一九八七年）

これらはいずれも当時の学界やそれをとりまく環境からみた家永の研究姿勢に対する評価を含んでおり、大変興味深い。ことに⑦田中書評は、家永の研究の評価するべき点を語って端的である。全文を掲げる。

かつて昭和十三年に雑誌に発表され注目せられたこの論文が増訂を加へられ、また意味深い図版を挿まれて一冊にまとめられたのは結構なことである。序に「従来の歴史学界の立場からみると史を学ぶ者がかう云ふ題目を掲げてものを書くことは如何にも奇を衒ふ企てであるかの様に思はれるかもしれないが、この問題が人間にとつて最も重要な、最も本質的な実践的関心である以上、それが史的関心を構成するに至るのは当然であつて、不遜な言ひ方であるけれど、さう云ふ第一義的な関心に全く背を向けて来た今迄の歴史学の方にこそむしろ批判せられるべきものがあるのではなからうか」と述作の動機を述べてゐられるが、この論文の読者の多くも同じ感じを持たれるであらう。したがつて単に知的興味から書かれたものではなく、著者の自省から湧き出たものであつた。そのことは最も精彩をもつ中古から中世への過渡、更に鎌倉新仏教の論理を解き明した部分に於いても充分に窺はれる。利休の場合に絶対無礙の世界を考へるにつけても、それが観念的に仏理と芸術とを結合した態度ではなく道を錬磨した体識であると考へられてゐるやうな用意が全体を通じて見られ、それが論理の鋭い構成の間にうるほひを与へ、それと共に時代の把握に危なげないことも亦論述の客観性を増し、幅と奥行とを感ぜしめてゐる。（傍点小田）

田中書評は、家永の研究において、家永の問題意識が当時の歴史学界において普遍性をもつこと、また論理構成が鋭いこと、観念ではなく体得としての思想が語られていること、通史把握に危うさがないことを語る。これに史料の博捜を加えれば、後代まで含めた家永の研究を評価する立論の基本型はほぼ出揃う。

次に批判の典型として、⑧植田批評をみてみよう。

在来、このやうな試みは多く所謂哲学者といはれる人々の側から行はれて来たし、殊にこの数年来の思想界の動きは「日本思想史」へのあれやこれやの考察に暇なきが如くであつたが、本書はそれらに反し、その意図するところは殆んど同じであり乍ら、あくまで歴史家の側から試みられたものであるといふことを注目すべきである。勿論、和辻哲郎、高山岩男の諸氏をはじめとする西田哲学の流れを汲むひとびとによつて行はれた日本思想史の新たな開拓が、その基礎を直接の史料といふよりも多く歴史家の研究成果の上にをいてゐるに対して、本書があくまでも根本史料に基づき（中略）自己の確乎とした見解をその上に投射してゐるといふ点のみをいふのではなくして、歴史家としての決意を哲学者のそれに近づけつゝ、しかもそれを歴史の中に即自的に求めやうとする態度を注意すべきであらう。まことに、本書の中には著者の涙ぐましい迄の人生探究の精神が高く波打つてゐるのである。しかし乍ら、こゝでも亦、わたくしどもが前者即ち哲学者といはれるひとびとが提示してくれた諸論に対して持つたやうな不満を表白せずにはをれないのではないか。ただ一つの人生体験が凡て多かれ少かれ「独断」であるといふのではなく、これは「実証的客観」といふものが頗る曖昧であることによるのであらうか。即ち、所謂実証的精神の現れとみてよいのであらうが、繁多なる史料の引用は成程直接的なものを与へてくれるけれども、それはその史料に関してのみ限られ、全体的に見るならば、否定すべからざる図式的な傾向の存在をいかに解すべきであらうか。或ひは、著者に於ける人生探究が、その方向をまづ哲学に求め、そこに得られた絶対否定即絶対肯定の「安住」の世界を、次に歴史の世界に求めるといふより当嵌めるに至つたのではあるまいかとの懸念がないでもない。（傍点植田）

植田書評がいおうとするのは、日本思想史の把握の方法論として、家永の研究が哲学者の「歴史家の研究成果の上にをいてゐる」方法とは異なり、「実証的精神」を貫くものであり、それによって歴史学の世界に認められ得る思想史研究になったことを認めながら、なおその実証の仕方に根本的な疑念があることである。同様の批判は⑩坊城書評にもみられ、後述する家永史学批判でも、深められながらくり返し登場することになる。

⑨村尾批評はこれとは別の角度から行われる。

最後に著者に対する読者の希望を述べるならば、日本上代に於ける仏教及び仏教思想史の研究には、まだ切り開くべき道が、それは主として国家の命脈に対する関係に於いて――あるのではないだらうか。そしてそれはもとに戻つて、果して歎異抄そのものが我国思想史に於ける「比類なき境地」と断じ得るか否かの再検討を以て、はじめられるべきものではないだらうか。（傍点村尾）

村尾の批評は家永の評価軸としての「否定の論理」に向けられる。平泉澄の教え子で朱光会会員であった村尾次郎の思想からいえば、否定の論理よりも国体や臣道実践のほうが、「比類なき境地」だったからであろう。

村尾の思想の当否は措き、家永批判の方法的観点からいえば、村尾の批評は家永への批判としては後代も含めて優れたものの一つであり、現在でも参考になる。というのは、家永思想史学の方法が実証性と主体性との両方を含む以上、植田のように実証的方法の不備を衝くだけでは足りず、そもそも家永の通史把握を生み出した家永の思索にまで遡って批判的に考えていく必要があるからである。家永史学の思想的相対化は、第一章五にみた家永研究史上の事情からなかなか主題化されてこなかったが、本来常に意識しておくべき事柄である。

⑫五十嵐の感想は、総合的な意義をもつ。

本校の家永教授著『否定の論理の発達』を読む。先生の思想に接したのは、去年の講演が初めてであるが、その時感じた新しいものが、またこの中心となっている。これは日本哲学史ともいうべき内容で、西洋史のほかに、国史のなかにもかかる研究が現れたことは喜ばしいことである。現実のわれわれが感じている否定の論理を、早くもわれわれの祖先は感じ、いかに苦しみ、またいかにして悟ったか。たしかに国史をかかる見地より見ることも必要だ。

これは当時高等学校生徒であった一青年が日記に記した感想であるが、内容としては田中書評や哲学界における受容に連なり、家永の論述が歴史学の立場に基づく日本思想史として江湖に広く受け入れられていたことを窺わせる。

家永の思想史研究は、東大アカデミズム史学において哲学的意味を含む「思想」が初めて独立の研究課題となったという意味で、画期的な出来事であったと思われる。そもそも家永が学生であった当時、東大アカデミズムでは「思想史」は国史研究の一部門としての地位を占めていなかった。家永の入学二年前、一九三一年に刊行された黒板勝美『更訂　国史の研究　総説』は、当時の東大アカデミズムにおける歴史研究上の着眼点の概要を一望できる書物である(25)。その第四章「時代史と特別史」の項目立てをみてみると、「第一　時代区分」「第二　地方区分」「第三　事物区分」「第四　人物区分」とあり、思想史は「事物区分」に編入されていてもよさそうであるが、思想史と隣接するはずの文化史・美術史・風俗史・宗教史・文学史等が独立の項目として立てられているにもかかわらず、思想史は項目として立てられていない。

本書第五章一にみたように、国体学講座設置問題の紛糾の末に平泉澄が新開設された日本思想史講座を担当したのは、家永卒業の一年後、一九三八年のことである。しかしそれは国体観念を中心価値とするものであった(26)。村尾の書評が明らかにするように、家永はこうした動きとは一線を画しつつ、哲学の方法と折り合わせながら、独力で新しい世界を切り拓いたのであった。『否定の論理』書はその金字塔であった。また右に挙げたさまざまな書評は、思想史学が当時のアカデミズム史学界に認知されていく過程において、平泉系の学問とは違うかたちで、少なからぬ存在感をもったことを窺わせている。

家永の初期研究は、家永自身の方法論の成立という意味でも、また周囲の理解や批評の性格という意味でも、家永の学問の全体像のプロトタイプをかたちづくっている。つまり、主体性と実証性とを統一した方法論が、実証性において歴史学を引き継ぎつつ、主体性においてさまざまな思想を取り込んでいくことによって、旧来の学術の限界を突破して学科を融合させた新領域をかたちづくってゆく。人々は家永の姿勢に感銘を受け、自分自身の姿勢に活かしていくのである。それは、家永が思想史学を「あらゆる歴史的領域にわたりその意識面を対象とするものとして、一切の分科史の主体的側面を統括する位置に立つ」と規定したゆえの(27)、方法論の本質に根ざした出来事であった。

三、一九五〇年前後における方法の深化

家永はしかも、アカデミズム史学界に安住しようとはしなかった。むしろ積極的にアカデミズム史学から脱却しようとし、また新たな歴史学のあり方を切り拓こうとしていた。この間の詳しい経緯は今のところ明瞭にし難いが、そのきっかけの一つとなったのが、新潟高等学校時代における、「職人的なアカデミックな学者には見られない、広く豊かな視野の持ち主」こと植村清二との接触であったことは疑いない(28)。家永は植村から民俗学について教わったことを告げているが、ほかにも何かあったかもしれない。

この時期の変化をかたちづくるのは、アカデミズム史学の方法論からの離脱と、鋭い視点に基づく通史的方法の確立である。すなわち、家永は「東大寺大仏の仏身をめぐる諸問題」を最後に、実証主義史学の基本的な態度である、長期にわたる精緻な文献読解の作業を通じてこれまで認識されてきた歴史像を細かく修正して新認識を提示していく

という姿勢の深化をほぼ断念した。以後家永の方法は、「否定の論理」論文に典型的にみられる、新たな観点から通史を語ることを通じて歴史像を根本的に改めようとする方法に一本化されていく(29)。

家永の変化は、具体的には「民間史学」の称揚として現れた（傍点小田）。

明治以後の日本史学の発達を大観すると二つの大きな傾向の対立がある様に思はれる。そのどちら側も、必ずしも同一の史観と内容とをもつて一貫してゐると云ふわけではなく、かういふ分類のし方にも異論があるかと思ふが、私にはその様に受け取られる。その一方は、歴史に対する実践的意識からの関心が強く、従つて問題史的であり、主題の選択のし方が卓抜である。他の一方は、歴史事実に対する知的関心から出たもので、従つて史実の精細な認識を主とし、考証の技術に於いて長じてゐる。また、前者では重要な問題点をとらへることに重きをおいて、末梢的な史料の捜索に多くの精力を費さうとはしないが、後者では史料の博捜を尚び、新史料新史実の摘発紹介に好んで力を注ぐ傾向がある。前者に属する歴史家はおほむね社会の現実面に活動し、書斎にとぢこもる純学究でないことが多いが、後者に属する歴史家はたいてい官府の機関に職を奉じ、象牙の塔の生活に終始してゐる(30)。

家永が称揚し、学びとろうとしたのは、アカデミズム外にみられた強い実践意識をもった歴史研究の態度である。家永の学生時代にはすでに東西のアカデミズム史学が確立し、国内外の情勢のなかで多くの問題意識が現れ、家永の挙げる文明史、民間史学、マルクス主義史学のみならず、経済史学、法制史学、文化史学や民俗学その他、また戦後の地方史学ひいては部落史、女性史、アイヌ学、沖縄学などに繋がっていく幅広い歴史および諸関連研究が誕生していた時期であり、戦後もその流れは錯綜しつつ連続していく。一九五〇年前後、社会的実践を展開しつつあった家永は、その観点から諸学問をとり込み、学生時代の時間論にみられた実践性の観点を徹底して伸ばしていったのである。

この方法に基づく典型的な著作としては『歴史の中の憲法』や『戦争責任』等が挙げられる。家永教科書もその一つである。

そのため、家永の方法は、鹿野政直が家永史学の本質として述べ(31)、本章でも『否定の論理』書から見出したように、今何をするべきかという問い、つまり人生探求としての傾きをもち、そこから分析概念を形成していく傾向をもつことになる。否、むしろ、半ば意識的に実証主義を人生探求に応用できる研究方法につくり替えたのかもしれない。このことが、家永の研究に史論史学としての風格を与えるとともに、志を同じくする読者に感銘を与える一種の雰囲気をつくりだしていくことになった。

この方法は、テーマの実践性はいうに及ばず、通史叙述の方法論としても価値が見出されている一方(32)、どうしても一つ一つの課題への分析が甘くなり、歴史上に現れた思想の頂点を辿っていく研究となる点で、かなりの問題をもつ可能性がある。この態度の背景には戦争の問題が横たわっているので議論は容易ではないが(33)、いずれにせよ方法論に対する強い批判が現れるのは当然であろう。早くも一九四八年、井上光貞との往復書簡で、家永は厳しい批判に晒されることになる。

【井上】家永さんは思想史の研究に当って社会史的な要因をどう扱わうとしていられるのであろうか。僕は家永さんの思想史の研究の方法に於いて、思想の動きの研究には実証的であるが、社会史の動向についての実証的な研究には、それ程興味を感じて居られないのではあるまいか。（中略）此の点に一つの問題を感じるのです。併し、思想の動きに対して、どんな社会的要因が働いていたかは、社会史的な実証研究が並行されることなくしては発見できないと思います。（中略）又もう一つは、あなたの思想史は思想そのものの動きの実証的調査に於いても、たとえば一つの書物の中の一つの言葉を取り上げる時、それがその書物の述作の動機、著書の思想体系のなかでどのような比重と意味を持つ言葉であるかと云う点が比較的等閑に付せられている。此の点にも問題があると思うのです。そうして此の二つのことは実は一つなのであつて、此の二つを共通に基礎づけている一つの方法上の欠陥に逢着せざるを得ません(34)。

【家永】私の考へでは、歴史と云ふものは、すべて現在に於ける実践的関心に基いて構成せられるものであり、思想史も亦現在に於ける実践的関心に基いてのみ成立するものであると思ふ。従つて思想史の研究に当つては、何よりも認識の目標はまづ思想自体に向けられるべきであらうと思ひます。又、歴史的認識が現在と云う基点を別にして成り立たない以上、過去の思想に対する史的関心は必然的に現在を基軸とする過去の全発展系列を要求するのではないでせうか。（中略）

勿論私も思想の歴史的理解を完全になしとげるために、思想の母胎である歴史的世界についても、常識や概説的知識にとどまらないだけの充分な独自の認識をもちたい。然し思想の全発展相の認識を第一義とした吾人にとつて、それはどうしても第二次的な問題とする外ないと思います。歴史的世界が縦に横に結びついてゐる限り、その全体の認識が望ましいのは云ふまでもありませんけれど、それが個人の能力の限界を超えた要求であるならば、私たちはやはり学問の専門的分化と云ふ事実に即して問題を解決する外ありますまい(35)。

家永が述べているのは哲学的な原理論であり、井上が述べているのは具体的な実証作業の問題である。どちらかが間違っているということはあるまいから、理論的には両者を折り合わせるべきであろうが、家永の応答はいささか妥協的であるように感じられる。

家永は後に「どんな局部の領域をとっても、そこに必ず全歴史構造が反映されているはずだと思うのです」と述べるが(36)、それは確かにそうであるとしても、実際的な作業からみれば、その反映を認識するためにも、やはり歴史的背景に踏み込んだ史料読解作業が必要であるという断案を下さなければならないのではないか。

家永はこの時期、史学方法論に関わる著述を数多く発表し、大半は一九五三年刊行の『現代史学批判』に収められた。また日本思想史の体系書として一九五四年には『日本道徳思想史』を発表する。ところが研究成果としての『日本道徳思想史』についても、尾藤正英によって井上同様の批判がより厳しく行われることになる。

思想を思想自体の内的な脈絡に則って分析する代りに、例えば明治時代の進歩的思想家の言辞にみられる家族道徳の「コペルニクス的転回」と、現実の民衆の家族道徳との間の深いギャップが、単に「資本主義の古典的純粋形態は容易に形成せられず」といった、既成の社会史的概念への遁げ道によって繋がれるとしたら、それは思想史の自殺ではないのだろうか(37)。

井上や尾藤によって提起されたこの問題は、家永史学の成果を、家永の行論に即して実証的かつ批判的に検証する上で、重要な視点の一つであると思われる（家永による実証への批判の実例として本書第十四章三参照）。主体性つまり問題意識の拡張を徹底すること、歴史的背景を踏まえた史料解釈を徹底することは、言葉にすればあまりにもあたり前かもしれないが、いずれも学術の根本的な基礎であり、必ずそこから始めるべきものであろう。

ともあれ、研究の実際としては、その後の家永が研究者として井上や尾藤の主張したような批判を受けることは少ない。この理由は、戦後の家永がくり返し研究主題を変更しつつ、近代史を中心にきわめて幅広い研究を行い、いずれの主題でも領域開拓者として活躍したことと関係している。節を改めて述べたい。

四、法史学の開拓とその後の展開

一九四四年末の結婚とその後の経緯によって、家永の関心は自分自身の救済から現実世界でいかにあるべきかについての方向へと進みはじめていた。その過程は一九五〇年以降、続いて大学自治の問題として現れ、そこで初めて法律の意義に気づくことになる。家永は自身の直面する大学自治や教育問題との関連でさらに社会的関心を強め、ひいては権利擁護・戦争再来防止の観点から、日本国憲法との関連の視点を確立させていく。

こうした過程で、家永はかつて哲学をとり込もうとしたように、今度は法学を自身の学問にとり込もうとしていく。先ほど挙げた黒板のいい方を借りれば、歴史学にとって、「極端にいはゞ人類との交渉あるすべての学科はみな史学の補助学といってよいのである」から(38)、これは歴史学の研究範囲のさらなる拡張でもある。法学を史学から補翼する側面をも加味すれば、両学を相互に稗益する試みであるとも考えられよう。

家永が法学を取り入れてゆく過程については『家永三郎集』第九巻の松本三之介による解説に簡潔にまとめられている。また家永は次のようにも回想する。

私は冤罪事件にとりくんでいた正木ひろし弁護士と親しくなり、八海事件・菅生事件・丸正事件などの冤罪と格闘する良心的な法曹との交友の道が開け、それに伴って私の専門研究のしごとにも、日本史学と法律学とのグレンツゲビート（境界領域の意――小田注）にわたるものが多くなってきた(39)。

家永はもともと法律に関心をもち、また正木のみならず、大学の同僚として稲田正次、そして憲法問題研究会では我妻栄や宮沢俊義、恒藤恭といった優れた法学者と接点をもったから(40)、おそらくは教授会や研究会などでの質疑応答を重ねるなかで法律に対する理解をより深めていったのであろう。家永の法知識は正確で、専門家も舌を巻くほどであった(41)。

家永の法史学方法論に関する論述はいくつかある。ここでは一九六七年の論述「法と歴史」をとり上げてみたい。

法に関する論議のなかで、私たちの生活に最も切実に結びつくのは、現行の法の運用をめぐる法の解釈と、将来の法の創造のための立法論とであるが、法解釈と立法論との実例をつぶさに検討するとき、「法と歴史」との連関の学問的理解がどれほど大切であるか、裏返して言うと、「法と歴史」との関係の正しい理解の欠乏がどんなに重大な害悪を生み出すかを、痛切に感じないではいられないのである(42)。

家永はチャタレイ事件といった裁判の事例を挙げながら、日本の歴史的事実の知識をどうしても必要とする場面において、往々にして多数意見がそれを無視し、代わりに忠孝の理念や外国の理論の直輸入に基づき事実を無視した議論を展開していることを批判する。その上で次のように述べる。

対象となっている日本の実定法が、どのような歴史的条件のもとで、どのような現実的動機にもとづき、どういう人々の利益をめざし、どのような人々の主張をしりぞけて、どういう方法で制定され、その結果、どういう人々の利益が庇護され、反対にどのような人々の利益が侵害され、どういう事態が導かれたか、さらにそうした現状からやがて将来どのような情勢の展開が予想されるか、という法解釈上でもっともたいせつなことがらは、とかく無視されがちだったのではないであろうか。欧米法を継受した日本の近代法において、母法とそれに関する学説を知ることは、欠くべからざる前提であるとしても、その場合、まず第一に必要なのは、母法とその学説とをその国の歴史の中において歴史的に解することであり、第二には、その継受が日本の歴史の中でどのような意味をもっていたかを歴史的に分析する作業であったはずである。これなしに、母法や学説をいくらたくさん並べてみても、特定の歴史的条件の中で継受された日本の法の本質を理解することのできたはずがないばかりでなく、さらに日本の近代法が、単に欧米法の機械的なもちこみではなく、日本社会の現実の中で機能するものである以上、日本社会の歴史的過程の中に演ずる役割を、歴史的観点から考慮することなしに、どうしてその生きた役割を理解できたであろう(43)。

ここで家永が述べていることは、日本史学の観点からいえばごく常識的な内容である。しかし、そもそも日本の学問は、明治時代の初頭に各学科が相互の充分な交流を果たすことなく独立したのであり、ことに法学については英仏独といった各国の法律学が錯綜して輸入され、近代法および法律学が形成されて以降、法の運用は概念法学を基礎とする法解釈によって遂行され、歴史的視点が弱かった(44)。家永が目にしたのは概ねこうした状況であった。なお法と関わる歴史研究としての法制史については次のように述べる。

本来ならば、法制史こそ、右のような任務を遂行して、法解釈学や立法論が必要とする歴史的知識を提供する役目を分担する法律学の一分科であったはずなのである。しかし、現実に法制史と呼ばれる学問が、法の解釈や立法のために、なにほど積極的に意義ある役割を演じたか、疑なきを得ない。実際の法制史学界では、過去に行われた法の体系を現行法のカテゴリーにあてはめて再構成することに大きな力を注ぎ、極言すれば、過去の法を現行法の概念に翻訳することにのみ大童となって、その結果、異なる歴史的発展段階における、異なる価値体系をもつ法の歴史的特異性の認識をかえって妨げるようなことはなかったであろうか。また、実際の法制史の業績では古い法と新しい法との間の継受関係を追跡するしごとは熱心に行われたようであるけれども、法の展開を産み出す歴史的条件の究明や、それぞれの法が当該社会の中で演ずる具体的な役割を一々の歴史的条件との対応関係において理解することは、はたして前者に劣らぬ熱意をもってなされたであろうか。法制史学界の実情に精通しない人間が、みだりに失礼な推測を逞しうするのは差し控えるべきであろうが、隣接の学問をしている私としては、右のごとき疑問を発することを禁じ得ないのである。私は、法制史が法律学の不可欠の一分科として位置づけられているかぎり、生きた現実の法解釈や立法論のために積極的に寄与する使命を果たす義務をもつと考えざるを得ないのであって、法制史家が法律学の世界で特殊の別天地をつくり、その中で学的精緻を競うだけで満足せざらむことを、心から祈らずにはいられない。法律学および法律実務界一般に通ずる歴史的知識・歴史的感覚の欠乏という憂うべき事実をみるにつけ、法制史学界の脱皮を期待する情ますます切なるを覚える次第である（法制史への期待とあわせて法社会学を問題とすべきであろうが、法社会学については、また別の意味であまりに問題が多すぎるので、今は一切言及しない）(45)。

家永の法制史批判は、「生きた現実」への「使命を果たす義務」の観点から「学的精緻」を批判するという意味で、アカデミズム史学批判と同様の観点からなされたものである。こうした実践的立場から、家永は数多くの法学的著作を世に送るとともに、教科書裁判を典型とする実践に取り組んでいったのである。そして、教科書裁判という教育の権利主体をめぐる実践を通じて、それまでほとんど未開拓であった教育法学の進展に多大な影響を与えることになる(46)。

なお家永は晩年再び哲学に傾斜するが、ここでもやはり哲学的論理の精緻な解釈のみを課題とするのではなく、日本歴史における実践課題との関連を重視する視点が貫かれることになった(47)。そこで最後に、一九七〇年代初頭、家永が自身の思想の「総括」を試みた『田辺元の思想史的研究――戦争と哲学者』から、家永が方法論を語った箇所を検討し、家永の史学方法論の変容全体の総括としたい。(傍点小田)

そもそも思想史の研究が、考察の対象をできるだけ対象に即し内在的に追体験した上で進められるのが理想であるとしても、対象の歴史的な歩みをそっくり全面的に史家が辿ってみなければならないとされるとすれば、ひとつの対象の歩みを追いかけるだけで研究者の一生を投入しても足りないこととなり、歴史的考察などはじめから断念するほかなくなってしまい、思想史学の成立自体を否定する結果に陥るおそれがある。思想史学は、対象がどのような思想を形成したかを究明するだけではなく、どのような思想を欠落させていたかをも究明して、はじめて対象を批判的に考察したことになるのである。史家は対象を追いかけるにとどまらず、史家の主体性に立脚して対象の思想を、思想的に考察するものであらねばならぬ。思想史家はその意味で、自己自らの思想をもつ思想家たることを必須の条件とするのである。その場合、対象を内在的に理解するに必要な対象との共通思考を追試できる必要があると同時に、対象と異なる思想的外延・内包を有していなければ、対象が何を欠落させていたかを明らかにすることができないであろう。田辺元の学殖とは比較にならぬ無学薄識の私であるのは当然ながら、世代と専門と体験を異にする私が田辺元のもっていなかったものを何ほどかもっていると言っても少しも傲慢な言い草でないのは当然と思うし、田辺元と異質の人間であるからこそ田辺元を主体的に考察できるのだと言うことも、また方法論上の帰結であって、不遜の言ではない、と確信する(48)。

家永が「思想史家は……思想家たることを必須の条件とする」と述べているのは、先般来何度も確認してきた家永の学問における主体性と実証性との統一の現われである。家永の方法は、歴史的な発展と状況との対決のなかで、具体的な問題に即してさらに磨かれていったのであった。

おわりに

家永は哲学と折り合わせることによって思想史学という一つの方法を構成し、また法学と折り合わせることによって法史学という方法を構成した。実はこれらは家永の研究実践の典型例を二つ挙げたにすぎないのであって、たとえば『家永三郎集』の構成からも窺えるように、ほかにも数多くの学問と関連している。ここに一貫してみられるのは、自分自身の必要に応じて、それまでもち合わせた方法を再編しながら複数の学問領域に接近し、かつそれぞれにおいて必要な課題を解明しつつ研究成果を残すという態度である。家永は歴史家であるという以上に、「文化科学」的方法の可能性を推し進めた、いわば総合的な科学の探究者であった。

世界に相ついで現れた学術は、近代世界においてはヨーロッパ中心に展開してきたが、日本学術史をふり返ると、世界の動向と連動するかたちで、漢学を中心とする近世日本の学問が解体し(49)、かわって概ね大学の成立と各国からのお雇い外国人の導入以降近代的な各専門に分化した。大学令は「第一条　大学ハ国家ニ須要ナル学術ノ理論及応用ヲ教授シ並其ノ蘊奥ヲ攻究スルヲ以テ目的トシ兼テ人格ノ陶冶及国家思想ノ涵養ニ留意スヘキモノトス」と規定し、その下で各学科では専門分化が進み、たとえば歴史学は日本史・東洋史・西洋史に分解し、さらに学科内での細分化が起こっていった。そして各学科や専門は、輸入学問ゆえの発展性の限界を抱えつつも、それぞれに成果を挙げていったのであった。

しかし専門分化が進みすぎると、今度は些末化が進んでくる。ひいては同じ資史料ないしテクストを用いながら解釈が全く異なったり、あるいは通約不可能ということが起こってくる。ところが新たな課題は常に発生する。従来の学科の枠組みでは研究不能という場合が出てくる。そこで、いかにして従来の学科の限界を乗り越え、新たな研究の枠組みを創出していくかという問題が研究上の課題となる。それは、将来における世界的意義の発揮を期し、当面する主題に関する関連学術をそれぞれ深く踏まえ、その深度においていわば弁証法的に統一していくよりほかにはありえまい。

しかるに家永にあっては、すでに戦前から自身の問題意識を優先させる研究方法論を編成し、とくに一九五〇年代以降は、社会的問題への関心の広がりとともに、自身の専門分野を越え、方法を探りながら研究を進めていったのであった。家永の友人でもあった丸山眞男が有名な『日本の思想』で「タコツボ化」を指摘し日本学術界に警鐘を鳴らしたのは一九六一年のことであるが、そのころ家永は「思想」を切り口とした領域横断的研究に驀進していたのである。ここに学者としての家永三郎の、日本の学術史上に突出した位置が確認できよう。

無論家永にも問題がないわけではない。歴史学への帰一傾向は強引かもしれず、史料読解にも難がある。問題点の由来は、生まれて初めて思想的な問題意識をもった段階でドイツ哲学にのめり込んだことにあろうと思われる。家永が、憲法学者である美濃部達吉の論旨は「論理的にきわめてクリアーであるが、そのスタイルはその学問の祖系にふさわしくドイツ的である」(50)が、同じく憲法学者である宮沢俊義の論旨は「フランス学の伝統を思わせる香気にみち（中略）その真意がなかなかつかめないという意味で『難解』」だと述べているのは(51)、その一端を窺わせる。

家永は思想を一九世紀ドイツ哲学的、つまり理論体系的に捉えようとする欲求が強すぎるのである。それは理論の理解では有益に働くが、複数の意図が錯綜する実態の把握にあっては、混乱のもとである。家永が運動論に視野を伸ばした以上、家永の思想発展の内的必然としてこの問題に直面するのであり、この点は今後我々が家永史学を応用する際には修正する必要があるであろう。

（1）　家永三郎「私の研究遍歴　苦悩と彷徨を重ねて」『家永三郎集』第一六巻二一九頁。

（2）　大田堯、尾山宏、永原慶二編『家永三郎の残したもの　引き継ぐもの』日本評論社、二〇〇三年。ここでは歴史家の江村栄一・大江志乃夫、憲法学者の小林直樹、教育学者の大田堯・堀尾輝久らが名を連ねている。いずれも各界の著名な学者である。

（3）　ここでいう「文化科学」とは、家永が受容したリッケルト『文化科学と自然科学』にいう意味である。リッケルトは諸科学が一般化的方法と個性化的方法との両極のうちに存在するものと見（佐竹哲雄・豊川昇訳岩波文庫版九—一〇、二五—二七頁）、個性化的方法を有する文化科学の特質を価値関係的性格のうちに捉えた（同五二—五三頁）。西南学派の代表であるリッケルトの思索は、科学一切の包括的説明を試みた思索であるといえる。

　ここで必ず注意しておかなければならないことは、リッケルトは二種の科学方法論の切断を意図したのでは決してないことである。きわめて多いこの誤解から、リッケルトに先立つヴィンデルバントのみをとり上げ、リッケルトおよびそれ以後の発展を見落とした見解が生まれてくると考えられる。本来、リッケルトはいうに及ばず、リッケルトの思索をさらに展開させたラスクによる思索や、桑木厳翼ら日本における受容と展開をも含めた再吟味が必要であろう。

「文化科学」概念を今後の考察のための出発点に置く意義はここにある。このほかにも、かつて新カント派の科学論は幅広く受容されたこと、とりわけ価値関係的概念構成という重要な一点において一致を有するマックス・ウェーバーの方法論が現代も幅広く参照されているという一事を考えるだけでも、十分の意義があるであろう。またそもそも、家永史学が新カント派との親和性が強い以上、そこから出発するのが穏当でもある。

　ただしリッケルトの主張する「文化科学」をもって科学哲学の終局点とすることは決してできないであろう。右誤解に基づく点も存するとはいえ、生への観点ないし自然史的認識の欠如といった批判に加え、その後も解釈学的地平や反証可能性、言語論的転回などの問題が次々と現れているからである。リッケルト・ラスクに至る思索を体系的に捉え直しつつ、今後各種の論点を噛み合わせて考察を進める必要があろう。

なお併せて述べておくと、ウェーバーの「価値自由」が立場を異にする人々の協働を念頭に論じているのに対して、家永は事実から規範を抽象しようとする日本の「文化主義」を合間に挟むと考えられ（本書第十章一参照）、かつ、一実践家としての価値提示をも志すため、相貌が大きく異なる。家永による事実と規範との関係の理解とその評価については本書第十三章をも参照されたい。

（4）　家永史学の方法論に関する主な研究としては次のものが挙げられる。
ロバート・N・ベラー著、河合秀和訳「家永三郎と近代日本における意味の追求」マリウス・B・ジャンセン編、細谷千博編訳『日本における近代化の問題』所収。岩波書店、一九六八年。

黒羽清隆「家永史学の今日によびかけるもの」『歴史地理教育』一九六五年九月。のち『家永三郎集』第一巻月報に再録。

武田清子「日本思想史の方法《アプローチ》――宗教思想を軸に」家永三郎『日本思想史に於ける否定の論理の発達』解説。新泉社、一九六九年。のち家永三郎教授東京教育大学退官記念論集刊行委員会編『家永三郎教授東京教育大学退官記念論集2　近代日本の国家と思想』三省堂、一九七九年に再録。

鈴木正「家永思想史学論――その原点にみられる方法的批判の問題」『家永三郎教授東京教育大学退官記念論集2　近代日本の国家と思想』第Ⅳ部「家永史学論」所収。三省堂、一九七九年。

菊池克美『家永史学論ノート』私家版、一九八五年。また「通史の思想――家永史学論ノート」『歴史評論』四六二号、一九八八年一〇月。

鹿野政直「家永三郎　求道の思想史学」『鹿野政直思想史論集』第七巻、岩波書店、二〇〇八年。
（5）　黒羽清隆「家永史学の今日によびかけるもの」『家永三郎集』第一巻月報、一頁ならびに三頁。
（6）　家永三郎『一歴史学者の歩み』岩波現代文庫版一〇八頁。
（7）　同一一三頁。
（8）　前掲鈴木「家永思想史学論――その原点にみられる方法的批判の問題」前掲書三九一―三九四頁。

（9）同三九三頁。
（10）家永三郎『一歴史学者の歩み』岩波現代文庫版一〇八頁。
（11）『日本思想史に於ける否定の論理の発達』『家永三郎集』第一巻所収。書誌については同書「解説」（鹿野政直）を参照。
（12）同一六頁。
（13）同一九頁。
（14）同二六―二七頁。
（15）同四四―四五頁。
（16）同六〇―六一頁。
（17）同七三頁。
（18）同七五頁。
（19）家永三郎『日本思想史に於ける否定の論理の発達』教養文庫版序文。一九四〇年。『家永三郎集』第一巻四―五頁。
（20）本書第一〇章二参照。
（21）前掲家永『一歴史学者の歩み』一四〇頁。
（22）『家永三郎集』第一巻五頁。
（23）高山岩男執筆「日本精神史及日本精神の哲学」臼井二尚・木村素衛・高坂正顕・高山岩男・西谷啓治・柳田謙十郎共編『哲学年鑑　第二輯昭和十八年版』靖文社、一九四四年。五〇頁。
（24）家永の村岡受容については家永三郎「日本思想史学の過去と将来」（一九四八年初出。『家永三郎集』第一巻二三三―二三八頁）が参考になる。また学生時代に村岡の講義を受けておおいに刺激となったことが「一歴史学者のあゆみ――家永教授に聞く」中の発言（家永三郎教授東京教育大学退官記念論集刊行委員会編『古代・中世の社会と思想』三省堂、一九七九年。三〇四頁上段）から窺われる。
（25）黒板勝美『更訂　国史の研究　総説』岩波書店、一九三一年。

(26) 東京大学百年史編集委員会編『東京大学百年史』通史二（東京大学出版会、一九八五年）七八五頁。
(27) 家永による「広義の思想史」の定義。家永三郎「思想史学の立場」『日本思想史学の方法』名著刊行会、一九九三年。六七頁（初出題名「新しい思想史の構想」『国民の歴史』第二巻九号、一九四八年九月）。
(28) 前掲家永『一歴史学者の歩み』岩波現代文庫版一三一頁。
(29) 家永三郎「私の研究遍歴　苦悩と彷徨を重ねて」『家永三郎集』第一六巻二二六―二二七頁。
(30) 家永三郎「序に代へて―現代日本史学に於ける二つの学風」『現代史学批判』和光社、一九五三年。一―二頁。
(31) 前掲鹿野「家永三郎　求道の思想史学」『鹿野政直思想史論集』第七巻三四八頁。
(32) 菊池克美「通史の思想――家永史学論ノート」『歴史評論』四六二号、一九八八年一〇月。
(33) 家永三郎『一歴史学者の歩み』岩波現代文庫版一一六―一一七頁。家永はただでさえ病弱であり、死の身近な戦時下にあって、死ぬ前に一つでも客観的な成果を残したいと考えたことから、腰を据えた、見方によっては悠長な研究態度は持てなくなってしまったと述べる。
(34) 井上光貞・家永三郎「往復書簡　思想史を裏付けるもの」『国民の歴史』第二巻第一〇号、一九四八年一〇月。六三頁。のち『井上光貞著作集』第十巻（岩波書店、一九八五年）収録。一五五―一五六頁。
(35) 同じく『国民の歴史』六四―六五頁、『井上光貞著作集』一五八頁。
(36) 家永三郎「服装史の根本問題」『日本思想史学の方法』名著刊行会、一九九三年。一二二頁。なお八巻和彦はこの一文を「新プラトン主義における『omnia in omnibus（全てが全てのうちに存在する）』という思想に近い、きわめて形而上学的なものである」とするが（八巻和彦「屹立する精神――家永三郎」（『戦後思想史の課題』早稲田大学アジア太平洋研究センター研究シリーズ四一、一九九八年二月。二〇三―二〇四頁））、第一義的には歴史学者としての実感であると考えた方がよいであろう。
(37) 尾藤正英による『日本道徳思想史』書評。『歴史学研究』一七三号、一九五四年七月。四九頁。
(38) 前掲黒板『更訂　国史の研究　総説』一九頁。
(39) 家永三郎「戦後の私の心の軌跡」永原慶二・中村政則編『歴史家が語る戦後史と私』吉川弘文館、一九九六年。三頁。
(40) 憲法問題研究会編『憲法読本』下、岩波新書、一九六五年。一九七頁。
(41) 典型的なものとしてたとえば石松竹雄「家永先生と刑事裁判」(『家永三郎集』第八巻月報)参照。
(42) 家永三郎「法と歴史」『家永三郎集』第一三巻一〇三頁。
(43) 同一一七頁。
(44) たとえば内田貴『民法改正――契約のルールが百年ぶりに変わる』(ちくま新書、二〇一一年)では、主としてフランスとドイツからの輸入によって成立し、ドイツ式の解釈法学によって判例の積み重ねられた日本民法の問題点が説明される。
(45) 前掲家永「法と歴史」『家永三郎集』第一三巻一一七―一一八頁。
(46) たとえば永井憲一「教科書訴訟の教育法学へのインパクト」『法と民主主義』三七八号、二〇〇三年五月、参照。
(47) 本書第一六章参照。
(48) 家永三郎『田辺元の思想史的研究――戦争と哲学者』序、『家永三郎集』第七巻四頁。
(49) 漢学の分解についてはたとえば水田紀久・頼惟勤編『日本漢学』大修館書店、一九六八年。二一一―二一二頁参照。
(50) 家永三郎「宮沢憲法学の集大成――宮沢俊義『憲法の原理』ほか」『思想』五二七号、岩波書店、一九六八年五月。一四九頁。
(51) 同頁。

第十二章　天皇・天皇制観の変遷

――一九三〇年代から一九五〇年代を中心に――

はじめに

家永三郎は、一九五〇年代初頭、朝鮮戦争とともに進んだ占領政策の転換および日本政府の保守化、いわゆる「逆コース」の開始とほぼ並行して、平和主義・民主主義の実現を期した実践に向けて大きく舵を切った。こうした実践の蓄積の過程において、一九六五年の教科書訴訟提起、そして「国民の教育権」を認めた一九七〇年の杉本判決が現れる。この軌跡を描くことが平和主義・民主主義の実現を目指した歴史上の人物としての家永三郎を描写する上での基本線ともなる。

ところで、こうした家永像を描いていくにあたり一点気にかかるのは、一九一三年に生まれた家永が、日本国憲法に現れる平和主義・民主主義の理念とは矛盾する要素を多く含むとみられる帝国憲法下での制度のあり方、とりわけ天皇・天皇制の問題を、戦後どのように自身の内面において処理したのかという問題である。

ところがこの論点は、非常に複雑な事情を抱えている。この間の事情について、鹿野政直は次のように述べる。

その天皇制観について家永は、生前、まとまって思想的遍歴を明らかにする文章を公にしなかった。それだけ重い課題であったのだろう。ただ、「私と天皇制・天皇」という、みずからの天皇制観・天皇観の変容の全体像を、天皇・皇族への接触をも含めてのべた手稿を遺した。一九九〇年の執筆であり、その意思で幾人かの研究者に託された。そこには家永の、教科書訴訟にからんで投げつけられた「変節」との誹謗に反撃するとともに、この主題についての真情をきちんと書き残しておきたいとの抑えきれぬ熱意があった(1)。

家永の天皇・天皇制観は大きく変容している。このことから、教科書裁判と関わって政治的な毀誉褒貶の材料とされてきたのである。そのため、家永三郎自身も生前は天皇・天皇制との関わりについてほとんど言及せず、その結果、没後においても研究はほとんど進んでいない。

研究の指針であるが、一般に家永三郎の研究における課題は、第一章で述べたように、自伝の自己認識を実証的に批判し、着実に家永の実像とその意義とを明らかにしていくことにある。この指針は天皇・天皇制観の変容に関する問題にもあてはまる。つまり、本研究の方針は、家永の自己認識である「私と天皇制・天皇」を念頭に、関連文献から天皇・天皇制観の変容過程を読み解き、その実態と位置づけを明らかにすることである。

そこでまず、家永は「私と天皇制・天皇」において、自身の天皇・天皇制観の変容についてどのように述べているか、確認しておきたい。

以上のような諸条件が重畳的に作用して、一九五〇年代の末期から、私はようやく「天皇制を本当に突き離してトータルに科学的に見据える視点」を獲得することができるようになったのである。私が「自分自身の頭で物を考えることが可能となった」一九三二年から数えて二六年ほどの歳月が必要だったわけで、いかに幼少時代から家庭・学校・世間を通して植えつけられた天皇制イデオロギーの払拭が困難であったかを物語っており、それ故にそのなかでもいちばん組織的計画的に私に「国体観念」を注入した戦前教育の恐しさを思わないではいられないのである(2)。

家永自身の見方によれば、家永は「一九三二年から数えて二六年ほどの歳月」を経て、「『天皇制を本当に突き離してトータルに科学的に見据える視点』を獲得することができ」た、ということになる。

この点を検証するためには、我々としても、一九三二年ごろにおける家永の思想形成から始めて、一九五〇年代後期に至る時期の家永の天皇・天皇制観にかかる文献を抽出し、整理しつつ見直してみる必要があろう。幸い、家永「私と天皇制・天皇」は、自伝でありながら、関連文献を挙げて考証を加え、実証的に叙述するスタイルをとっており、この意味で数少ない先行研究の一つとしても位置づけられる。

そこで本章では、この「私と天皇制・天皇」を重要史料かつ先行研究として念頭に置きながら、一九三〇年代初頭から一九五〇年代後期にかけて、家永の天皇・天皇制観がどのように変容していったか、またその意義はどのような点に認められるか、史料を通じて実証的に検討したいと思う。

一、思想形成以前における天皇・天皇制観

家永は「私と天皇制・天皇」において、思想形成期の自分自身を次のように総括する。

私は一九三二年〔昭和七年〕前後に「過去の体制的正統イデオロギーと訣別でき」たというものの、「天皇制の問題だけは除く」と但書を付け加えなければならないところの「訣別」であったということになろう(3)。

家永における一九三二年前後の思想形成は、「天皇制の問題だけは除く」ものであった、というのが、家永が語るところである。それでは、この点は実証的に裏づけられるであろうか。それとも別の結論が出てくるだろうか。まず自伝『一歴史学者の歩み』をみてみると、思想形成以前の段階の家永は、どちらかといえば国家主義に親和性の強い少年であったと回想されている。たとえば小学校時代を回顧した次の一文。

こういうこともあった。ある時先生が生徒に向かって、君たちは一体何のために勉強するのかという質問を発した。友だちは、あるいは大人になってから字が読めないと困るからとか、お金の勘定ができないと不自由するからといったような答えをそれぞれした。先生はそれを総括して、「結局自分のために勉強するという意味だね」とまとめた。私は少々なまいきであったし、そのころからナショナリズムの心情を何程かいだいていたためかもしれないが、「日本のために」という趣旨の答えをした。しかし先生はそれでもだめだといって、最後に先生自身の結論を示した。それは世界のために勉強するのである、世界中の人々がみんなよく勉強して賢くなれば、戦争のようなばかげたことをしなくなり、世界が平和になる、というのが先生のまとめであった(4)。

家永少年がクラスの発言者（何人いたかはわからないにせよ）のなかで最も国家に関する意識の高い少年の一人であったことはほぼ間違いないであろう。

また中学時代に家永が趣味とした作文作詩の類いを読んでみると、やはり国家主義的な視点が濃厚に現れている。たとえば豊臣秀吉を評した次の一文。

彼は単に誠を外交の道具としたのではなく直誠実の人であつた。その皇室を尊崇する態度はその赤誠のあらはれであつて、決して家康のそれのごとき仮面的のものではなかつた(5)。

またたとえば「嗚呼楠正成」より。

あゝ尩弱の身を以て／西に東にかけめぐる／君の心を誰か知る／二顔の忠も物ならじ／鬼神も泣かむその操
英霊遠く去りてより／悠々こゝに五百歳／湊河の流かはりはて／桜井の松枯るれども／うつらぬは唯誠のみ
見よや河内の野の彼方／空に聳ゆる金剛の／高きは君の心かな／雲漂へるほとりにぞ／忠魂とはに宿るらむ(6)

少年時代の家永に強固な国家主義的心情が宿っていたことは、右に挙げた文献から充分立証されるであろう。こうした心情は、思想形成の記念碑となった論述「国家哲学の根本問題について」にも貫かれていると窺われる。まず自伝『一歴史学者の歩み』からみてみよう。(傍点小田)

もっとも、リベラリストになったと言っても、今からふり返ってみると、従来の国家主義的心情を修正するという程度にすぎなかったと言えないこともないけれども、とにかく私はファッシズムへの顛落の危険だけからは完全に救われ、さればとてマルクス主義に入ったのでもない、一つの独自の思想的立場に立つことができたのであるから、この昭和七年という時点は、私の生涯にとってきわめて重要な意味をもっているのである(7)。

この点を踏まえて論述「国家哲学の根本問題について」を読み直してみると、全体の末尾が次のような表現で結ばれていることに気づく。(傍点小田)

こゝに於て範疇を以て特定の所与を規正せんとするとき、即ち一の具体的国家政策を立てんとするときその政策は必ず其所与国家独自の個性に基くものであらねばならぬ。（中略）この点に於て吾人は当為の世界に於て歴史が如何に尊重せらるべきであるかといふことを明瞭に理解し得るであらう(8)。

歴史は尊重されなければならないという結びの一文は、新カント派の哲学に基づき国家の概念を客観的に確定させようとする全体の論旨のなかでは浮き上がっている。だがそのため却って家永自身が論述を通じて何がいいたかったかを窺わせる。つまり家永は、国家の存在を正当化することを少なくとも一つの大きな目的として、右論述を書いたのである。そこで以下、思想形成時点での家永が国家主義をどう取り扱ったか、論述「国家哲学の根本問題について」をもとに、さらに検討してみたい。

二、思想形成期における天皇・天皇制観

ここで鍵となるのは、「所与国家独自の個性」とは、家永の立論において何を意味するか、ということである。これを理解するためにはまず家永の「純粋国家」論にある程度遡って検討してみなければならない。家永における「純粋国家」および「所与国家」の理論的な定義は次のとおりである。（傍点家永）

しかるにこゝに第三の聯関形式がある。これがすなはち純粋国家である。抑共同社会は単なる聯関関係としてのみ意識せられるが故に共同社会の成員は未だ人格としての自覚に達せざる経験的行動主体に過ぎない。それ故実践の

公準は共同社会に於てはその理念たるべきものなるにもかゝはらず目的として考へられないのである。こゝに行動の相互聯関をこの公準に規正しかゝる形式に於ける生活を可能とすべき保障が要請せられる。純粋国家とはかゝる規正に於ける保障形式をいふに外ならないのである。この形式により組織せられたる社会を国家といひその保障の作用を政治といふ。しかしてこれが歴史的内容を帯びてあらはれたものが所与国家である(9)。

家永によれば、「純粋国家」とは「実践の公準」の「保障形式」であり、「所与国家」とは「この形式により組織せられたる」「国家」、「これが歴史的内容を帯びてあらはれたもの」である。要するに「所与国家」とは、家永が念頭に置く限りで、現存の日本国家とみなしてよい。なお本論第四章三で触れたとおり、「実践の公準」概念は概ね新カント派のいわゆる文化価値、つまり真善美の理想に向けた実践を指すものである。

そこで問題は、現存の日本国家と真善美の理想との関係であるが、家永は次のように述べる。

こゝに於て論ぜらるべきことは理念そのものにあらざる所与国家が何故に肯定せられるかといふことである。（中略）所与国家は決してこの理念そのものではない。それは時として理念と逆行することもあるのである。（中略）けれども吾人は純粋国家の形式的意義を再び検討することにより純粋国家と所与国家との正しき関係を認識し以て所与国家存在の意義を明にすることができると思ふ。抑純粋国家とはすでに劈頭に於て述べた如く超越的なるユートピヤではなくして内在的の理念であるからこれはたゞ所与国家の内に於てのみ求められるものなのである。先験哲学の形式主義は恰も内容なきアプリオリが存在するかの如き偏見を起さしめる。しかしアプリオリを無内容と考へることは抽象に過ぎない。形式は常に資料と伴ふことによつてのみ意義を有するのである。換言すれば理念はたゞ現実の内に於てのみ実現せられる。理想主義を以て「空に美を描く」ものと考へてはならぬ。理念は現実に於てのみ実現せられ現実は理念化されることによつてのみ肯定せられる。理念と現実とはかくて不離の関係に立つ。純粋国家の範疇は常に内容を与へられ所与国家の規正原理として始めて其本領を発揮するのである。この意味に於て所与国家は決して所与なるが故に否定せられることはできない。勿論このことは所与を所与として墨守せよといふ保守主義を意味するものではない。範疇が規範であるからには所与は常に之によって規正せらるべく永遠の改造を必要とするものであることを特に明にしておくべきである。たゞし形式たる範疇は資料としての所与の組織者であるから概念的には無内容なる形式となるけれど現実には常に所与により制約せられ独自の内容を帯びたるものとなるのである(10)。

家永がいおうとすることは、「所与は常に之によって規正せらるべく永遠の改造を必要とするものである」、つまり現存の日本国家は、真善美の理想によって常に改善されていかなければならないという考え方であり、同時に「所与国家は決してこの理念そのものではない。それは時として理念と逆行することもある」という考え方でもあった。

本論第四章で検討したように、家永がこの思想を立てようとしたのは、マルクス主義青年の思想への反発からである。また「国家哲学の根本問題について」にみられる家永の思想は、世界的な民主主義の実現を展望するものであって、時期的には第一次世界戦後の国際協調主義的な社会・理想と並行している。

家永の「国家哲学の根本問題について」にみられる政治方針は、満州事変直前の社会情勢と照らし合わせて考えると、外に国際協調主義・内に天皇中心の立憲デモクラシーであると考えられる。つまり天皇の存在は、家永の思想から排除されているどころか、マルクス主義の衝撃を通じて、むしろ新カント派の理想主義の理念の下に現存の日本国家の肯定を通じて肯定的に位置づけられたのである。

日本国家を再肯定したかった一九三三年時点の家永はおそらくあまり気づいていなかったと思われるが、家永はこの時点で、「万世一系のわが国はなぜ肯定されるか。なぜならば、平和主義・民主主義に向かう動きを体現する国家だからである」という問いと結論を与えていた。そしてその答えを与えてしまった時点で、さらにいえば、そもそもこの問い自体を発せざるをえなかった時点で、自覚はしなかったが、「万世一系」の権威、ひいては帝国憲法の基本理念は、家永の内面において第一義の座から滑り落ちていたのである。しかし、このことは戦後に至っても簡単には家永の自覚に到達しなかった。

さて、戦後のことは措き、このように理解してくると、一九三五年の美濃部達吉筆禍事件の際、家永が次のような文章を残していることも筋立てて理解できる。

○○〔天皇機関説〕問題になると、吾人は憤慨を通り越して、呆れる外はないのである。私は決して美濃部法学に左袒するものではない。然し乍ら是非言はねばならぬことは、他人の信念に対し名を道徳に借り、権力、暴力によって圧迫しようとすることは断じて許せないといふことである。国体に対して頑迷固陋の独断的解釈を下して、他人がいささかでもそれに違ふ時は不敬だ、国賊だと云って、卑怯なる迫害を加へんとするは、全国民の拠つて仰ぐ国体を私し、名を尊きところに仮つて、私意を逞しうするものとせねばならぬ。然もその云ふ処を聞けば、いづれも天皇主権説を出でない。（中略）それは日本の国体を支那や、西洋の専制君主制と同一視するものであり（彼らの中には秦始皇の焚書を讃美するものさへある）、我が帝国の無窮の発展を阻害し、結局皇室と国民との中間に介在する支配階級擁護に終るものだからである。かくの如き行方こそ国体を危くするものであり、深く慎むべき態度だと云はねばならぬ。私は我が国体の尊き伝統を考へるにつけ、生を日本の地に享けたことをしみじみ幸福に思ふのであるが、彼等が用ひるところの意匠をこらしたさまざまな形容詞に対して、何等の感激をも覚えることは出来ない。それは全く彼等の云ふ処が、枯死骨化せる屁理屈であり、国民の生きた切実な情操に根を下してゐないからである[11]。

行文中の天皇機関説と天皇主権説との対比からは、家永が当時法理論として対立していた両者を区分する視点をもち合わせていたことが窺える。当時論争的な問題であり、無用の反発を避ける都合からであろう、「私は決して美濃部法学に左袒するものではない」と述べているけれども、家永は実質的に天皇機関説を支持している。事実、「国家哲学の根本問題について」においても、「経験科学的立場よりみた国家観を最も明細に説いたもの」の二冊のうち一冊として美濃部達吉『日本憲法第一巻』が挙げられている[12]。

また家永は自伝『一歴史学者の歩み』で右を引用するにあたり、「日本の国体を賛美する言葉があるが、これは当時、私が本気でそのように考えていたからであ」ると述べているが[13]、ここまでの検討からみて、実際そのとおりだったであろう。立憲主義を破壊しようとする天皇機関説問題は、理論的に考えても、心情的に考えても、家永にとって到底許せるものではなかったのである。家永の怒りは、天皇制を擁護する意識を伴った上でのリベラリストとしての怒りであった。

思想形成期の家永にとって、天皇・天皇制はマルクス主義の衝撃を経て立憲主義的理想主義の立場から肯定的に位置づけられたものであった。一九三二年以降の家永は、国際協調主義・立憲デモクラシー・天皇機関説の立場をとることによって、天皇・天皇制を自身の心情に沿って積極的に肯定しようとし、かつ理論的にも調和的なかたちで位置づけたのである。この理想主義の立場は、次節以下に述べるように、家永が戦時下には天皇への敬意を崩さなかった理由として働き、また戦後においても長らく天皇・天皇制を否定しえない思想的な根拠となった。

三、戦時下から戦後にかけての天皇・天皇制観

家永は戦時下、本来いおうとしていたことの大部分を差し控えていたとみられ、戦時下に公刊された文献のみから同時期の思想的境位を解明することは容易ではない。しかし戦後すぐに刊行された文献を含めて検討してみると、一九四五年前後の家永の天皇・天皇制観に戦前からの継続性がみられることは確かである。それを端的に示す一例として、次の記述をみてみたい。

明治中期に勃興せる国粋主義思想がきはめて開明的な傾向を帯びてゐたことは凡定評ある処であり、私自身も、種々な点に於いてそれが幕末維新の攘夷思想や近年の排他的日本主義と著しく異なつてゐるのを注意すべきであると考へてゐるのであるが、このことを最もよく例証するものはその国体論である(14)。

家永の認識は、明治時代に現れた開明的で健全な思想が、「近年」歪んでいった、というものである。家永の論旨は美濃部達吉筆禍事件への怒りからひと続きのものであるとみてよかろう。事実、同様の認識は戦時下にもみることができる。

かくしてここに現実を遊離した復古的改革論と、前進を忘れた反復古的保守論との不幸なる対立は完全に止揚せられ、現実に即し而も未来に向つて現実を超克せんとする高次の態度が成立したのであつた。固より福沢の思想が幾多非義すべき弱点を免れないことは云ふ迄もなく、右の引文中にも「最大多数の最大幸福」だの「数字統計」だの

と云ふ攻撃の好材料となりさうな文字が含まれてゐるのであるが、我々としては徒らにその時代的限界の指摘に得々たるよりも、むしろ右の如き根本的確信に立ち「如何様にもして此鎖国の日本を開て西洋流の文明に導き富国強兵以て世界中に後れを取らぬやうにしたい」（福翁自伝）との念願の下に続けられた彼の終生の努力が日本帝国をして今日あらしめた明治の驚異すべき飛躍的発展に対し如何に大きな因子となつてはたらいたかを認識することの方が遥かに大切ではないかと思ふのであつて、その意味に於て彼の反復古主義こそ、我が国史の輝かしき展開を推進せしめた最も重要なる一原動力として日本思想史の上に不朽の功績を紀念せられなければならないと確信する（洋学者其他明治時代思想家の反復古論に就いては、猶福沢の外にもいろ〳〵取り上ぐべきものがあるけれど、今は姑く福沢の主張を代表として引くにとゞめる）。而もこの信念が決して一開化主義者福沢一人の私言ではなく、その根柢に於て直ちに明治の大御代の精神に通ふものがあつたと云ふ点で、その意義の一層大なるを知らねばならない。私は曽て　明治天皇の御製を拝誦して

ひらくれば開くるまゝにいにしへにかはるおもひもある世なりけり

ものごとにうつればかはる世の中を心せばくはおもはざらなむ

の数首に至り、聖明の程感激を禁ずる能はなかつたが、更に

千早ぶる神のひらきし道をまたひらくは人のちからなりけり

の御製を拝するに及んで、天皇の御治世四十数年に於ける我が帝国の驚異すべき躍進の由つて来る根源に始めて親しく触れ得たるかの感を覚えたのである。近年世にはともすれば明治時代の弊を数へ立てて能事畢れりとする風潮の流行するを見受ける様であるが、我々は深く思ひをめぐらし真実に省みて、明治時代の進展の迹が如何に偉大なものであり我が国の歴史の上に如何に大きな時期を劃するものであつたかを了解するにいさゝかの過誤もあつてはならないと思ふ。而してその偉大なる進展の由つて来る精神的根源を親しく体認することこそ、今日重大なる責務

に直面せる我々にとつて更に一層緊要なる実践的課題なのではあるまいか(15)。

家永は、明治時代においては、天皇以下日本人に反復古主義の開明性があったために、「我が国史の輝かしき展開を推進せしめ」ることができたのであるが、いま（一九四四年時点）やその思想は曇ってしまっているから、もう一度原点に返らなければならない、と主張するのである。右の行文は一九四四年時点の日本の現状に対する批判の意図を隠然と含んでいる。家永の現状批判は、やはり天皇の尊崇、天皇制の存在を前提とするリベラリストとしての現状批判であった。

とはいえ、戦時下の家永は行動することはない。家永が実践的行動的な姿勢を明確にするのは、一九四四年末の結婚をきっかけとし、次々と民主化の実践に取り組んでいく一九五〇年代前半以降のことである。戦時下の家永は、平泉澄の教え子で後に教科書検定官として家永の前に再び現れる村尾次郎が一九四二年の時点で半ば見抜いていたように、「国家の命脈に対する関係」についての視点を一切無視した研究に邁進することによって(16)、消極的に戦争との関係を拒絶していた。

一九四七年にはまだそのような態度に濃厚に覆われていた。この年刊行された通史である『新日本史』（もとの執筆意図は教科書）では、明治以後の日本の歩みは次のように総括される。

今迄述べて来た様に、我が国は明治維新以来政治経済文化各方面にわたり非常な速度で近代化を遂げてきたのである。その発展は目ざましいものがあつたが、しかし一日も早く世界の列強と肩をならべ得る近代国家にしようとあせつた結果、一応外面的にはその目的をおほむね達成することができたものの、真に国民生活を土台から建て直すだけの暇がなく、表面華やかな近代日本も一皮むけば旧態依然たる有様であつたと云はれても仕方のない点が多かつた。そのことは議会政治の運営や科学技術の発達を述べた際にも触れた通りであつて、国民の精神や実生活はまだほんたうに近代化されるに至らず、そこにいろ〳〵な矛盾が生じてくることを免れなかつたのである。（中略）要するにあまりに短時日の裡に世界の歴史が永い年月をかけて築き上げた文化を我が物にしようと急いだことがこの様な結果となつたのであつて、日本文化の建設には国民がもつと腰を据ゑて努力することが必要であつたと云はなければなるまい。やがて日本歴史上未曾有の悲劇を招くに至つたのも、明治以後の文化の内に含まれてゐた無理や矛盾の積み重つて生じた結果とみてよいであらう(17)。

敗戦後の変革も、こうした観点から受け取られる。

かくて米軍を主とする聯合軍は日本に進駐し、我が政府の統治権は降伏条件実施のための最高司令官の制限の下に置かれることとなつた。それより我が官民は聯合軍総司令部の占領政策に協力して日本の民主主義的再建の工作を続けてゐるが、今日までの短い間に、聯合軍の指令又は指導の下に次々に行はれた改革は、日本が未だ曽て経験しなかつた大きな変化をもたらしてゐる。例へば、言論集会結社等の自由を妨げた従来のあらゆる法規の廃止されたこと、神道が国家から分離されたこと、軍人及びその軍国主義的支配に協力せるものが悉く指導的地位より追放されたこと、神話と歴史とを混同したり、日本民族を以て他民族に優越し他を支配する運命をもつとするが如き考へのあやまりの明にされたことなどがその主なもので、更に進んで国民の総意にもとづく政治を行ふために国家組織を根本から改編すべく、憲法の全面にわたる改正の手つづきがとられ、昭和二十一年十一月三日を期し、新しい日本国憲法が公布されたのである。新憲法の主眼は、天皇を国家の象徴とし、権力者が大権に名をかりて専断を行ふ余地なからしめること、基本的人権を保障すること、国会を国権の最高機関とすることなどにある。

この様にして我が国は更生の道を歩みはじめた。戦争による痛手はきはめて深く、国民生活の復興は容易ではないけれど、我々はこの困難に屈せず努力をつづけなければならぬ。我々は今次の悲劇を深く肝に銘じ、再びかかるあやまちをくり返さないやうにするのは勿論のこと、明治維新以来果さうとして果し得なかつた真の近代化をなしとげる機会の来たことを自覚し、禍を転じて福とする覚悟をもつて進むべきであると思ふ(18)。

敗戦を経てようやく明治以来の正しい道に復したというのが、この時点での家永の見方である。一方、天皇と天皇の存在が戦争において果たした役割についての批判は窺えない。また当時の家永は天皇は不親政であるべきと考えており(19)、新憲法の象徴天皇制は喜ばしいことであったと考えられる。

家永は一九四七年一二月に発表した「教育勅語成立の思想史的考察」に「私は常々君側に開明進取の近代的賢哲の侍せざりしことを残念に思ふものである」と書いているが(20)、一九四八年には家永自身が実際に天皇や皇族と接する機会を得、その後一九五一年まで五次にわたって関係をもっている。家永はそのうち二次について手記を遺しているといい、それは「天皇・皇室に対するきわめて篤い敬意をこめた用語・文体で記されており、この時点での私の天皇・皇室に対する姿勢をよく示している」という(21)。

一九四一年に対英米蘭戦争に入って以降は、同時代の家永にとって、日本国家が本来あるべき理想の道を決定的に逸脱した時期であり、最も怒りを覚えるべき時期であった。しかし、一九四五年から五〇年ごろにかけては、日本国憲法の制定とともに、当時家永が考えていた理想としての国際協調と開明化そして天皇不親政へ向けた動きが進みはじめた時期であった。この時期は、僥倖にも、家永にとって心情と理念とが一致した時期だったのである。

家永が当時を回想して「もしかりに終戦後の数年の心境をいっそう極限化させていったとしたならば、それらの人々（オールド・リベラリスト等からミリタントな反共主義者になっていった人々――小田注）の仲間入りをしてしまう危険性も皆無とはいえなかった」と述べているのは(22)、正直な告白であろう。民主主義政体や戦争放棄を謳う新憲法の発布と併せ、象徴天皇制への変更は、家永にとって一時の頂点ともいうべき時期の到来ではなかっただろうか。

四、天皇・天皇制観の変容の前提

家永の天皇・天皇制観が大きく変化していくのは、この後一九五〇年代に入ってからのことである。この過程は一九五〇年代末期に完了する(23)。この変化の理由について家永は、「もはや今日から時間的順序を正確に追って叙述することは困難であるけれど」としつつ(24)、逆コースのなかで積極的な発言を開始して日本国憲法を学び知るなかで新憲法下での天皇の地位についても知識を得たこと、共和主義の思想的伝統が日本に存在した点の認識、「ミッチーブーム」により天皇の潜在的影響力を理解したこと、という三つの理由を挙げている(25)。ただしこの変容過程を同時代文献から順を追って検討していくことはきわめて難しい。家永は当時を回想して「長年月にわたり皇室に対し敬意をこめた文章を書き続けてきているうえに、天皇・皇太子との『個人的なつきあい』を一時期もった私として、てのひらを返したように天皇制批判を公表する気持にはなれなかった。それは文筆人としてあまりにも軽薄な態度のように思われたからである」と語っているが(26)、実際、家永が天皇について語る箇所は一九五〇年代ごろを境に一挙に消滅していくのである。

ともあれ大筋の理由としては、日本国憲法制定後の家永が、そもそもの天皇制の制度理解として、帝国憲法の「万世一系」の立場（帝国憲法第一条）に固執せず、日本国憲法の天皇の「地位は主権の存する日本国民の総意に基く」（日本国憲法第一条）とする立場を受け入れていったからであることが窺える。本章第一節で述べたとおり、そもそも

「万世一系」の権威を一度でも疑った時点で、帝国憲法の基本理念は、家永の内面において第一義の座から滑り落ちていた。

一九五〇年代に入り、家永は、家庭から始まり職場そして社会へと連続していく民主主義の諸実践の過程で、日本国憲法の生きた姿を学び知っていく。その過程で家永は、日本国憲法に平和主義・民主主義の理念がよりよく盛り込まれていることに気づいていくが、それと並行して、天皇不親政以前の問題として、そもそも天皇という制度の存在が何によって認められるのか、またそもそも、その制度と実態とが果たして平和主義・民主主義の理念と合致するのかどうかという問題が存在することにも気づいていったと考えられる。

なおここまで、「天皇・天皇制」と並列して述べてきたが、「万世一系」の立場を離れて概念的に区分した場合、制度としての天皇制と人格としての天皇個人とは別物である。家永は天皇制については右のように認識・処理していったと考えられるが、心情として天皇個人にどのような感慨を抱いていたかについては、全く文献がないので明らかにすることができない。ただ、「私と天皇制・天皇」の遠慮深い態度からみれば、たしかに一九五〇年代以降、制度において天皇を権威とはみなさなくなり、敬語表現をやめたとはいえ、それが人格的な好悪の変化に結びついたとは考えにくい。そこで、以下の行論では、天皇制観に絞って論じることとしたい。

五、天皇制観変容の実像

先ほども述べたとおり、一九五〇年代に家永の天皇制観が具体的に何を契機とし、どのように変化したかについての文献はきわめて乏しい。しかしそれと密接に関係すると思われる文献として、教育勅語理解の変化を挙げることができる。教育勅語観の変化の実像、およびそれが家永における天皇制観変容の全体像とどのように関わっているかという観点から、検討を試みたい。

家永の教育勅語観の変遷を伝える文献としては、「教育勅語成立の思想史的考察」（『史学雑誌』五六巻一二号、一九四七年一二月のち『日本思想史の諸問題』斎藤書店、一九四八年に収録）、『日本歴史大辞典』6「教育勅語」の項目（河出書房、一九五七年三月）、また回顧として「教育勅語をめぐる国家と教育の関係」（一九九〇年一一月。のち『憲法・裁判・人間』収録）が挙げられる。

まず一九四七年の「教育勅語成立の思想史的考察」からみてみたい。家永は教育勅語の成立にあたり、元田永孚と井上毅との思想的対立があったことを指摘する。

【元田への評価】明治に至つては、残存封建勢力のために、資本主義産業社会を地盤とする近代思潮に対し、掉尾の抑制作用を演じたのであつた。元田永孚の事業は畢竟儒教のかゝる歴史的役割を代表する一の例であるに過ぎない(27)。

【井上への評価】「日本臣民ハ安寧秩序ヲ妨ゲズ及臣民タルノ義務ニ背カザル限ニ於テ信教ノ自由ヲ有ス」（帝国憲法原案第二十八条）と云ふ近代的な思想自由の保障条文を起草した(28)。

元田と井上との対立について家永は、井上が「常ニ国憲ヲ重シ国法ニ遵ヒ」という一文を挿入しえたことをもって(29)、「近代的な思想自由の保障」に軍配が挙げられたと評価する。その上で次のように述べる。

かくの如くにして、教育勅語は、元田によつて代表せられる封建的儒教主義と伊藤井上によつて代表せられる近代的立憲主義（勿論大きな制限をもつてはゐるが）との抗争と妥協の上に成立したが、外形に於いては前者の勝利の如き観を呈しながらも、実質的には後者の勝利が実現せられてゐることを看過してはならぬ(30)。

次に家永は、右のような事態をもたらした歴史的規定力として「明治天皇の進歩的御精神」の存在を指摘する。

更に吾人は、これらの個人的活動を一層高所より規制した力として、一般的に云へば、明治の時代精神、個別的に云へば明治天皇の進歩的御精神を考えないではゐられない。天皇が如何に進取の御精神に富ませ給うたかは御製によって明白にうかゞふことができるが、（中略）天皇の叡慮が決して元田の思想と同一でなかつたことは、（中略）明治廿三年八月廿六日元田の井上宛書簡に、「中間修身之条目を掲ゲ候最緊要之処、聖慮ニ叶ヒ不申。則旨ヲ奉ジテ改正致し候云々」とあるによつても拝することができる(31)。

家永がこの時点で評価するのは、「明治天皇の進歩的御精神」により、「井上によつて代表せられる近代的立憲主義」が、「封建的儒教主義」に「勝利」したという、教育勅語の制定過程と教育勅語に盛られた思想内容である。ここから教育勅語は次のように評価される。すなわち、「吾人は、今日教育勅語について何事か論じようとする人々が、単にその文章の表面のみに停滞することなく、又渙発後の影響利用の迹のみに目をうばはれることもなく、それがかくの如き思想史的由来をもつて誕生したことに十分の理解をもたれる様切望してやまない(32)」と述べるのである。

家永がこの対立図式を得た時期は明確でないが、一九九〇年発行の家永「教育勅語をめぐる国家と教育の関係」によれば、この研究に至る刺激となった渡辺幾治郎「伊藤博文と元田永孚の思想的軋轢」が口頭発表されたのが一九三五年、また文献『教育に関する勅語渙発五十年記念資料展展覧図録』を入手したのは同書が発刊された一九四一年以降である。戦時下には右の対立図式を見出し、「無意識のうちに当時の鉄壁のような思想統制政策への内的抵抗のささえにもなっていたような気がする」という(33)。「国家哲学」を構想し、その理念を天皇不親政と開明化・近代化においた当時の家永の基本線からみても、そのとおりだったであろう。

ところが一九五七年刊行の『日本歴史大辞典』6「教育勅語」の項目では、大きな変化がみられる。全文を掲げる。

一八九〇（明治二三）年に明治天皇から発せられた勅語で、正式には「教育に関する勅語」という。明治憲法によって確定された天皇制絶対主義体制を、精神的・道徳的方向から国民の間に浸透させる役割を果たした。教育勅語を出そうとする要請は、明治天皇の侍講元田永孚が、儒教を国教として公定しようともくろんだところに、主として発している。しかし、封建的体制のイデオロギーである儒教を国教とすることは、絶対主義国家の編成をめざす藩閥官僚にとっては、無条件に同意できなかった。そのため、伊藤博文・井上毅らは元田の国教制定に反対したが、自由主義思想の発展をおそれる点では、両者は共通の立場に立っていたので、結局井上は元田と協力して勅語の起草に当り、一八九〇（明治二三）年一〇月三〇日をもって、これを発するはこびとなった。勅語の内容は、右のような経緯に基き、封建的儒教主義よりも絶対主義ナショナリズムに傾斜している。問題は、内容よりもむしろ、この勅語が学校で「捧読」されるというような形で、普及させられた点にあろう。ことに勅語の出た翌年におこった内村鑑三の不敬事件に見られるように、勅語が個人の良心を圧殺する強制的権威として機能しているのは、勅語の役割をよく示している(34)。

家永の視点は、思想内容の面では井上対元田の対立を強調し、成立過程理解の構図において基本的な変化はない。ただし井上の「立憲主義」への評価は影を潜め、「自由主義思想の発展をおそれる点では、両者は共通の立場に立っていた」とあるように、その機能、社会的役割に対する評価が重要なものとして出現し、両者の一致点としての「絶対主義ナショナリズムへの傾斜」が重視されている。

この評価基準の変化をもたらしたのは、一九九〇年公表の「教育勅語をめぐる国家と教育の関係」によれば、植木枝盛の研究であったという(35)。一九六〇年に刊行された『植木枝盛研究』には、それと関係する思想状況の見取り図についての記述がある。

この時期（自由民権期—小田注）は、（中略）思想史の観点から云いかえると、古典的な封建的思想が正統的権威の座を失いながらも、なお天皇制国家主義の精神が新しい正統的権威を占めるにいたらない、一種の思想的真空状態にあった時期と考えられるのである。（中略）その中でも、日本を古典的なブルジョア民主主義体制の方向に誘導しようとする自由民権思想と、天皇制君権主義の国家機構を確立しようとする藩閥政府の政策とが、二つの極限として峻しく対立するにいたり、結局前者の敗北、後者の勝利に終って、明治憲法と教育勅語とに象徴される天皇制国家主義が新しい正統思想の権威を確保する結果となったのである。枝盛の思想は、この頡頏関係における一方の極限の、そのまた論理的極限形態を示すものであったと云うべく、その意味で、この日本の歴史上きわめて重大な思想的決戦の一方のチャンピオンたる役割を演じたもの、とみられるであろう(36)。

家永は、「日本を古典的なブルジョア民主主義体制の方向に誘導しようとする自由民権思想」と、「天皇制君権主義の国家機構を確立しようとする藩閥政府の政策」という大きな二つの対立軸を立てている。教育勅語もまた後者のうちに含まれるであろう。つまり家永は、井上対元田という対立軸よりもむしろ、井上・元田対植木という対立軸に大きな意義を見出しているのである。

家永が植木枝盛に関心をもったのは、「植木枝盛の家族道徳論を見て驚歎したのがきっかけです」という(37)。また一九五五年に岩波新書から刊行された『革命思想の先駆者――植木枝盛の人と思想』では、家族制度のほかにも抵抗権の問題や勤労民衆の問題等が含まれている。本書第九章二でもみたように、これらの視点は一九五五年当時の家永の中心的な視点でもあるが、そもそもこうした視点が生まれてきたのは、一九四四年末以降の夫婦生活のなかで自覚された家庭民主化の問題から始まる、多様な民主化実践の過程においてであった(38)。この民主化実践の過程を通じて家永自身の姿勢がたたかうスタイルに変容し、たたかいの過程でさまざまな民主主義上の問題に触れていくなかで植木枝盛に関心をもったのであり、またやがて、右に見た絶対主義と自由主義との対立を見出したのであった。

家永が天皇制とともにあった明治憲法体制の各問題についてそれぞれいつごろ批判的な認識を得ていったかは、論点に即して今後具体的にみていく必要がある。だが全体としては、前節の初めに触れた家永が挙げた天皇制観変容の三つの理由や、また本節でみた教育勅語観の変容にみられるように、民主化実践と連動して起こった一つ一つの問題に対する認識の深化と、それに伴う歴史認識全体の変容を通じて、天皇制から距離をとるに至ったと考えられるのである。家永はやがて、統治の基本理念として共和主義をとっていくようになっていった(39)。

おわりに

家永の天皇・天皇制観の変容過程は、家永自身のいうとおり、「一九三一年から数えて二六年ほどの歳月」を経て、「『天皇制を本当に突き離してトータルに科学的に見据える視点』を獲得することができるようになった」ものであった、というのが、本章の基本的な結論である。「突き離して」とは、絶対的肯定から絶対的拒否へと転じたのではなく、対立軸の一方に客観的に位置づけることができるようになった、という意味であったろう。しかしその過程の具体像は、家永自身が叙述するよりもさらに国家主義への傾斜が強かったというべきであろう。

一九六七年、家永は『太平洋戦争』を刊行するにあたり、あとがきにおいて、植村正久の次の一文を引いて結んでいる。

国の古を慕い、その歴史の光栄を楽しみ、もしくは国家の屈辱を悲しむのみならず、よく自国の罪過を感覚し、その逃避せる責任を記憶し、その蹂躪せし人道を反省するは、愛国心の至れるものにあらずや。（中略）わが国のいわゆる愛国心なるもの、（中略）滔々たる天下歴史に心酔するものにあらざれば、悲歌慷慨外に対して意地を張らんとするに過ぎざるなり。自ら国家の良心をもって任じ、国民の罪に泣くものはほとんどまれなり。甚だしきはこの種類の愛国心を抱くものを非難するに国賊の名をもってす。良心を痴鈍ならしむるの愛国心は亡国の心なり。これがために国を誤りしもの、古今その例少なからず(40)。

この一文は、戦争批判に対する「非難にあらかじめ答えておく」用意から発せられたものであって(41)、その点のみを考えると、何ほどか真意の誇張が含まれているという憶測も一応不可能ではない。しかしながら本論の次第からいえば、この一文から窺われるのは、家永の強い国家主義的な感情が、とくに一九五〇年代における大きな変容によって洗われ、新生日本の理念と噛み合った愛国心へと展開した結果現れてきた姿であると判断すべきであろう。家永の「人間改造」（家永自身の表現(42)）は、家永が意識していたかどうかは別として、このような局面にも及んでいた、とみるべきではなかろうか。

こうした家永の姿について、鹿野政直が家永「私と天皇制・天皇」を解説する過程で次のように述べていることは、改めて、家永を理解する上で有益な一文であると思われる。

戦前期に成長した一人の知識人にとって、「天皇制イデオロギーの呪縛」からみずからを解放してゆくことが、いかに困難であったかが示されるとともに、幾重もの段階をへて共和主義への共鳴と、とくに戦争責任をめぐって昭和天皇の批判に至った経緯が、そのときどきの文章を素材・証拠として列挙するという手法をつうじて跡づけられている。リベラル・デモクラット家永三郎の共和主義者宣言とも読みとれるが、そこに至るにはこれだけの経過を必要としたのである(43)。

家永の生涯は、平和主義・民主主義の実現を期す人格陶冶の生涯であるとともに、一面において、天皇・天皇制への愛着と葛藤し、さらにその感情を平和主義・民主主義の実現に向けて昇華させていった生涯でもあったのである。第八章「おわりに」で述べたように、家永三郎の生涯は、近代日本において平和主義・民主主義の実現に取り組んだ生涯の歴史的な典型であると考えられる。それはすでに平和主義・民主主義の実現を目指す多くの人々によって感じられてきたところであり、家永自身の実践経験の蓄積の角度からも概ね確定できるのであるが、本論のような過程が見出されることは、その確度をより高めることになるのではなかろうか。

というのは、認めると認めないとに関わらず、日本人にとって、戦前からの天皇・天皇制、また国家主義的な心情に基づく思想態度は無視しえないものがあるからである。したがって日本における平和主義・民主主義を考える場合、この点についての内面的な葛藤が少なからず深くなるはずであり、したがって典型性を見出すにあたっても要点の一つとなってくるのである。

ところが平和主義・民主主義を理念に据える人格の場合、天皇・天皇制の問題はしばしば直接的な否定の対象であり、内面の葛藤を窺い知ることは難しい。また少なからぬ人々のように左翼運動から平和主義・民主主義の問題に関わった場合、天皇・天皇制ははじめから打倒対象と観念されている場合が多く、ますます否定の度合いが強まる。これでは右のような課題に答えるものとはならないのである。

ところが家永の場合、長期的な転換過程が見出され、しかもそれが平和主義・民主主義の問題の一環として結実している。リベラリストとして一時は天皇の「おそば近く」まで歩みを進めながら、自身の主体的思索の線を崩さず、民主主義の実践のなかで日本国憲法の歴史的な意義を体得し、かつ天皇個人の人間性を否定することなく天皇制から離脱していった家永の像の、その複雑な軌跡そのものが、主体性の堅持という意味において、近代日本における平和主義的・民主主義的人格の典型として家永を位置づける上での重要な要件の一つを満たす結果になっているといえると考えられるのである。

(1) 鹿野政直「家永三郎　求道の思想史学」『鹿野政直思想史論集』第七巻、岩波書店、二〇〇八年。三六五頁。
(2) 家永三郎「私と天皇制・天皇」『一歴史学者の歩み』岩波現代文庫版二六一頁。
(3) 同二四七頁。
(4) 前掲家永『一歴史学者の歩み』岩波現代文庫版二七頁。
(5) 本書付録「青年時代に関する史料」4「豊太閤の人物」。
(6) 同史料11「嗚呼楠正成」。
(7) 前掲家永『一歴史学者の歩み』岩波現代文庫版八一頁。
(8) 家永三郎「国家哲学の根本問題について」本書史料二三。『家永三郎集』第一六巻一七一―一七二頁。
(9) 同一六七頁。

（10）同一七一頁。
（11）本書付録史料31「現代の問題二、三」。
（12）前掲家永「国家哲学の根本問題について」『家永三郎集』第一六巻一七四頁。
（13）前掲家永『一歴史学者の歩み』岩波現代文庫版九六―九七頁。
（14）家永三郎「初期国粋主義者の国体論」『日本思想史の諸問題』斎藤書店、一九四八年。一一一頁。
（15）家永三郎「近世に於ける反復古主義思想」『日本思想史に於ける宗教的自然観の展開』創元社、一九四四年。一四五―一四六頁。
（16）村尾次郎による『上代仏教思想史研究』の書評。『史学雑誌』第五三編第八号、一九四二年八月。とくに九〇頁。
（17）家永三郎『新日本史』冨山房、一九四七年。二八三―二八四頁。
（18）同二九二―二九三頁。
（19）前掲家永「初期国粋主義者の国体論」『日本思想史の諸問題』一一六―一一八頁。
（20）家永三郎「教育勅語成立の思想史的考察」『史学雑誌』第五六編一二号、一九四七年一二月、一九頁。また前掲『日本思想史の諸問題』一四六頁。
（21）前掲家永「私と天皇制・天皇」『一歴史学者の歩み』岩波現代文庫版二五五頁。
（22）前掲家永『一歴史学者の歩み』岩波現代文庫版一五八頁。
（23）前掲家永「私と天皇制・天皇」同書二五八―二六一頁。
（24）同二五八頁。
（25）同二五八―二六一頁。
（26）同二六二―二六三頁。
（27）前掲家永「教育勅語成立の思想史的考察」『史学雑誌』版（以下『史』）三頁、『日本思想史の諸問題』版（以下『諸』）一二四頁。
（28）『史』一一頁、『諸』一三四頁。

(29)『史』一〇頁、『諸』一三三頁。
(30)『史』一四頁、『諸』一三八頁。
(31)『史』一四―一五頁、『諸』一四〇―一四一頁。
(32)『史』一六頁、『諸』一四二―一四三頁。『諸』では「吾人は」の下の読点欠。
(33)家永三郎「教育勅語をめぐる国家と教育の関係」『憲法・裁判・人間』名著刊行会、一九九七年。一八頁。
(34)『日本歴史大辞典』6（河出書房、一九五七年）「教育勅語」の項目。家永三郎執筆。
(35)前掲家永「教育勅語をめぐる国家と教育の関係」『憲法・裁判・人間』二〇―二一頁。
(36)家永三郎『植木枝盛研究』岩波書店、一九六〇年。六八一頁。
(37)家永三郎述「一歴史学者のあゆみ――家永教授に聞く」家永三郎教授東京教育大学退官記念論集刊行委員会編『家永三郎教授東京教育大学退官記念論集1　古代中世の社会と思想』所収。三省堂、一九七九年。三一四頁下段。
(38)前掲家永『一歴史学者の歩み』岩波現代文庫版一七〇―一八〇頁。
(39)現時点で、家永三郎「憲法を改正するならば」（『改造』一九五四年九月号。家永三郎『歴史の危機に面して』東京大学出版会、一九五四年。一六〇頁）に言及があるのが最古のものであろう。なお後年の家永の天皇制理解についてよくまとまったものとしては、『国史大辞典』（吉川弘文館、一九八八年）家永執筆担当項目「天皇」が挙げられる。
(40)家永三郎『太平洋戦争』あとがき。日本歴史叢書版（初版、一九六八年）、三四六―三四七頁。また「初版あとがき」として岩波現代文庫版（第二版）四五〇―四五一頁、同増訂第二刷四五四―四五五頁。
(41)同三四六頁。
(42)家永三郎『一歴史学者の歩み』岩波現代文庫版一七一頁。
(43)前掲家永「私と天皇制・天皇」の鹿野政直による解説。『一歴史学者の歩み』岩波現代文庫版二八七頁。

第十三章　家永法史学の方法的特長
――「進歩主義」評価への批判と苦悶的主体性の摘示を中心に――

はじめに

法学と関わる歴史学者として、また憲法と関連した実践家としての家永三郎の業績は、実に多大である。筆者は法学を専らとしないとはいえ、この問題を避けることはできない。むしろ積極的に、家永研究の立場から今後可能な限り家永の業績の意義を取り出すための準備をしておくことが必要であろう。そこで、最も原理論に属する点、すなわち家永の法的実践を理論的に支えた家永法史学の特質と意義を再検討する作業を行いたい。

研究史上、家永の一連の法的実践について総括的な評価を与えたものとして、憲法史の領域では鈴木安蔵「日本憲法学史ならびに憲法史にたいする寄与」がある(1)。また実践的態度を含んだものとして、小林直樹による一連の論述「『管見』＝家永三郎・人と業績」「家永憲法論の業績と特質」が挙げられる(2)。小林は「『管見』＝家永三郎・人と業績」において、家永理解の基本視角を次のように設定する。

秀れた業績をあげながら、道徳的に低劣だと非難されたF．ベーコンほどではなくても、人格と仕事が一致しない例は、学者にも多いようだ。（両方とも駄目という〝一致〟例は論外として省けば、）〝人柄は良いが仕事はどうも〟――或いは逆に〝いい仕事はしているが人間は感心できない〟という声を聞くことが少なくない。高邁な人格と卓抜の仕事が相伴なう例は、学問でも芸術・宗教でも、存外少ないように思われる。現代日本でその稀なケースを探せば、さしずめ家永三郎氏は、その代表例にあげられる人物であろう。──以下、この観点から、氏の業績と人柄とを相関的に見てみよう(3)。

この論考で小林は、家永の特質として、「実証的方法、論理的思考、『進歩史観』、民主主義の思想という四点にまとめ」(4)、また「家永憲法論の業績と特質」では、「『業績』と『特質』」(5)の観点からの所見を述べた上で、「進歩史観」については批判の筆を及ぼした。

小林の評価は、総じて、法学の立場からみて家永の業績がやはり多大であったことを裏づけるものである。しかし、一方で、家永法史学研究の上で大きな問題を投げかけていることも見逃せない。家永の「進歩主義」の評価である。この点を検討することが必要である。

また同時に、小林の視角そのものにもまた修正すべき点があるのではないかという思いを禁じえない。たしかに法の運用において「良心」が重要なのは事実であり、家永がその持ち主であったことは疑いえない。そのことが家永の多大な業績を生んだことも事実であろう。しかしそうであればこそ、それをそのまま「人格」の問題として捉えてしまった場合、家永法史学が家永の「人格」と切り離せなくなってしまい、結果として家永法史学が一代限りの再現不可能なものとして映ることになってしまう。

家永法史学を方法化し、将来的な価値を引き出すことを考えるならば、家永の良心と関わる「人格」の特質を、構造的に明らかにし、客体形象化する必要があるのではなかろうか。併せて、家永の「進歩主義」の問題を再吟味し、さらにまた家永の業績全般にわたって再検討の方向性を考えていくのがよいのではなかろうか。そこで本論では、家永の「良心」の成立から始めて、順次右の問題に触れていくことにしたい。

一、家永における「良心」の構造

家永のおびただしい抵抗活動を通覧してみると、圧迫に対して屹立する性格、またそこから進んで矛盾をもたらす構造を見抜く力があること、ことに結婚後はその矛盾を突破しようとする勇気と行動力をもっていることがわかるであろう。ここではその一例として、大学時代、家永が史学雑誌編集委員であったとき、主務委員との間で起こった修学旅行記改竄事件をみておきたい。

私は時おり雑誌の書評欄に書評を書いたり、また修学旅行の旅行記などを書く役目を仰せつかったが、平田主務委員は勝手に私の文章を添削したばかりか、論旨をあべこべに書き改めたことさえある。私は驚いて強く抗議を申し入れたが、平田氏は、それは主務委員として当然の権限である、雑誌というものは一定の方針によって編集されなければならないのであって、デパートの売り場のように雑然と記事を並べるものではない、と言って、私の抗議を一蹴した。私はこの恨みを今でも忘れていない。そして、このような人たちが社会的な指導権を握ったときに、社会が完全なファッシズムになるということを、身をもって味わい知らされたのである(6)。

このときの改竄箇所は、後に「関西地方国史修学旅行記録　昭和拾年拾弐月」として復刻され、『家永三郎集』第一六巻にも収められた。そこで実際に当時『史学雑誌』に掲載された「東京帝大国史学科関西地方修学旅行記」と突き合わせてみたところ(7)、どこがどう切り取られたのかすらわからないようにされていた。家永が執筆者として怒ったのは当然のことであろう。

ここでは行為それ自体が問題なので、文章の内容の善し悪しは問わない。ともあれ、平田は本論第一章五所引の回想を遺したが、そこでも確認したとおり、雑誌編集という権限ある立場から著者の主体性という本来踏み込んではならないところに踏み込んでしまい、その上戦後になってもそのことを自覚していなかったのであった。平田には抑圧に対する構造的理解の方法論が欠如していたのである。そのために、本人のおそらく好意的な意図とは関係なく、抑圧に荷担したのであった。

家永の生涯にわたる争いは、全てこのような構造的矛盾との対決であったといいうる。主観的な善意でさえ矛盾に切り替わる姿を家永が描いた典型例として、本論第六章一所引の西田幾多郎による人事斡旋への評価を改めて挙げておく。すなわち「他大学への人事斡旋は、たとい個別的に公正に行われても、巨視的ないし社会的観点からみれば、特権的強力大学の弱小大学の系列化を作り出すという機能を演ずるのである」(8)と家永は看破していた。

たとえば家族の問題にせよ、職場の問題にせよ、問題の出方自体はそれぞれにお定まりの内容がある。つまり歴史的・構造的に規定されて顕現しやすい問題なのであって、しかも多くの人が具体的な対処法を持たず、そのまま「我慢」すればよいと考えてしまうような問題でもある。敵対者もまた、家永を通じてみる限り、平田のように、自分の行為に矛盾があるとはそもそも気づいていないと推定される場合が多い。またそのためであろう、争いの場面では、教科書裁判も含め、ほとんどの場合、敵対者は家永の圧倒的な論理構成を前に押し切られている。こうした点に敏感かつ解決を与えようと尽力した点に、家永の特質が求められるのである。

家永が一見些細な問題の向こう側に、大きな構造的矛盾を見出す力をなぜもちえたのか、詳しい理由は現時点では明らかにし難い。ただいくつかいえるとすれば、幼いころから「私は人に頭を下げることが嫌ひだ。だから小学校の頃から級を牛耳つてゐた勢力ある友といつも反対側に立つてゐた。どれだけその為に苦しい思ひをしたかしれぬ。が私はそれが正しかつたと思ふ」というような立場にあったこと(9)、また史料全体から窺える家永の人物像として、身体が華奢でひ弱、争いを嫌い、間をとるのが苦手である一方、まじめで他人とまともに向き合いすぎるなど、人あしらいが下手で他人に舐められる要素は多々あれ、威圧する要素もないため、交渉や駆け引きで済ませられる時機が過ぎてしまい、問題に直面しやすいことが挙げられよう。

また思想史学者として、対象を内在的に理解しつつ、客観的に位置づけようとする方法をもっていたことも挙げられるかもしれない。いずれにせよ、家永が自身の変化に最初は自覚的でなかったことを考えると、こうした複数の体験の積み重ねが、職場の問題を通じて教科書裁判にまで繋がっていったとみるのが、状況的にみる限り、最も適切であると考えられる。

家永の方法の特質は、本論で縷々みてきたように、焦点となっている苦しみを軸に、その前提となっている構造的矛盾を見抜き、かつそれを正面から力破していくとする点に求められる。法律はその有益な手段の一つである。家永は自分や他人の苦しみを理解し、問題を根こそぎ解決しようという意思と方法をもっていた。それは憲法の理念にまで繋がる。ここに家永の「良心」の特質があるのである。以上の認識をもとに、法解釈の問題に移っていきたい。最大の課題は、家永法理論のアポリアである「進歩主義」の問題をどのように整理するかということである。

二、家永「進歩主義」理論の内容と論点

家永「進歩主義」理論をめぐる論争は複雑であるから、家永の学説としての「進歩主義」とその評価をなるべく客観的に整理するところから始めたい。具体的には、戦後のいわゆる法解釈論争の開始と家永「進歩主義」説の提示、碧海純一の論争整理、小林直樹の問題提起、さらに家永自身の反批判を順次紹介し、考察すべき論点を指摘する。

①家永による最初の進歩主義の定義＝「歴史的進歩」の方向

進歩主義は認められうるか。すなわち歴史に定性的な進歩が存在し、法解釈はそれに沿うべきであるのかどうか。これは「逆コース」の進展のなかで行われた法解釈論争の主題である。歴史的にいえば、警察予備隊から自衛隊の設置を通じた憲法九条の解釈変更を代表として、実際に多くの強権行為が行われている現状と密接に関連していた(10)。

家永は教育二法案と関わって執筆された「『教育の中立』と憲法との関連」において、法解釈に対して次のような主張を行った。(傍点小田)

法律解釈学が科学として成立する以上、何が『改正』であり何が『改悪』であるかも、科学的に決定せられるはずである。もちろん法律解釈学はその決定に当って他の科学の研究の成果をも参考する必要があろう。たとえば、ある憲法変改が、『改正』か『改悪』かを判定する一つの客観的な基準として、それが歴史的進歩の方向に向っているか、逆行の方向に向っているかを見わけることなど、きわめて重要な点となる。そして、歴史進歩の方向がどちらに向いているかは、歴史学によって客観的に認識されるのである(11)。

これが家永の「進歩主義」の基本的な定義である。その後の論争では、そもそも法解釈の客観的な基準はあるか否か、というところが争われた。

②法解釈論争のなかでの家永の位置＝「客観説」

碧海純一の整理によれば、論争の布置は概ね次のとおりとなる。（傍点碧海）

ひろい意味での法解釈の操作がしばしば価値判断をふくむ、というのが、上述のように、多数の論者の一致した見解である。つぎに生ずる第二段目の問題は、このことの認容が「法解釈はそのかぎりで主観的なものでしかありえない」という主張にみちびくものかどうか、という点にある。（中略）この第二の論点に関しては、見解がわかれている。論述の便宜上、「価値判断の混入は、かならずしも、法解釈の主観化をともなわない」という見解を「客観説」とよび、「価値判断の混入は、そのかぎりで、法解釈の主観化をまねく」という見解を「主観説」と名づけて、そのそれぞれについて代表的な主張を紹介することにしよう。（中略）

家永三郎、渡辺洋三、田畑忍、田中吉備彦の諸教授は、こまかい点においてはともかく、「法解釈は、価値判断をふくみつつも、その判断が歴史の進歩の方向というような客観的基準にてらしてなされるかぎり、その科学性・客観性を維持しうる」ことを認める点で、根本的に一致している。（中略）

さて、われわれのいわゆる「主観説」（すなわち、法解釈は、それが価値判断をふくむかぎり、多かれ少なかれ主観的であるとなす見解）を代表する学者としては、来栖三郎教授と故尾高朝雄教授とがあげられる(12)。

家永三郎は他の法学者たちとともに「主観説」と対立する「客観説」(13)へと整理されていったのであった。

③「客観説」の問題点＝存在から当為は導けないこと

客観説には大きな問題があるとされる。ごく簡単にいえば、未来を知らない我々にどうして客観的基準がわかるのかということである。小林直樹の発言をみてみよう。

歴史主義的客観説のこのような見解は、法解釈における認識と実践との統一を計り、「客観的に正しい解釈」を求めるものとして高く評価できる。しかし、それに対しては、少くも次の四つの疑問乃至批判が提出されよう。第一に、「歴史の進歩」というものが、果して・またどんな意味で、あるといえるのか。更にそれが、過去から将来に向って存するかどうか。第二に、仮りにその方向が「客観的に」あるとして、どのようにそれを認識することができるのか。第三に、歴史の「進歩」は、それに沿ったり・それを進めたりすべきプラス意味をもつのであるか。そして最後に、歴史の「事実」として「方向」があるとしても、その事実から価値＝規範命題を引き出すことは、方法論的に誤りではないか。──これらは何れも、歴史認識論や方法論の基本にかかわる問題であって、ここで詳しい検討を行うことは不可能だが、歴史的客観説の問題性を指摘する意味で、右の各点について簡単に触れておこう(14)。

碧海純一は次のように指摘する。

家永・渡辺・田畑・田中各教授によって代表される考え方（「客観説」）は、非常に重要な一面の真理をふくみ、そのかぎりにおいてはわが学界のために貴重な貢献をなしたものといえる。（特に、渡辺教授のいわゆる「巨視的視点」

の提供によって）けれども、半面、われわれはこの見解が（少なくとも家永・田畑両教授に見られるそのラディカルな形態においては）ひとつの重大なファラシーをふくんでいることを見のがしてはならない。このファラシーは、イギリスの倫理学者G．E．ムーア（George Edward Moore）の命名以来、「自然主義的ファラシー」（the naturalistic fallacy）とよばれ、現代経験主義の哲学・倫理学文献においてひろく論議されている。リッケルト・ラートブルフ、ウェーバーなどの価値理論も、表現こそ異なるが、実質上このファラシーの克服を中核とするものであったといってもよいであろう。また、家永理論に対する上掲の来栖・尾高両教授の批判もまさにこの点をついたものと考えられる。

「自然主義的ファラシー」とは、要するに、所与から ipso facto に当為・規範をみちびき出すことが可能だとする見解をいう。客観説は「歴史の進歩」の概念から出発する。しかし、厳密にいえば、「進歩」という概念がそれ自体ひとつの価値概念ではなかろうか。巨視的に見ても、やや微視的に見ても、歴史に一定の「流れ」があることは誰しも否定できない。しかし、その流れは決して直線的ではなく、ときには複雑なメアンダーを成して進んでゆく。その一部分をとらえて、それが果して「前進」であるか「後退」であるのか、はたまた「停滞」であるのかをきめることはやはり一定の価値的視点なくては不可能なことである。客観説がこのことへの充分な配慮を欠くならば、それは来栖・尾高両教授の批判に答ええないことになろう(15)。

碧海の整理は「ヒュームの法則」と「自然主義的ファラシー」とを同一視しており問題を遺すが(16)、ともあれ、存在から当為は導出できず、むしろ本来は価値が進歩に先行するのではないか、家永の立論は存在からの当為の導出に陥っているのではないかというのが、「主観説」側からの主たる批判点であった。

④家永による「主観説」への反批判＝「進歩主義」堅持

家永は自説への批判に対し、その著『美濃部達吉の思想史的研究』第二章注（12）から（14）までの長大な叙述において、次のように主張した。（本来は改行がないが、読みやすくするために行を改めた）

大胆に試案を述べることを許していただくとすれば、本文で述べたとおり、歴史の発展方向とは、いまだ事実とはなっていない将来への展望をふくむと同時に、それが非科学的な主観的空想としてでなく、事実としての歴史的発展についての科学的認識に基づく予測であるかぎり、歴史の発展方向の把握に基づく価値判断は科学的な判断であると言うことになる。かつまた、歴史の発展が、局部的微視的には退歩を意味することもあれば迂路を経る場合もあるにせよ、大局的巨視的には進歩に向う基線によって貫かれているという命題が承認せられるとすれば、歴史の発展方向とは、存在の面においての将来の事実であると同時に、価値の面においての高い価値をも意味することとなり、したがって、それを実践的な価値判断の基準としての規範力の源泉とすることは、そこに存在と価値との高次の統一体を見出すことにほかならず、歴史の発展方向の科学的認識が実践的価値選択の究極基準となるということは、必ずしも「存在の優位」を一方的に措定する「自然主義」とは言いがたく、むしろ現実主義と理想主義との止揚を示すものであって、法解釈学は、規範学として単なる事実認識の社会科学の域を超えるものをふくみつつも、それと不可分に結びつくことによって主観的イデオロギーにとどまらぬ科学としての客観性を保持し得るのではないか、と考えたいのである。

ただし、歴史の発展方向が大局的には進歩に向う基線によって貫かれているという命題自体すでに古来久しく論争されてきた歴史哲学上の根本問題のひとつであって、簡単に同意していただけることがらでないことはよく承知しているが、ここでもまた大胆に結論だけを述べさせてもらうとすれば、私は今のところ、「開闢以来の人事を見れば進むあるも退くなし。（中略）如何なる説を作ればとて千年前の野蛮と今日の文明とを比較して古代の美を証することは難かる可し。啻に千年のみならず、百年の前後尚ほ苦楽の大相違あり。或は今世を澆季と称して頻りに古を慕ふ者なきに非ざれども、此流の人は事物の局部にのみ眼を奪はれて大勢の運動を知らざる者なれば、其言ふ所都て取るに足らざるなり。僅々五六千年来の経歴を見ても進歩の実は明なり、況んや幾千万年の未来に於いてをや」（福沢諭吉『福翁百話』）という見解に大体において賛成せざるを得ないのであって、歴史の発展が現在までの時点に関するかぎり大局的には進歩の基線により貫かれてきていることは、事実として否定しがたいことであるし、また、人類の歴史が不可逆的な自然史的側面に支えられている以上、将来においても（全く予測しがたい偶発的事故でもあればともかく）その基線が根本から崩れるとは考えられない、という見方をとっているのである(17)。

家永は最後まで「進歩主義」を堅持し、「歴史の発展方向」が「実践的な価値判断の基準としての規範力の源泉」であり、「存在と価値との高次の統一体を見出すこと」ができると主張したのであった。

⑤論争を踏まえた問題提起

以上が家永が進歩主義を提示してからの論争の流れである。とはいえ外形上、「主観説」の方に軍配が挙がるかのようである。というのも、家永の論証はあくまでも「事実」としての進歩の実在にすぎず、未来については予測にとどまるからである。いささか混ぜ返すようであるが、家永のいうように「全く予測しがたい偶発的事故でもあれば」、進歩は崩壊してしまう。にも関わらず「進歩」を導出する点、それこそ碧海の指摘する事態そのものではあるまいか。

では我々はこのまま碧海・小林の主張に軍配を挙げ、家永説を退けるべきであろうか。だが筆者はそうは考えない。本来、家永の哲学的思索には規範の問題が分かち難く結びついていたはずだからである。つまり家永の主張全体を見直すならば、家永の自己矛盾は表面上の混乱にすぎず、本来ならば解決可能な問題であると考えるのである。以下具体的に述べることにしたい。

三、家永法史学の根底としての「苦悶」

家永の「進歩」の理論の背景にあるのは、家永史学の基礎理論である。この点を確認するところからはじめたい。

①歴史的進歩の前提＝実践的意思

まず、第五章一でも検討した家永の時間論について、「家永史学の基本構想」から改めて窺っておきたい（傍点小田）。

> 自然的時間（物理的時間）と歴史的時間とは区別される。人間の主体的実践がなければ現在という時点はなく、過去も未来もなく、自然的時間があるだけである。したがって、人間の実践が歴史的時間の前提である。たとえば、一九七四年四月一八日一〇時五六分という時点は、主体的に行為するものがあるから言えるのである。すなわち、実践的な人間の時間が歴史的時間である。（中略）

現在の主体的認識がなければ過去も未来もなく、現在から過去への遡及的把握がなければ歴史は成立しないのである。さらに、将来への積極的姿勢がなければ現在も過去もない。この意味で、主体的・積極的に生きる人間でなければ歴史は書けないのである。将来があって現在があり、過去がある。この歴史認識の現在、過去、未来の三構成的視点に立つときはじめて歴史上の過去がでてくる。（中略）

歴史とは過去から現在に向っての不可逆的な発展の体系であり、人類の過去の全生活の一定の方向をもった不可逆的な発展の体系、これが学問的・科学的な歴史像である。能動的な科学者の体系化を経て学問的な歴史像が構成されるのである。

自然現象には反復がある。人類の歴史現象には全く同一の事件は起こり得ない。それがはたして進歩の方向へ向っているかといえば、無条件で進歩ということはできない。全体として原始・古代の社会から近代・現代社会へと前進してきていることは事実だが、歴史過程を単純に進歩とはいえないから、そういう進歩とか退歩という意味を排除して発展という言葉を用いるなら、歴史は人類生活の発展の筋道ということができる(18)。

ここで重視したいのは、進歩理論そのものよりもむしろ、歴史認識における主体性の重要性である。家永は、その研究実践において、主体性を前提として、そこから過去から未来までを展望していた。より具体的には次のようになる（傍点小田）。

歴史的考察は、実際の研究に於いては特殊な問題に就いて部分的に行はれるのが常であるが、研究者は自ら通史を構成すると否とにかかはらず、常に歴史的発展の全体、すなはち歴史の発端より現在に至るまでの発展の大勢を把握することが必要である。何となれば、歴史的世界は断絶のない聯関をもつて全体が相連つてゐる故に、歴史的聯関をとらへようとするに当たつては、部分的な聯関の把握のみで満足することはできず、終局には全体的聯関を把握した場合にのみ、はじめて真に歴史的聯関をとらへたことになるからである。

しかもその全体的聯関の把握とは単に平面的な因果関係、或は関聯現象の認識であつてはならぬ。歴史とは発展系列を意味するものであり、静的な平面的連続ではなく、動的な立体的統一たることを要する。歴史的認識は現在に於ける実践的意思を基軸として過去を統一することによつて構成せられるのであり、過去の個々の現象はそれ〴〵が現在と無関係に相互に連接するのではなく、現在と云ふ頂点へ向つての、定つた方向をもつ半直線として統一されて居り、この統一から外れて遊離することは許されない。歴史的発展とはすなはちかくの如き構造を意味するに外ならぬ。歴史的聯関の認識は究極に於いてこの歴史的発展の全体を認識することを目標とせねばならないであらう。

従って日本思想史学も亦日本思想史の全発展相の認識に志向すべきであり、如何なる特殊研究といへども右の如き意味での全発展相の認識に朝宗し得且それによつて裏附けられたものでなければならないのである。例へば本居宣長の思想を、石器時代より昭和の今日に至る、日本思想史の動かすべからざる発展系列の上に置いて考へることのみが、真に宣長の思想の歴史的理解の方法であるとしなければならぬ。それは当然安政年間の人の、また明治時代の人の、宣長の研究と同じではあり得ない。宣長の思想自体は変化しないとしても、それを包むところの発展の全体系はその向ふ処の頂点の変ずる毎に変化してゐる筈だからである[19]。

家永は、ここでもやはり、主体性を研究の基礎に置き、その上で現時点の主体性のありようから、歴史を一つの系列として捉えていくべきことを主張している。縷々検討してきたように、この視点からは『日本思想史に於ける否定の論理の発達』以下の厖大な歴史研究が現れてくる。

②実践的意思の特質としての苦悶

では主体性とはどのようなものか。家永は別のところで次のように主張している。

思想史に於いての「現在に於ける実践的関心」とは、思想に対する実践的関心であらねばならない。とすれば、我々はまづ我々のとるべき正しい思想は如何なる思想であるべきか、と云ふことについて真剣に苦悶しなければならない筈であります。この思想的苦悶なき処に思想に対する実践的関心は生まれ得ないと思ひます(20)。

この「苦悶」の果てに、家永が青年時代の「否定の論理」を保存しつつも、日本国憲法をとっていったことは、本研究でもくり返し確認したとおりである。この「苦悶」は、実質的には、社会的矛盾への構造的認識の問題と一連のものであった。さらに踏み込んでいえば、家永が信仰を見出すのもこの地点である。

家永の史学方法論のなかに進歩の認識が不可避的に含まれている以上、家永が常に進歩を見出し続けるのはある種の必然でもある。家永が「『教育の中立』と憲法との関連」の時点で「進歩主義」に価値を見出したのは自然の流れであったであろう。とはいえ、反批判を踏まえた『美濃部達吉の思想史的研究』において自身の把持する論理構造を順次辿り直さなかった点は、やや失敗であったといいうるのではなかろうか。

いずれにせよ、本来の家永の立場に存在と当為との混同があったとは考えるのは無理がある。むしろ、家永の歴史研究ならびに法的実践の背景には、家永自身の「良心」の「苦悶」があり、そこから発した認識が、過去―現在―未来についての一つの見解を生み出し、その結果として、真理への漸近が行われ続けたのではないだろうか。ここに家永の特質があるとみるべきである。ただ、家永の観念の上ではいわば混同がおこり、一つの進歩の問題として捉えられるに至ったのではないだろうか。

③実践的関心と法解釈

もちろん、法解釈において重要なのは、こうした説の対立そのものや、あるいは引き続き起こる「主観説」における科学としての成立如何そのものではなくて、むしろそれらを踏まえて法解釈において「より実質的な問題に取り組む」ことであり(21)、あるいはまた法哲学の課題として法解釈が「最大限の客観性を獲得する」方法を探究することである(22)。そこで以下、家永の具体的な法解釈の特性についても、ごく簡単に一瞥しておきたい。

家永の法解釈の特徴として、法曹でさえ見落としていた点にしばしば切り込んだことが挙げられる。東京教育大学の大学自治をめぐる問題では、我妻栄から新制大学設置についての経過規定がなく、法の欠缺が起こっているということ、またその点条理をもって乗り越える必要があるということを教わった(23)。また八海事件等との関わりで法廷外裁判批判の意義を述べた『裁判批判』も、法曹に先んじる業績である。教科書裁判がそうであることはいうまでもない。家永は法学者ではないが、家永のいくところ少なからず法学の動きを牽引したのであった。

これは家永が課題から法理を考えたからである。典型的な事例の一つとして、東京教育大学の大学自治をめぐる問題について、家永の回想をみてみよう。（傍点小田）

> ところが、たまたま一九五〇年十月ごろの文学部予定教授会で、憲法学者である稲田正次予定教授から、法律の規定によれば当然新制大学にも教授会が置かれるべきであるという発言がなされたのを聞き、雷にうたれたような思いがした。あらためて学校教育法をみると、第五十九条に「大学には、重要な事項を審議するため、教授会を置

かなければならない」と明記されているし、教育公務員特例法第四条、第二十五条によれば、教員の採用・昇任および学部長の選考は「教授会の議に基き」行なわなければならないことになっている。どうして法律にこういう明文規定があるのに、今まで新制大学には完成年度まで教授会を置かないという当局の説明を怪しむことなく受け入れてきたのだろう。私はこのとき法律を勉強しなければ権利を守ることができないのを肌にしみて学びとったのであった(24)。

家永の法律との接触が、法曹の訓練されたそれではなく、自らいうように「しろうと」のそれであることはいうまでもない(25)。教授会設置問題が「ぶっつけ本番の実地演習」だったとは、いい得て妙である(26)。そのため、家永の場合、問題が先に来て技術が後からついてくることになった。のちには高度に法理を運用するようになるが、教科書裁判に至るまで、問題から法理に切り込んだ点、基本的に変化のないところである。これもまた、家永の出発点が「苦悶」にあった点と関係していよう。

このいわば「しろうと」的性格が、家永の活動が法史上に重大な意義をもつことになった、基本的な理由であったと思われる。この実生活と法理論とを接続するエネルギーが、おそらく、効果的かつ客観的な法解釈を生む少なくとも一つの手続きなのではなかろうか。家永の行動がそれを物語っているように思われる。

四、家永法史学の再検討

家永法史学は、矛盾の理解とそのなかでの苦悶を、法理解をも含めた歴史認識として昇華したところに生まれたものであったと考えられる。この意味において、家永法史学の本質は未来を切り拓く現在の主体性とそれにもとづく歴史認識の形成と再更新の動態的な展開にこそ求められるべきであり、従来の家永理解は改められなければならないと考えられる。以下、この観点から家永法史学を再検討してみよう。

①家永法史学の再検討

家永法史学の特徴は、東京教育大学での最終講義「歴史学と法律学の接点」に示される。

「歴史学と法律学の接点」と申しますと、まず第一に考えられるのは法制史あるいは法史学です。法制史とか法史学とかにもいろいろな方法があるようですが、一つは、過去の法体系を現代の法体系に翻訳するような形で理解していくアプローチがあります。

たとえば、封建的な土地所領関係をどういうカテゴリーでとらえるか、これを所有とか占有とか、そういう近代法的な観念のどれにあてはまるか、というような視点から過去の法体系を再構成していくという方法があるようです。また、それぞれの時代に具体的にどんな法制度があったかの即物的な調査から始まり、各時代における法体系がどのようなものであったかを、その歴史的全状況の中で再構成する、というアプローチの仕方もあるように思われます。いずれにしても、従来の法史学のもっとも科学的な目標は、法社会学を過去の時代に遡及させて発展的にとらえるところにあったと思われます。が、歴史学と法律学との間には、そういう方法ばかりでなく、法解釈学を歴史学に導入するという形での接点もあるのではないかと思います。

例えば、ある事件を単にその事件の外面だけを追っていたのでは全然評価できない、どうしてもそこに法解釈学を導入しなければその事件の意味がわからない、というような現象があります。こういう場合には、やはり高度の法解釈学の技術・理論が必要となってきます。もう一つは、現在にまでなお現実課題となって続いている生きた歴史的事実にたいし、法解釈学的な観点から評価を加える、というアプローチもあると思います。

前者の例を申しますと、例えば大津事件などが典型的なものでありまして、大津事件の現象経過を追っただけでは、それがどういう性格の事件であり、どういう歴史的意義を有するものか、明確にならないのです。この場合どうしても法解釈学によって事件の意義を確定させる必要があります。後者の例としては、太平洋戦争、私は「十五年戦争」と言うべきだと考えておりますが、十五年戦争についての戦争責任の問題が現代において一つの社会的な課題となって提起されていますが、これなども歴史的事実の認識と同時に、そこにやはり法律上の責任という問題点を導入する必要があると思います。そうしなければ、漠然たる戦争責任という形では、どういう意味の責任かということが確定しないといううらみがあります。こういうタイプの歴史学と法律学の接点もあると思います(27)。

家永法史学は「進歩主義」と解されていたゆえに、「法解釈学を歴史学に導入する」の意味も、要するに進歩の過程のなかに位置づけることであると解釈されていたと考えられる。だが今やそのように考えるべきではないのではなかろうか。家永自身の「苦悶」にまで遡り、その下で家永法史学を再評価し、さらに発展させる必要があるはずである。

②家永による具体的実践と今後の課題

家永による具体的実践の典型例としては、家永の「良心」を念頭に置いて家永の法史学に関わる業績を見直してみると、本論の最初に挙げたうちの一冊である『歴史のなかの憲法』が(28)、家永の「良心」を日本国憲法に即して体系的に語った重要著作として浮かび上がってくる。ほかの著作が多く優れた憲法学者や法律上の学説を取り上げて論じ、各専門分野に深く入り込んでいるのと異なり、同書は表題のとおり、憲法そのものを歴史上で理解しようとするものだからである。

家永の執筆意図は次のとおりである。

第一に、私は日本史学の研究者であるから、日本の歴史のなかでの憲法という視点に立って、日本国憲法を巨視的に位置づけてみようと思う。歴史学からの「学際研究」の一つの試みといってよかろう。第二に、私は帝国憲法のもとに生れ、日本国憲法下まで生きのびてきた人間であるから、二つの憲法の下での国民生活の憲法との関連による変化を身をもって体験した世代の一人であり、ことに日本国憲法施行の全時期を生きてきたものとして、知識にとどまらぬ実感で国民生活とのかかわりを受けとめてきた。その体験に即し、（中略）国民の立場より見た日本国憲法についての自分の考えを書いてみたいと考える。（中略）

書名のとおり、主題が「歴史のなかの憲法」であって「憲法をめぐる歴史」ではないから、構成も、各憲法の問題分野にしたがって章節を分ち、歴史的時代を追って叙述する方法によらず、また歴史的背景につきさらに深入りする必要のある事項や、一般歴史書ならば必ず書かねばならぬ史実でも、省略したところが多い。いずれも本書の著作目的が「憲法」のほうに主眼をおいた結果である。（中略）憲法のうちでも、私がとくに重要と考えて深い関心をはらっている領域に焦点を絞り、私の関心の薄く知識の無い領域への言及は避け、「教科書」風の概説としての役割ははじめから放棄してかかった(29)。

では本書を今後どのように読めばよいであろうか。史料の選択提示作業そのものは一般の歴史書と同様であるから省略し、家永の超越的批評の基準としての日本国憲法をどう考えるかについてみておきたい。家永は「第九章　日本国憲法の運命は日本国民と人類の運命につながる」において、次のように述べる。

韓国や台湾における人権蹂躙、権力の暴状を共産主義の脅威に藉口して是認し、アウシュヴィッツに象徴されるナチス‐ドイツやファッショ‐イタリアと軍事同盟を結んで連合国と対抗するのと平行して、国内における、ただでさえ薄弱であった自由と民主主義とを徹底的に破壊し尽した往年の悪夢を思い起させる。十五年戦争で日本国民が権力者の無謀な政策により塗炭の苦しみをなめる被害を受けるとともに、隣邦諸民族にそれをはるかに上回る惨苦を味わせ、また連合国側にも無差別爆撃による大量殺戮や老幼男女への加虐迫害致死等の非人間的行為を犯す機会を与えたこと（家永三郎『太平洋戦争』）を思うとき、それに数層倍する人類的悲劇の惹起に対する歯どめとしての日本国憲法の役割を改めて見直さないではいられないのではないか。まことに日本国憲法の運命は、ひとり日本の平和と民主主義とが破壊されるか否かの分岐点となるだけではなくて、人類が滅亡するか否かの分岐点ともなる、と言っても決して過大なレトリックではないのである(30)。

家永の最終的な主張点は、右のように、平和主義の問題にあてられる。家永は平和主義・民主主義の立場から日本国憲法の高い意義を認めたわけであるが、歴史的見通しを見定めて繰り返しこの点を再吟味し、同書全体の各記述を読み直し、史料の再読、さらには修正という流れを進めていくなかで、新たな見解が生まれてくることとなるであろう。

この方法にはまだまだ可能性があるに違いない。たとえば『歴史のなかの憲法』の「第一章　日本国憲法の精神は日本の伝統と無縁であるか」に即して見てみるだけでも、家永はこの問いへの回答としてさまざまな事例を先駆例として取り出しているが、それでも律令体制の成立以後一千二百年の歴史に対して割かれているのはわずかに一〇頁にすぎず、さらなる拡充の可能性をもち合わせている。通史的に叙述できたら、どれほど迫力が出ることだろうか。

また家永は国家による抑圧と人民の抵抗の構図で描いているので、却って社会生活の具体像が定かでないと感じられる箇所がいくつもある。ないし「第八章第三節　公権力以外の社会的勢力による人権侵害」に割かれている部分がさほど多くない点も、日本社会の特質を考えるとき、不十分のそしりを免れないのではなかろうか。このほかにも課題とすべき点は枚挙に暇がないが、このことはそのまま、具体的な継承と発展が今後の課題であることを示している。

おわりに

本論では、家永法史学を一度構成各要素にまで分解し、その上で再構成することを試みた。それにより、家永法史学は「進歩主義」であるとする通説的な理解とは異なり、むしろ現在において苦悶する主体性に重点が置かれていること、それをもとに歴史認識にまで昇華しているものであることが明らかになったと思われる。

以上検討した内容から、さらに押し広げて考えていくことが可能であるかもしれない。たとえば家永教科書裁判の多大な影響の下で成立した教育法学において、小林直樹は「教育法哲学」の必要性を唱えている(31)。家永の思想体系はその思索の手掛かりとして十分な内容を具えているであろう。また家永を手掛かりとすることは、教科書裁判提起者の意図をよりよく汲みとるという意味でも有益であろう。

教育法学では堀尾輝久らにみられる教育原理論(32)が兼子仁の特別法理論における法解釈上の「条理」として組み

込まれ(33)、強い影響を与えている(34)。また教育をめぐる現代的問題も無数に現れている。これらの問題を念頭に置き、家永の思索を手掛かりに再吟味を掛け、法史学的に再構成していったならば、教育法学の新たな可能性を引き出すことができるのではなかろうか。

第六章二、第八章三、第九章三でも紹介したように、家永の体験した法的事象は数多く、さらにたとえば団藤重光の「主体性理論」との関連もみられるなど(35)、その方法化と応用も含めれば、苦悶的主体性を軸とする家永法史学にはまだまだ多くの可能性があると考えられる。

(1)　鈴木安蔵「日本憲法学史ならびに憲法史にたいする寄与」。家永三郎教授東京教育大学退官記念論集刊行委員会編『近代日本の国家と思想』三省堂、一九七九年。
(2)　小林直樹「『管見』＝家永三郎・人と業績」(『家永三郎集』第一二巻月報)。また「家永憲法論の業績と特質」(『家永三郎の残したもの 引き継ぐもの』日本評論社、二〇〇二年)。
(3)　前掲小林「『管見』＝家永三郎・人と業績」前掲月報一頁。
(4)　前掲小林「家永憲法論の業績と特質」。前掲書三一頁。実際には小林が参照を指示する「『管見』＝家永三郎・人と業績」においてこの四点がはっきりと列挙・明示されているわけではないが、ここでは小林による論点の整理そのものが重要なのでそのまま採った。
(5)　同二〇頁。
(6)　家永三郎『一歴史学者の歩み』岩波現代文庫版九三頁。
(7)　家永三郎「東京帝大国史学科関西地方修学旅行記」(『史学雑誌』第四七編第二号、一九三六年二月)
(8)　家永三郎『田辺元の思想史的研究――戦争と哲学者』『家永三郎集』第七巻一四〇頁。
(9)　家永三郎「自己をみつめて」本書付録史料14。

（10）小林直樹「憲法解釈学の基本問題」雄川一郎編集代表『公法の理論（下Ｉ）』有斐閣、一九七七年。一三五二頁。家永が論争に加わることになる論文「『教育の中立』と憲法との関連」（『法律時報』一九五四年四月初出。『歴史の危機に面して』東京大学出版会、一九五四年収録）も、国家が日本教職員組合の反戦思想を排除しようとした教育二法案への反対運動の過程で執筆されたものである。

（11）前掲家永「『教育の中立』と憲法との関連」『歴史の危機に面して』一〇三頁。

（12）碧海純一「戦後日本における法解釈論の検討」谷口知平編集代表『恒藤先生古稀祝賀記念　法解釈の理論』、有斐閣、一九六〇年。五四―五五、五九―六一頁。

（13）「前記の四教授とはややちがった見解」として川島武宜の名も挙げられるが、川島評価は家永・小林・碧海の三者での見解の一致が見られないため、煩を避けて割愛する。家永見解との関係につき結論のみ述べれば、家永の川島批判は規範論の立場からの読み込みが先立っているふしがあり疑わしいが、本章三の整理を施すと、両者の法解釈認識のあいだには、存外大きな逕庭はみられなくなるように思われる（川島武宜『科学としての法律学』『川島武宜著作集』第五巻、岩波書店、一九八二年。一四―一九頁。また家永三郎『美濃部達吉の思想史的研究』『家永三郎集』第六巻一八〇―一八四頁。参照）。

（14）前掲小林「憲法解釈学の基本問題」前掲書一三七二頁。

（15）前掲碧海「戦後日本における法解釈論の検討」同書六九頁。明らかな誤植はあらためた。

（16）両者の相違についてはたとえば日本イギリス哲学会編『イギリス哲学・思想事典』（研究社、二〇〇七年）所収項目「自然主義的誤謬」参照（二一六頁）。ただし「自然主義的誤謬」が「ヒュームの法則」を明瞭に指摘したとする見解も行われており（たとえば『岩波哲学思想事典』所収同各項目。岩波書店、一九九八年。六四六頁）、碧海はそれに従ったのであろう。

（17）前掲家永『美濃部達吉の思想史的研究』『家永三郎集』第六巻一八五―一八六頁。

（18）菊池克美「家永史学の基本構想」家永三郎『日本思想史学の方法』一一一―一一五頁。

（19）家永三郎「思想史学の方法」『日本思想史学の方法』名著刊行会、一九九三年。四五―四七頁。

(20) 井上光貞との往復書簡「再び思想史の方法について」『国民の歴史』第二巻一二号、一九四八年一二月。六〇―六一頁。
(21) 前掲小林「憲法解釈の基本問題」一三八六頁。
(22) 前掲碧海「戦後日本における法解釈論の検討」七〇頁。
(23) 家永三郎『東京教育大学文学部』『家永三郎集』第一〇巻三六―三七頁。なお前後の経緯については本書第六章二参照。
(24) 同三五頁。
(25) 家永三郎「『しろうと』法律論由来記」『家永三郎集』第一三巻所収。
(26) 同二二八頁。
(27) 家永三郎「歴史学と法律学の接点」『家永三郎集』第九巻二五二―二五四頁。
(28) 家永三郎『歴史のなかの憲法』上下。東京大学出版会、一九七七年。
(29) 同書上巻二一―三頁。なお本書目次は次のとおり。

序論　どういうつもりでこの本を書くか
第一章　日本国憲法の精神は日本の伝統と無縁であるか
第二章　明治前半期の日本国民はどのような憲法を求めてたたかったたか
第一節　明治維新政府の人権政策
第二節　西洋からの憲法思想の学習
第三節　自由民権運動と人民の要求した憲法構想の特色
第三章　帝国憲法はどのようにして制定されたか
第四章　帝国憲法はどのような特色をもち、どのように実際に運用されたか
第一節　統治機構
一　天皇／二　帝国議会・国務大臣・枢密顧問・元老・内大臣／三　陸海軍／四　裁判所／五　地方自治

第二節　「臣民」の権利・義務
一　思想・思想表現の自由／二　信教の自由／三　公教育ならびに学問の自由／四　刑事手続における人権／五　行政訴訟出訴権・国家賠償請求権／六　直接民主主義的権利の欠如／七　財産権と生存権・労働基本権／八　法の下での不平等／九　兵役の義務とそのための人権制限／一〇　本土外人民の権利・義務
第三節　帝国憲法と家族制度
第四節　公権力以外の社会的勢力による人権侵害
第五章　帝国憲法改正の要求が国民の間にどのような形で芽生えていったか
第六章　日本国憲法はどのようにして制定されたか
第一節　敗戦直後の民間憲法草案とその意義
第二節　日本国憲法制定の経過
第七章　日本国憲法はどのようにして空洞化されつつあるか、国民はこれにたいしどのようなたたかいを展開しつつあるか　その一　総論
第八章　日本国憲法はどのようにして空洞化されつつあるか、国民はこれにたいしどのようなたたかいを展開しつつあるか　その二　各論
第一節　人権
一　平和に生きる権利／二　精神的自由権（イ　思想・良心の自由／ロ　表現の自由と知る権利／ハ　学問・教育の自由／ニ　信教の自由）／三　刑事手続における人権／四　財産権／五　生存権／六　労働基本権／七　教育を受ける権利／八　裁判を受ける権利／九　抵抗権／一〇　法の下の平等と家族制度／一一　外国旅行・国籍離脱の自由／一二　外国人の人権
第二節　統治機構
一　国民主権／二　「戦力」／三　国会・内閣／四　裁判所／五　地方自治／六　天皇
第三節　公権力以外の社会的勢力による人権侵害

一　マスコミにおける表現の自由および知る権利の侵害／二　暴力・組織等の圧力による表現の自由の侵害／三　資本による思想・表現の自由の侵害／四　私立学校における権利侵害／五　資本による男女差別／六　未解放部落・朝鮮人等に対する差別

第九章　日本国憲法の運命は日本国民と人類の運命につながる

(30)　同書下巻七四四―七四五頁。

(31)　小林直樹「教育法哲学序説」『日本教育法学会年報』第八号、一九七九年所収。近年の問題提起としてはたとえば宮盛邦友「教育学からみた教育法」上野妙美子・宮盛邦友編著『現代教育法』日本評論社、二〇二三年。二二二頁。

(32)　堀尾の教育理論については堀尾輝久『現代教育の思想と構造』（岩波書店、一九七一年）。同『人権としての教育』（岩波現代文庫、二〇一九年）、堀尾輝久＋田中昌弥・田中孝彦・杉浦正幸「座談会　戦後教育学の再検討」（『戦後教育学の再検討　上　歴史・発達・人権』東京大学出版会、二〇二二年。所収）等を参照。

(33)　兼子の教育法学および法解釈学については兼子仁『教育法』（法律学全集一六『教育法　衛生法』有斐閣、一九六八年。所収）、同「教育法における条理」（兼子仁・永井憲一・平原春好編『教育行政と教育法の理論』東京大学出版会、一九七四年）、同「教育法制理論の課題と方法」『岩波講座　現代教育学』三、岩波書店、一九六一年）、同「私の法解釈方法論について」（一・二。『自治研究』第九二巻第二号、二〇一六年九・一〇月）等を参照。

(34)　前掲宮盛「教育学からみた教育法」参照。

(35)　団藤重光は、家永の姿勢と自身の主体性理論とを引き比べて「かなり深いところで大きなつながりをもっている」と述べており（団藤重光「家永三郎さんと私」『家永三郎集』第九巻月報。三頁）、興味深い。

第十四章　家永三郎の文学・芸術的素養――文芸への関心と研究実践との関係――

はじめに

家永三郎といえば、緻密な実証を旨とする歴史学者である。それと同時に、教科書裁判に典型的にみられる、法律を駆使した権利擁護の闘士という印象も強い。事実に照らしてそれは全くそのとおりであるけれども、こうした側面が家永のすべてかといえば必ずしもそうではない。本論で取り上げる文学・芸術との関わりはその最たるものの一つである。

このことは、たとえば家永の研究のうちに文学・芸術との関わりの深いものがきわめて多いことからも裏づけられる。壮年時代にかかる論文「日本思想史に於ける宗教的自然観の展開」（一九四三年初出）、著書『上代倭絵全史』（一九四六年）や、晩年の『猿楽能の思想史的考察』（一九八〇年）等はその典型である。また書きたいあまりに書いたという小説『真城子』（一九五〇年代初頭執筆とされる。一九七二年公表）や、そのほかにもいくつか活字になった小説ないし概説書を兼ねた歴史物語がある。また学問的な著作においても、文芸作品からの引用が多く、研究にうるおいを与えている。

たとえば『戦争責任』のような歴史的・理論的著作でも、次のような記述がみられる。

肉体の損傷と違い、心の痛みは時日の経過により次第に薄らぎ、時には治癒されるが、四〇年（一九八四年頃の執筆当時から遡って――小田注）を経て今なお最愛の配偶者・恋人・肉親の戦死・戦災死を悲しむ心をいだいている人々の多数存在する事実が、『朝日新聞』の「朝日歌壇」にいつまでもその種の作品があとを絶たず寄せられていることから判明する。最近の号から遡って半年にもみたない期間だけでも、次のように多くの作が見出される。

空腹に泣く子をおきて征き果てぬ父よユミ子のコスモスが咲く　青田綾子（八四年九月二三日）

喜寿にして初めてもらす父の願いは朝鮮（北）に埋めし子の墓参とう　坂村全子（同前）

呆然と埋めてきし子よ満州の生死の奈落に涙無かりき　渡辺勝子（八四年八月一二日）

（以下一五首略）(1)

家永の著作を理解するにあたっては、実証の方法の理解、法学の概念の理解等、いくつかコツめいたものを要するが、多少なりとも文学・芸術的感性をもっておくこともまた、その重要な一環である。研究課題としていい換えれば、家永がどういう感性を具えて文学・芸術に対していたのか、それをどのようにして史料として取り扱ったのかということについて、文学・芸術の研究を視野に入れて多少なりとも明らかにしなければならない。

この視点からこれまでの家永研究を見直してみると、家永の文学・芸術への関心に触れた論述として、家永自身の口述「一歴史学者のあゆみ――家永教授に聞く」に、芸術の基本的な好みが、たとえば奥村土牛・徳岡神泉・杉山寧・山本丘人のような、「リアリズムとリリシズムとの融合したような作風」であること、並びにその他若干の発言があるほか(2)、歌人・馬場あき子の手になる論述「否定の論理の多様な展開」(3)がある。馬場の論述は『日本思想史に於ける否定の論理の発達』を中心に、家永の文学に関係する諸業績への評論として展開する。だがそれだけに、家永の文学・芸術趣味そのものの体系的な研究には及んでいない。他方、多くの研究者にあっては、家永の理念的側面が前面に押し出され、そのために家永の文学・芸術的関心については後景に退いたままになっている。

そこで本論では、家永の文学・芸術的な素養について、馬場の見解を念頭に置き、「本が唯一の趣味」(4)とさえ自称する家永がとりわけ愛好した文芸を視角に据え、今回の家永研究の過程で発見した史料等をも用いながら、史料に基づいて可能な限り解明していきたい。またときには関連研究の立場からの評釈をも加えながら、検討を進めていきたいと思う。

一、文芸の原体験

文芸は素養の蓄積それに口調の獲得の問題がある。その意味では早いほうがよい。そして家永が文芸に初めて触れたのも、ごく幼年時代のことであった。

歴史が好きになったのには、幼い時からの特別な因縁がある。それは母親が私の幼いころに楠木正行の話などをよく聞かせてくれて、そういうことから歴史には幼年期から特別に興味をもっていた。まだ小学校に入る前に、姉が小学校の歴史の時間に使う参考書として、歴史の情景を絵にかいた付図を持っていたが、それをよく見せてもらって楽しんだことがある。

小学校でもいちばん得意な学科は、綴方と歴史とであったが、中学に入るころには、すでに歴史家になろうと考えていた。もっとも小学校の低学年時代には、綴方が得意であったので（歴史は四年まではなかった）、小学校の三年のころ、自分で童話集を作って、『万朝報』の子供版に記事にされたことがある。その新聞には受け持ちの岡野先生の、「家永さんは今に文士になるのだと云って居ります」という談話が出ている。事実、私は本気で小説家になるつもりでいたようである。実は今でも小説を一度書いてみたいと思っており、一つだけその筋書だけを書いた原稿を作っているほどで、今でもそう思っているくらいだから、子供のときに小説家を志願したとしても、それほど不自然ではない。

さすがに中学生になってからは、作家になれるかのように考えたのが幻想であることがわかったので、いつの間にか歴史家志望に切り替えていた(5)。

楠木正行といえば『太平記』に記されて有名な「桜井の別れ」のことが思い出される。幼年時代の家永は、寝物語にいろいろな話を聞かされていたと思われる。このようなお話を数多く心にためこむなかで、いつしか家永少年は歴史家志望になったわけであった。

実のところ歴史に対する趣味的な態度は当時においては第一線の歴史学者にまで一貫したものであった。たとえば大久保利謙が一九三〇年手前の時期の歴史学者をふり返って「だいたい、歴史をやる人間は好古趣味というか、古いことが好きだという人間ばかりで、ただそのなかで、国史学科出身では羽仁五郎さんだけがまったくあたらしい存在だった」(6)と述べるのはその一証左となろう。また郷土史が戦後に批判を受けたのもまさにこの点である(7)。家永の変化もまた、単に趣味が少し具体化した程度のことで、これといって不思議なことではない。

こうした歴史趣味は、やがて家永少年にいくつもの作品をつくらせるに至る。家永は自伝で当時の作品を評して「本当に真剣な思索は含まれていない」と述べているが(8)、絶対的に不足している人生経験は他人の口移しの知識で埋めるしかどうしようもないのだから、この点は一〇代なら仕方がないのだろうと思わざるをえない。このようにして年齢がもたらす影響を省いていき、歴史上の問題に純化して考えていくとき、際立つのは、家永が受け止めていた思想のありようと文章構成技術とである。ここでは文章構成技術の問題に集中して検討しておきたい。

家永が右のような文章を書けた理由は、母親の物語から進んで数多くの古典文芸を読んでいたからであった。はるか後、一九八四年に行われた中央大学の最終講義では、文語文の美しさへの愛好を語るとともに中学時代に暗記した長恨歌の約三分の二を暗唱して聴衆を驚かせているが(9)、このエピソードはその一端を示す事例といってよいだろう。事実、家永自作の新体詩を読んでみると、作品中に対句の妙が数多くある（以下傍点小田）。

まず「函嶺賦」。

夏のあしたの峠路を／千草の露をふみわけて／歩む一人の旅人の／淋しき姿影長く／麓の山にかゝるなり
山は緑に草青く／海は遥に光りつゝ／眺めはいとゞまされども／昔の事を思ひ出で／空も涙にくもりけり
この山越えは何時の日か／又ふるさとを見るべきと／朝餉の煙のぞみ見て／別れを惜しみ歎きにし／兄弟の涙今いづこ
彼方に遠き曽我の里／あれぞ二人の故郷よと／ふりかへり見て旅人は／山鳥や鳴く峠路に／熱き涙をそゝぎけり
あゝ祐成や時政や／名は千載に薫れども／浮世はうつり年をへて／今は空しき石のみぞ／とゞめて人は跡もなし(10)

次に「鎌倉回顧」。

昔はくらき土窟《つちあな》に／月影高くてらすとも／深く刻めるみ恨みは／消えや果つべき方もなし
華軒香車を出でぬ身の／昼は野に臥し山にいね／夜は霜をふみ草分けし／難苦の思ひ幾程ぞ
露わけわぶる熊野路の／夕を送る鐘の音に／心をくだき涙しつ／君につくせる甲斐あらで
峯の松風音高く／昔のなげき語るとき／杖をとゞむる旅人は／涙注がぬ者ぞなき(11)

また「嗚呼楠正成」。

春は生駒の峯の上／残んの雪を吹き下す／風猶寒き暁に／見渡す限り集ひしは／雲か霞かはた敵か
八十万の大軍の／打囲みたるこの城に／こもるは千に足らねども／心は堅きくろがねの／我持つ楯のその如し
上に諸葛の智謀あり／下に関羽の猛きあり／天下の兵を集むとも／金剛仙の亡びずば／などて落ちなん千早城(12)

近代詩との関係で、漢詩からの脱却として語られることの多い新体詩であるが、家永の教養と関係する本論ではあえて漢詩の側から検討してみると、これら対句は順に的名対・互成対・隔句対・的名対となっているとみることができ（空海『文鏡秘府論』東「二十九種対」）、それぞれ視点の妙味を醸し出している。自然に身についたものであろうが、これはきわめて高等な技術であって、しかも一気に書き下ろしたかのような流麗な展開も含めて、やはり相当の技量を感じさせる。

こうした家永の特徴は、この節のはじめにみたように、母や姉からの影響が大きいものであった。一八八二年に生まれた家永の母は、彦根藩の士族の出であったという。家永は「やはり良妻賢母教育を受けている。それから士族の家に生まれているというところから、いっそうこの封建的家族道徳を非常に忠実に身につけていました」とやや批判的に回顧するが(13)、それゆえに、家永の母はよかれ悪しかれ典型的に近世以来の伝統文化の影響を受けた人物であったと考えられる。家永の文芸への関心の出発点は、近代文学よりはむしろ近世的な教養からの連続のなかにあったとみてよかろう。

二、文芸趣味と青年時代

青年時代の家永は、マルクス主義の衝撃を受け、新カント派の哲学に熱中し、親鸞の『歎異抄』に感動し、と大変めまぐるしいのであるが、ではその過程で文芸の趣味は消えてなくなったかといえば決してそうではない。それどころか文芸趣味は相変わらずで、後には、当時としてはいささか珍しく、歴史研究のなかに古典文芸をふんだんに盛り込んでいくようになる。

当時の家永の芸術上の環境については明瞭にし難いが、昭和初頭のモダン文化のなかで成長したことは確かである。リアリズムやリリシズムの趣味もこのとき成長したのであろう。学校では芸術部に所属し(14)、日曜日には五十銭銅貨を握りしめて下町をうろついて映画を観ることもあったようであるが、肝腎の映画は視力の都合で字幕が追えず、残念ながら充分鑑賞することができなかったという(15)。また昭和初頭のいわゆるエロ・グロ・ナンセンスの文化にも強く興味を抱いていた節がある(16)。とはいえ中心はやはり活字である。

高校三年生一九歳のときの「古典必読論」(17)は、新カント派の哲学にのめり込んでいる時期の家永が、実は同時に古典趣味をふんだんにもっていたことを著していて興味深い。すでに第四章一でも部分的に引用したが、改めて検討に付しておきたい。

「古典必読論」は、大きく、高校生はなぜ古典を読むべきか、どのように読めばよいか、読むべき古典は何か、を論じた三部分に分かれる。

まず、なぜ古典を読むべきかについて。（傍点小田。明らかな誤植は改めた）

私は諸君に古典を読むことをお勧するのである。凡そ人類は其の成立より今日まで一貫した生命を持つてゐるのであつて今日我々の所有する肉体といひ精神といひ思想といひ文明といひ尽く祖先の其等の延長に外ならない。其間時間と場所との間に隔絶があつても究極する処は我々の活動は其淵源を祖先に求めざるを得ないのである。我等の思想は決してかく偶然に生成したものではなく或は先天的遺伝により或は後天的の知得により生じたるものであるが其のいづれよりしたるとを問はず実に祖先代々の思想が生長したるものであつて若し之を自己及び現代独特のものだなどと考へる人があればそれはとんでもない誤りといはねばならぬ。三ッ児の魂は百までとの諺の如く事実今日の我々の思想の中には祖先の思想に薄い時代の鍍金を塗つたに過ぎないものが多々見出されるのである。従つて古典を読むことは決して単なる好古癖の満足ではなくて実に吾人を知り現代を知る唯一の関鑰であり且現代思想界に健全なる発達を遂ぐべき最大の要素であるといつて差支へない。たとへ如何なる聡明の人も若しその人が古典の修養を欠けばその人格は浅薄たるを免れぬ。たとへフオイエルバッハやベルグソンを山と積んでも若し彼に古典の智識を欠くならばその人の諸論は砂上の楼閣に過ぎないのである。又世には往々にして古典を骨董視し之を軽蔑せんとする傾向がある。しかし私は敢て彼等の認識不足を徹底的に責めることをはゞからない。前述の如く古典を知るこそ現代を知ることであつてこの意味において古典の中には吾人の血が躍動し魂があふれてゐるのである。

むしろ流星の如く出没する現代の諸思想に比してどれ程意義深いか知れないのであつて是を納屋の古花瓶と同一視せんとするが如きは言語道断といはねばならぬ。

我々は須らく古典を通じて吾人の本態を直視せねばならない。若し社会にして真に自己を知り古人にして真に己を理解するならば凡そ吾等を悩ます魑魅魍魎は尽く其姿を消してしまふであらう。古典研究は其究極において実にかゝる大使命を有するのである(18)。

家永の立場は、こと古典に対しては、傍点を付した部分にみられるように、近代主義を否定する伝統主義である。家永がこうした立論をした背景は不明だが、時期からいって「フオイエルバッハやベルグソンを山と積んでも（中略）古典の智識を欠く」誰か、おそらくはマルキスト青年と接触して多少の衝撃を受けたためではなかろうか。

次に、古典をどのように読めばよいかについて。（傍点小田）

しかしながら我々は我々の日常使用する言語より余りにも縁の遠い文章に包まれた古典をこの多忙なるスピード時代において読むことに多大の困難を覚えるのである。（中略）古典が学校の国漢文の教材に或は入学試験の材料等に供せられるがため我々は余りに訓詁的研究を習慣づけられ若しくは点を採る為の目標と考へることによつて古典に対し一種の嫌厭と恐怖とを感じてゐるのではあるまいかと。（中略）我々が国文学者たらんとするのでない限り的確なる単語の意義の如きはむしろ問題ではないのであつて大体の内容を把握しさへすれば差支へないのである。中には平安朝式文章の如く難解そのものゝ如きものもあるがこれらは注釈を十分に活用して構はないと思ふ。その八犬伝の如き浩瀚なるものに至つては到底我等の読了し得る限りではなくかゝる書は興味ある部分だけを読み他は梗概書なり何なりによつて全体の一貫せる精神をつかんでおけばよい。（中略）

現に多くの古典はほとんど注釈が加へられ漢文のものは仮名交りに書き改められてゐるのみならず岩波や改造社あたりから廉価版が出版されてゐる今日言霊幸ふ国に生れたる学生がこれ等を読まぬといふことは大なる恥辱とい

ふべきだと思ふ。

要するに我々はのんびりした気持を以て古典を読めばよいのである[19]。

家永が目にした出版文化は、近世以来の木版文化よりも、むしろ円本や文庫本といった近代の活字文化であった。家永の読書趣味はその展開とともにあった。だが同時に、このことは後々、家永の文芸趣味に一つの歴史的限界を与えることになる。家永は生涯崩し字を苦手としたのであった[20]。書誌学的考証への深入りも避けていた[21]。そのため、鑑賞態度において、どうしても近代読書界の校訂・流布状況の限界を超えられないのである。このことは後に家永自身「日本古典文芸の読み方」で、とくに能や浄瑠璃、文楽の鑑賞に関して自省することになる[22]。

最後に、読むべき古典は何かについて。

記紀、万葉集、古今集、源氏物語、大鏡、平家物語、新古今集、徒然草、太平記、神皇正統記、謡曲、奥の細道、雨月物語、西鶴、近松、馬琴の作の中代表的なもの各一二

猶日本古典を読むに当つては之と並行に漢籍をも多少読む必要がある。それで思想もの、代表として四書、文学物として文章軌範、唐詩選、歴史物として十八史略、宗教物として法華経くらゐ[23]

家永青年は「唯之を読むべき必要を痛感してゐるものに過ぎない」というから[24]、この時点ではまだ部分的にしか読んでいなかったらしいが、卒業論文を執筆するにあたっては、「万葉集をくり返し読」んでいたというから[25]、そのころには右に挙げた著作にはだいたい目を通して、中身がなんとなく頭に入っている程度のことにはなっていたのであろう。ちなみに陸軍教授の公募に応じたときには「面接試験で『神皇正統記』を何回読んだかと聞かれて冷汗

を流し」たというから[26]、思想的内面化を目指す読み方ではなくて、「古典必読論」にいう「のんびりした気持を以て」読み流したものと思われる。

この時期から以降、家永は表立っては哲学への関心が主となり、文芸に関心をもっている様子を察することは難しい。たとえば「古典必読論」の二ヶ月後、一九三二年七月に新カント派について論じた「国家哲学の根本問題について」の文体は、いかにも哲学青年らしい。

一、国家哲学の方法　純粋国家の形式的意義　国家哲学は国家の窮極的なる認識である。凡そ文化現象の窮極的なる認識は必ずや特殊科学の範囲を脱して哲学の領域に入り来る。何となれば科学とは偶然的なるものを蒐集して或は之を普遍化し或は之を記述するにとゞまるからである。事物の絶対的なる本質は偶然的なるもの丶総和ではない。科学による事物の概念によって事物の本質を明にすることは不可能である。ことに文化現象に於ては事物は事物であるとともに意味であり価値である。科学に於ては意味の具現としての偶然者を分析するにとゞまり意味それ自体は単なる予想にとゞまるの外はない。之が価値を批判し意味を求めることは哲学によつてのみ始めて可能である。か丶る意義に於て国家哲学は経験科学としての国家学と相並んでその独自の対象を有することができるのである[27]。

日本の文学・芸術を愛好してきた家永にとって、こういう直訳的・哲学的文体はあまりなじむものではなかったのではなかろうか。結局、この「国家哲学の根本問題について」を最初で最後にして、こうした直訳的文体は二度と現れなかった。その後の家永の文体は、基本的に読点が多く一文が長いが、それでいて読みやすさは損なわれていない。優れた学者は必ず一流の文体を持つものであるが、家永のそれは流麗で物語を思わせる。物語調といえようか。

三、文芸愛好と歴史研究

歴史学者となった後も、文芸への愛好は続いている。研究生活初期の文芸趣味を示す文献として、『日本思想史に於ける宗教的自然観の展開』を挙げることができる。同論文を文芸趣味の角度から検討してみると大変興味深い。そもそもこの論文は、古典文芸を読むなかでテーマとして成立してきたものであった。

――宗教的自然観の展開についてお書きになっていますが、それはいまおっしゃった有限者と無限者との対立というところなのでは――。

これはちょっと違うのですね。これはどこかで申し上げることがあるかと思いますが、私は近代主義というレッテルをしばしばはられるのですが、実はそういう面もたしかにありますけれども、同時に古典主義者という側面も持っていると自分では思っています。

古典文芸への愛好から、日本の古典文芸を読んでいるうちにいわば帰納的にあのようなテーマが生まれてきたのですね(28)。

そこで家永が引用している古典文芸がどの程度あるか、まずは節ごとに新出引用文献ないし作品題名・作家名等を抜き出して並べてみることにしよう。合計一六二文献。（明らかな誤植は改めた）

一　出雲国造神賀詞　万葉集　古事記伝

二　歌経標式　古今集　千載集　山家集（ならびに異本）

三　常陸風土記　楚辞　文選　陶淵明　玉葉集　源氏物語　後拾遺集　続後撰集　長秋詠草　拾玉集　壬二集　聞書集　新古今集　新勅選集　続古今集　徒然草　夏目漱石『草枕』同「思ひ出す事など」

四　フオルケルト“Aesthetik des Tragischen”（『悲劇の美学』）唯心房集　拾遺愚草　台記　空華集

五　後撰集　続後拾遺集　公任卿集　風雅集　土御門院御集　新後撰集　新千載集　新続古今集

六　懐風藻　凌雲集　文華秀麗集　田氏家集　扶桑集　本朝文粋　本朝麗藻　本朝無題詩　李太白集　白居易（白楽天）和漢朗詠集　杜少陵（杜甫）

七　法華経　明極楚俊「厳仕者静林号説」法華義疏　続日本紀　顕戒論　三教指帰　性霊集（ならびに補闕鈔）高野雑筆　本朝法華験記　後拾遺往生伝　三外往生記　梁塵秘抄　東関紀行　羅摩経　中阿含経　中右記　狭衣物語　閑居友　撰集抄　経国集　唯心房集

八　貫之集　相模集　源道済集　更級日記　散木奇歌集　建礼門院右京人夫集　方丈記　とりかへばや物語

九　夜半の寝覚　今鏡

十　忠見集　兼盛集　兼澄集　今昔物語　栄花物語　落窪物語

十一　源家長日記　明月記

十二　古今六帖　浜松中納言物語　枕草子　金葉集　蜻蛉日記　和泉式部日記　和泉式部集　狭衣物語　津田左右吉

十三　石上私淑言　玉の小櫛　志濃夫廼舎歌集　長秋詠藻　秋篠月清集　新拾遺集

十四　夫木抄　藤原信実朝臣集　続千載集　新後拾遺集

十五　宗長手記　二水記　蔭涼軒日録　真愚稿　宝慶記　永平広録　永平室中聞書　了幻集　鈍鉄集　東帰集　南

遊集（南游集）　栄源寂室和尚語録　若木集　閻浮集　蕉堅稿　南遊稿　雲壑猿吟　島隠集　不二遺稿　翰林葫蘆集　松陰吟稿　梅溪集　南院国師語録　随得集　三益稿　黙雲詩稿　夢窓国師年譜
十六　磧礫集　岐陽方秀為細川右京大夫常懼居士求悦岩字説状　東帰集　宗湛日記　太閤記　浅野家所蔵秀頼書状　南浦文集　南坊録（南方録）　集室庵壁書
十七　笈之小文　笠張の説　洒落堂の記　閑居の箴　更科紀行　嵯峨日記　奥の細道　幻住庵記　良寛
十八　永井荷風「大窪だより」　芳賀矢一『国民性十論』
十九　古今和歌六帖　千五百番歌合　一言芳談
二十　沙石集　葉隠聞書　花月草紙　雲萍雑誌

家永の読書範囲は二十一代集や勅撰漢詩集はいうまでもなく、私撰歌集や中国古典や仏典類、それに五山文学から近代文芸に至るまで、きわめて多岐に及んでいる。しかもいわゆる文学に限らず、蔭涼軒日録や秀頼書状など、歴史学者ならではの文献も含まれている。

だが研究方法論の観点から考えると、やはり、古典と関わるにあたって「古典必読論」にいう「のんびりした気持を以て」読み流したこと、またその後書誌的考証への深入りを避けたことの影響が、積極的な意義と限界とを同時にかたちづくっていることを感じずにはいられない。幅広い文献を駆使しえた代わりに、一つ一つの文献に対する態度に不完全さが見受けられるという意味である。本文を一部引用して、それに批判を加えてみよう。

山里の生活に対する憧憬は、その歴史的由来を追求する時、大体今迄説いた通り、飛鳥時代以来の伝統的自然愛及びこれを反極的に強化した処の中古以降の厭世的思潮を内的契機として、支那思想、仏教思想を外的契機として成長したものであるが、而も山里の魅力が何と云つても山里の自然美自体に最も多く依存することは云ふ迄もない処であつた。

山里にすむかひあるは梅花みつつ鶯きくにぞありける（貫之集四）
山里にかかるすまゐは鶯の声まづきくときぞとりどころなる（相模集）
朝夕に心をやりて山里に花みんほどをおもひこそやれ（源道済集）
山里のあはれしらるる声々にとりあつめたるあさぼらけかな（源氏物語総角）

の如く春には花が美しく咲き匂ひ、

思しる人に見せばや山ざとの秋のよふかきありあけの月（更級日記）
秋の田にもみぢ散ける山里をこともおろかにおもひける哉（散木奇歌集冬）
めづらしくわが思ひやる鹿の音をあくまで聞くや秋の山里（建礼門院右京大夫集）
栗もゑみをかしかるらむと思ふにもいでやゆかしき秋の山里（同）
鶉ふす門田の鳴子ひきなれて帰らまうきや秋の山里（同）

秋には紅葉散りしき、鹿の音もゆかしく、厳寒の冬にも雪はこよなきながめを加へたのである(29)。

家永の視点は「山里」にある。積極的な意義としては、右にみえるような幅広い文献を渉猟して、「宗教的自然観」として「山里」の問題に着目したということである。これはまさに文献渉猟のなせる業である。この姿勢から、家永の代表的研究の一つである大和絵研究も生まれている(30)。しかし「山里」理解を導くに至る研究の手続についてみてみると、かなり疑問があることは否定できない。そもそも、それぞれの歌の成立背景や作品性についての可能な限りの分析を抜きに、家永の引用のように読みとってもよいのかどうか。

この懸念は、井上光貞による家永批判と同質である。井上の発言を引いておく。

あなたの思想史は思想そのものの動きの実証的調査に於いても、たとえば一つの書物の中の一つの言葉を取り上げる時、それがその書物の述作の動機、著書の思想体系のなかでどのような比重と意味を持つ言葉であるかという点が比較的等閑に付せられている(31)。

文学においては文学性、歴史学においては歴史像という解明目標の違いはあるが、実証という手続を用いる限りにおいて、井上の批判は学科を越えて妥当すると考えられる。むろん、だからといって家永の見解がすべて間違いであるという話にはならないのであるが、やはり留意しておくべき点である。その上で、家永のように文献渉猟の優先と個別作品の精密な分析の省略とを一つの手続としたときには、宗教的自然観の問題として右のことがわかったのであると距離を置いて考えるべきであろう。

一九五一年から五三年にかけて、家永は美術史学との論争を敢行している(32)。「否定の論理」に基づく哲学的観点も若干存するが(33)、その主眼とするところは結局、歴史学の下に美術史学は組み入れられるとするところにある。家永は「『美術』は部分であり、『歴史』は全体である。（中略）およそ人文現象にして『歴史』と対等に並立するものはありえない」とする(34)。たしかにこのような主張は歴史学内部ではしばしば耳にするものであり、前章にみた法解釈論争を通じて法学のなかで揉まれる直前の家永がこうした歴史学内部の議論を無造作に内面化していたとしても無理のないところではある。

しかしながら、そもそも歴史学が補助学を取り入れるのは歴史学を豊かにするためであるはずである。ましてや文学性・芸術性・法解釈その他多様な研究目的を考えるならば、このような主張ごとき、ひとたび自学科を出て他学科と相対すれば所詮通用しない驕慢な発想にすぎず、家永は歴史学の自家中毒に陥ったと考えざるをえないのである。家永の芸術理解の全般的問題については、蓮実重康が家永の所論を評していう「新しき美術作品は如何にして創造され、生産されるのか、家永氏の所論においては明らかにされていない」(35)という見解の方がより真理を穿つと考えられる。この点については次節でより明らかとなる。

なお家永は一九八三年、芸術鑑賞の態度について次のように自省している。

純粋に文字に表現されるテキストの範囲に限定してみても、古典をどのようなテキストで読むか、複雑な前提がいろいろあることに、私はかなり早い時期から気づくようになったのであるが、文献だけを相手にしてきた私の大きな盲点となっていたのは、音曲や歌舞や劇と結びついた文芸作品を、すべてレーゼ－ドラマ同様に、文章だけ読んですませてきたことであった。これがこの種の文芸作品の正しい読み方でないという、わかりきったことに長年の間気づかなかった無知には、恥入るほかはない(36)。

まことに、そもそも芸術鑑賞は全身でするものであって、頭脳だけでするものではない。こうした自己批判の過程で一九八〇年刊行の『猿楽能の思想史的考察』が生まれている。同書には家永が積み重ねてきた方法論がふんだんに盛り込まれている。

ちなみに本論の最初に引用した『戦争責任』のような著作でも、同じ態度から史料が選択されていると考えるべきである。こと戦争に関する問題では、家永の引用はそのまま家永自身の戦争に対する感情に直結していると考えるのが自然である。家永の文芸読解には多くの考慮すべき論点があるが、それも含めて、一般に家永の文献を読む際には、それぞれの引用文献に対して家永がどう喜び、あるいはどう悲しんだか、またそれをどう歴史史料にまで仕上げたかということを、常に考えておかなければならないのである。

四、実作者として

歴史学者として年々多忙の身を抱えた家永であるが、文芸への関心が衰えることはなく、それどころか、折をみては実作に取り組んでいた。その代表的な作品が一九五〇年代初頭に書かれた思想小説『真城子』であり、また一九七四年七月一六日、教科書裁判第一次訴訟高津判決の日に発表され、『昭和万葉集』に収録された二首の歌である。ここでは、家永の文芸趣味の延長として論点の比較的少ない歌の問題を先に検討し、その上で小説の問題に移りたい。

家永が示した歌は次の二つである。

あかねさす日はかげれども「最後《いやはて》の法廷《さばき》」をたのむ心くもらず
かちまけはさもあらばあれたましひの自由を求めわれはたたかふ(37)

いずれも万葉調、ますらをぶりの歌である。音読してみて感じるのは、「最後の法廷」「たましひの自由」という言葉が、歌全体のなかで強く印象づけられていることである。前者では do-mo の o-o で弱められた音調が i-ya-ha-te の a-a で強められ、sa-ba-ki の i で収まっている点、後者では同じく sa-mo-a-ra-ba-a-re の e で一旦弱まった音調が、ta-ma-si-i という a-a の連続によって再び強められ、i-i という弱音で収まっている点、家永がどう意図したかはわからないけれども、大変効果的に感じられる。

解釈については、『一歴史学者の歩み』に関連の記述があり[38]、理解を助けている。「たましひの自由」が精神的自由権をあらわしていることは概ね間違いないであろう。一方「最後の法廷」については、一九七〇年七月一七日杉本判決の前日に友人丸山眞男から「ハンケツヨリモレキシノホウテイニオケルキミノシヨウリラシンズ《ママ》ル」との電報を受けて、一九六五年刊家永『教科書検定』の内容とともに「否定の論理」の観点から捉え返していること[39]、および家永自身は「裁判所の判決よりも、歴史の審判について不動の確信をいだくことができた」[40]と述べているので、これは家永の信仰としての「否定の論理」そのものであり、キリスト教のいわゆる「最後の審判」の語が象徴的にとられていると考えられる。家永の生涯を考えるならば、充分感銘に価するのではあるまいか。

次に小説の問題であるが、家永は研究者となってから、『日本歴史物語』に収められ親鸞について説いた「悪人往生」で物語を書き[41]、また先述した『真城子』を刊行するとともに、その関係でいくつもの随想を残している。「悪人往生」の編は、幼いころから児童文学になじんだだけあって、展開はきわめて巧みである。問題は思想小説の類、『真城子』とその関連の諸文献である。

この小説は大正末から昭和初頭の瀬戸内の上層階級を舞台に展開される。主人公舟越真城子は、市長の娘として生まれ、美貌と才識に恵まれた人物であったが、画家のサロンでの恋のあてつけに、好きでもない医師・森山繁樹に結婚を申し入れた。ところがむしろ結婚後に本当に惚れてしまい、却って繁樹の愛情に疑いを抱き、遂には思い余って殺してしまう。死刑囚となった真城子は社会の底辺の人々とはじめて出会い、社会矛盾の意義を解するとともに、信仰に目覚めていく。

家永は執筆意図を明瞭にしているから、ここでもその角度からみてみよう。まず書誌的なことに触れておくと、家永がこの小説の原型を書いたのは一九五〇年代の初頭であるという。また一九五〇年一月一七日付『図書新聞』に「その内、小説を一つ書き度いと考えております」[42]と、また『一歴史学者の歩み』一九六七年初版には「一つだけその筋書だけを書いた原稿を作っている」とあるので(43)、執筆の上限はこの時点を越えないだろう。小説家一色次郎の斡旋により、一九七二年にかなづかいを改めた上で刊行された。なお九六年には改訂版が刊行された。

家永はおおいに喜び、いくつかの手記を残した。「わが〝現代文学〟憤懣の記」(一九七三年二月。ただし「題名は全く著者の意に反している」という(44))、「実現した小学生の夢」(一九七三年三月(45))がその主なもので、ほかに鹿野政直との対談「歴史と人生」や(46)、家永への聞き取りである「一歴史学者のあゆみ――家永教授に聞く」(47)、それに『田辺元の思想史的研究――戦争と哲学者』あとがき(48)にも関連の証言がある。鹿野との対談によれば『真城子』序文も事実上の執筆意図の告白である。またスピンオフとして一九七三年発表の「午後の校長室」がある(49)。また一色に「家永文学の内面性」がある(50)。刊行後の経過については民衆社版『真城子』あとがきに記載がある(51)。

これらのうち、家永の執筆意図について最もまとまっているのは、「わが〝現代文学〟憤懣の記」である。家永によれば本作は『絵物語』(52)を期した「自然主義的心理小説に対するささやかなアンチテーゼ」(53)であり「波潤にとむ」(54)「『思想小説』の可能性みたいなものを試みる」(55)ものであるという。家永の言を聞こう。

書きたいとおり書いた結果、近代的小説のスタイルだけではなく、日本文学の伝統的なスタイルである「物語」の伝統を受け継ぐ結果となった。(中略)従来の文壇でもっともオーソドキシイを確立している自然主義的小説、その流れから生まれ出た私小説が「私」の内心という一種の特別な世界に立てこもり、綿々たる心理描写に執着するのあまり、波乱と躍動に富む筋立て《ストーリー》のおもしろさを閑却してきたらしい事実について、かねてからあきたらぬ思いをいだいていた。いわゆる「逃亡奴隷」のせまい視野の世界にとじこもるのではない、もっと広い世界に開かれた「思想小説」の可能性みたいなものを試みるというのが、私が「物語」形式をとった第二の、そして積極的な理由ともいってよいだろう。

私小説ふうの心境小説がいちばん本格的な小説であるという風潮のこい日本的文壇土壌では、波瀾にとむ展開の作品を「大衆小説」的として低く見なすような通念がある。しかし、日本の文芸史をふり返ってみるならば、そこに短い文章で鮮明かつ強烈な文芸的効果をあげている「物語」的叙述《スタイル》の連綿たる伝統があることに人は気づくであろう(56)。

ということなのだが、さてそのつもりで実際に読んでみると、果たして面白い小説であったか、大変疑問が残る。文壇から無視されたという事情(57)はいうに及ばず、先の一色の一文以外、文学性を述べたものが一つもない。決定的なミスがあったと考えざるをえないのである。そこでなぜそういうことになってしまったか、少し考えてみることにしよう。冒頭部をみてみよう。

同じ日本思想史を研究している仲間の一学究が、思いがけなく持病がにわかに悪化して世を去ったが、遺族から依頼されて遺された蔵書や原稿の類いを整理していると、わら半紙八十枚ばかりにぎっしりと書きこまれた草稿が現われた。この人が生涯にわたり発表し続けた学術論文でも時事評論でもない。一番上の紙に「創作真城子」という外題《げだい》が書かれていた。

職業作家でない人々で和歌や俳句を作る例は珍しくないが、本業を別にもちながら作家としても一家をなしている人たちは別として、作家でないのに筆のすさびに小説を書くという例は、遠い平安朝の昔に朝廷に仕えた貴族や宮女が試みたことは知られているけれど、現代ではあまり例が多くない。しかし、チャーチル会などのように、画家でない別の職業の人たちが、りっぱな絵画作品を画いて展覧会を開いたりするのを考えれば、職業的作家でないからとて小説を書いておかしいはずはないのではなかろうか(58)。

第二段落の主張者は、「遺族から依頼」された「仲間」の人物ではなく、家永本人になってしまっている。つまりそもそも登場人物の整理ができていない。このように、『真城子』の最大の欠陥は、家永の主張が先立ち、人物造形が不完全なところにある。家永は自らの小説を、「近松門左衛門の言う『実と虚との皮膜の間にあるもの』」と位置づけている(59)。しかしそれならばますます「あつたらこんなものであらうと推量してゐるところが作者なり」（入我亭我入「戯財録」作者金言之事）と「人情を推量」（同）するべきであったであろう。にもかかわらず人物造型がきわめて類型的で、その妙な綾の乏しさが、あちこちで異和感をもたらすのである。

その直接の理由は、少年時代の精彩と比較するならば、歴史学の訓練によってすべてが中途半端になった結果であると考えざるをえない。家永のいうとおり、歴史学は文学作品でさえ断片化して「史料」とし、それによって「『史料』の背後に『史料』を通して浮かび上がる過去の人間生活、血の通った生きた人間の生活を把握し、その実相を復原するのが歴史家の任務」であると自任して憚らない(60)。

しかしその断片化する姿勢そのものが、文学的に表現せられた内容への着目を脱落させるのである。歴史研究を行うと個別事象に詳しくなる上、家永は文学作品を史料に用いていたので、いよいよ余計な自信がついている(61)。だが本来、過去を語る歴史学と普遍を志向する文学とは全然別の仕事であり（アリストテレス『詩学』第九章）、両方するならばまず文学そのものに習熟すべきであった。にもかかわらず、この課題への研鑽を怠り、あまつさえ歴史学で多少なりとも代置できるかのように思い込んだために、人間認識までもが崩壊したと考えざるをえないのである。

家永の作品は習作であったと考えざるをえない。本来であれば刊行時に大幅に手を入れるべきであったであろうが、それは成し遂げられなかった。その事情は、おそらく、教科書裁判に絡んできわめて多忙であったことに加え、同書が「私の転向論に対するアポロギアの意味」をも意図せざるをえず、歴史学への自負によって文学表現への自省にも至らず、ついに手を入れることができなかったためであろうと考えられる(62)。歴史学が齎した因果は、文学者家永三郎の誕生を最後の最後まで阻害したのであった。
だがもし習作と割り切って読むならば、さすがに文才もあり、また思想表現としても興味深いものを含んでいる。

霜田はそれを聞いて、前よりもはげしく詰め寄った。

「そこまでわかっていながら、それ以上一歩も出ようとしないのならば、卑怯だ。あなたが何も知らないとおっしゃるならば、まだ許せる。ちゃんと心得ていて、そういった社会悪をはびこるのにまかせているのは、どういう気持からなのですか？　あなたのような傍観者が多いから、ブルジョアどもがますますいい気になって悪いことを続けるのです」

森山は、もう一度答えた。

「あなたのおっしゃることはよくわかります。しかし、人間にはそれぞれその人にふさわしい生き方というものがあるのです。だから、さきほど私はあなたやあなたと志を同じくする方々の言動を罵倒したり弾圧したりするのには反対である、と申したでしょう。私にも私なりの生き方をするのを許してください。あなたの眼には傍観者としか映らないかもしれないけれど、私は自分の職業を通して、私の良心に従い、条件の許すかぎり、患者という、目前の援助を必要としている人々に奉仕したいと思っています。（中略）あなたの御期待にそえないのはたいへん申しわけありませんが、私には私の道を歩ませていただけませんか」

この日、二人は珍しく言いたいだけのことを思うぞんぶんに言い合って別れた(63)。

この小説に盛り込まれた家永の思想は、インテリ青年として問題意識を培った「否定の論理」であり、右引用部もそれを導く重要な一環である。筆者はむしろこうした部分に精彩を感じる。だが総じて、『真城子』は習作の域を越えるには至っていないと考えられる。家永は一方で母や姉に由来する近世以来の伝統に立ち、その延長で歴史研究を通じて物語をも受容しながら、一方では近代思想をもち、結果、小説の構成という問題を通じて、技量不足も相俟って、両者の分裂の前に混乱したわけなのである。

おわりに

家永の文芸趣味の軌跡は、和漢の文脈を基軸とする近世の文学・芸術から、欧日を基軸とする近代の文学・芸術への転換のなかで、専門家ではない愛好家が負った歴史的状況をよく示している。すなわち明治期における文学および美術概念の制度的成立の影響を受け(64)、家永の内面においても欧文脈に反発するかたちで近代的和文脈へのパラダイムシフトが進行したにもかかわらず、その代わりとなる文学・芸術的指導理念が精緻な思索を経て内面に成立しているとまではいい難いのである。

結局、家族を通じて親しく体験したはずの近世文芸への理解は「感動」という積極的意義だけを残して断片化の一途を辿り、文芸趣味や芸術部での経験も、リアリズムとリリシズムの融合という趣味上の基本的な方向性はありながら、文学・芸術の観念として再編されるには至らず、それどころか活字による読書癖と歴史学における史料読解によって近代的制約を受け、未整理のまま膨れ上がるばかりとなった。そしてついには歴史学で文学ができるとさえ勘違いし、創作を通じて挫折したのである。家永の文学・芸術論は、たしかに個別の指摘はしばしば肯綮《こうけい》に中《あた》る。だがその総合的な開花は、家永自身に内面化された歴史学に遮られ、実現しなかったのであった。

文学志望者としての家永の致命的な欠陥は、創造の労苦への体験的理解が乏しいことにある。家永に文才があったことは青年時代の実作から十分窺える。人間を読み解くという方向に努力を重ね、挫折を乗り越えていれば、ひとかどの作家になったかもしれない。しかしせっかくの可能性も、歴史家として万事を史料と考えているうち、できあいのもので納得する癖がついてしまい、そのまま不意になってしまったと考えざるをえないのである。家永に本来必要であった作業は、なによりもまず、内面化された歴史学を潰すことだったはずである。

家永を文学史・美術史上に位置づけるとするならば、浩瀚な大和絵研究といった各業績や、家永『日本思想史に於ける否定の論理の発達』が加藤周一『日本文学史序説』に与えた影響などにみることができよう(65)。しかし家永の作家性については、文学史上に何らかの位置を与えるのはやや難しい。とはいえ、文壇と読者という二項対立が弱まり、文学へのいわば「参加者」たちによる文学実践という論点が実践的に提示されつつあることを考えるならば(66)、その観点から積極的意義をもって位置づけることができるかもしれない。

以上に基づき、家永の史料読解に対する理解方法と、そこから見出されうるより広義の文学性について考えて結びとしたい。まず大前提として、家永の著作の読解にあたっては、まず家永の感情の動きを理解することを試みなければならない。だがそれは必ずしもヨーロッパ由来の近代的な鑑賞態度およびそこからくる感情を意味せず、むしろ前近代的な理解の態度を基本として、そこに近代の出版事情が累積したことを想定しておかなければならない。

それを近代思想の下で思想史学の方法として編み直しつつ、しかしなお前近代に由来する情感を色濃く残し、ここにモダンな東京の都市的感性も折り重なりながら、全体を積極的なものとして活用したのが、家永の学問の方法の一つの重要な側面であった。これがなければ、ただでさえまじめな主題の多い家永の仕事が、どこまでいっても木石漢のそれにしかみえなくなってしまうであろう。しかし実際には、家永の感情の動揺はきわめて激しいのである。

たとえば、本論の最初に挙げた短歌三首をみてみると、

空腹に泣く子をおきて征き果てぬ父よユミ子のコスモスが咲く
喜寿にして初めてもらす父の願いは朝鮮（北）に埋めし子の墓参とう
呆然と埋めてきし子よ満州の生死の奈落に涙無かりき

この文章を引用しているとき、家永は本心から作者に同情し、感じたままに『戦争責任』の論証として役立てているとみるのが適切である。そこで我々読者としては、史料として挙げられている文献の作者の感情に感応し、また作者に感応する家永の感情に感応することが、家永の論述を読む上で、最初に必要なのである。

家永はその上で、実証主義の方法に基づき、一旦突き放して史料として活用しうるかどうかを検証し、主題に照らして活用しうるものを文献として提示する。そこで我々としても、家永の論述を理解し、正当性を追試する上では、家永の提示する文献から、一旦家永の感動を読みとった上で、史料読解として適切であるかどうかを考えるというふうに、段階を追って検討していくことが必要なのである。

そしてこのときにこそ我々は、家永の浩瀚な学術・批評著作のうちに一貫する理想主義的な詩精神を読み取ることができるであろう(67)。だからこそ家永の著作群は無数の読者に感銘とインスピレーションを与えてきたのである。我々もまた、このインスピレーションを大いに活用して結論すなわち将来に向けた展望の提示に臨むことにしたい。

（1）　家永三郎『戦争責任』岩波現代文庫版一三―一五頁。
（2）　家永三郎述「一歴史学者のあゆみ―家永教授に聞く」家永三郎教授東京教育大学退官記念論集刊行委員会編『家永三郎教授停年東京教育大学退官記念論集1　古代・中世の社会と思想』三省堂、一九七九年。二九七頁下段、二九九頁上段―三〇〇頁下段、三一六頁上段―同下段、三三六頁上段―三四〇頁上段。引用部は三〇〇頁上段。
(3) 馬場あき子「否定の論理の多様な展開」。『家永三郎集』第九巻月報。
(4) 家永三郎「本が唯一の趣味」『憲法・裁判・人間』名著刊行会、一九九七年。
(5) 家永三郎『一歴史学者の歩み』岩波現代文庫版六二―六三頁。
(6) 大久保利謙『日本近代史学事始め』岩波新書、一九九六年。六九頁。
(7) たとえば『国史大辞典』「地方史」の項参照。
(8) 前掲家永『一歴史学者の歩み』岩波現代文庫版五九頁。
(9) 「私の学問の原点――一九二〇年代から一九三〇年代にかけて」『家永三郎集』第一六巻二二〇―二二三頁。暗唱は二二二頁。
(10) 家永三郎「函嶺賦」本書付録史料7。
(11) 家永三郎「鎌倉回顧」同8。
(12) 家永三郎「嗚呼楠正成」同11。
(13) 家永三郎・古在由重対談「現代を生きる学問と思想」『現代と思想』第一六号。青木書店、一九七四年六月。一五三頁。
(14) 本書付録史料12「昭和五年度校友会役員」。
(15) 家永三郎「激動七十年の歴史を生きて」『激動七十年の歴史を生きて』新地書房、一九八七年。一四〇頁。および前掲家永述「一歴史学者のあゆみ――家永教授に聞く」前掲書三三六頁下段。
(16) 前掲家永述「一歴史学者のあゆみ―家永教授に聞く」前掲書三一六頁によれば、伊藤晴雨との付き合いが戦前からあったという。戦後家永は「性の問題」への問題意識から（家永三郎「性の問題」『歴史と現代』弘文堂、一九六九年所収をも参照）、戦後いくつかのモノグラフを遺し、とくに「江戸芸術における日本的倒錯美」からはサドマゾヒズムの思想への造詣が窺えるが、これも戦前におけるエロ・グロ・ナンセンス文化への関心からの延長であると考えられる。
(17) 家永三郎「古典必読論」本書付録史料21。

(18) 同右。
(19) 同右。
(20) 前掲家永『一歴史学者の歩み』岩波現代文庫版九〇頁。
(21) 家永三郎「日本古典文芸の読み方」『家永三郎集』第一六巻二三二頁。
(22) 同右。とくに二三四―二三六頁。
(23) 前掲家永「古典必読論」本書付録史料21。
(24) 同右。
(25) 家永三郎「薬師寺芸術の根源を求めて」『家永三郎集』第一六巻二〇〇頁。
(26) 同二〇四頁。
(27) 家永三郎「国家哲学の根本問題について」『家永三郎集』第一六巻一六五頁。
(28) 家永三郎「一歴史学者のあゆみ――家永教授に聞く」家永三郎教授東京教育大学退官記念論集刊行委員会編『古代・中世の社会と思想』三省堂、一九七九年六月。二九七頁下段。
(29) 家永三郎『日本思想史に於ける宗教的自然観の展開』『家永三郎集』第一巻一〇六―一〇七頁。
(30) 本書第九章一2参照。
(31) 井上光貞・家永三郎「往復書簡　思想史を裏付けるもの」『国民の歴史』第二巻第一〇号、一九四八年一〇月。六三頁。
(32) 家永三郎「美術史学の対象」、同「美術史学と歴史学」。いずれも家永三郎『現代史学批判』和光社、一九五三年所収。のち『日本の近代史学』日本評論新社、一九五七年再録。
(33) 家永三郎「美術史学と歴史学」前掲『現代史学批判』一四九頁、『日本の近代史学』五〇―五一頁。
(34) 家永三郎「美術史学と歴史学」前掲『現代史学批判』一六六頁、『日本の近代史学』六四頁。
(35) 蓮実重康「何故かの美術史――家永三郎氏の『美術史の方法』の批判に寄せて」『美術』季刊第七号、一九五二年一二月。一六頁。蓮実の主張は論考「美術史学の対象」および家永の研究発表「美術史学と歴史学」を踏まえて行われたものである。ただし同論文における蓮実の家永理解全体は首肯しがたい。
(36) 前掲家永「日本古典文芸の読み方」『家永三郎集』第一六巻二三四頁。
(37) 『昭和万葉集』巻十九、講談社、一九八〇年。二一六頁。
(38) 家永三郎『一歴史学者の歩み』岩波現代文庫版二二七―二二八頁。
(39) 家永三郎『教科書判決と裁判の独立』日本評論社、一九七一年。一五四頁。
(40) 前掲家永『一歴史学者の歩み』岩波現代文庫版二二八頁。
(41) 家永三郎「悪人往生」家永三郎編『日本歴史物語（上）』アルス、一九五四年。
(42) 『図書新聞』「執筆者だより」第二八号、一九五〇年一月一七日付一面。
(43) 家永三郎『一歴史学者の歩み』三省堂一九六七年初版五三頁、岩波現代文庫版六三頁。
(44) 家永三郎「わが〝現代文学〟憤懣の記」『潮』一九七三年二月。題名については『家永三郎集』第一六巻三三一頁。
(45) 家永三郎「実現した小学生の夢」『家永三郎集』第一六巻所収。
(46) 家永三郎・鹿野政直対談「歴史と人生」『歴史評論』二九七号、一九七五年一月。二〇―二一頁。
(47) 前掲家永「一歴史学者のあゆみ――家永教授に聞く」『家永三郎教授東京教育大学退官記念論集1　古代・中世の社会と思想』三省堂、一九七九年。三三八頁下段―三三九頁上段。
(48) 家永三郎『田辺元の思想史的研究――戦争と哲学者』『家永三郎集』第七巻四七五頁。
(49) 家永三郎『憲法・裁判・人間』名著刊行会、一九九七年。収録。
(50) 一色次郎「家永文学の内面性」教科書検定訴訟を支援する全国連絡会編『教科書裁判ニュース縮刷版』第七〇号、一九七三年一月一五日付八面。三八〇頁。
(51) 前掲家永『真城子』民衆社版二〇五―二〇六頁。
(52) 前掲家永「わが〝現代文学〟憤懣の記」前掲誌二四二―二四三頁。
(53) 同二四四頁。
(54) 同二四一頁。

(55)　同頁。
(56)　同二四〇—二四一頁。
(57)　前掲家永「一歴史学者のあゆみ—家永教授に聞く」三三九頁上段。ただし映画監督の中村登が映画化を試みたなどの経緯もあり（前掲『真城子』民衆社版あとがき）、「絵物語」的意図が映像化に適していた可能性はおおいに考えられる。当時の企画書等、資料の発見を俟ちたい。
(58)　前掲家永『真城子』文和書房一九七二年初版三頁、民衆社一九九六年再版三—四頁。引用部のうち、初版「持病がにわかに悪化して」の部分は再版では「自らの手で命を断って」となっている。
(59)　同文和書房版六頁、民衆社版六頁。
(60)　家永三郎「歴史資料としての日記」『国文学　解釈と鑑賞』第一九巻一号、一九五四年一月。一六頁。
(61)　前掲家永「わが〝現代文学〟憤懣の記」にはその様子がありありとみえる。
(62)　前掲家永・鹿野対談「歴史と人生」前掲誌二一頁。
(63)　前掲家永『真城子』初版八五—八六頁、再版八七—八八頁。
(64)　文学については柄谷行人『日本近代文学の起源』岩波現代文庫、二〇一二年参照。美術については北澤憲昭『眼の神殿——「美術」受容史ノート』ちくま学芸文庫、二〇二〇年参照。漢文が明治に入って地位を失い、漢文学的表現の基軸をなす詩書画三絶も漢詩文学・書道芸術・南画芸術に分解したことは、この間の様子を裏面からよく示すであろう。
(65)　加藤周一・前田愛対談「日本文学史の方法」『ちくま』一一七号、一九八〇年一二月。一〇頁。なお吉川幸次郎『宋詩概説』（岩波文庫、二〇〇六年）の第八節「唐詩と宋詩」にも『日本思想史に於ける否定の論理の発達』と似通った構図がみられ、興味深い。
(66)　一九九八年から二〇〇二年にかけて行われた笙野頼子・大塚英志による「純文学論争」を経て、大塚の提唱によりコミックマーケットをモデルとして二〇〇二年に成立した文学作品展示即売会「文学フリマ」の実践および関連の諸実践を念頭に置く。市場の縮退した文学に「場」を与えるとする「文学フリマ」の実践の評価はいまだ定かではないが、無数の参加者を得て従来の作者—読者とは異なる新たな図式が形成されつつあることはたしかであろう。成立発展の経緯については「文学フリマ」アーカイブの各リンク記事を参照 https://bunfree.net/archive/。

（67）思想家ないし実践家に詩精神を読み取った例として、吉田松陰の詩性を論じた加藤周一『日本文学史序説』第一〇章の小見出し「吉田松陰と一八三〇年の世代」参照（『加藤周一著作集』第五巻、筑摩書房、一九八〇年所収）。加藤はこの松陰評価に関連して、思想的感動と文学的感動との近接性を論じて次のように述べている。

> 思想的にすぐれていること、人間的にすぐれていること、文学的にすぐれていることは同じではないけれども密接に絡んでいると思う。吉田松陰くらいの人生があれば、そこから生み出された詩はたいへん人を感動させるだろうし、事実そうでしょう。その迫力たるやすごいものです。それは、どうしても背景にあるものを読んでしまうからです。それは机上の空論じゃなくて、命がけで生み出した思想です。それが人を動かす。（加藤周一『吉田松陰と現代』一般社団法人萩ものがたり発行、二〇〇六年。四〇頁）

萩原朔太郎『詩の原理』内容論第十三章「詩人と芸術家」にも、実践家の詩性について同質の指摘がみられる（『萩原朔太郎全集』第六巻所収。一九八七年補訂版八二―八六頁）。作品表現に込められた文学性を越えたより大きな意味において、歴史的存在そのものがもたらす文学性が存在すると考えるのが妥当である。

本論では、家永がかなり本格的に文学を志向したことを踏まえ、作品性の観点から非常に手厳しく論じてきた。しかしひと度この観点から見直してみるならば、家永の行為全体が文学的価値をもつと考えられるのである。家永の行為のうちに詩的側面があればこそ、家永の著作群は批判による旧説化・陳腐化という科学研究の宿命を超えた普遍的生命を保ちうると考えられる。

第四部　家永三郎の歴史的意義と今後の展望

第十五章　家永三郎の人類史的意義――平和主義・民主主義の理念との関連――

はじめに

家永三郎研究は、平和主義・民主主義との関連において最も重厚に積み重ねられてきた。したがって従来の家永研究を継承し批判的に発展させるにあたっては、平和主義・民主主義をめぐる従来の家永評価についての再検討を試み、その上に立って今後の展望を築いていくことが必要である。それは人類史的観点にまで及ぶであろう。

研究対象を歴史的に評価するにあたっては、対象の積極的意義と歴史的限界との両方を考察し、客体形象化して歴史上に位置づけることで、歴史的に理解するとともに精神的遺産として将来性を示すことが可能となる――というのが思想史家としての家永の見解である(1)。本研究を通じて、筆者もまたこの方法に同意し、家永本人に対して適用を試みたい。

平和主義・民主主義との関連における家永の積極的意義については、家永の実践への直接的な感動と相俟って、同時代人によってしばしば論じられてきた。一方、歴史的限界についてはまだ十分指摘されていない。そこで以下、歴史的限界を検討することでこれまで述べられてきた積極的意義を洗い直し、改めて歴史上に位置づけることを試みたい。

従来の評価の典型事例として、鹿野政直の次の発言を挙げたい。

先生はことに近年、ご自身の訴訟を受けついでもらえるという角度から、相ついで同様の訴訟が起されることを願っておられたようです。残念ながらそれは、今のところ適えられていません〔一九九二年の講演のため。翌一九九三年高嶋訴訟開始――小田注〕。しかし第一幕は終っても、それを幕引きにしないでわたくしたちの手で第二幕を開けることができるし、また開けたいと思います。どうすればそれが可能か。

一人ひとりがミニ家永になることしかありません。（中略）そして自分が一ばんこだわる点、たとえば、中江兆民がかつて憲法点閲を唱えたように、わたくしたちのがわから教科書を点閲するとか、（中略）めいめいで取りくんでゆくことが、家永訴訟の第二幕を開けることになります。そのようにこの日本に無数のミニ家永を生やすことが、訴訟を提起なさった先生のお気持に応えるばかりでなく、わたくしたち自身と若い世代の現在と未来の幕開けになるに違いない、と信じます(2)。

教科書裁判に典型的にみられる家永三郎の意思そのものに重大な意義があり、それを継承しなければならないという見方である。これは同時代の家永評に普遍的にみられるもので、『家永三郎の残したもの　引き継ぐもの』（二〇〇三年）、『家永三郎生誕一〇〇年』（二〇一四年）にも継承され、教科書裁判に帰結する家永三郎の生涯の顕彰と、継承実践の紹介交流とが語られる(3)。本論ではこの見解を批判的に検討することとなる。

歴史的限界の考察基準として、思想史学者としての家永が述べた基準を挙げておく。

その人に到底できたはずのないむりな注文を出してそうしなかったことを責めるような評価は、期待可能性を無視した無意味な議論であり、反対に人の行動のすべてを歴史的必然として片づけるのも、非歴史的な宿命論に終る。現実の歴史の内で人がその行動の方向を選択する場合に選択肢が二つしかないという場合もないとはいえぬが稀であって、少なくとも三つ以上の選択肢の考えられるのを常とする。その人にとって可能な範囲での選択の結果につき、その責任を問い、歴史的意義を評価することが、唯一の生産的なしごとであろう(4)。

平和主義・民主主義との関連における家永の生涯は、大づかみにいえば、人生探求の過程での平和主義・民主主義に向けた「人間改造(5)」の実践ないし平和主義的・民主主義的人格への成長と深化の生涯である。家永は、はじめはむしろ国家主義と親和性が強かったが、一九三〇年代初頭の思想形成、一九四〇年代の一連の経験、一九五〇年代以降の諸実践という過程を通じて、自身を平和主義・民主主義の実現に努める人格として矯め直していったのであった。そこで問題はその「改造」がどこまで成功したか、また失敗があったとすればどこにあり、その由来はどこにあったかということになってくるであろう。

一、家永の限界の検証

いま問題を学問面、思想面、実践面の三点に分けて検討したい。もはやいうまでもないことであるが、家永の全体像は、積み重ねられた学問と、「否定の論理」を基盤とし平和主義・民主主義を指針とする思想と、具体的な社会実践の過程という三つの面から光をあてることで、大筋で理解することができるからである。

といっても学問面、思想面についてはほとんど屡言《るげん》を要さないであろう。家永の学問は一つの方法によって貫かれ、それが時々の学術的成果かつ思想表現として現れたのであった。たしかに井上光貞・尾藤正英が批判するような研究方法上の問題点があるが(6)、家永の研究の展開は総じて平和主義・民主主義に向けた実践の展開過程と対応している。

また思想面については「否定の論理」が最終的に信仰と実践との統一を志向した点を高く評価すべきであろう。その内容についてはより詳しい検討を要するであろうが、学問面・思想面における「人間改造」は総じて成功したというべきであろう。

実践面については、家永がいうところの家庭の民主化（一九四四―?）、職場の民主化（一九五〇―一九七七）、社会の民主化（一九五二―一九九七）という連続的な経験過程のうち、職場については東教大文学部教授会の運営実践において非常に重要な役割を果したと認められ、社会についても教科書裁判に結実することによって同様である。いずれの場面でも「人間改造」は成功したというべきであろう。家永の「人間改造」は学問・思想・実践のほぼ全部面にわたって成功したのである。

ただ家庭民主化については、やや不完全な面があるとも見受けられる。ここに家永の歴史的限界があると考えられるので、少し詳しく論じておきたい。そもそも家庭の民主化が家永の史的評価において重要な課題となるのは、家永自身、この実践が自分の「人間改造」における重要な局面であると自伝『一歴史学者の歩み』ほかで繰り返し語っているからである。したがってその成否は家永の「人間改造」の質に深く関わるのである。

家永自身の証言によれば、家永は一九四四年末の結婚後、嫁姑問題に直面してはじめて、家庭における封建制度の残存に気づき、民主的家庭の実現に努力したという[7]。たとえば鹿野政直や西村汎子が指摘するように、家永は当時としては希有な家族制度・女性問題を視野に入れた男性歴史家であり、ことに西村は家永教科書にはジェンダー的視角が用いられていると評価している[8]。当時の男性学者として破格であるといえるだろう。この意味では、家永の「人間改造」はたしかに家庭民主化の記憶が活かされたものであったといえる。だが実践はどうだったであろうか。

家永の思想的な立場からいえば、自らがひとたび家庭を問題にしたからには、職場や国家に振り向けたのと同じだけの運営努力が必要となる。家永の理論においても、家永が「個の独立」を強調し、また自身の思想の出発点と位置づける論文「国家哲学の根本問題について」でも「国家政策原理の第一原則たる普遍拡充の原則」として文化価値の実現を「同一共同社会内の各部分に徹底せんとす」べきであると述べていること[9]などから考えて、必ずそうあるべきだったはずである。

ところが家永の実際の運営努力は微々たるもので、ともに家庭を担う妻からは「だめな亭主」[10]の烙印を押されていた。本来は家族生活の拠点にして家庭民主化実践の継続的な拠点であるべき自宅での家永は「食事以外は、滅多に書斎から出てこなかった。寝床も書庫の中。現実の生活はすべて美夜子さんが切り回した[11]」という状態で、わが子のことさえ眼もくれず[12]、自宅は事実上の研究専用施設と化していたのである。

これは家族からみれば全くコミュニケーションを投げ出した父親像であり、家族間の交流も全くなっていなかったと考えざるをえない。研究者としての家永は寸暇を惜しんで自宅の書斎や書庫にこもり、研究に勤しみ、限りなく努力を傾け、膨大な成果を挙げ続けた。それはたしかに美談である。当時の男性像、あるいは研究者像としては理想的でさえある。だがそれと表裏一体の関係で、家永による家族運営上の実践は杜撰のきわみだったのである。

家永の問題意識からいえば、本来であれば、家永が「学問する者としての義務と社会人としての義務とを如何にして矛盾なく両立させ得るかは、大きな課題となって私の前に投げ出されている」[13]と述べたのと同様に、学問をする者としての義務と家庭人としての義務とを如何にして矛盾なく両立させうるかもまた問われなければならなかったはずなのである。それが問われなかったか、もしくはきわめて不十分であった点に、家永の歴史的限界を求めざるをえない。

この限界の由来は、資質上の限界と歴史的な限界との二つに分けられる。資質上の限界については簡単に触れるにとどめたいが、家永は、物事の暗記や概念操作に突出した能力を示す一方、自分の息子とすれ違っても全く気づかない、床屋のドアが閉まっているのに気づかず激突する、挙句の果てには道路工事の穴に気づかず落ちてしまうなど[14]、周囲の様子を窺ったり相手の表情を察しながら行動することが、常人の想像をはるかに越えて苦手である。

これでは、家族のコミュニケーションなどできようもない——とはいえこうした社会生活上の不備は、偉大な業績を遺した人物にありがちではある。それに生活上の問題について生まれもった資質を責めるのは不毛である。むしろ、なぜこうした資質上の限界が環境によって補われなかったのかというところに問題を求めるべきであろう。家永が生きた当時の社会では、一般に家事は女性の役割であると考えられていたわけではあるが、それも一般論にすぎない。以下、家永自身の生育環境に踏み込んで考えてみたい。

家永の歴史的な限界の由来は、社会慣習に遮られ、思想形成期を通じてそもそも女性とほとんど接点をもつことができなかった点に求められる。そのため、雑談等を通じて家庭運営を含めた性役割に関する問題意識を全く積み重ねられなかった。また具体的な家族像を実家以外ほとんど想像することができなかった。たとえば次の記述をみてみたい。

私は小学校以来男女別学の学校生活を送り（小学校では男児も女児も同じ校舎に通学していたが、男児クラスと女児クラスとははっきり分けられていた）、小学児童のときから大学卒業まで女子を学校友だちとする機会を与えられなかったので、現実の女性の服装を見られたのは、母と姉と親戚の女性、戸外の通行人、電車や汽車での同乗客くらいに過ぎなかった(15)。

家永がまともに接点をもった女性は、「母と姉と親戚」くらいしかいなかったわけである。しかも家永の母親は「やはり良妻賢母教育を受けている。それから士族の家に生まれているというところから、いっそうこの封建的家族道徳を非常に忠実に身につけてい」たといい(16)、家永が結婚前の段階で家庭運営上のさまざまな問題について具体的に考察しえた可能性は、時代状況から考えても、家永の生育環境から考えても、皆無であったと見るほかない。

家永が家庭運営実践において低調であった歴史的原因は、結婚前の段階での男女間の友人づきあいや恋愛、そのなかでの意見交換や実践の蓄積が可能な現在と比較するとあまりにも不利な二〇世紀前期当時の歴史的状況から出発したためである、といわざるをえないであろう。家庭民主化の実践に限っては、家永の「人間改造」は歴史的制約からくる家永自身の観点の不十分さによって、不完全に終わったのである。

以上、家永の生涯を学問面・思想面・実践面に分けて検討してきた。家永の試みは大半の部面で実行され、また大きな成果を収めた。しかしこと実践については「千慮の一失」とすることさえ難しい部面がある。だがそれで全体が相殺されるというまでにはなるまい。ひるがえって、家永の平和主義・民主主義の実践に取り組む人格への「人間改造」は、部分的な限界を抱えつつも、全体としてはほぼ成功したといえるのではないだろうか。教科書裁判を通じて家永の姿に感動した多くの人々が追随するという歴史的現象が起こったのは、それゆえのことであっただろう。

二、家永三郎の歴史的位置

1、歴史的位置を探る方針

それでは、平和主義・民主主義の実現に向けた「人間改造」に概ね成功したと認められる家永の歴史的位置はどこにあるだろうか。直ちに考えつくのは、家永が日本国憲法の平和主義・民主主義の実現に努めたところから、家永を日本国憲法の護持、国民への浸透においてきわめて大きな役割を果たした人物であると位置づけることであろう。それは決して間違いではない。しかしその規模のことならば、教科書裁判との関わりで、すでに多くの人々が述べていることである。さらに大きな意義を考えなければならない。

そこで次に考えられるのが、家永三郎は平和主義・民主主義の実現に向けた「人間改造」に成功した戦後日本の人物の典型である、という位置づけであろう。この視点の方が、家永の性格を歴史的に考察し、位置づける上でふさわしい。しかしそれでさえ、最後の結論として述べるべきことがらであるとはいいがたいのではなかろうか。さらに大きく捉えるのでなければならない。

家永が平和主義・民主主義の実現に関する日本的典型であるとすれば、家永を歴史上に位置づけるためには、日本史上で理解するのみでは不十分なのである。むしろ世界史上における平和主義・民主主義の長期的な発達史の過程を念頭に、その二〇世紀日本における発現形態として位置づけられなければならない。この点を深めるにあたり、二つの経験を思い起こしておきたい。

第一に、教科書裁判と関わって行われたノーベル平和賞推薦運動である。

> 日本の若者が自国の現代史について真実を知ることを確実にしたいという多年にわたる決然たる戦いによって、家永教授は、世界のこの地域においてアジア太平洋戦争史の教訓が忘れられないようにし、ジョージ・サンタヤナの厳しい予言が実現しないようにする点で他の現存のいかなる人物より多くをなしてきた。彼の貢献は、ノーベル平和賞が与える国際的な認知に値するし、また恒久平和を確保し、軍国主義復活を阻止するという目的は、このような授賞によって大きく促進されるであろう。以上の理由によりわれわれは家永教授を二〇〇一年ノーベル平和賞に推薦する(17)。

第二に、リチャード．H．マイニアが家永の自伝『一歴史学者の歩み』を翻訳した際に述べた次の一文もまたきわめて重要である。（拙訳。傍点小田）

家永は、日本第一級の知識人のひとりであるとともに、日本以外の世界があまり注意を払っていなかったとしても、当然に世界的な知識人でもある。彼の主要な仕事のいくつかは翻訳によって利用することができる。二冊は英語訳とドイツ語訳があり、一冊はフランス語訳・スペイン語訳・ロシア語訳がある。けれども家永は、英語圏（とりわけアメリカ世界）がヨーロッパやアメリカの外側からの思想家を扱うさいの田舎根性めいたものから来る無視（the parochial neglect）にさらされている。二〇世紀における非英語圏の知の巨人の名前を十分な教育を受けたアメリカ人に尋ねてみよ、すると聞き手はサルトルやカミュ、フーコーあるいはハーバーマスの名前を聞くであろう。けれども日本人（あるいはインド人、中国人、もしくはベトナム人）の名前はどうか？　まず期待は持てまい。これらの文化から現れた思想家はヨーロッパの似た人物よりも重要さに欠けるというのではない、我々のほとんどは彼らのことを知らないのである。我々は彼らの研究成果を読むことができない（社会科学についてのごくわずかな翻訳がある、小説もある、専門書はない）、だから彼らを批評もできなければ引き合いに出すこともできないのである。彼らが扱った文脈についてほとんど知らないので、我々は彼らの貢献を正しく認識することをせず、あるいはまた我々の模範としての可能性を見ることもしない。この翻訳によって私は家永の場合におけるこの手の無視からの修正を助けるとともに、家永の業績の、日本を超え、実に歴史を研究する全ての人々と教育と精神の領域への政府からの押し付けと戦うことを栄誉に思う人々とにとっての重要性を明らかに示したいと思う(18)。

かつて教科書裁判支援者が家永をノーベル平和賞に推薦したように、「二〇世紀における非英語圏の知の巨人」の一人について、世界史へ推薦状を差し出すことが、本書の大きな仕事の一つなのである。そのためには、改めて世界人類史における平和主義・民主主義の発達史の大略を叙述し、その下で位置づけていく必要がある。家永史学はまさにその方法に適している(19)。以下その視点と方法から検討を進めてみたい。

2、家永三郎の人類史的位置

戦争と抑圧に覆われているかにもみえる人類の歴史は、一面において、平和主義・民主主義の自覚と発展の歴史でもある。その祖型は、たとえばインド文明においてはインド亜大陸をほぼ掌握しつつその過程で戦争への反省の意を強くしたアショーカ王（紀元前三世紀ごろ）に、またギリシア文明においてはたとえばアリストファネス（紀元前五世紀ごろ）の作品などのうちに、それぞれ典型的にみることができる。

破壊と殺戮のあるところ、民衆の疲弊するところ、必ずそれへの反省が立ち上がってくる。日本においても、『万葉集』（八世紀）の防人歌のうちに戦争への怨嗟の声をみることができ、応仁の乱（一五世紀）後には飯尾常房が「汝や知る都は野辺の夕雲雀あがるを見ても落つる涙は」（『応仁記』）と詠んだことが知られている。また徳川幕府の下で戦争のなかった時期の文献を読んでみると、ところどころに平和な時代への寿ぎをみることができる。

現代世界に直接影響を与えたのは、西欧世界から全世界へと広がった戦乱の歴史である。それははじめヨーロッパにおける戦乱として現れ、やがて植民地獲得戦争となり、そして二度にわたる世界戦争へと展開した。幾世紀にもわたる過程において、古代アメリカ文明は壊滅的な打撃を受け（一五―一六世紀）、イスラム世界は混乱の渦に投げ入れられ（一八世紀以降）、アフリカとインドの大陸はほぼ全体が植民地と化し（一九―二〇世紀）、東アジアにおいては中華秩序が崩壊し（一九―二〇世紀）、オセアニア・北極圏などを筆頭に多くの集団が絶滅の淵に追いやられた。

だがこうした過程において平和への展望が生まれてきたこともまた事実である。たとえば国際法においてグロティウス（一六―一七世紀）が、理念的展望においてカント（一八世紀）が、歴史的展望においてH．G．ウェルズ（一九―二〇世紀）などが挙げられる。またインドを非暴力主義によって独立に導いたガンディー（同世紀）やなども見落としてはならない。それにまた、全世界において無数の小さな胎動がある。

平和を構築しようとする世界歴史の展開においては、一度目の世界大戦の後に、平和を目指すための国際的な合議機関として国際連盟が成立した。これはファシズムの台頭によって行き詰まったが、二度目の世界大戦の後には国際連合が成立し、さまざまな矛盾をはらみながらも現在にわたるまで存続し続けている。そこでは、二度の大戦をつうじて自覚された人間の尊厳が基調とされ（国際連合憲章、国際人権規約など）、平和主義・民主主義が密接な関係をもって展開されてきた。

第二次大戦後の世界は、ソ連とアメリカとの対立として固定化されていく。その下で、朝鮮半島、ヴェトナムなどで代理戦争が繰り広げられ、人類を何度も消滅させられるだけの核兵器が製造された。ソ連崩壊後、旧ユーゴスラビアやチェチェン、ルワンダなどを代表例に、世界各地でさまざまな性格をもつ戦乱が起こった。そうしたなかアメリカは二〇〇一年の九・一一テロ以降、「テロとの戦い」を主張し、その後アメリカの侵攻地はことごとく泥沼の戦乱のさなかにある。また二〇二二年のロシアによるウクライナ侵攻、そしてさらに打ち続く各地の動乱は全世界に衝撃をもたらした。

今後の世界はどのようなものとなるであろうか。混迷が深まり続けていることを考えるならば、さらなる秩序の崩壊が巻き起こるのであろうか。それともどこかで歯止めがかかり、現在の秩序が何とか維持されていくのであろうか。未来の完全な予見は難しい。だがそれでも、平和主義・民主主義への意志をもつ人々にとって、なすべきことは常に変わらない。すなわち理想を描き、現状を梃子にいかにして秩序を実現していくか。ただそれのみが普遍的課題である。理想は現実によって挫折するかもしれないが、理想がなければ現実を統御することもできないのである(20)。

事実、冷戦の展開と崩壊の過程と並行して、各地で平和へ向けたさまざまな試みがなされてきた。一九五五年に行われた第三諸国によるアジア・アフリカ会議、一九五八年に結成された欧州経済共同体（一九六七年欧州共同体に、九三年欧州連合に発展）、一九六〇年のアフリカ諸国の独立の後に結成されたアフリカ統一機構（一九六三年結成。二〇〇二年にアフリカ連合に発展）などがその典型的なものであり、ことに欧州連合やアフリカ連合は、現在も試みのさなかにある。

日本においては、敗戦後、一九四六年を期に日本国憲法が公布され、「政府の行為によつて再び戦争の惨禍が起ることのないやうにすることを決意し」、平和と民主主義への道筋を目指すことが宣言された。ところが実際の日本歴史の展開は、こうした理念の存在にもかかわらず、逆方向の事実がもたらされてきた。それは一九四〇年代末期における占領政策の転換から始まり、朝鮮戦争、自衛隊の成立、さらには冷戦構造の確立という流れのなかで、西側陣営に組み込まれたことによって強く規定されたものであった。

戦後日本における平和主義・民主主義の発展の歴史は、したがって、憲法理念の自覚の歴史であるとともに、事実上、右に述べた逆方向の事実の展開への抵抗の歴史でもある。一九四五年の敗戦直後の時点においては、まだそうした逆の動きは現れていなかったから、新生日本のあり方をめぐって自由な言論がたたかわされたが、逆の動きが顕在化し始めた時期以降にあっては、数多くの人々が平和と民主主義とをめぐるさまざまな経験から、次々と憲法理念を自覚し、逆の動きとの闘いに身を投じていくことになった。

家永三郎（一九一三―二〇〇二）は、こうした状況下において平和主義・民主主義の実践を試みた人物であった。家永は自身の思想態度について平和主義・民主主義に向けた人間改造に努めるとともに、多くの民主化実践を遂行し、とりわけ一九六五年から九七年まで続けられた教科書裁判は、幅広い支援運動や社会からの注目などを通じて、多くの人々に憲法理念への自覚を高める役割を果たしていった。教科書裁判運動は、理論水準の高さ、浸透の幅広さ、世界的な着目などにおいて、戦後日本に現れた多様な平和運動のなかでも重要な地位を占めることになったのであった。

家永の生涯の歴史的位置は、世界史上における平和主義・民主主義の発達史の、二〇世紀日本における典型である。典型としての特質は、日本にみられるさまざまな非民主主義的な体験を生まれもっていながら、長期的な過程でそれらの大部分を洗い落とし、平和主義・民主主義を具えた人格として再生しつつ、日本における抵抗の歴史のなかでさまざまな実践に取り組んだ点に求められる。ここに世界史上における日本歴史の特色と、その下で思想を確立した家永の特色があるのである。

三、歴史遺産としての家永三郎の生涯

家永三郎の生涯は、我々にどのような遺産を残したであろうか。先にも触れたとおり、家永と同時代の人々は、先に引用した鹿野政直の発言にみられるように、家永と同じ問題意識を共有する個々人として、平和主義・民主主義の実現を目指す家永の諸実践を目の当たりにして感動し、また家永の思いに応えようとした。

そして本研究の結果として、筆者は、右を踏まえてさらに大きな遺産としての意義を見出すことができるであろうと考えている。それは、家永が人生探求の過程で平和主義・民主主義の実現に向けた「人間改造」を試みたということそのものである。そのゆえに筆者は、平和主義・民主主義の観点において、全世界史上に注目すべき人物の一人として、また、全世界史上に残すべき遺産の一つとして、改めて、家永三郎を推薦する。

筆者が家永に関心をもったのにはいくつもの理由があるが、少なくとも、もし家永が生涯のはじめから平和主義・

民主主義の態度を確立させていた人物であるとすれば、ほとんど興味をもつことはなかったであろう。筆者が問いたかったのはむしろ、一人の人間が、自分自身の人生の過程において平和主義・民主主義の思想をとっていくとはどういうことか、ということであった。

このような疑問は、決して筆者一人の疑問ではないであろう。平和主義・民主主義などという、日々の世界の展開から考えればあまりにも遠大な理想が、いつにもせよ実現するなどということがありうるだろうか。また民主主義を実現するといっても、一体何をどのようにすればよいのか。このような疑問、というよりは不安は、常に世界中の人々を覆っているものである。そして不安から生まれる思想は、当面の解決策として抑圧と暴力とを志向するであろう。

家永の生涯は、こうした不安に対して方向性を提示する。家永の各実践が完全な成功を示していたから方向性を提示するのではない。自身の体験に根ざし、「人間改造」を試み、生涯を賭けて実践を試みたという事実そのものが、前例として我々に平和主義・民主主義実現への可能性を示すのである。けだし、人生の各局面において家永の「人間改造」の軌跡を念頭に置いているのと置いていないのとでは、選択する行動が全く異なってくるであろう。

この意味で、家永の「人間改造」が、身をもって問題に直面し、対決し、乗り越えていくなかで生まれてきたものであることにも注目すべきであろう。平和主義・民主主義の問題を考えるとき、我々はともすれば頭脳上で概念を思い浮かべ、その実現可能性を考えてみようとする。だが家永の「人間改造」の軌跡は、平和主義・民主主義の問題は決してそのような問題ではなく、実践の出発点が我々の生活とそれに対する態度にあること、そしてそこから考察を積み重ねるなかで世界的な視野にも到達しうるものであることを、我々に伝えている。

家永は天才的人物ではない。たしかに大変な学者ではあるが、事務的な能力も極度に乏しく、概念操作の得意な家永なりの努力の結果として戦術上法律を選択したにすぎない。だがだからこそ、我々は家永の「人間改造」の軌跡を念頭に置き、また理念の思索に長ける家永をさまざまな側面から助けた人々の姿を補うならば、これからの人生そして世界史をどのように選択していきたいかという問題を、我々自身に即して考えていくことができるのではないだろうか。

家永が尽力した各課題は、多くは大きな成果を遺したが、ときには不十分な点もある。それらを継承してさらなる課題を提起することも一つの態度であろう。また家永とは全然別の、自分自身の人生上で行き会った問題から視点を組み立てることもできるだろう。どちらも家永の生涯を通じて考えられる事柄である。家永の生涯は、我々自身の人生行路を平和主義・民主主義の角度から問いかける歴史遺産として、我々の前に遺されているのである。

（1）たとえば家永三郎『植木枝盛研究』岩波書店、一九六〇年。六七五頁上段第一段落、あるいはまた家永三郎『田辺元の思想史的研究――戦争と哲学者』『家永三郎集』第七巻四頁および四六九頁。
（2）鹿野政直「家永三郎　求道の思想史学」『鹿野政直思想史論集』第七巻。岩波書店、二〇〇八年。三八八―三八九頁。
（3）大田堯、尾山宏、永原慶二編『家永三郎の残したもの　引き継ぐもの』日本評論社、二〇〇三年。家永三郎生誕一〇〇年記念実行委員会編『家永三郎生誕一〇〇年――憲法・歴史学・教科書裁判』日本評論社、二〇一四年。
（4）家永三郎『美濃部達吉の思想史的研究』『家永三郎集』第六巻二七九―二八〇頁。
（5）家永自身の表現。自伝『一歴史学者の歩み』岩波現代文庫版一七一頁。またこの視角から家永の生涯を叙述した先行研究として、前掲鹿野「家永三郎　求道の思想史学」が挙げられる。
（6）本論第十一章三参照。
（7）家永三郎『一歴史学者の歩み』岩波現代文庫版一七〇―一七一頁。

(8) 前掲鹿野「家永三郎　求道の思想史学」三六三頁。また西村汎子「教科書裁判と女性史」前掲『家永三郎生誕一〇〇年──憲法・歴史学・教科書裁判』所収。ジェンダー的視角の指摘は西村論文、前掲書八六―八七頁。

(9) 家永三郎「国家哲学の根本問題について」本書付録史料23。また『家永三郎集』第一六巻一六九頁。

(10) 暉峻淑子との対談『なぜ教科書裁判をたたかったのか』岩波ブックレット、一九九四年。二七頁。家永自身の表現であって謙遜の可能性も念頭に置く必要があり、またこの一節のみでは妻が夫に惚気ていった言葉の可能性も一応排除できないが、本文で述べる家永の生活実態から考えて、単なる謙遜や惚気とはいい難いものがあると見て引用した。

(11) 東京新聞による家永三郎遺族への取材「真理の夢追い人『教科書裁判の人』その素顔は…」東京新聞、二〇〇三年七月一日付三二面、出田阿生署名記事。

(12) 家永登「親の七光はごめんだ」『新評』第一四巻第一三号、一九七七年一二月。二二五頁。

(13) 家永三郎「学問をする者のよろこびと苦しみ」『歴史の危機に面して』東京大学出版会、一九五四年。二二七頁。

(14) 前掲東京新聞「真理の夢追い人『教科書裁判の人』その素顔は…」。

(15) 家永三郎「なぜ『日本人の洋服観の変遷』を書いたか」『憲法・裁判・人間』名著刊行会、一九九七年。二八七頁。

(16) 家永三郎・古在由重対談「現代を生きる学問と思想」『現代と思想』第一六号。青木書店、一九七四年六月。一五三頁。

(17) 家永三郎のノーベル平和賞推薦文。子どもと教科書全国ネット21提供。全文は本書第一章「はじめに」を参照。

(18) リチャード・H・マイニアによる家永『一歴史学者の歩み』翻訳「訳者序文」。原文と出典は左記のとおり。

As one of Japan's foremost intellectuals, Ienaga is by definition a world-class intellectual, even if the world outside Japan has paid him little attention. Several of his major works are available in translation: two in English and German; one each French, Spanish, and Russian. But Ienaga suffers the parochial neglect with which the English-speaking world (particularly the American-world) treats thinkers from outside Europe and the United States. Ask even a well-educated American to name non-English-language intellectual giants of the twenty century, and one hears the names of Sartre, Camus, Foucault, or Habermas. But a Japanese (or Indian, Chinese, or Vietnamese) name? Unlikely. It is not that thinkers from these cultures are less significant than their European counterparts; it is that most of us don't know of them. We cannot read their works (there are very few translations in the social sciences—novels, yes; monographs, no), so we don't review them or cite them. Knowing little about the contexts in which they operate, we don't appreciate their contributions or see their potential as role models for us. With this translation I hope to help remedy this ignorance in the case of Ienaga and to demonstrate that Ienaga's work is of significance beyond Japan, indeed, to all who study history and to all who honor the fight against government intrusion into education and the realm of the mind.

（Saburo, Ienaga. Translated and introduced by Richird H. Minear *JAPAN'S PAST, JAPAN'S FUTURE: One Historian's Odyssey.*（Ranham MD: Rowman and Littlefield, 2001）. pp. 1-2.　マイニア「Translator's Introduction」より）。

（19）本論では、家永の世界通史における位置づけを考察するにあたり、家永史学の通史的方法を徹底する。すなわち、家永の学問と思想と実践の成果から構成された「平和主義・民主主義」への問題意識を展開させて通史認識に反映させ、家永本人を位置づけようとするのである。この方法は、人類史的観点（本書第八章一参照）から長大な歴史認識を提示することができる一方、本書第十一章三でみた史料読解の粗略さの問題を含み、かつマルクス主義史学および方法論上その延長に位置する各種の歴史学からみれば、社会経済への視点が弱いという批判もありうるであろう。

たしかに、いかなる方法を用いるかは一つの問題である。とりわけマルクス主義に基づく下部構造と階級闘争の視角を採用するか否かは、ソ連の崩壊という巨大な歴史的事象にもかかわらず、経済的搾取の問題が存続する限り、常に大きな問題であり続けるであろう。もしこれを採用した場合、平和主義・民主主義の実現の問題は階級闘争の一環として把握される。またマルクス主義史学および方法論上その延長に位置する研究蓄積は膨大であるから、それを整理して用いることも必要となる。

だがマルクス主義の使用は、少なくとも本研究において適切な選択肢であるとは考えにくい。本書はそもそも、第一章二で確認したように、マルクス主義的立場からの批評では家永を内的に理解する上で不十分であるという議論から出発したのであった。したがってここでマルクス主義の視角を用いるのは本末転倒である。また平和主義・民主主義は思想的立場を問わず誰しも求めるところであるから、その意味でも平和主義・民主主義そのものを研究課題の中心に置く方がよい。

実際作業上の問題から考えても、通史認識においては、大きな見通しを描くことを先決課題とすべきであろう。現時点において我々は、家永のおおよその全体像を踏まえ、その見識に基づいて歴史認識を遂行する作業が初めて可能になったところなのである。まずは家永の方法を用いて骨格を描いてみて、後で必要に応じて肉づけや修正をする方が、はるかに豊かな成果が期待できるに相違あるまい。

(20)　E・H・カー著、原彬久訳『危機の二十年——理想と現実』岩波文庫、二〇一一年。とくに第六章参照。なお家永が拠った新カント派の哲学のうちで現実から理想を形成する機能をもっと解釈しうると考えられる思索として左右田喜一郎「極限概念としての文化価値」（『文化価値と極限概念』岩波書店、一九二二年）参照。また家永史学そのものも「実践の公準」に基づく主体的な歴史認識の形成作用ゆえに同様の機能をもつと考えられる（本書第四章二、第五章一、第十三章三および四参照）。

第十六章　「否定の論理」の論理構造とその展望

――将来の家永研究に向けた研究事例の提示を兼ねて――

はじめに

我々はすでに、家永三郎の全体像をひととおり検討し終えたものと思う。無論、不十分な点は多々あろう。史料読解の欠陥、説明の不十分、論点の欠落等、責はすべて筆者に帰する。とはいえ大筋では、新たな家永像をひととおり描き出し得たと判断しても差し支えないであろう。だが研究はこれで終りではない。家永の事蹟の、その先を模索する手段を考えてみなければならない。

家永三郎の諸業績を将来に向けて活用するという本研究当初の目的は、まさにこれから果たされなければならないのである。無論、家永の基礎的理解を目指す本研究では各観点からの研究実践には踏み込めないが、今後のための展望を示しておくことは必要であろう。またそれこそ本研究最後の作業にもふさわしかろう。ではそれは如何にすればなしうるであろうか。

我々はすでに、実証的手続を通じて、平和主義・民主主義の実践で知られてきた家永の思想の根底に、「否定の論理」と呼ばれる一個の思想が存在することを確認しえた。それは学生時代に形成され、家永の信仰・実践・歴史認識の全体を、根底において規定する信念であった。この「否定の論理」を家永の各論と結びつけ、我々が各々関心を抱く論点との関係で家永を評価したとき、家永の事績は多様な位置づけを得、我々の展望は無数に拡がっていくであろう。

すなわち、「否定の論理」についての可能な限り綿密な理解と、何らかの論点からの研究事例の提示が必要である。「否定の論理」は宗教的哲学的な論理であるから、それを提示するとともに、適宜何らかの論点を設定して「否定の論理」との関連づけを行った事例を、論文形式で提示するのがよいであろう。

家永の「否定の論理」は、本論第三章五で述べたとおり、これからの世界思想の基盤となるかもしれないものであった。この論理をさらに深めていく方策を考察することが、家永理解の未来を切り拓き、ひいては我々自身の将来をより豊かなものとする上で、最も大きくかつ深い意義を具えた成果となるであろう。

だがここで、「否定の論理」をめぐってきわめて重大な問題が立ちはだかる。詳しくは後述するが、哲学の厳しい目でみたとき、「否定の論理」が本当に哲学的論理といえるのかどうかという問題である。以下で述べる検討の結果、「否定の論理」はなるほど純粋論理として十分なものであると考えられた。すなわち、今後家永三郎の諸業績を将来に向けて活用するためには、我々自身がまず「否定の論理」を哲学的に思索することが必要である。

そこで以下、①「否定の論理」が哲学的に承認しうると考えられること、②「否定の論理」を哲学的に思索するための素材を提示すること、③新視点からの家永研究の事例を提示することを兼ねて、哲学の文脈から「否定の論理」の論理構造とその展望を論じた一論文を提示することにしたい。家永を活用できるようになるまでもうすぐである。最後のひと山を登ることにしよう。

一、問題提起

家永三郎は思想史学者として著名な人物であるが、哲学の分野では注目されていない。しかし京都学派哲学の家永三郎への影響は顕著である。家永はもともと哲学志望であり、田辺元（一八八五―一九六二）の思索を愛好した。大学では東大国史学科の実証史学の手法を受け継いだが、それでも哲学への関心を放棄することなく、「否定の論理」と自ら呼ぶ立場をとり続けた。それは宗教的立場と社会実践の立場を総合したものであるといわれ、平和問題に関係する社会運動の文脈において、現代でも継承するべき思想の一つとされている。

そうはいうものの、最大の問題は、『否定の論理』が哲学的・内在的な意味において論理であるかどうか」ということである。もしも論理であるとすれば「宗教的立場と社会実践の立場が矛盾なく総合できている」ということになる。だが我々は西田幾多郎（一八七〇―一九四五）と田辺元のあの深刻な論争を知っている。その論争の争点は、まさに、「宗教的立場と社会実践の立場を矛盾なく総合することができる哲学的立場は存在するか」というところで争われたのではなかっただろうか。

西田・田辺はともに歴史的現実の「社会」を哲学上の視野に入れようとしたが、田辺からすれば、西田の絶対無の論理は実践を欠いた神秘的直観にすぎないものであったし、逆に西田からすれば、田辺の論理は絶対無の場所への理解が欠如しているとされたはずである。ところが、果たして家永が宗教性と社会性とを何らかの意味で総合していたと理解するならば、家永は西田・田辺の立場を超えた論理のあり方を発見していたことになる。

だが別の疑いを差し挟むこともできる。家永も、いかに哲学を愛好していたとはいえ、西田・田辺の絶対無の哲学に対して「内在的理解」までは及んでおらず、皮相的に混同したのではないか。

だがもし家永のいわゆる「否定の論理」が、確かな哲学的思索に基づき十分評価に値する内容を具えた論理だったとすれば、西田・田辺の思索を何らかの意味で踏まえた思索であることになる。そうなれば家永の思索は哲学の問題として非常に重要であり、今後ともふり返るに値する哲学者の一人に列する必要が出てくるだろう。つまり我々としては、家永の「否定の論理」が哲学的に厳密な意味で論理であるかどうか、一度は検討しておく必要があるのである。

具体的な作業としては、まずそもそも「家永の哲学」なるものが実在したかどうかを確認しなければならない。その上でもし彼の思索が哲学的かつ論理的であったならば、それがどのような哲学的思索であり、また思索の結果としてどのような論理を発見したかを確認しなければならない。そして家永の思索過程を再吟味してみて、「否定の論理」なるものが実際に成立すると考えられるかどうか、我々としても考えてみなければならない。

本論ではまず、家永と哲学との関係について概要を示し、事実関係を確認することにする。その際、併せて現在「否定の論理」がどのように評価されているかをも述べることになるであろう。次に家永の哲学的思索を後期家永の主著の一つ『田辺元の思想史的研究——戦争と哲学者』から引き出すことを試みる。その際、まず、歴史書である同書から論理を引き出す手法を述べる。その上で京都学派の宗教哲学の知識を前提に「否定の論理」の意味内容を哲学的に読み込んでゆく。そして最後に、実践哲学の論理としてどう評価するべきか、いくばくかの試論を述べる。

二、家永三郎と哲学との関わり

1、哲学的思索の成立まで(1)

家永三郎は一生涯にわたって哲学愛好者であった。そのきっかけとなった出来事は、一八歳となった一九三一年、東京高等学校に入って早々、学校でマルクス主義運動と接したことであった。唯物史観による国家は早晩滅びるという命題は、学校で教わったとおりに国家主義を信奉し「国史」を愛好する少年であった家永に非常に強い衝撃を与えた。家永は国家の存立する論理的基盤を問うた。

このときはじめて、家永は「なぜ」という問いを抱いた。哲学的関心のはじまりである。家永は哲学書を読み漁った。家永の本来の問いは「なぜ国家は存立しうるか」であったが、当時流行の新カント派の哲学を借りて、「なぜ国家は存立すべきか」を問おうとした。家永は山内得立訳のリッケルト『認識の対象』を愛読し、田辺元『科学概論』を熟読し、さらに諸書の知識を総括して、論述「国家哲学の根本問題について」を学生誌に公表した。

同論文は、新カント派の理想主義哲学に基づき、概念かつ当為としての「純粋国家」という理念を樹《た》て、現実の国家の基礎づけを行おうとしたものである。だが、習作であることは差し引いても、哲学的に十分なものではない。とりわけ「実践的なのは価値自身のもつ本性であって、こゝに改めて述べるまでもない」としていることは致命的である(2)。過去に承認せられた思想にくり返し疑いを差し挟むという哲学の基礎的な営為を中断していると考えられるからである。したがってこの時点での家永の営為は、いまだ哲学として評価しうる水準に達するものではなく、思想の水準での受容にとどまっていたと考える方が穏当であろう。

家永は身体が弱く、そのことが宗教的絶対者への関心と理解を強く後押しした。にもかかわらず、家永は仏教僧やキリスト者のような宗教者ではなく哲学者であろうとした。なぜならば、家永は家庭で雑多な迷信の寄せ集めとしての「宗教」に接する一方、『歎異抄』と『聖書』に接することで仏教とキリスト教とは或る根源において一致し、当為の論理をも根柢から規定していると考えるとともに、西田哲学や田辺哲学の継続的な読解を通じて、迷信ではなく宗教の本質理解を直接に指し示す、いわば純粋宗教のロゴスのような何者かがあるとの確信をもつに至っていたからである。家永は俗信を残す「宗教」ではなく、論理としての宗教を求めて宗教哲学への関心を強め、しかも信仰に生きる宗教者の立場を一挙に通過して、哲学論理に取り組むことによって宗教的実践哲学の問題に飛び込んでいく(3)。一九三四年、二一歳の家永は「『愛』と『闘争』」と題する文章で、宗教の本質について、龍樹の論理への感動を表明しつつ、「実に一切の対立を包み一切の相対を超越する。価値と反価値との対立はもはや其処に於て見出すことが出来ない。『善人なほ《原文ママ》すら往生す然るをいはんや悪人をや』これが宗教の真髄である」(4)という理解を示した。当為によって示される論理を超えたところにある宗教的実在の論理を家永は受容し、そこに「愛」を読みとったのであった。

だが一方、「しかし我等はこの愛の立場に完全に没入し得るであらうか」と疑いを差し挟む。「人間は、相対の世界に生き対立の世界に死する人間は、その人間としての本質の故に遂にこの世界への永住に耐えることはできないのである。はらへどもはらひ切れぬ〔矛盾に満ちた――小田注〕現実感は我等に絶えざる不満を提供する。如何ともし難き自然的社会的環境の圧迫は我等を駆って不断の闘争に陥れるのである」(5)と家永は述べる。

宗教は、慈愛のもとにすべてを包蔵する超越的絶対者を信仰するところに宗教たる本質があるのであり、家永にとっては、それは絶対的受動性に根ざすところがあって、すべてを無批判にそのままに受け入れてしまい、現実の矛盾とたたかう実践的意欲に欠け、ややもすれば無批判な全体主義に陥ってしまう危険性があるからこそ、却って満足できるものではなかったのである。家永はいう、「闘争の内に愛を、相対の内に絶対を望むことのみが有限なる我等人間に許された立場である」と(6)。つまり慈悲に満ちた超越的絶対者に抱擁されてあるとしても社会的実践が必要だと強調するのである。「一方に於て無限の愛に抱擁される喜を持ち乍ら他方闘争の世界の内に生きてゐることを我々は忘れてはならぬ」(7)と家永は述べる。つまり家永においては、すべてを抱擁する超越的絶対者から現実の社会的実践活動がみられ、かつ同時に、社会的実践活動の只中に超越的絶対者がみられていたのである。

人間には矛盾に満ちた社会的現実の世界の只中でしか生活ができず、しかもその世界は苦難に満ちている。だがそれでも、人間は究極的絶対者と神秘的・直観的な仕方で同化はできず、矛盾に満ちたこの現実の世界を出発点にするしか方法がない、というのが家永の立場であった。家永は矛盾の根源を、実践を伴いつつ論理的に問い続ける思索の態度を身に着けていったのである。「『愛』と『闘争』」の立論は、家永の生涯にわたる基本となった。そして我々は、この思索を再吟味する必要が出てくる。

2、歴史家であることのジレンマ

その後、家永は、東京帝大では「国史」趣味時代の惰性で歴史学の専門に入ってしまい、本当にそれでよかったのか、と生涯にわたって考え込んでいた。実際このことは、家永の思索においても、また家永の哲学的思索を検討する際にも、悪条件となる。

家永にとっての不利は大きく二つあると考えられる。その一つは家永自身がくり返し嘆くように、歴史的実証は思索を遠ざけることである。そしてもう一つは、家永の関心は宗教と実践の論理の解明であるから、力点は歴史学の主眼とする過去の解明ではなく、現在における宗教的実践的態度に寄せられていたとみるべきなのだが、歴史学が過去の研究に属すると観念される限り、歴史研究と絡めて哲学的関心を深めるのは難しいことである。

我々にとっての不利は、何よりも、純粋な意味での哲学的著作を家永が書けなくなったことにある。歴史叙述から哲学的思索を読みとれないかと考える際にも、家永が実証研究の要請に従い、自身の思索内容は実証に関連する限りで述べるに留めており、結果的に哲学的思索の全面的な展開が行われていないことが不利の理由となる。したがって家永の論理を考察するためには、まず、歴史叙述から論理を抽出する特別な方法を考案する必要がある。

家永自身、これらのジレンマはしばしば感じ取っていたようである。史学方法論を論じた際も歴史の哲学的論理構造において「歴史が常に吾人の実践的意思からのみ生れ出ること」を強調している(8)。自身の歴史学研究方法について、哲学的関心と実証主義とが「方法上の二元的分裂の色彩を露呈させる外観を呈しているのではなかろうか」といっている(9)。これらの悩みは、家永が哲学者になっていればいずれも避けられたことである。

前期家永の主著は『日本思想史に於ける否定の論理の発達』（一九三八年初出）である。だが哲学的側面からみた場合、家永の思索はむしろ後退しているようにみえる。田辺が『哲学通論』で提示した絶対弁証法の論理を借りて、「アポリヤが真に解く能はざる二律背反を構成する時にこそ、初めて其の不可通性が絶対否定的に自己を開通せしめるのである」(10)と家永が述べるとき、あたかも絶対者の自明的既在性は見失われ、新たに開示され発見されるものとしての絶対者だけが論じられているかのように映る。

家永が「親鸞の宗教の核心」を「われらは真如の世界について何事をも知らず、唯この世に於ける我ら自身の煩悩に就いて知るのみである。而して金剛の真心とはとりも直さずこの直接の所与たる自己の煩悩を直視することに外ならぬと云ふ一見逆説的なる教」と評価するとき(11)、その疑いはなおさら強まる。実際、同時代にもその疑いを受けていた(12)。

だがそもそも、「『愛』と『闘争』」でみたように、家永は本来、絶対者の理念的世界と相対的現実社会とを両面的に捉えていた。家永自身もいうように、『日本思想史に於ける否定の論理の発達』の時期には否定の側面への重視が強まっていたともとれる。そしてそもそも、歴史叙述に必要なのは思索過程を徹底的に開示して全論理構造を丁寧に提示することではなく、諸事実を「否定の論理」という論点と関連づけて叙述することなのである。

哲学者ではなく歴史家として仕事をする家永には、自身の思索の全論理構造を完全開示する義務がないのである。したがって、たしかに、「該当する叙述がある」箇所からは「否定の論理」の側面をみることができる。つまり、「否定の論理」に不可通性から絶対者を見る側面があることはわかる。だが一方、「提示が無い」ことを理由に家永における思索の欠如を指摘し、「絶対者の自明的既在性が見失われている」と断定することはできないのである。

3、社会実践拡張期

家永の問題意識が大幅に変化するのは一九五〇年代、いわゆる「逆コース」のなかでのことである。社会的実践への関心を急速に拡大させ、とりわけ日本国憲法護持の立場から、歴史学者の立場を維持しつつ数々の実践をくり広げていくことになる。一九六五年に開始した「教科書裁判」はその最たるものであった。

旗幟鮮明な政治的立場も相俟ち、この時期の行動については多様な評価がある。教育学・法学・歴史学等の各界を中心に幅広く称賛や尊敬を受ける一方、戦前の立場からの政治的転向があったという非難さえ生まれた。だが、少なくとも非難の方は事実に合わない。家永が歴史家として生涯にわたって「否定の論理」の観点を保持していたことについて、数年刻みのスパンで確認できるからである(13)。また家永が宗教と実践との結合を構想したのはどれだけ遅くとも「『愛』と『闘争』」まで遡るからである。

一方、家永を論じた歴史学を事実上中心とする各界の研究者たちが「否定の論理」を理解した上で家永を高く評価していたとするのも無理がある。研究史上最も重要でその後も継承されている見解はロバート・N・ベラー「家永三郎と近代日本における意味の追求(14)」によるものである。ベラーは西田幾多郎と家永を対比するが、西田の企図が「東洋と西洋との綜合」もしくは「日本思想に論理的な構造を見出すことであった」と述べる一方、家永については「パウロと親鸞の基本的に類似した経験の深部に連結点を見出す」と述べたにとどまっている。つまり肝心の家永の哲学的論理の分析に及んでいないのである。せっかく西田と家永とを対比的に論じていながら、西田哲学の中期における「場所」の論理や、後期の「逆対応」の論理と、家永の「否定の論理」とを対比するところがない。その後もベラーを批判し、この問題に答えを与えようとする論文は存在しない。そのため、まだ「否定の論理」が哲学的論理であるかどうかも述べられていないのである。

結論を先取りしていえば、家永の「否定の論理」は、田辺のいわゆる「絶対転換の弁証法」を継承し、後述する滝沢克己の神人関係の根底にある「不可逆の論理」を踏まえて、両者の立場をいわば弁証法的に歴史的現実の場へ乗り越えた、きわめて主体的で実践的な論理なのである。敢えていえば、それは、西田晩年の「逆対応の論理」とも通底する鈴木大拙のいわゆる「即非の論理」でもって説明可能な特質をもっているのである。

にもかかわらず、歴史学界では宗教と実践を統一した「否定の論理」の実在はさも自明の通説、すなわちその論理構造を問うまでもないことのように扱われている。典型的には、「宗教を中心とする私的な個人の生き方をめぐって提起された『否定の論理』が、公的な国家のあり方をめぐる問題へと、その視点を拡大した」(15)、ないし「民主化への『人間改造』は、家永の出発点をなした『否定の論理』の実践であった」(16)といった見解がある。家永を論じた人々はなべて各学界に尊敬すべき業績を遺した研究者であり、家永をめぐる経緯の指摘としても誤りではない。しかしいずれも哲学の専門家ではないこともあり、家永自身のいわゆる「否定の論理」そのものを哲学的論理として論究することに問題意識が及んでいない。哲学的観点からすれば到底評価することができず、家永の思索を根底から理解する上で致命的な欠陥である。

家永はやがて自身の論述「国家哲学の根本問題について」を再評価するようになる。『日本思想史に於ける否定の論理の発達』が社会的実践よりも高次の宗教的立場を主張していると読みとるなら、国家哲学の強調は一見すると宗教哲学を放棄して新カント派の理想主義へと後退したかにみえる。だが「『愛』と『闘争』」を念頭に置くと、むしろ宗教哲学的思索に裏づけられての実践への関心が復活した結果、教科書裁判のような実際の具体的な実践における指針を求めて、かつて思索した理想主義哲学を再度取り上げたとみるのが(17)、より穏当である。だがそのことは、必ずしも家永の思索が整っていたことを示すものとは限らない。我々はまだ晩年の家永の思索に立ち入っていないのである。

4、晩年における哲学的傾向の復活

家永の哲学的思索は、もしそれがあったとすれば、「『愛』と『闘争』」の成立、つまり大学生のころまでにかたちを整え、その後は歴史学を通じてぎこちなく立場表明を続けてきたことになる。この間の家永の業績はきわめて多数かつ多分野に及ぶが、哲学的思索を体系的に表明した論文はおよそ認めることができない。だが一九七〇年代初頭、定年間際になると、自身の仕事を振り返るなかで哲学的関心が復活し、哲学的傾向の強い論考の発表が増え始める。

後期家永の思索を窺う上で重要なのは『真城子』（小説。一九七二年一一月）、『田辺元の思想史的研究』（一九七四年四月）、『猿楽能の思想史的考察』（一九八〇年四月）、「政治的抵抗の基盤としての宗教」（一九八一年七月）、「日本人の思想としての仏教とキリスト教」（一九八三年一二月）、『国家は万能か』（一九八七年三月）などである。このほかにも、『戦争責任』（一九八五年七月）の末尾も哲学的叙述にあてられている。

哲学的に重要なのは、滝沢克己（一九〇九―一九八四）との交流である。家永の哲学的関心が復活してきたころ、縁あって『滝沢克己著作集1　西田哲学の根本問題』の書評を執筆して以来、家永は滝沢との交流をもち始める。哲学と疎遠な歴史学界に身を置き、仏教史学以外に宗教思想の持ち主との接点がほぼなかった家永にとって、晩年になって初めて滝沢に出会えたのは、大いなる喜びであった。「その後私は、滝沢さんの『カール・バルト研究』や『仏教とキリスト教の根本問題』を読んで、私の考えていたことがそれほど見当ちがいでないことの自信を得」たという(18)。つまり、初期の段階で絶対者との断絶を思索の出発点に据えていた家永は、滝沢のいわゆる絶対と相対との「不可逆の論理」と接することで、いわば初めて、自分の思索の意義を確認する機会に恵まれたのであった。

ところが、よく知られているように、滝沢は、家永とは異なり、田辺が生涯にわたる思索の根本において、絶対者が相対者とは独立にそれ自体として超越的に存在し、相対者の側から絶対者へと至る可逆的な方途がないという絶対者の不可逆的構造への理解を欠くという決定的な誤りを犯していたと考えていた。とすると、田辺の論理を受け止め彫琢した家永の「否定の論理」もまた、滝沢の田辺批判を容れた徹底的な再吟味に基づき、論理を再建し直さなくてはならなくなるのではないだろうか。それとも別の考え方がありうるのだろうか。

つまり家永は、宗教性と実践性という自身の課題を念頭に、あるいは田辺哲学の影響を脱して滝沢哲学の線で「否定の論理」を再構築するか、もしくは滝沢の批判に反批判を加えつつ田辺の論理を再承認するかという瀬戸際に立たされたのである。この課題に直面することにより、家永はこれまでの「否定の論理」を超えるような、さらなる思索へと誘われたと考えられるのである。実際、京都学派の哲学者を縦横に論じた『田辺元の思想史的研究』にしても、最終的な田辺評価は滝沢の田辺評への反批判をもとに形成されているのである。

『田辺元の思想史的研究』における争点の構図は次のようになる。いうまでもなく、滝沢は、西田と田辺の論争に関し、西田を高く評価し、その立場から同時に田辺を批判した。これに対し家永は、滝沢の視点を高く評価しつつ、さらに反批判して、田辺の論理のうちにも評価すべきものがあると述べるのである。つまり家永は、西田と田辺の論争を踏まえた滝沢哲学を手掛かりに思索を再開し、田辺の思索を積極的に踏襲する意義を見出したのである。

もし家永の立論が一定程度成功しているならば、家永の思索は西田と田辺の論争および滝沢による西田・田辺の吟味に対するさらなる再吟味とみなすことは可能であり、宗教哲学の新たな一展開であると考えられる。また思索内容としても、一見相容れない滝沢と田辺の思索をバランスよく取り込んでいることになり、非常に興味深い。

ちなみに哲学研究史上は、家永の哲学的要素はいまのところ注目されておらず、むしろ家永の「政治性」への反発が見受けられる。一例を挙げれば、ヘーゲル右派の研究者であった中埜肇は家永の同書について『週刊読書人』（一九七四年）のなかで書評しているが、そこで中埜は「日本の現代史に関する著者の基本的構図（これは少くとも本書の中では分析論証されていない）が前提され、この中に田辺を含めて多くの思想家がはめこまれ、『抵抗か協力か』というかたちで評価される。したがって著者の『温い心』にもかかわらず、本書は思想史的研究であるよりもむしろ政治的断罪の書であるという印象を与えることになった」(19)と述べている。氷見潔『田辺哲学研究』でも同様の見解が踏襲されている(20)。

この批評は哲学的内在の視点からいえば、家永の叙述姿勢が「外在的」であるという意味でいわば当然の批判であるが、一方で歴史学的には全く意味をなさない反論でもある。中埜のいう「基本的構図」は日本史学の当時の通説そのものである。哲学では通説的でも論理を順次確認することがしばしばあるが、歴史学では通説を論証してから本題に入る作法はそもそも存在しない。また「抵抗か協力か」という視角は、歴史学で戦時下を研究する場合、現代の研究に至るまで不可欠の研究視点である。また氷見は家永の聞き取り対象の選択に不満を述べているが、これも歴史学の立場からみれば通常の史料収集と選択作業の一環にすぎず、残念ながら傾聴に値する批判とはなっていない。

事実、歴史学者である菊池克美は中埜の見解に慷慨し、反批判を行った。菊池はいう。「それ（菊池の反批判）は、家永著『田辺元の思想史的研究』に対する、ある哲学者（中埜肇）の書評を心臓強く批判したものであった。その書評が私には納得できない言辞に満ちていたし、第一家永の学問・思想に対する事実認識を欠くと考えたからである(21)」。歴史学からの当然の反応である。菊池はベラーを踏まえて「否定の論理」の探求をも行ってはいるが、ベラーが哲学論理をそもそも検討していないことへの指摘を欠いているのは惜しまれる。

結局、「否定の論理」は、歴史学と哲学のはざまで、結果的にはどちらからも評価されないまま、現在に至るのである。これは家永の態度が哲学的思索でありながら研究方法が歴史学的・実証的だからである。歴史学からみると哲学はほとんど埒外なので、思索内容を探求しないまま、結果が宗教と実践の統一だから「否定の論理」とはそういうものだという認識にとどまってしまう。また哲学からみると歴史学的方法そのものが「外在的」「政治的」で「内在的思索」が欠落しているようにみえ、家永に哲学的思索があるとは思われない。結果として家永の思索内容の検討は、いまに至るまで、見過ごされてきたのであった(22)。

三、家永の「否定の論理」を探求する

1、「否定の論理」探求の方法

家永の「否定の論理」を解明する作業においては、歴史著作から哲学的論理を探りあてる必要がある。つまり、一方では歴史研究著作の作法を知っておかなければならず、また一方では哲学的論理の探求法を知っておかなければならない。つまり歴史学の側からいうと、哲学の知見を研究の前提として踏まえた上で、「否定の論理」の意味内容に

接近しなければならない。また哲学の側からいうと、「外在的」な外見に惑わされることなく、家永の「内在性」に立ち入っていかなければならないのである。

この作業を遂行するにあたって有益となるのは、家永の歴史学的思考と哲学的思索との関係に我々が自覚的であることである。家永自身、こう述べている。「超越的批判は史学としての役割を脱するものとも云ひ得るけれど、しかし思想史学に於いて思想の評価は学的認識構成の上に必要であり、その評価の正当に行はれるためには、史家が正当なる思想的立脚点をもつてゐることを必要とする」[23]。つまり家永は自身の思索の上から史実に対して超越的批判をしなければならない局面があるという理解に立っているのである。

したがって、史実に対する超越的批判の箇所を抜き出すことによって、家永の「否定の論理」はかなりの数の断片を引き出すことができるはずなのである。そして断片を繋ぎ合わせていったならば、ある程度は家永の思索内容がみえてくるはずである。哲学的吟味に耐えうる水準まで再構成することが、当面の目標となる。とはいえ、むろんこの作業は本書全体で済ませたのだから、以下、さっそく論理の探求に進む。

2、「否定の論理」の基本的立場

まず家永の基本的立場を確認すべく、『田辺元の思想史的研究』にみられる「否定の論理」の核心と考えられる部分を引用する。（傍点小田）

滝沢の「この世界の向う側とこちら側と、向うからの事とこちらからの事とは、事実上絶対に逆にすることを許されない順序をもって区別せられている」という主張は真実であると思うし、絶対者と相対者とが可逆的ないし可交換性のあるものとは到底考えられない（そもそも絶対者相対者という対立が絶対に相容れない矛盾の故に対立するのだから、可逆的ないし可交換性のあるはずのないのは、自明である）が、しかし、田辺哲学の特質は、両者を「相互限定的」とすることにあるのではなく、ただ私たち相対者は相対者であるという所与からしか出発できない、相対の自覚とその否定とを媒介とすることなしに絶対者への途は開かれない、という出発点の設定にあったと見るべきではなかろうか(24)。

家永は、滝沢の思索における「不可逆」の認識をほぼ完全に承認する。したがって「私たち相対者は相対者であるという所与からしか出発できない」という立場をとる。その立場から田辺の論理を理解することによって、田辺の思索を一定程度承認している。両者が矛盾なく成り立っている理由を求めるには、前述の「『愛』と『闘争』」から順次ふり返る必要がある。

家永は「『愛』と『闘争』」において、一方では絶対者に包蔵される人間のあり方を認めつつ、もう一方で人間は包蔵する絶対者に接近することはできず、ただそれを望むことしかできないという不可逆の事実を受け入れざるをえないとしていた。存在論的には超越的絶対者たる本体による一元論を承認しつつ、その本体たる絶対者は超越的に覆蔵されたものとして、認識論的には顕在化した世界に立つ限り認識することはできず、そうした顕在的認識論の範囲では社会実践的でなければ仕方がないとするのである。

敷衍していえば、『日本思想史に於ける否定の論理の発達』ではこの論旨についてさらに踏み込んでいる。覆蔵された絶対的存在は、字義どおり対を絶する存在である以上、いま述べたように、相対的存在たる人間には認識できないという立場をとる。なぜならば、相対的存在が認識しうる対象は、対を絶するものではなく、もう一方の相対でしかないからである。絶対が対を絶する仕方で絶対でありうるためには、相対的存在はそれに相対的に対応することを絶する立場に立って、つまり相対的存在にどこまでも踏みとどまる仕方しかありえない以上、絶対的存在をただ「信じる」ことしかできないというところに強調の力点が移るのである。

カントの顰に倣っていえば、「物自体」の存在は考えることはできても、「物自体」は認識の対象にはならないのと同様、絶対者の存在については知ることができても、現実には有限なる自己は全くの無力であり、絶対者を自ら認識しうる可能性を全否定するしかないというのが、家永の「否定の論理」の立場なのである。この立場は、自身の意思を一切放棄せざるをえないという事態に思索の原点を置くという意味で、後には田辺が戦争末期に提起した「懺悔道の哲学」に呼応しようとするものともなった(25)。

先ほど引用した箇所は、上記の含みをもって記されたものである。家永は、『日本思想史に於ける否定の論理の発達』に至る思索に加え、戦後における自身の社会実践経験と、滝沢による田辺哲学批判を念頭に置きつつ、滝沢と田辺という一見深く対立する両者の思索に、所与性という共通点を見出したのである。それは「否定の論理」として家永が従来強調していた立場でもあった。なお思想史著作『田辺元の思想史的研究』の歴史叙述はその立場を史的評価に反映させたものであると考えられる。

哲学的角度からみると、『田辺元の思想史的研究』における家永の営為は、一九三八年時点で一旦形成された「否定の論理」に対し、滝沢神学との邂逅を契機として、「否定の論理」形成以後の自身の多様な体験に田辺哲学の全成果を突き合わせることで成立した、哲学的再吟味であった。結果的に家永は、「否定の論理」を哲学的に再認証するに至った。この過程で、「否定の論理」の立場は、滝沢・田辺哲学から社会実践に至る、より広い含みをもつことになったと考えられる。この全体像が「否定の論理」の立場の総体である。

また先取りしていえば、家永は自身の社会実践の経験に基づき、社会実践を宗教哲学的に基礎づけた田辺哲学の思索傾向に、より高い哲学上の将来性を見出すに至る。だがその議論に進む前に、「否定の論理」核心部の論理構造の特質についてより明確にするとともに、哲学の立場としてたしかに承認に値するかどうか、吟味を試みる。

3、「否定の論理」の論理構造の特質

「否定の論理」を論理構造として理解するため、試みに鈴木大拙（一八七〇―一九六六）の「般若の論理」を用いて対比してみたい。般若の論理は、「AはAだというのは、AはAではない、故にAはAである」、つまり、「否定を媒介して、始めて肯定に入る」かたちをとる。これは、人間は対を絶する存在のうちに包まれているという原初的な事実を見失ったところから出発せざるをえないがゆえに、本来の世界を理解するには一度、非本来的なあり方を否定する作業を通過する必要があるという実態に対応した論理のあり方である。

般若の論理の力点は、いうまでもなく、覆蔵された絶対的存在そのものを説くことにある。いい換えれば、「AはAではない、故にAはAである」という否定は、「AはAだ」を語るためにある。否定が語られる理由は、人間がどうしてもそこから出発せざるをえない相対性のために、対を絶した存在であるはずの絶対者をも、一個の相対的対象物とみてしまうからである。否定はこうしたいわば誤認を積極的に破砕する必要上語られるものである。

大拙の力点は、もちろん、絶対肯定の世界そのものを説明するところにある。したがって否定は、本来的な絶対者の立場に徹底することができるならば、不必要な回り道である。いい換えれば、大拙にとって否定とはあくまでも絶対肯定を理解するための媒介であり、いわば手続上の問題である。否定には手段としての意義のみが見出される。大拙が否定として例示する多様な禅語を含め、すべては絶対者直指のための手段である。

家永の場合も、般若の論理の前提となる対を絶する存在および絶対に基づく論理の成立を承認する。また人間において否定という媒介の必要性を認める。この意味において、否定の論理の論理構造は、般若の論理の「AはAだとい

うのは、AはAではない、故にAはAである」と全く同一である。

一方相違点は、家永の視点が相対者を離れず、したがって論理の力点も否定そのもの、つまり「AはAではない、故にAはAである」という否定媒介の部分に置かれている点にある。いい換えれば、絶対的存在（A）は対を絶する（Aではない）という自覚に、家永の力点はある、といってもよいかもしれない。こうした論理構造だからこそ、家永は「否定の論理」と名づけたのであろう。考えてみれば、これは紛れもなく田辺の絶対転換（媒介）の弁証法にほかならず、家永はそれを積極的に踏襲しているとみなされよう。

敷衍すると、超越的な本体Aはもちろん、相対者に裏づけられたもう一つの相対者Aではない。絶対者Aが対を絶するAであることが覚知されることによって、本体Aというものがもとより絶対者に、すなわち対を絶する仕方で裏づけられていたAであることが知られる。したがって家永は絶対者Aを認識するのは相対的存在たる人間にはあくまでも不可能であるとする。絶対者を対象認識するのは不可能であるからこそ、対象認識しかできない人間に絶対者を本当の意味で理解するのは不可能であるとするのである。

哲学的にみて、ここでしっかりと立ち止まり、この立場を承認するかどうか考えることが重要である。「般若の論理」やそれに類似する諸論理をいわば単純な知識とみなし、信心に翻転するのが本当に宗教の立場として優れているといえるかどうか。筆者は、家永の立場をもって抜群のものと直ちにいい切るわけではないが、しかしそうした立場がありうることを認めざるをえないと考える。

宗教の論理は、「言説の極、言に因りて言を遣る」（『大乗起信論』）のだから、言葉が活きたものとして捉えられなければ、形式化に堕することになる。そして活きた言葉は、人を俟って初めて現れる。つまりその人それぞれによってしか語りえない。であるとするならば、絶対肯定を含む論理を前提しつつ、敢えて否定に力点を置く立場は十分ありうる。つまりいまや、問題は、家永の立場は哲学であるかどうかと疑うよりも、むしろ、家永の立場をとることで哲学的な世界がより深められるかどうかにかかっている。

家永の立場の哲学上の利点は、人間の限界に徹底することで滝沢克己の神人関係の構造理解と呼応する可能性を持つ一方、田辺の絶対媒介の弁証法を、滝沢の批判とは異なり、人間の側からの絶対者認識の構造として理解できる可能性をもつ点である。この立場をとるとき、一元的でありながら二元的である宗教の論理において、敢えて片方から説明し尽くすのではなく、どちらの視点も確保できる。この点に「否定の論理」を踏まえる哲学上の利点があるのではなかろうか。

4、「否定の論理」と社会的実践との哲学的関連

もしこれまでの吟味が承認しうるものであるとするならば、如上の認識をもとに田辺や滝沢の論理を再度読み解くことは哲学上非常に興味深い作業であると考えられる。しかし本論の目標である家永の思索の解明においては、まだ「社会的実践」に関する膨大な内容が残っている。また社会的実践も含めて家永の思索を把握した後のほうが、田辺や滝沢を読む上でも成果が出るだろう。引き続き実践の問題の解明に移ることにする。

まず「否定の論理」と社会的実践との哲学上の関連について、再び『田辺元の思想史的研究』から、端的な箇所を引用する。

『キリスト教の辨証』に頂点を見る私の田辺哲学の日本思想史への寄与と考えるところは（中略）第一に中世後半期以後日本思想史の主流から忘却されていた人生の基本的パラドックス、すなわち絶対相対の矛盾と、これを克服するための否定の論理を復活させ（中略）、第二に、そのこと〔超越絶対に対する目を開く必要——小田注〕につ

いて深い真理を示した偉大な古典思想の系統を引く思想が往々にして絶対相対の矛盾と克服とのみに問題を一元化することにより、相対世界内での社会的実践から遊離する誤りを伴いがちであったのに対して、相対世界内での社会的実践こそが絶対相対の矛盾克服の不可欠の契機であるとともに、社会的実践の正しい遂行には科学的社会認識の必要なことを明らかにし、宗教的信仰と社会的実践とを弁証法的に統一する理論を形成したこと、この二点が田辺哲学の日本思想史に遺した大きな功績である、と私は考えるのである(26)。

家永の議論の前提には、「否定の論理」が、単なる信仰に基づく単独者としての個人的宗教的態度ではなく、社会的実践行為と不可分の連関にあるという認識があると考えられる。つまり相対的存在でしかない個人の超越的絶対者に対する不可通性という信仰における矛盾性（不合理ゆえに我信ず）を認識しつつも、その前提の下で社会的実践過程に入っていくという立場である。考えてみれば、これはまさに田辺の「懺悔道の哲学」における「絶対転換」の根本姿勢と重なり合うものである。すなわち、自己の絶対相対間の不可能性について深く自覚したあと、なおも遺された課題が目前に投げ出されている。哲学者である田辺にとってそれは論理的思索であり、懺悔道の哲学へとあらしめられた。その成果として、田辺は懺悔における社会的実践の必然性を見出していく。『田辺元の思想史的研究』において家永は、田辺の思索の課題設定と思索成果の全体を受容している。

家永が「懺悔道の哲学」を「否定の論理」のうちに位置づけえた理由は、戦前に家永が「否定の論理」を形成した段階で、不可能性の自覚に基礎を置いていたからであると考えられる。しかし戦時期の家永は実践を含めた論理を形成するには至っておらず(27)、戦後には実践活動になだれ込んでいく。それゆえにこそ家永は、懺悔道の思索とその成果とを含めて強く共鳴し、改めて「否定の論理」の根底に繰り入れたと考えられる。

ただし「否定の論理」と「懺悔道の哲学」とは全く同じというわけではない。田辺は内外の多様な哲学を読み直し、実践を思索として取り扱ったが、歴史学者としての仕事の過程で田辺の思索を受け止めた家永の場合、田辺の場合とは異なり、田辺の思索を自身の基礎に組み入れつつ、自分自身の社会実践体験と突き合わせて田辺を再吟味して論理を構成したと考えられる。またそれと連動して、実践の問題をそれ自体として主題化している(28)。そこで我々も、哲学的主題として、社会的実践を組み込むかたちで「否定の論理」を取り扱わなければならない。

5、社会的実践を踏まえた思索としての「否定の論理」

家永や田辺のように、哲学の立場上、社会的実践に身を置かなければならなくなり、実際に何らかの行動を起こした場合、その哲学的立場自身が一つの政治的・社会的アクターとなる。その問題圏では現実の政治社会状況の認識を踏まえた問題構成が不可欠となる。哲学における問題は、こうして遂行された実践経験を改めて思索の問題に差し戻したとき、どのような哲学的論点が見出されたかである。社会的実践を踏まえた思索として「否定の論理」を検討するにあたっては、この点を家永に即して考察してみなければならない。

戦後の家永が実践指針の核心に据えたのは日本国憲法に提示された平和主義・民主主義である。この視点は歴史学界等では戦争体験からみてほぼ自明とされており、めったに問われることはない。一方、否定の論理が貫徹するならば実践は出家・持戒でなければならず、家永が平和主義・民主主義を実践の核心に据えたことは「否定の論理」からの逸脱であるとする意見もある(29)。ここでは端的に結論を述べたい。

晩年の家永の実践哲学的立場は『国家は万能か』に示されるが、ここでは宗教哲学が基礎づけとなっている。仏教とキリスト教が宗教的真理を指し示した一方、社会的実践については十分な内容を与えていないので、「私たちは現実生活の客観的な実態とそのなかでの正しい行動原理とを身につけるために、学問研究と社会的実践とを追求しなければならない」というのが、家永の立場であった(30)。

信仰がそのまま実践内容を決定するのではない。むしろ、有限者であるにもかかわらず宗教性を保持するには、緊張関係を保持する努力つまり社会的実践が必要だというのが、田辺読解を踏まえた家永の立場である。ここでも家永は田辺の論理を積極的に踏襲している。この立場は、『戦争責任』でも鮮明に示される。

人が人であるかぎり、相対有限のなかでなすべきことをなすことによって相対有限の世界にありながら絶対無限の世界に超出し、時間を超えた永遠の生命を獲得することができるのである。それは形式論理では解くことの出来ないパラドックスであるけれど、人の人たるゆえんは、そのようなパラドックスの内にのみ生きるほかないというところにある、というのが、ありのままに人の生き方を直視したときに明らかに見えてくる事実（Sache）である。戦争責任は、単なる相対有限の人と人との間で生ずる責任にとどまらず、相対有限の人が絶対無限なるもの（ここでは有神論に立つ「神」に限定して考える必要はない）に対する責任でもあるのである(31)。

戦争責任を説いたことで哲学史上も注目される家永において(32)、田辺の論理を受容した上で「平和の哲学」が思索されようとしていたことは、日本哲学史の戦後における展開の重要な一局面として、ぜひ注目すべきであろう。今後の一つの可能性としていえば、家永の「否定の論理」に基づく実践を手掛かりに、膨大な戦争史研究を踏まえて「平和の哲学」を思索するとき、おそらく、日本近現代史の展開を踏まえた新たな思索が現れてくるのではないだろうか。

ただし家永の立場が哲学的に直ちに承認しうるものであるかどうかは非常に難しい問題をはらむ。家永の主張は強力な信仰告白となっているが、それゆえにこそ、実践が信仰の基盤にある否定性から遊離して自己目的化するならば、宗教的立場は鈍麻したものとなるであろう。信仰の緊張関係を保つ必要があるという前提を仮に受け入れたとしても、その方法は、家永の案に相違して、実践のみとする必要はないかもしれないのである。この点は今後、家永の実践に即して吟味すべき課題である。

結びにかえて

これまで、家永三郎の哲学的思索の過程と成果をひととおり検討してきた。家永に思索はあるのかという疑問から出発した本章は、家永の「否定の論理」が、般若の論理にいうところの「AはAだというのは、AはAではない、故にAはAである」のうち、絶対肯定よりもむしろ否定による媒介の側面に力点を置くものであることを確認するに至った。その上で、家永の思索が哲学にどのような寄与をする可能性をもつか、検討してきた。

家永の思索は、田辺哲学を社会的実践の観点(33)から部分的に批判しつつ、総体としては積極的に踏襲するものであった。また西田および滝沢の田辺批判にも一定の理解を示している。この意味で、家永の思索は、宗教哲学の基本的な論理構造を踏まえた上で、田辺哲学理解の上での困難をもいわば乗り超えて、田辺哲学の論旨に沿って絶対肯定から否定媒介に力点を移し、田辺のいわゆる「絶対転換」を社会的実践の必然性の認識として捉え、その姿勢からの各哲学の再吟味にまで、哲学的に到達したものであるといえる。

したがって哲学史上も、家永の思索は西田と田辺との論争およびそれを踏まえた滝沢の西田・田辺吟味を踏まえ、さらに再吟味をはかるものであったといえる。またその際、宗教的論理を彫琢すると同時に、社会的実践の論理の形成に努力した田辺の成果を踏まえ、改めて実践の問題を課題化し、自身の経験に基づいて実践の理解をより深めて再吟味したという意味で、家永の思索は、西田・田辺・滝沢に続く新たな展開であったといえる。

如上の検討により、家永には京都学派の哲学を踏まえた思索の展開があったといってよいであろう。しかもこの哲学を吟味するとき、我々は従来の哲学を踏まえつつ、さらに新しい問題圏に連れ出されることになる。まず、宗教を本体的な一元論の側からみることと、断絶の二元論の側からみることが、どちらか一方を無理に排除することなく遂行できるようになる。家永の姿勢は、この点で従来の哲学上の論点に対する大きな寄与であると考えられる。

また家永の研究および実践上の関係先は、いわゆる文史哲のみならず、法・経・教育そして理科系の全体に及ぶ。そのため、家永の思索を吟味するとは、事実上、日本の学知および生活体系全体を哲学上の問題として吟味することを意味する。田辺を踏襲した家永の思索は、これまで哲学界で広く知られていた西田哲学やそれを受け継いだ滝沢哲学とは別の局面へ向けて、非常に広い射程をもっているといわねばならない。

この点は、田辺哲学を吟味する上でも必須であると考えられる。そもそも、田辺は西田との対決を経て哲学における社会実践の必然性を主張したのだから、田辺哲学をより十全に吟味するには、通常の意味での純粋論理の視点からの吟味のみならず、純粋論理と社会実践の両方を兼ね備えた視点からの吟味が必要である。そして、その作業のためには、まさに家永のように田辺の論理を徹底して踏襲し、しかも田辺を超えて実際に社会実践に飛び込んでいった人物を素材とする検証が不可欠である。

このことは、家永による思索の哲学史上の意義をさらに高めることになる。我々は家永の思索の吟味を通じて、田辺哲学を吟味することになり、またそれゆえに西田や滝沢の哲学をも吟味することになるからである。むろん、西田や田辺を吟味することを通じて、世界哲学史上に現れた無数の哲学を吟味することになる。つまり、家永はまさに、哲学史上の研究対象たるべき人物なのである。

家永の射程を十全に取り込んで哲学的に吟味することで、現代に至る日本歴史の現実の諸相を背負い、一見ばらばらな日本の無数の諸学科と連動する、きわめて重厚な日本哲学の議論が成立するはずである。たとえ結果的に奇異な論旨となったとしても、日本の歴史的実態を背負った論理の探求として、揺るぎない価値をもつことになるだろう。今後とも家永の思索を検討していくことは、哲学的にみて非常に興味深いことではないだろうか。

また、もしそのような哲学的思索が成り立ったならば、それは直ちに各学科にとっても有益なものとなりうるであろう。哲学では「対象とともに、対象を超えて」思索するが、家永研究においても、諸学科との関連を視野に置きながら、まさに「家永とともに、家永を超えて」思索することを通じて、遥かな未来を展望していくところに、今後の展望があるのではなかろうか。

「否定の論理」は、人文諸学を併せ呑み、社会思想においては、宗教的かつ実践的論理として、平和主義・民主主義の実現を目指す不撓の実践的主体とその連帯の論理構造を提示する[34]。さらには、社会実践過程において複数の世界観が連帯する際の論理的骨格を思索する際の手掛かりともなる[35]。この論理を世界平和実現の実務的課題のなかで具体化するとき、我々は将来に向けた世界思想のあり方を構想していくことができるのではなかろうか[36]。

(1) 以下の家永の生涯の叙述は、本研究全体の成果に基づく。
(2) 家永「国家哲学の根本問題について」本書付録史料23、『家永三郎集』第一六巻一六六頁。
(3) 本段落については家永三郎「私の精神的軌跡」『激動七十年の歴史を生きて』新地書房、一九八七年。七—一〇頁参照。
(4) 家永三郎「『愛』と『闘争』」。本書付録史料26。
(5) 同右。
(6) 同右。

（7）同右。
（8）家永による内藤智秀著『史学概説』への書評。『史学雑誌』第四六編第一一号、一九三五年一一月。一一一頁。
（9）家永三郎『一歴史学者の歩み』岩波現代文庫版一一三頁。
（10）家永三郎『日本思想史に於ける否定の論理の発達』『家永三郎集』第一巻四四頁。
（11）同六三頁。
（12）家永三郎・小野清一郎対談、三原真一司会「念仏か念罪か」『大法輪』大法輪閣、第二一巻二号、一九五四年二月。一二四頁。
（13）同第一〇章参照。
（14）ロバート・N・ベラー著、河合秀和訳「家永三郎と近代日本における意味の追求」マリウス・B・ジャンセン編、細谷千博編訳『日本における近代化の問題』所収。岩波書店、一九六八年。引用はいずれも二八六頁。
（15）松本三之介「家永先生の学問と『否定の論理』」『家永三郎・人と学問』私家版、二〇〇三年。九頁。
（16）鹿野政直「家永三郎　求道の思想史学」『鹿野政直思想史論集』第七巻、岩波書店、二〇〇八年。三六六頁。
（17）一般に実践論としてはマルクス主義の影響力が大きく、戦後の歴史学界もまたその影響がきわめて強かったが、家永はマルクス主義と距離をとり、あえて新カント派の当為論を全面に押し出した。この点は、戦後の社会実践の展開のなかでの家永の重要な特色の一つである。
（18）家永三郎「滝沢さんとのふれあい」星野元豊・三島淑臣編『野の花空の鳥　滝沢克己先生の思い出』私家版、一九八六年、一六〇頁。
（19）中埜肇による『田辺元の思想史的研究』書評。『週刊読書人』一九七四年七月八日四面。
（20）氷見潔『田辺哲学研究』北樹出版、一九九〇年。二五一二六頁。
（21）菊池克美『家永史学論ノート』私家版、一九八五年。四一頁。
（22）なお本文中に挙げたほかに、やや異なる文脈をもったアプローチとして、哲学者の八巻和彦は「屹立する精神――家永三郎」（『戦後思想史の課題』早稲田大学アジア太平洋研究センター研究シリーズ四一、一九九八年二月）において家永の「超越的思考」を析出したが（二〇〇―二〇五頁）、実存哲学との関連で捉えられ、結果的に「否定の論理」の論理構造の分析は行われていない。

(23) 家永三郎「日本思想史学の過去と将来」『家永三郎集』第一巻二四八頁。

(24) 家永三郎『田辺元の思想史的研究――戦争と哲学者』『家永三郎集』第七巻三九五頁。

(25) 同二二四頁参照。この間の経緯は「家永三郎における田辺哲学受容」として独立の研究課題になりうると考えられる。

(26) 前掲家永『田辺元の思想史的研究』『家永三郎集』第七巻三七三頁。

(27) 本論第一〇章三参照。また後の回想でも、家永は一九三八年段階では「否定の論理」から実践の論理を十分形成するに足る水準まで問題意識が及んでいなかったことを述べている。たとえば「戦時下の思想史研究の回想」『激動七十年の歴史を生きて』新地書房、一九八七年、九〇頁参照。

(28)『田辺元の思想史的研究』第四部の後半は田辺の「限界」に充てられているが、哲学的角度から見ると、社会実践の視点も含め、田辺の思索への吟味と批判点の説明となっている。

(29) 末木文美士『思想としての近代仏教』中央公論新社、二〇一七年。三三七―三三八頁、三四一頁。

(30) 家永三郎『国家は万能か』『家永三郎集』第一一巻三四一頁。

(31) 家永三郎『戦争責任』岩波現代文庫、二〇〇二年。四四一頁。

(32) 藤田正勝『日本哲学史』昭和堂、二〇一八年。第三部第一章２「平和の実現に向けて」参照。家永への言及は三六九頁。

(33) 注二八参照。なお社会的実践を念頭に置く哲学的吟味は、主題の性格上通常の哲学的吟味とはやや異質となる。いわゆる京都学派左派をも視野に入れて省察する必要もあろう。

(34) 本書第七章四、第八章四参照。

(35) 本書第三章五参照。家永の「否定の論理」は、宗教論理の立場において西田哲学から井筒哲学に至る幅広い宗教対話の展望をそのまま引き継ぐことができる上、井筒の「共時的構造化」に典型的に見られる静態的性格を乗り越え、実践において動態的に論理を把握してゆくことができる点で、将来的可能性はさらに大きいと考えられる。

（36）　家永の「否定の論理」をめぐる思索をより深く吟味するにあたっては、そもそも家永に宗教性と実践性の二方向がある以上、その両者をともに活かし、かつ、全体を統一的に捉えるような視点を持って取り組むことが必要である。それを実現するためには、けだし次のような作業を通過させることが必要であろう。

この作業の有望な手掛かりは、家永が田辺元の提唱した仏教・キリスト教・マルクス主義の媒介統一を高く評価したところにあると考えられる（『田辺元の思想史的研究』『家永三郎集』第七巻三七一―三七三頁参照）。「否定の論理」と社会思想との密接不可分の関係を説くこの評価を、家永の思索に基づいて体系的に再解釈した上で、再吟味するならば、本論で述べた多様な論点は自然と含まれることになるからである。

家永による田辺理解の解明にあたっては、本論で検討した「否定の論理」のみならず、家永が理解していた社会思想について十分把握しておく必要がある。たとえばマルクス主義についていえば、家永が接した戦後歴史学はいうに及ばず、教育法学等における社会主義的傾向（たとえば兼子仁「教育法制理論の課題と方法」『岩波講座　現代教育学』岩波書店、一九六一年。一一五―一一六頁）を併せて念頭に置く必要があるであろう。

無論その際、マルクス主義の解釈そのものについても、田辺や家永が接したレーニン主義ないしはスターリン主義的解釈から、スターリン批判とペレストロイカという歴史的経験、および、近年のＭＥＧＡ版『マルクス＝エンゲルス全集』の研究の進展等を踏まえた現代の解釈へと更新した上で、これら全体を統べる決定的な論理を把握し、それを批判的に検討した視点から客観視することが必要である。

家永による田辺理解の再吟味にあたっては、家永の把握した田辺哲学と、田辺哲学それ自身と考えられるものとの偏差を考察することが必要である。その際、宗教論理については西田哲学およびそれ以後の関連諸哲学および諸思潮の流れをも踏まえ、可能な限り客観的に再評価する必要があろう。また実践論理については、思想についてもマルクス主義のみならず、諸々の社会思想を踏まえ、かつ歴史社会そのものの展開への分析を踏まえて再評価する必要がある。両者が結びあったところに、全体の評価があるであろう。

こうした思索の緊張感そのものが「否定の論理」に活力を与え続けるであろう。そのために我々に必要なのは、なによりもまず我々自身が、いままでよりもさらに深く、我々自身であるところの論理を、自らのものとして把握することであり、かつ、いままでよりもさらに広く、実践上の基本論理を把握することである。この深みと広さの両輪が深められるほどに、「否定の論理」は豊かな内容を具え、我々の思索は前進していくであろう。

結語

本研究はこれでひとまず終了する。すでに我々は家永三郎という高峰をひと度乗り越えたのである。本論において、家永の成果の最大規模を示す世界史的位置、および家永理解における最も困難な部分である「否定の論理」を検討することができた。最大規模と最深部は抑えたのであるから、各種の困難はあろうとも、家永理解において解明の手掛かりを完全に欠く箇所が発生することはもはやないはずである。

無論、調査の粗雑のために見逃した光景や取り違えた箇所は多々あるに違いない。だがそうであったとしても、我々が踏査した痕跡は、今後の人々が家永を理解し、活用するための新しい地図となって役立つことであろう。そこで最後に、改めて本論をふり返るとともに、本論所期の目標であった今後家永を理解活用するための方途を明らかにして、本論全体の結びとしたい。

そもそも本研究のきっかけは、家永三郎がさまざまな角度から必ず振り返られるべき人物であるにもかかわらず、現代の状況に見合う研究がいまだ存在しないという課題に直面したことにあった。そこで、今後多様な諸研究が現れる期待の下、「家永理解の底本をつくる作業」に従事することにしたのであった。課題設定においては、過去世代の問題意識の伝承と、将来世代の多様な活用を念頭に置くこととしたのであった。(はしがき)

我々は、残念ながら研究状況が非常に混乱していることを直視するところから出発した。そして、ともあれ家永の実像を丁寧に抑えるところから出発する必要があることを確認した。その上で従来の平和主義・民主主義の観点から

「否定の論理」の解明へと順次移行する方針をとり、家永の遺した諸文献を史料化するという研究方法に基づいて、家永理解に向けた踏査を開始したのであった。（第一部）

我々のみた家永の像は、人柄としては多くの先達の指摘通り、内面性の極めて強い人物であった。だからこそ、社会の矛盾と自己の実人生を見据え、やがて自身の救済の課題、社会的実践の課題、学術的認識の課題をいずれも統一的に取り扱うような人生論的・哲学的思索を形成し、引き続き思索・研究・実践を伴いながら二〇世紀日本と対峙し続けたのであった。（第二部）

また多様な学科のディシプリンから光を当てていくと、それぞれのかたちに応じて、再検討に値すると考えられる論点が多様にあることも確認することができた。筆者とて家永の関与したどの論点もすべて自身の専門とするというわけにはいかず、不十分な点も多々あるが、見解の欠陥も論点の欠落も、各々そのように指摘してもらえれば次に進められるだろうという意味で、今後の研究の下地となる基礎調査としては許されるものと考えたい。（第三部）

右の諸研究から、次の結論がもたらされた。家永は平和主義・民主主義の観点において戦後日本のいわば典型的人物であり、世界史に列せられるべき人物である。また「否定の論理」が哲学的厳密さにおいても十分なものをもっており、それを踏まえた思索が今後可能である。家永の歴史的位置と思索の特質を踏まえて、今後の考察を進めることが必要であると考えられる。（第四部）――以上が本論の内容であった。

今後の課題は、我々自身がどう家永に対峙し、どう新たな世界を切り拓いていくかということである。それは家永を理解し、さらに家永を批判する観点をもつということである。無論、批判のあり方は自由である。だがその十全な実現のためにも、家永を批判する上での我々自身の姿勢について、要点を明らかにしておくことが必要であろう。

家永の多様な成果は「人生への問い」というべき一つの問題意識が貫徹したものであるとは、すでに多くの先行研究者が指摘するところである。それならば、本論で検討した家永の多様な成果と「人生への問い」との関連を明確にした上で、この問いと直接対峙しえたならば、我々は家永の全体に対する批判的な観点を獲得することができるはずである。改めて家永の発言をふり返りたい。

じつは私にとっては、なんといいますか、人間の生き方みたいなものを考えていきたいというのがほんとうの問題意識でしてね、それを歴史のなかからまなびとっていきたいという問題意識がいつもいちばん根底にあるわけなんです(1)。

私はどこまでも人類思想史の全発展過程をできるだけ広く見渡し、その中から多くの真理を含む思想をなるべく多様に学びとることによって自分の思想をつちかっていきたいと常に念願しているのである(2)。

家永の思索は、宗教的側面では絶対者と接する「否定の論理」を形成し、実際生活の側面では現在における実践の思想を展開し、研究においては過去と未来を照らす歴史認識の論理と実証の姿勢が貫徹するものであった。家永は自身を取り巻く環境の変化にその都度向き合い、その成果は世界史上において戦後日本の平和主義・民主主義の一典型事例をかたちづくった。

家永の「人生への問い」というのは、こうした過程そのもののことを意味すると考えられる。家永がもたらした多様な成果を理解するとともに、「人生への問い」の過程として家永を理解するならば、我々が家永の個別の論点を調査・批判するに際しても十分な成果を発揮することができるであろう。

家永における「人生への問い」の過程についてはいずれ改めて描き出す必要があろうが、当面は家永『一歴史学者の歩み』を、家永の導きに従って「人生への問い」の観点から読み、できれば『家永三郎集』にも手を伸ばし、さらにもし必要ならば拙著からも補っていただければ冥利に尽きる。

そして何より重要なのは、このような読解をするためには、家永と対峙する我々自身もまた「人生への問い」をひと度は発するべきだと考えられることである。我々もまた広く人類思想史から採るべきを採り、捨つべきを捨てればよい。もしそうしなければ、家永の膨大な業績とその背後にある多大な文脈が我々に向けて押し寄せ、たちまち呑まれてしまうことになるであろう。

我々個々の「人生への問い」の過程において、家永の立論のうち承認すべきところは承認し、批判すべきところは批判すればよいのである。家永に賛同する場合はいうに及ばず、「否定の論理」さえ不要というならば、それだけの理由があればそれも結構、あるいは全否定してさえかまわないであろう。結果どのような態度をとるのであれ、主体として家永と接することが、何よりも重要であると考えられる。

家永三郎自身の人生論的結論と、それに関連する言葉を紹介しておく。

自分が幸福であるのに満足せず、時には自分がひとから見れば不幸と思われるような状況にあるのにもめげず、他人が、または世の中が幸福になれるように努力する。（中略）不幸の状態に他人なり世の中なりが陥らないように努力する。そうした努力をすることに幸福を感ずる。もしそのような心境に達することができるとするならば、それこそが真の幸福と言えるのではなかろうか(3)。

（チャップリン『独裁者』における演説“Soldiers, don't fight for slavery. Fight for liberty!” “In the name of democracy, let us all unite!”を評して）はじめは低くゆるやかに語り始められ、だんだん猛スピードとなり、語調も高くなる。最高調部の右の二句をなまの声として聞いたときの私の心はしびれるような感銘にみたされた。（中略）一九四〇年にチャップリンの口から吐き出された「リバティー」「デモクラシー」「ユナイト」の叫びは、（中略）すさまじい迫力をもって私の胸を衝いたのである。

あれを聞いてからすでに三十年近くになるが、今でもあの声を忘れることはできない。あのことばを、チャップリンに代わって、私はそのまま現代の日本に投げかけたいのだ(4)。

自分自身のあり方を探究し、その過程で家永と対峙し、批評し続けること。家永の諸業績の系統的な理解を通じて、日本の歴史的経験の全体像を、世界史的展望の下で考えること。そのようにして自身の考察を深めていくとき、自身の課題と結び合わせて家永を活用する方途も自ずと拓けてくるであろう。

もはや贅言は要すまい。ここから先は聡明な読者各位の意思と判断に委ねるべきであろう。筆者のごときもまた、各位の優れた見解の驥尾に付し、傍ら家永研究の続きや家永の見解を踏まえたその他各種研究に従事したいと思う。今後の各位の研究にあたり、本論が多少の役に立つならば幸いである。

（1）家永三郎・鹿野政直「新春対談　歴史と人生」『歴史評論』二九七号、一九七五年一月。一一頁。
（2）家永三郎『一歴史学者の歩み』岩波現代文庫版一〇五頁。
（3）家永三郎「私の幸福論」『激動七十年の歴史を生きて』新地書房、一九八八年。二四二頁。
（4）同「『自由のために戦え！』」同一二六頁。

付録

史料　青年時代に関する史料

凡例

・本史料集は現在発見しえた家永の青年時代にかかる史料を全て網羅するものである。史料は総計三六点、うち新発見史料は三二点である。
・一覧は本書第四章「はじめに」を参照されたい。
・史料は編年順で列挙した。紀年はすべて西暦を用いた。
・項目名はすべて原文の表題をそのまま用いた。
・明らかな誤植は修正し、それ以外は原文ママとした。字体は新字体とした。また新聞等の場合表記上句読点の省略が行われる場合や段落分けが不明瞭となる場合がある。これらについては適宜句読点を打ち、段落を分けた。
・新体詩は紙幅の都合、余白を削るため次のように修正した。

　夏のあしたの峠路を
　千草の露をふみわけて
　歩む一人の旅人の
　淋しき姿影長く
　麓の山にかゝるなり
　山は緑に草青く
　海は遥に光りつゝ　（以下略）

↓

夏のあしたの峠路を／千草の窓をふみわけて／歩む一人の旅人の／淋しき姿影長く／麓の山にかゝるなり／山は緑に草青く／海は遥に光りつゝ　（以下略）

以上

〔史料1〕日本人の祖先

一年　家永三郎

我々日本人の祖先が如何なる人種であるかといふことは、久しい間歴史家の間で疑問となつて居りましたが、近来人類学、人種学、神話学、考古学、土俗学等の補助学科の発達につれて稍明になつてきました。私はこの問題に興味をいだいて左の諸書を読み、之によつて大体次のやうな概念を得て之を別掲の地図の上にまとめてみました。

西村真次　大和時代。
黒板勝美　国史の研究。
鳥居龍蔵　有史以前の日本
H.G.Wells The Outline of History

尚製図に当つては別に左の数書をも参考といたしました。
古事記、書紀、後漢書、魏志、
諸種の歴史地図、国史大辞典其他。

さて我々日本人は何民族の末かといひますと、実は一種族の末ではなく所謂天孫民族（固有日本人）の血に蝦夷熊襲等数種の異民族の血を加へて成立したところ《ママ》のものであります。ではその血液の基根を為すところの大和民族は何人種かと申しますと幾多の説はありますが、まづ北方系の蒙古人種乃ちシベリヤ方面に占拠してゐたツングースであらうとの説が一番有力であります。従来史学者間では南洋系説が有力でありましたが、今では北方系説が之に代りほとんど定説といふほどになつております。
次に史上に名高い蝦夷が現在のアイヌの祖先であることは誰も承知の通りでありますが、さてその人種は何かといふと未だに判然としておりません。或学者は之を亦ホモコーカシクス―欧羅巴人種であると称しております。その論拠はどこにあるかしりませんが、現在のアイヌの体を見るとその毛髪といひ骨格といひ西洋人を連想するに足る点が多数ありますから、或はそうであるかもしれませぬ。とに角彼等も大和民族と同じ方面から日本列島に入りこんできたものらしく史上では東北方面にのみ分布してゐたやうに書いてありますが、実は九州のはてまで散つてゐたやうです。彼等の移住の時期は大和民族―原日本人、固有日本人―より少し早かつたので学者は先住民族と呼んでおります。

同じく歴史伝説に名高い熊襲が南洋系の人種であるといふことは、人類学者も《ママ》史学者は意見を共にしております。たゞ彼等がインドネシヤンであるか又はソウであるかマレー族であるかは決定してゐませんが大体第一者が有力です。

次に注意すべきは支那の史書に現はれる倭族であります。学者は之を南部支那から移住してきた印度支那種の苗族であるとしてゐます。彼等は北九州にWaといふ小国をたて固有日本人を統治者に戴いてゐたもので、日本の古記録にはその名を出しませんが、かゝる民族の存在したことは同地方の古墳が種類のちがつたものゝ多いことや三国志の書きぶりから推しても明です。

現在の日本人は大体前述の四人種と、歴史に見る如く屡々我国に帰化した漢人とを祖先とするものであります。

地図は大体拠を「大和時代」所載の図にとり之に諸種の意見及自分の想像を加へて作りました。三韓の人種中弁韓を印度支那族としたのは自分の全くの想像にすぎないのです。

聚落の分布は伝説によく著はれる土地古墳の多い土地等を聚落の発達したところと仮定しましたが、倭地方だけは魏志の記述によりました。

第一東京市立中学校『会報』第一〇号二頁、一九二八年
三月二二日発行。

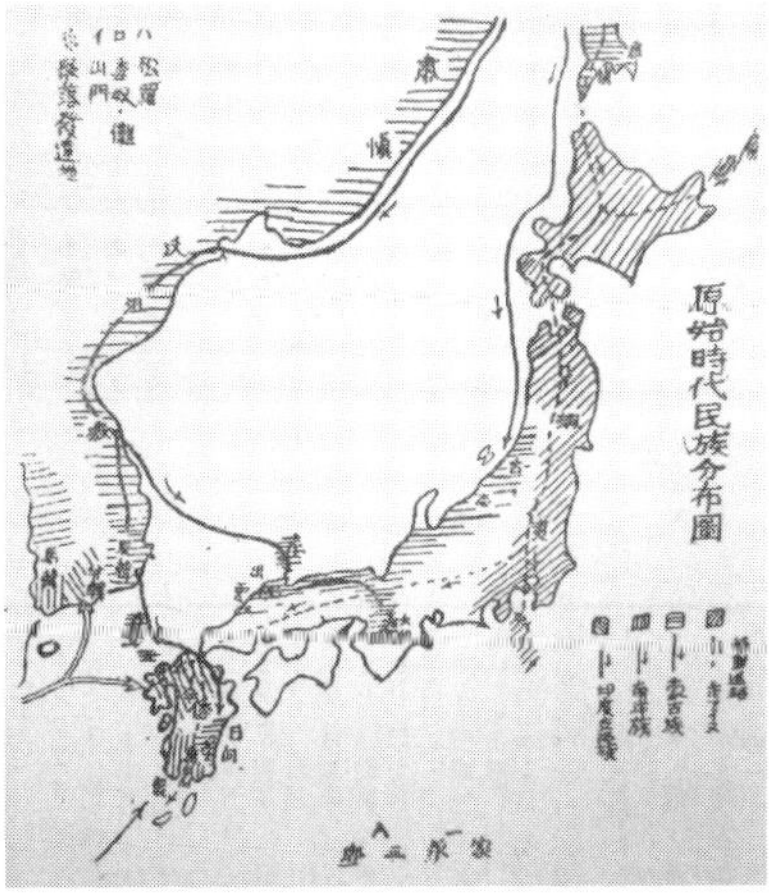

〔史料2〕校友会委員（昭和三年度）

芸術部　二A　家永三郎（他略）

同『会報』第一二号二七頁、一九二八年七月二〇日発行。

〔史料3〕俳句

滝の音

日光、足尾、榛名旅行の作

虫の音やわが身のことの思はる、　家永

同『会報』第一五号旅行研究号五五頁、一九二九年
四月三〇日発行。

〔史料4〕豊太閤の人物

二年　家　永　三　郎

世に英雄と称する者は多くある。併しながら、その成功の大なることに於ては恐らく豊太閤の右に出づるものはあるまい。神代の昔より氏系を尊び門閥を重んじ名族でなければ国政にあづかることのできなかつた我国に於て、微々たる一農民の子に生れ、全く徒手空拳を以て六十余州を征服し、位人臣を極め、あまつさへ、豊臣の姓を賜つて源平藤橘と肩をならべ、二千年来の因襲を打破した秀吉は真に希世の快傑といはねばならぬ。

一士官より立つて欧州に覇を唱へた大奈翁も貧しかつたけれども貴族の出であつた。秀吉に於てはかゝる背景は皆無であつた。豊鑑に「郷あやしの民の子なれば父母の名も誰かは知らむ」とある如く彼は親さへも判然としてゐない程の家に生れたのであつた。され□□《印刷カスレ》はいくら出世しても全く平民的であつた。一日秀吉が参内の途中赤前垂をかけた四五人の女に会つた。彼は馬上から声をかけて「これから内裏へ参つて能をするから皆見物にこい」といつたといふ。彼が高官を求めたのは其出自が微賤である為の反動に過ぎなかつた。彼はこのやうな虚名にとらはれるやうな人物ではなかつた。

信長・秀吉・家康の三人は常に比較しなければならぬ。信長は嚇々たる夏日にたとふべく秀吉は温々たる春日にたとへることができやう。一度彼の暖い光に包まれたものは如何なる者でも彼に心服せざるを得なかつた。一度彼に接する時は仇敵も無二の親臣となつた。彼の外交は誠の一字に尽きてゐた。そこには家康のそれのやうな暗い陰も信玄のそれの如き狡獪な手段もなかつた。

彼は唯相手に赤心を示すを以て外交の要諦とした。偽善陰謀に到つては彼の全然知らざる処であつた。彼はかくの如くして全国を統一した。兵を以ては秀吉をして歎ぜしめた家康――老獪にして古狸とまでいはれた家康さへ遂に手の内にまるめこまれた。家康すら然り況や他の諸将に於ておやである。九州を征した秀吉は島津の一猛将を召した。彼はひそかに秀吉を害せんとして到つたが秀吉から手づから薙刀を与へらるゝや、その広量に肝を奪はれ、遂に手を下す能はなかつた。天空海闊とは彼の如きを云ふのであらう。

彼は単に誠を外交の道具としたのではなく直誠実の人であつた。その皇室を尊崇する態度はその赤誠のあらはれであつて、決して家康のそれのごとき仮面的のものではなかつた。

彼は豪傑であり、英雄であつたけれど反面非常に情の細やかな人だつた。その母を慕ひ妻子を愛するの情は実に美はしかつた。母大政所が病むや彼は全国の社寺に祈願をこめた。その願文中に「猶以て命の儀三箇年然らずば二年気に〳〵ならずば三十日にても延命に候様に頼み思召候」とあつた。五十にして親をしたふを孝子と孟子はいつた。彼は六十垂々として尚かうであつた。誠に孝の至りといはねばならぬ。

彼は子運に不幸であつた。されば彼が子を愛するの情の厚かつたのは当然であるが、嘗て朝鮮の使を引見した時彼は鶴松をいだいて朝鮮人をみせた。その時の使節の物語に「秀吉容貌矮陋面色黍黒無異表。但微覚目光閃々射人…《ママ》―有頃秀吉忽起入内。在席者不動。俄而有人。便服抱小児従内出徘徊堂中。視之乃秀吉也。席中俯伏而已。……小児遺溺衣上。秀吉笑呼侍者一女倭応声走出。授其児更他衣」とあるが秀吉は実にこのやうな人物であつた。その鶴松が死ぬや彼は悲しみの余り髻を切つた。次子秀頼が生れた時どんなに喜んだであらう。彼が死に臨むやその頭には唯秀頼のことあるのみであつた。其遺命はほとんど愛子の保障の事項によつて占められていた。

秀吉は失望といふ事を知らなかつた。彼自ら云つた如く「戦則無不勝攻則無不取」であつた。されば彼の理想は輪に輪をかいて大きくなり、半ば夢のやうな明国征服をやるとまでなつた。けれど彼はすでに老いてゐた。彼は信長の如く理智の権化でもなく、どこ迄も人間であつた故彼は老ゆるに従つてその箍がゆるんできた。彼はそのために往々理性を失ふ様になつた。或は妄想的な外征をなし、或は無用の土木を起して民をつかれしめた。愛子の為には肉親の秀次を殺しその子女を虐殺した。彼は光明から暗黒に起つた。悶々として老年生活を送つた彼は、其の臨終に於いて英雄と雖運命の前には大海の中の一泡に過ぎざることを悟りつゝ死んで行つた。その死は他の英雄にはみられない悲壮と深甚な情緒とがあつた。

老後の彼の行動には多々感心出来ぬ事があるけれど、彼の光栄ある壮歳期の歴史はその暗黒面を償うて猶余りある。さればこそ彼は数百年を経た今日尚人士に愛され豊太閤の名を誰知らぬ者のないやうなさまである。恐らく「太閤」の名はその偉大なる事業と秀でた人格と波瀾に富んだ一生と与に永遠に人々に愛され、且大なる教訓をあたへることであらう。

同『会報』第一六号一六―一七頁。一九二九年四月三〇日発行。

〔史料5〕昭和四年度校友会役員

芸術
三年A　家永　三郎

同『会報』第一七号一八面。一九二九年六月三十日発行。

〔史料6〕巨星堕つるの夜

三年　家　永　三　郎

湖畔気冷き秋十月比叡山風京街をかすめて窓扉を叩き湖上水動いて月影ゆらぐ。天空遥に仰ぐ九曜の光よ。知るや病雄臨終の悶えを

×　×　×　×

我すでに改新の大業を終へたり。多年の望すでに達しぬ。思ひ起せば二十五年の昔、身は唯一介の斎宮に過ぎざりき。我が祖は五部神の随一にましましてすめみま天降り給ふ時は申すも愚爾後一千年時代々すめらみことに仕へて重くありつるに我代に到りてかの大臣らが下に地位卑しうして過すは何たる無念ぞや。嗚呼憎くきは大臣父子なり。我が無道何ぞかくも甚しき。おのが塋を陵と呼ぶさへ畏きに近時にいたりては館を御門と呼び子をみことと称ふるとかや。あまつさへ聖太子のみあとを故なくして失ひ奉る。嗚呼我男の子と生れていかで之を黙過すべき。我氏の為にも赤帝の御為にもいかでか亡さでおくべき。かく覚悟はしつれども彼らはみかどの寵深く絶大の権力をにぎるものなり。我が微々たる一身のみにて到底なしとげ得べくもあらず。さらば我と力を合せんとする者を求むるに朝臣みな骨なき輩のみ。唯先帝の皇子大兄のみこをおいて他になし。かく思ひ過すうちに遂にかの法興寺のつどひにてみこに近づき奉るを得たりき。当時の我が喜び如何ばかりにてやありけん。思ひ起すだに愉快なり。

そののち多武峰上藤花絢爛たる下遥なる大和の青き国原をよそに大臣家うちほろぼすことを二人にて謀りしかの頃のさま。今も我目前に彷彿たり。

当時帝は若く在しき。我も亦若かりき。二人の意気は火の如く燃えぬ。

かくして乙巳の夏のこと、はなれり。大臣一家こゝに亡び我望全く達しぬ。千年来の陋習破ること亦叶ひぬ。爾来凡そ二十年我は帝をたすけてひたすら改革の後を固めんことにのみ一意専心尽し来れり。而して今老いたり。病みたり。余命幾程もなけん。

されど我宿望なべて達しぬ。改新のこと全く成れり。己が栄光は分を過ぎぬ。位は人臣を極め剰へ鳳駕忝くも病床に臨み給へり。この上何をか望むべき。

しかれども天よ。許されなば今暫く我が寿命を延し給へ。未練なれども尚新政の基固めたきなり。命惜しんでのことにあらず。

いや申すもおろかなる繰言なりき。されども我今如何にしてか安らけくこの世を去り得べき。耳すましあれあの声を聞け。一児の口ずさむ童謡を。目を見ひらきあれあの壁を。書きちらしたる童謡を見よ。かゝるものにまで早新政の不平あらはれたり。諸郷の豪族みな新政をよろこばず。天下は静謐に見ゆれども近つ淡海の浪荒れんも近かるべし。加ふるに今上と大海人の御仲は、雲出でて嵐吹くも近かるべし。

我今いかで死《う》せ果つべき。而れども天命のみ。もはや云はず。天よ我秋津洲を安らけく護り給へ。にほどりの近江のうみの浪静かなれかし。あゝ精尽きぬ。今宵ぞ最期と覚えたる。戸外に颯々として吹く山嵐よ。こひ願はくは我魂を遠く黄泉の下へと吹き送れ。

×　×　×

浮雲忽然月影を掩ひ寂然たる地上更に暗然たり。唯聞く歔欷の声かすかに窓内より洩るゝを。

嗚呼是巨星遠く天涯に去るの時。

同『会報』第一八号六面。一九二九年六月三〇日発行。

〔史料7〕函嶺賦

三年　家永三郎

夏のあしたの峠路を／千草の露をふみわけて／歩む一人の旅人の／淋しき姿影長く／麓の山にかゝるなり

山は緑に草青く／海は遥に光りつゝ／眺めはいとゞまされども／昔の事を思ひ出で／空も涙にくもりけり

この山越えは何時の日か／又ふるさとを見るべきと／朝餉の煙のぞみ見て／別れを惜しみ歎きにし／兄弟の涙今いづこ

彼方に遠き曽我の里／あれぞ二人の故郷よと／ふりかへり見て旅人は／山鳥や鳴く峠路に／熱き涙をそゝぎけり

あゝ祐成や時政や／名は千載に薫れども／浮世はうつり年をへて／今は空しき石のみぞ／とゞめて人は跡もなし

同『会報』第一九号一八頁、一九二九年一〇月三〇日発行。

〔史料8〕鎌倉回顧

三年　家永三郎

一

大倉山の秋深く／月は落葉をてらすなり／永久《とは》に眠れる英雄の／夢呼びさます風の声

草木の露をはらはせて／行けば関なきその人も／今は苔むす石にこそ／なつて空しき姿なれ

月は昔にかはらねど／外界は廻る走馬灯／つるぎに立てし功業《いさをし》も／唯一時の夢なれや

六十余州を靡かせし／威名は高き富士川の／淵瀬の如くひゞけども／昔の人よ今いづこ

二

昔はくらき土窟《つちあな》に／月影高くてらすとも／深く刻めるみ恨みは／消えや果つべき方もなし
華軒香車を出でぬ身の／昼は野に臥し山にいね／夜は霜をふみ草分けし／難苦の思ひ幾程ぞ
露わけわぶる熊野路の／夕を送る鐘の音に／心をくだき涙しつ／君につくせる甲斐あらで
峯の松風音高く／昔のなげき語るとき／杖をとゞむる旅人は／／《ママ》涙注がぬ者ぞなき

三

しづのおだまきくりかへし／昔を慕ひ舞ふ人の／心は遠くみちのくへ／落つる人にし通ふらむ
春は再びめぐり来て／他人《ひと》は花にや遊ぶとも／とらはれの身に如何でかは／心の春の来るべき
吉野の山の雪わけて／峯に入りにし英雄《ますらを》の／難苦の旅を忍びては／舞ひつゝしほる袂かな
今鎌倉を訪《おとな》ひて／鶴岡にぞ来てみれば／秋霧こもる社殿《みあらか》に／昔の人の声すなり

四

四海の内を手にぎりて／漏るゝことなき勢も／大中黒の旗風に／吹き破らるゝ夕あらし
霓裳羽衣か田楽か／うたげの調べ止む日なき／大樹の下も今ははや／修羅の巷となりにけり
紅蓮の舌に包まるゝ／鎌倉の府を望みつゝ／九代の栄華空しくて／腹切る人の胸如何に
盛衰流転幾百年／昔の恨み消えやらで／梢を鳴らし枝を吹く／葛西ヶ谷の秋の風

同『会報』第二〇号一二―一三頁。一九三〇年一月一日発行。

〔史料9〕○第六回学芸会記事

十一月十二日（火曜日）午前十一時より弁論部、英語部主催し下に開催された。二階には多数父兄も見えて盛況であつた。当日のプログラムは

（中略）

六、落花の雪（国語暗唱）　三年　家永三郎

（下略）

同『会報』第二〇号一九頁。一九三〇年一月一日発行。

〔史料10〕人類の起原と其の発達

三年　家永三郎

生命の歴史は悠久である。何百万年か量り知れない昔水中を浮遊してゐた鞭毛虫こそ我々人類の最も遠い祖先であつた。それらの原子動物は次第に進化して脊椎動物となり魚類となり爬虫類となつて遂に陸に上つた。この爬虫類に属する獣形類からやがて、哺乳類を生じたのである。哺乳類は太古代から中古代に入つて幾つかの枝に別れたがその中のある枝は更に分れて人猿系と肉食系となつた。人猿系からは翼手類、皮翼類等が派生したがその本幹は新生代末に到り人類となるに到つた。然し人類の起原が何であるかそれは今尚不明である。唯ゴリラなどの類人猿がその祖先ではなく共同祖先から発した従兄弟の関係である事は今日学者の均しく云ふ処である。恐らくその祖先なるものは矮少でゴリラ等と異り主として地上に棲み樹間よりも寧ろ岩間などに住んでゐた動物であつたらうと思惟されてゐる。その痕跡の無いのは定めし水に遠く生活してゐた為水中に墜ちて化石となる機会の乏しかつた

故ではあるまいか。それはさて人類の最古の遺跡と思しきものはEolith（曙の石器）と呼ばれる石片であつて多分第一氷河期の以前即ち凡五六十万年前の物であらうといはれる。次はジヤバに於て発見せられた直立猿人の遺骨で四五万年前に生活してゐたものらしい。更に第二氷河期になつてハイデルベルグ古人と呼ぶ物が出でた。而しこの両者は未だ人類には到達せぬ猿人の部であつた。第三氷河期になると猿人と人類との中間に当る曙人が現はれたが人類と称するに足る物は先づネアンデルタール人を以て最初とすべきであらう、この種は今日の人類と同一種ではないがHomoといふ同一属に属するもので凡五万年許前に洞穴中などに住んでゐたものであつた。我々の直系の祖ではないが之と平行の種であつてハイデルベルグ人から統をひいてゐるといふ。彼等はもはや猿の如き生活からは脱却してゐて石器も用ひたし火も使つた。一家族は一団となつて生活し一人の長老が之を率ゐた。末期には明に埋葬もしたのである。タブー（禁忌）やトーテム（崇拝対象）の観念もこの頃から養成されたらしくそれが宗教の源となつたのである。

今一つロデシア人の骨なる物がある。明にネアンデルタールとは異り余程真人に近づいてゐる。

然し乍ら我々と同じ真人の出現したのはそれよりも二万年程後のことでそれは二種あつた。一はクロマニヨン人であり一はグリマルデイ人である。彼等の出でた時ネアンデルタール人は絶滅に瀕してゐた。それ故彼等はその洞窟をそのまゝ己が住家とした。而もこの両人種間に混血の生じなかつたのを見ればネアン人は非常に獰猛か醜悪だつたに相違なかつた。学者の想像によればクロ人が頭脳大きく全く今の人間の相と異ならないに反し彼等は毛深く額低く眉の突き出て猿頸の醜い姿であつたといふ。クログリの二人種は奇妙な事に非常に絵の巧な人々であつた。今も仏国や西班牙の洞窟に彼等の描いた牛や馴鹿やマンモスの極彩色の壁画が残つてゐる。ネアンデルタールとクロマニヨンの両時代を古石器時代といふ。

新石器時代に入ると人々はもう野獣や果実のみで腹を充たしてはゐられなかつた。彼等は農耕を覚えた。馬と犬は家畜として飼はれること、なつた。その末期になると人々は当時盆地であつた地中海附近の湖水の上などに家屋を築いて住むやうになつた。牛乳も取つたし穀物は無論食べた。楽器や唱歌もこの頃から起つたものであらう。

たゞ地中海盆地に大西洋の水が侵入して之を内海に化した悲劇（これがノアの洪水の伝説となつたと或考古学者はいふ）があつた外極めて平和に新石器時代はすぎた。この数万年に亘る間に人類は少くも四つの品種に分れた一は高加索人種一は蒙古人種一は亜弗利加人種一は濠洲人種であつた。その内の蒙古人種は嘗て存在し

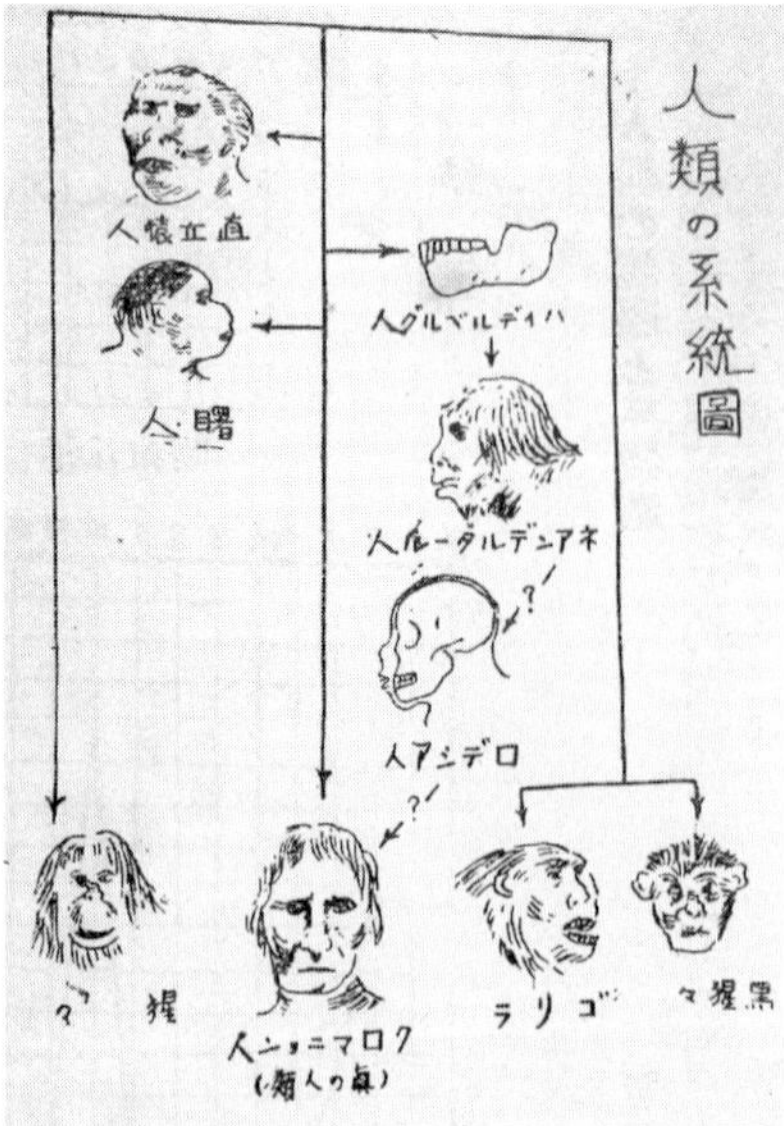

た印度アフリカの地から中央アジアの高原に渡りこゝで二分して一はアメリカ大陸へ渡り一は後印度や蒙古やシベリアに流れこんだ。その内のある者が風光明媚な而も天産に富む日本列島を発見し宗谷海峡や津《ママ》島海峡を越えて移住し石器時代を始めた頃多分欧州では早金属時代が始まつてゐたであらう。それ迄日本は無人島であつた。

新石器時代についで銅器時代次に青銅器時代がきた。按ずる処四五千年前のことで三大陸の接合点がその中心であつた。かくて金属時代は始つた。金属時代の暁は同時に文書歴史の黎明であつてバビロンやエヂプトでは文化の華がほころびてゐた。やがて鉄器時代が始り現代に及んでゐる。

その昔茫々たる林野の中をかけ廻り石や棒を投じては獣を遂つてゐた鼻の低いせむしの毛むくぢやらな動物がどうして今日この世界を我物顔する人類とならうと想像し得たらう。思へば過去数千年に於ける人類の発達こそ驚異すべきものではあつた。

同『会報』第二二号二一―二二頁。一九三〇年三月二〇日発行。

〔史料11〕嗚呼楠正成

四年　家　永　三　郎

一

春は生駒の峯の上／残んの雪を吹き下す／風猶寒き暁に／見渡す限り集ひしは／雲か霞かはた敵か
八十万の大軍の／打囲みたるこの城に／こもるは千に足らねども／心は堅きくろがねの／我持つ楯のその如し
上に諸葛の智謀あり／下に関羽の猛きあり／天下の兵を集むとも／金剛仙の亡びずば／などて落ちなん千早城

二

正成あらば聖雲の／開きぬべしと誓ひたる／その言の葉の甲斐ありて／菊花再度栄えしが／又もや暗き空の色
筑紫の海の高鳴りて／瀬戸の浜辺に寄する浪／防げど命は承けたれど／疲れはてにし官軍に／勝つゞきすべもなかりけり
君の御為にはかりたる／手だても喑き宮人に／斥けられて終りしが／誰恨むべき人々よ／いざや下らん津の国へ

三

赤坂山の挙兵より／従ひ来にしつわものも／今は僅に七百騎／衆寡固より敵せねば／残れる道は唯一つ
我亡き後を思ほへば／憂はくらき五月闇／天日光曇るとも／せめて我子をとゞめおき／護らせまつらむすめみこと
別れはつらき桜井の／駅の辺りに佇みて／振りかへり行く正行の／後姿を望みては／父の思や如何なりし

四

秋は兵庫の汀ばた／千鳥の声も悲しくて／ます／＼冴ゆる下の月／こも今生の見納めに／明日こそいよ／＼死なむ日ぞ
笠置の山に詣でゆき／灯くらき行在に／あつき御詔を受けてより／君にさゝげし此身なり／棄つる命は惜しまねど
千草にすだく虫の声／更けていよ／＼繁ければ／国を憂ふるもの、ふの／短き夢も結び得で／思は千々に乱るめり

五

射向の袖に立ちし矢は／秋の芒の穂の如く／疲れし眼ふり放けて／見れば何処も敵兵の／旗ひるがへる湊川
菊水の旗行くところ／敵靡きしは昔にて／今は窮る我が武運／いざや人々諸共に／死出の旅路の門出せむ
相刺す太刀に忠臣は／返らぬ鬼となりしかど／名は薫しき菊水の／清き流れの尽きぬごと／朽つる時こそなかるらめ

六

頃元弘の始めより／高紐ぞ解く暇もなく／はげみし月日幾程ぞ／君のつとめを除きては／建武の功もなからまし
中興の業成りしかど／誰かは知らむ一の功／僅かに賜ふ判官の／低き位に安んじて／心は澄める秋の空
身を休むべき暇なく／再び戎馬いなゝきて／再び佩きぬ太刀と弓／臨終の時に到るまで／王事思はぬ時ぞなき

七

あゝ尫弱の身を以て／西に東にかけめぐる／君の心を誰か知る／二顔の忠も物ならじ／鬼神も泣かむその操
英霊遠く去りてより／悠々こゝに五百歳／湊河の流かはりはて／桜井の松枯るれども／うつらぬは唯誠のみ
見よや河内の野の彼方／空に聳ゆる金剛の／高きは君の心かな／雲漂へるほとりにぞ／忠魂とはに宿るらむ

同『会報』第一三号五九―六二頁（奥付欠）

〈史料12〉昭和五年度校友会役員

芸術部
四年　家永　三郎（他略。同学年ではほか三名）

前掲『会報』同号七七頁（奥付欠）

〈史料13〉早　春　賦（訳詩）

四　年　家　永　三　郎

原作は湖畔詩人として名高い William Wordsworth の詩です。出来るだけ直訳を努めたもの、やむなく手を加えた箇所もあります。

Written In March

I

The cock is crowing,
The stream is flowing,
The small birds twitter,
The lake doth glitter
The green field sleeps in the sun;
The oldest and youngest
Are at work with the strongest;
The cattle are grazing,
Their heads never raizing;
There are forty feeding like one!

II

Like an army defeated
The snow hath retreated,
And now doth fare ill
On the top of the bare hill;
The ploughboy is whooping-anon:
There's joy in the mountains;
There's life in the fountains;
Small clouds are sailing,
Blue sky prevailing;
The rain is over and gone!

鶏の八声ものどやかに／流れの音にひゞくなり／小鳥は木々にさへづれば／陽はうらゝかに草青に／湖光る春の原
老も若きももろともに／鋤うちふれる野のほとり／頭《こうべ》を垂れて声もなく／若草はめる群牛の／かしらは集ふ一の如
敗軍の兵さながらに／残んの雪は冬枯し／岡のほとりに消えゆきぬ／牛追ひ畑を耕せる／童の声に春は来つ

喜みちし春の山／生命《いのち》あふる、泉には／漂ふ雲の姿あり／青空広く気霽れて／雨色今ぞ影もなき

前掲『会報』第二四号五〇―五一頁（奥付欠）

〔史料14〕自己をみつめて

四年　家永三郎

真暗な部屋の中に私は一人でゐるのだ。

真暗で真暗で鼻がつかへさうである。手さぐりで歩いた。ふと冷りとしたものに触つて思はず手を引こめる。ピカリそれが光つた。始めて鏡であることを知つた。燭台が傍に置いてある。マツチもある。私は火をつけようとしてためらつた。自分の顔が此闇の中に浮び出るのを恐れたのである。けれど私は自分の卑怯な心を叱つた。決然とマツチをすつた。ボツと明るくなつてマザマザと鏡にうつる自分の顔。そむけやうとする目を無理に鏡に向けてみつめた己の顔それはザツと次のやうなものである。

×

時々何だか自分を山陽やテニソンや乃至は樗牛なぞに比べてみたくなる。しかし次の瞬間何の取得もない悲惨な人間だといふ考にみるみる胸がふさがつてしまふ。私の先の考が、単なる自惚であつたか。やはり私は世界一の大馬鹿者であつたか。どちらか自分でわからなくなつた。無論人にきいても判ることではない。

×

私は意思が弱いと思ふ。意思で己を征服することが出来てゐたらもう少し人間らしい人間になつてゐたらうにと思ふ。私は先づ意思を強固にせねばならぬ。私はこれを度々痛感した。しかし感じるだけでどうにもできぬには我ながら愛憎《ママ》がつきる。

私は気が弱い。その為に積極的なことができぬ。教室でも少し自信がないと知つてゐてもどうしても手があげられない。こんな事もあつた。或朝私が電車にのつた時私が入るや否や扉がすべつて独りでにしまつた。その時運が悪いことには私がハンドルへ手をかけたのと一人の男が指をはさまれたのが同時だつたのだ。私はドアの罪を背負つて謝つてしまつた。後から考へると全く馬鹿々しい。けれど私は気の弱い為に衆人環視の中に事情を弁解する勇気がなかつたのである。けれどもその方がかへつてよかつたのではないか。と思ふこともある。

×

私は人を強く愛することができない。と同時に徹底的に憎むことができない。やはり気が弱いからだ。私は人を愛する為に先づ人をあく迄憎むやうになりたい。

×

私は人に頭を下げることが嫌ひだ。だから小学校の頃から級を牛耳つてゐた勢力ある友といつも反対側に立つてゐた。どれだけその為に苦しい思ひをしたかしれぬ。が私はそれが正しかつたと思ふ。こゝいらは長所に属するかもしれぬが正当に頭を下ぐべき時例へばお礼をいふのさへ口が重いに到つては短所の中の短所だ。私が商売を始めたら二日目から誰も買ひに来なくなるだらう。

×

人は私を幸福だといふ。私は自分程不幸な者はゐないやうな気がする。私はみたされぬ心をいだいて零す。しかしその苦情は結局自分より外に持つてゆきどころが無いやうだ。

×

私はよく夢を見る。といつても空想家といふ意味ではない。ほんとうに夢を見るのである。夜と夢とは私にとつて引はなすことができぬ。時には私の生活の主部が起きてゐる時にあるのか寝てゐる時にあるのか見当のつかぬこともある。その為に私は性来の

小心者なのにもかゝはらず頗る楽天家となつた。現実が夢で夢が現実だと思へば、どんなに悲しくても涙は出ぬ。涙はこぼれないがそのかはり私の詩が生れる。

×

私はこれ以上鏡をみつめることはできぬ。ばかに鏡の面が朦朧としてきた。何だかあの朦朧の中から急に醜い癩病やみに化つた自分の顔が現はれてきさうに思はれてならない。さう思ふと一刻も鏡に向つて居られぬ。フツと火を消した。と同時に又元の闇に帰つた。

同『会報』第二五号（昭和五年度第三号）五〇―五二頁（奥付欠）。

〔史料15〕真夏の夢

四年　家永三郎

緑も闇き木《こ》の陰や／蟬いつしかに鳴き絶えて／薫る青葉を吹く風
に／思はず沈む夢の淵
山も流も下に見る／白き翼《つばさ》をさしのべて／大空遠くかけりゆく／
我は天馬《てんま》となりにけり
げに心地よき羽音《はおと》かな／林はうつり野は走る／かはる下界《げかい》をよそ
に見て／行くや万里の空の旅
眼《まなこ》を遥かめぐらせば／我棲《す》む里は今遠き／夕紅《ゆうくれない》の雲の下／紫な
びく野のあなた
千古の雪を頂ける／高く仰ぎしかの山も／聳《そばだ》ち立てるこの峯も／
翼の下にひれふして
浜辺に立ちて眺むれば／眼《まなこ》をみたすわだつみの／げに限無き浪だ
にも／蹄《ひづめ》の下《もと》に見下《みおろ》して
金鈴鳴らす風の声／薫香こむる夕がすみ／七色《なないろ》染むる虹の橋／自
然のたくみ尽しつゝ

俄に立てる雲の峰／夕空嵐吹きぬれば／銀のつばさも衰へて／天
馬は海に沈みけり
理想《のぞみ》は空の星にして／手折《たお》らん花に非ざりき／されば桃吹く山里
を／訪ひし人だになきものを

同『会報』同号五五頁。

『一歴史学者の歩み』岩波現代文庫版五五―五八頁。ただしふりがなは『一歴史学者の歩み』に従った。

〔史料16〕月光の歌

四年　家永三郎

夕空高き片雲の／帳《とばり》をわけてさし出づる／光は海に輝きて／浪も
ろともにくだけ散る
尊き法《のり》に云ひつらん／この光をば真如ぞと／詩人よ彼は歌ふらん
／たくみの花の光よと
春は眠れる白妙《しろたえ》を／織りなす林てらしては／花を霞とあざむきて
／薫によへるこの光
夏は怒れる大洋《おおうみ》の／磯をくまなくてらしては／夢の境と思はせて
／松と語らふこの光
秋は錦の谷川に／やさしき光映《うつ》しては／小船あやつりゆく人の／
棹をとゞむるこの光
君が光のさす処／思悲しきおばしまに／旅路の夫《つま》をしたひては／
なげく人もやありぬらん
君が姿のてるところ／胸にあふるゝ悲しみを／吹きゆく笛の音《ね》に
こめて／さ迷ふ人もありぬらん
あゝ幾千の世の人の／歎きを君はうけしかな／あゝ幾万の歌人《うたびと》の
／叫びを君は聞けるかな
謫所《たくしょ》淋しき秋の夜／み衣《ころも》胸にいだきつゝ／涙注ぎしかの人の／心

も君やてらしたる
思へば遠きいにしへに／己が運命《さだめ》を誇りては／君の姿に比べてし／大臣《おとど》の夢も今いづこ
無窮を人は望めども／まこと寿《いのち》は限りあり／眺むる人はかはれども／君が姿はとこしへに
げに麗はしき乙女子の／姿も如何で永久《とわ》ならむ／紅《くれない》ほこる野の花の／その色とてもいつまでか
この世に人は多けれど／声なき浜にたゞひとり／君を仰ぎて泣く我の／涙を知れる人もなし
あゝ天地《あめつち》に唯ひとつ／我をばてらすこの光／浮世の花は咲かずとも／たゞ君のみを眺むれば

同『会報』同号六〇―六二頁。
『一歴史学者の歩み』岩波現代文庫版五五―五八頁。
ただしふりがなは『一歴史学者の歩み』に従った。

〈史料17〉杖の跡

第四学年生

（中略）
◇国分寺遺跡
青丹よし奈良の盛は夢にして夏草のみぞひとり繁れる　家永
（下略）

同『会報』同号六五頁。

〈史料18〉絵画展覧会に当たつて

芸術部の最大行事である絵画展覧会がいよいよ開かれたが之の感想と併せて私の芸術部に対する希望の一端をも述べさして頂くこと、する。

今回の展覧会は量に於ては可成多数に上つたが質に於ては必ずしも前回より優れてゐるとはいへない。無論中には我々をして非常に心強く覚えさせる程の傑作もある。一々挙げなくても諸君が作品を実際に見られゝば判ると思ふ。私はこれだけ力ある人の一層の向上を望むと共に一般諸君特に上級生の奮起せられることを望んでやまない。今度といはず展覧会が常に下級生の独舞台の如き趣あるのは真に残念なことである。一二年の頃鬼才をうたはれた人が三四年になつて急に影を潜めてしまふのも私の見聞する処だ。其理由は趣味に関することもあらう。けれど最も大なものは時間の不足にある。上級生は正課でさへ手に余るのである。私はこの方面に天分ある人が決して少いとは思はぬ。それらの人に萌した貴い芽生も色々の事情の為に刈り取られねばならぬとは実に悲しいではないか。古は源義家の如く将た梶原景季の如く敵を咫尺に控へて猶風流を忘れぬ人もあつた。多少でもこの方面に興味を抱く人は僅の暇にでも天分を枯らさぬだけの事はして頂きたい。それがやがて品位あり雅致あり深みある人格を作ることゝなるであらうから。又私如き者が云ふ資格は無いけれど出品する以上は是非大作――といつても決して画面の大さなどをいふのではない。努力作所謂ベストをつくしたもの――を出してほしい。我々学生としては技術の巧拙よりも努力のほうに重点を置くべきだと思はれる。芸術に精進する努力。其は決して侮るべきではない。運筆三昧の境、筆持つ手ににじむ汗は母校の為奮闘する選手の額の汗と尊さに於て少しも劣るものではない。然るに後者の功が赫々たるに比して前者の労は殆ど察せられることがない。それでは余り張合が無いではないか。之が当部をして沈滞せしむる原因なることを私は深く恐れるのである。作者の立場からいへば望むべきではないが鑑賞者としては其努力に対する報は当然与へねばなるまい。即ち芸術部賞とでもいふべきもの、必要を私は夙に感じてゐる次第である。猶之は私一個人の考にすぎぬが当部が苟も芸術の名を冠する限り其一少部門たる絵画のみに留らずせめて修辞芸術までゞも進出することを望む旨最後に附加へておく。

（委員　家永三郎）

同『会報』第二六号（昭和五年度第四号）七八―七九頁（奥付欠）。

〔史料19〕尋常科高等科の入学者氏名

激烈な入学試験を経て九日、廿五日に発表

既報《きほう》の如く本校入学試験《しけん》は尋常科《くわ》は三月五、六、七の三日間、高等科《とうくわ》は三月十七日から四日間にわたつて施《し》行された。かくて厳重な詮衡を経てそれ〳〵九日、二十五日に発《はつ》表された。尋常科《くわ》は受《じゆ》験《けん》者（実数）六六一名の中から昨年同様八〇名を、高等科《とうくわ》は受験《じゆけん》者（実数）四八一名の中八三名を入学せしめた。入学者氏名次の如し。

高等科（百五十六名）

文科（七十八名）

◇甲類（四十名）

（中略）家永三郎（市立一）（下略）

『東高時報』第五二号二面、一九三一年四月七日付。

〔史料20〕関ヶ原の露と消えた義人大谷義隆

家　永　三　郎

関ヶ原役は実に日本史上稀にみる驚天動地の活劇であつた。而してこの舞台に立つて大役を務め観客をして喝采せしめた役者は少くない。

この一大ドラマの脚色者たる三成やその向ふに廻つた家康を始め世人の口に上るものを挙げれば実に多数に上る。彼等のあるものは賞讃せられ或ものは非毀せられた。然し世評は概して敗者たる西軍に無情で就中三成の如きは哀むべし。世のあらゆる譏謗を一身に浴びて奸佞邪智の標本の如くされて了つた。けれどもこれらの評は単に結果から観て云々するのみで一度当時の天下の大勢を思ひ彼の心境を察すればむしろ一掬の涙なき能はぬ筈である。私は彼に深甚なる同情を寄せるものであるが然しここで述べ様とするのは彼のに就いてではなく彼の片腕となつて働いた大谷刑部義隆のことである。

〇

この戦の終結を通じ否国史を通じ、凡そ義において彼の右に出づる者が果して幾人あるであらうかと私は疑ふ。それ程関ヶ原戦役における吉継の進退は秀でてゐた。然し彼の真価はどれ程世人に知られてゐるか。清正とか且元とかそれ程の価値のない人物が、多くの人の同情と賞賛を克ち得てゐるに反し、この義人の事を知る人は甚だ少い。

〇

実に不幸なる漢といふべきではないか。彼は三成とは朝鮮役にて同じく軍監を勤めて以来、相離れぬ仲であ《ママ》あつたが同時に、家康よりも知遇を得てその関係《ママ》を極めて円満であつたのである。景勝反するや、彼は盲目の身を以つて家康に従ひ会津征伐に参加せんとしてゐた。然して将に東国に下らんとして江濃の境に入つた時、突如として三成に招聘せられ、こゝに家康打倒の計画を聞かされたのである。この時彼が如何なる態度を取り、如何に答へたかは知るに由ないけれど、慶長見聞集、落穂集等の古書に散見する記事はその真相を多少なりとも穿ち得たものと思ふ。

それ等に依れば彼の計画の当然失敗に帰する事は百も承知であ

つた。されば彼はこの挙が徒らに平地に波瀾を起して天下を家康に与ふに過ぎざるを極力説いて之を諫止したのであるが既に冷静を失つた三成は到底承認するべくもなかつた、さらばこれに従ひ挙兵に加はる可きか。敗軍！一家一身の破滅それは当然来るであらう。東せんか、家康は彼を快く迎へ莫大の恩賞を与るに違ひない。然し私の為に義を枉ぐるは彼の忍ぶ処ではなかつた。況や三成との友情の離れ難き有るをや、こゝにおいてか彼は己を犠牲とするも友情のため将た知己に報いん為決然として西軍に与せんと決心したのである。その後は病廃不具の身を顧り見ず人材寥々たる西軍の大立者となつて粉骨砕身したのであつた。然し会戦の当日僅か六百の寡兵を以て藤堂京極織田小早川脇坂等数万の大軍を引受けて必死の奮闘を続け屢々敵を辟易せしめたが、遂に衆寡敵せず全軍尽く関ヶ原原頭の露と化したのである。

○

　彼の行動とは唯これだけに過ぎぬ。しかし当時の世相と比較するとき彼の去就が如何に美はしかつたかゞ知られるであらう。戦国を去る遠からぬ慶長の世下寇上の風未だ去らず道義は全く地に墜ちてゐた。関原役に直面せる大小名は或ひは東し或ひは西したがそはいずれも己の一身の安全と利益とを考慮して決したるに外ならなかつた。主家なる豊家のことなどは顧みるものなく、父子兄弟さへ相戦つたのであるから況や友人も慮るものは皆無であつた。清正や正則の如き人物すらその類であるから他の碌々の輩に至つては推して知るべきのみ。この時にあつて吉隆《ママ》唯一人真に男子の面目を発揮してその本領をあらはした。

　彼が三成に与したるは無論獅子の分前にあづからん為でもなければ一身の為でもない。否西軍に投ずるは寧ろ身の破滅を意味した。しかしながら一身の浮沈何者ぞ、彼の胸中には成敗もなければ利害もなし唯燃ゆるが如き友情と感激があったのみである。この感激と情熱の胸に奔る処如何なればみすみす危地に陥る友をうちすてられよう。かくて決然と西軍に加はるべく決したその心中には唯崇高なる犠牲的精神の外何者もなかつたのである。

　不幸にして彼の予想違はず西軍、敗地に塗れ己も身を軍馬の巷に捨てねばならなかつたが恐らく彼が唯知己の為に聊かの力を尽したるを以て満足の裡に斃れたことは疑を容れぬ。若し死に臨み何等か憂ありとせばその親友三成のみであつたに違ひない。

○

　すでに吉継逝いて茲に三百歳勝敗栄枯も今はすべて過ぎし夢となつた。曾て彼の熱血注がれた青野原も今は茫々たる草のみ淋しく生ひ茂つて昔のことを知るよすがもない。

　然し月冷に風蕭々の夜松尾山下に眠る吉継の魂はうつりゆく世を眺め紛々たる軽薄極りなき友情を見て今ひそかに歎いてゐるのではなからうか。己れの世に知られざるは彼の意に介せざる処として己後人として私はそれを看過するに忍びない。敢て不才をかへりみず枯骨のために拙き一文を草した次第である。

　『東高時報』第五四号四面、一九三一年五月七日付。

〔史料21〕古典必読論

家永三郎

こゝに述べんとすることは主として一般の我々に関していふのであつて将来斯道専門の道に進まんとする人々には全く必要のないことである。この文を読まれる方は是非そのことを心得て頂きたい。

（一）

　私は諸吾《ママ》に古典を読むことをお勧するのである。凡そ人類は其の成立より今日まで一貫した生命を持つてゐるのであつて今日我々の所有する肉体といひ精神といひ思想といひ文明といひ尽く祖先の其等の延長に外ならない。其間時間と場所との間に隔絶があつても究極する処は我々の活動は其淵源を祖先に求めざるを得ないのである。我等の思想は決してかく偶然に生成したるものではなく或は先天的遺伝により或は後天的の知得により生じたるものであるが其のいづれよりしたるとを問はず実に祖先代々の思想が生長したるものであつて若し之を自己及び現代独特のものだなと《ママ》考へる人があればそれはとんでもない誤りといはねばならぬ。三ッ児の魂は百までとの諺の如く事実今日の我々の思想の中には祖先の思想に薄い時代の鍍金を塗つたに過ぎないものが多々見出されるのである。従つて古典を読むことは決して単なる好古癖の満足ではなくて実に吾人を知り現代を知る唯一の関鑰であり且現代思想界に健全なる発達を遂ぐべき最大の要素であるといつて差支へない。たとへ如何なる聡明の人も若しその人が古典の修養を欠けばその人格は浅薄たるを免れぬ。たとへフオイエルバッハやベルグソンを山と積んでも若し彼に古典の智識を欠くならばその人の所論は砂上の楼閣に過ぎないのである。又世には往々にして古典を骨董視し之を軽蔑せんとする傾向がある。しかし私は敢て彼等の認識不足を徹底的に責めることをはゞからない。前述の如く古典を知るこそ現代を知ることであつてこの意味において古典の中には吾人の血が躍動し魂があふれてゐるのである。

　むしろ流星の如く出没する現代の諸思想に比してどれ程意義深いか知れないのであつて是を納屋の古花瓶と同一視せんとするが如きは言語道断といはねばならぬ。

　我々は須らく古典を通じて吾人の本態を直視せねばならない。若し社会にして真に自己を知り古人にして真に己を理解するならば凡そ吾等を悩ます魑魅魍魎は尽く其姿を消してしまふであらう。古典研究は其究極において実にかゝる大使命を有するのである。

　しかしながら我々は我々の日常使用する言語より余りにも縁の遠い文章に包まれた古典をこの多忙なるスピード時代において読むことに多大の困難を覚えるのである。事実読まれざるべからざる古典が国民の間に容易に普及せられない原因の最大なるものはこゝに存在するのであるがこれに対し私はかく考へる。古典が学校の国漢文の教材に或は入学試験の材料等に供せられるがため我々は余りに訓詁的研究を習慣づけられ若しくは点を採る為の目標と考へることによつて古典に対し一種の嫌厭と恐怖とを感じてゐるのではあるまいかと。もとより訓詁研究は内容了解の基礎作業であつて必須の者には違ひないが我々が課外における修養として古典を読むに当つてはまた自ら別の態度があるべきである。我々が国文学者たらんとするのでない限り的確なる単語の意義の如きはむしろ問題ではないのであつて大体の内容を把握しさへすれば差支へないのである。中には平安朝式文章の如く難解そのものゝ如きものもあるがこれらは注釈を十分に活用して構はないと思ふ。その八犬伝の如き浩瀚なるものに至つては到底我等の読了し得る限りではなくかゝる書は興味ある部分だけを読み他は梗概書なり何なりによつて全体の一貫せる精神をつかんでおけばよい。かくの如き方法によれば古典の読了といへど決して困難なことではなくほがらかな気分を以て読んでゆくことができるのである。そのためには我々は先づ在来の習慣的恐怖症を速やかに除去し古典に対する態度を改めこれを親しみ易いものと考へることに努めねばならぬ。

　現に多くの古典はほとんど注釈が加へられ漢文のものは仮名交りに書き改められてゐるのみならず岩波や改造社あたりから廉価版が出版されてゐる今日言霊の幸ふ国に生れたる学生がこれ等を読まぬといふことは大なる恥辱といふべきだと思ふ。

（二）

次に我々は古典――無論日本のもののみを指す――の中如何なるものを読むべきかといふ問題にふれねばならぬが此選択といふことは非常に困難なことであり而もゆるがせには出来ないことである、一般に名前を知られてゐる程の代表的なものでも全部読みこなすことは先づ不可能といつてよくその代表的なもの、中から更に精選する必要がある。かくの如きは専門家の指導に俟つべきであるが私一個としては先づ記紀、万葉集、古今集、源氏物語、大鏡、平家物語、新古今集、徒然草、太平記、神皇正統記、謡曲、奥の細道、雨月物語、西鶴、近松、馬琴の作の中代表的なもの各一二――このくらゐを読めば時代的にも思想的にも過ぎない《ママ》やうであるが決して然らずその内容には古人の歴史観、人生観、社会観を尽く反映してゐるのであつて日本の思想及社会発達の梗概を知るに十分である。これらの書物は将来専門的な学問や職業に進んでしまつてからは到底読み得ないものであつて是非高校時代に読んで置くべきだと考へる。猶日本古典を読むに当つては之と並行に漢籍をも多少読む必要がある。それで思想もの、代表として四書、文学物として文章軌範、唐詩選、歴史物として十八史略、宗教物として法華経くらゐは少くも読んでおかねばならぬ。

(三)

要するに我々はのんびりした気持を以て古典を読めばよいのである。古典はつまらないだらうと思ふ人のために私は決してさうではないことを断言して置く。吾人は単に面白いから読めといふわけでは断じてないけれど興味が活動の源泉であることは当然であり、この点古典は我々の興味の対象として十分の魅惑性を有するものである。

以上が私の古典必読論とでもいふべきものだが私自身決して古典に特別の智識があるわけでも何でもなく唯之を読むべき必要を痛感してゐるものに過ぎないことを御諒承願ふ次第である。(完)

『東高時報』第七三号四面、一九三二年五月一〇日付。

〔史料22〕自然科学の越権

・・家永三郎・・

廿世紀の自然科学の隆盛はまことに前古比を見ざるものがあり今や世界を挙げて科学万能に陶酔してゐる。かくてこの偉大なる自然科学は人心を深く支配して恰も絶対のものなるかの如き観を呈し真理の唯一の保持者の如く人々は信じ始めたのである。然して自然科学者はこの余威に乗じ遂に自己の領域を出て敢然自然科学以外のギッセンシヤフトの征服を試みんとした。数年前発行された世界文化史体系の付録にある「綜合自然科学への幻想」なる一文はかゝる征服欲にかられた彼等の気持を最も赤裸々に発表したものである、しかしてこの企に対し奇怪にも共鳴者は哲学の陣営中より起り来つた、それはいふまでもなくマルクス哲学である、試みに改造九月号の「思想善導の哲学」なる一文を見よ、そこにマルクス哲学の正体は遺憾なく暴露されてゐる。該文の筆者はいふ唯物論は自然科学の認むる処であると、マルクス哲学を貫く根本精神は実に此の一語に尽きてゐるといつてよからう。

然し乍ら哲学は遂に自然科学の軍門に下るべきものだらうか、大森氏のいふ如く自然科学の奴隷としてのみ生存し得るものであらうか。吾人はかゝる陳腐なる問題を今更論議する必要はない。科学批判はすでにポアンカレ以来多くの先覚者によつてしば〳〵試みられたる処だからである、畢竟するに自然科学をしてかゝる越権を敢てせしめたるは世人がこの絢爛たる隆盛に魅せられて之に対する厳正なる批判を忘れたことに由る。批判は常に必要である。故に資本主義社会の批判をするのはよい。同時にそれが自然科学に対する批判を怠る何等の口実ともならぬ。

今一つの原因として吾人は現在日本の教育の偏重を数へねばならない。我々は中等教育に於て自然科学の余りに過大なる尊重を見る。此処では世界を原子や電子の集合とのみ考へることが唯一の見方であるかの如く教へておいて一方修身とかいふ名の下に一定思想の強制的注入が行はれ之に対して一言の批判だに許されないのである。批判力の欠亡、素朴唯物観、独裁的雰囲気。そこにはマルキシズムの発育すべき絶好の条件が揃つてゐることを所謂思想善導家は知らないのであらうか。しかし私は今其を問題にしない、唯吾人は自然科学者に対し厳に其越権を警告したいのである、自然科学の世界に於てはもとより其説に聴従せねばならぬ、しかし哲学の世界においてまで其に聴く必要は絶対にない。何となれば哲学も自然科学も各々の先験的予想によつて成立するものだからである、大森氏の如く自然科学の援兵を借りてくる哲学は哲学ではなくて自然科学の一部門に過ぎない、其は哲学の否定である、哲学の否定もよからう、然し哲学を否定して置いて自ら哲学と号するは何たる自己矛盾ぞや、吾人はかゝる浅薄なる形而上学を排するが故に敢て一部科学者の猛省を促す次第である。

『東高時報』第七九号二面、一九三二年九月二五日付。

〔史料23〕国家哲学の根本問題について

家永三郎

一、国家哲学の方法　純粋国家の形式的意義　国家哲学は国家の窮極的なる認識である。凡そ文化現象の窮極的なる認識は必ずや特殊科学の範囲を脱して哲学の領域に入り来る。何となれば科学とは偶然的なるものを蒐集して或は之を普遍化し或は之を記述するにとゞまるからである。事物の絶対的なる本質は偶然的なるもの丶総和ではない。科学による事物の概念によって事物の本質を明にすることは不可能である。ことに文化現象に於ては事物は事物であるとともに意味であり価値である。科学に於ては意味の具現としての偶然者を分析するにとゞまり意味それ自体は単なる予想にとゞまるの外はない。之が価値を批判し意味を求めることは哲学によってのみ始めて可能である。かゝる意義に於て国家哲学は経験科学としての国家学と相並んでその独自の対象を有することができるのである。

国家哲学はかくの如くして国家を本質的に認識しようとするのである。換言すればその偶然的なる事象を去ってその先験的なる概念に到達しようとするのである。この絶対的先験概念を私は純粋国家と呼ばうと思ふ。純粋とは経験を交へざること則ちアプリオリを意味するのであって純粋国家は国家の先験概念であり且亦理念であるといふことができる。或人々例へばシュタムラーの法理学の如きに於ては概念と理念とは唆別されてゐるけれども、絶対的なる本質に於ては概念と理念とは一に帰するのである。もとより偶然者を抽象せる経験科学的概念の如きを理念と同一視することはできないが本質的認識の領域に於ては概念は同時に理念となるのである。言換へれば国家とは何であるかてふ問題は結局国家は如何にあるべきかてふ問題に帰結する。この故に純粋国家は国家の先験概念であるとともに其文化価値を宿す処の理念であつて国家哲学も亦国家の本質学たるとともに其文化価値を批判し之に基く規範を求めるところの規範学乃至批判哲学文化哲学となる。国家哲学の根本問題が往々理想国の探求にあると考へられたのは全くその規範学としての一面を強調したことによるものであつた。しかしこゝに注意すべきは純粋国家は決して超越的実体的なるものとして幻想せられた理想国家ではないといふことである。純粋国家は文化価値としては当然所与に対して超越的であるけれども同時に当為として所与に内在するものであるから如何なる意味に於ても固定的なる実体となることはできぬ。純粋国家が現実の国家の理想として之を目的的に指導し得るは其が内在的規範となつて現実の国家を批判するが故である。かるが故に純粋国家は永遠に所与を規正すべきものであつて若し之に反して純粋国家を有限的努力によつて到達し得る実体的理念と考へるならば国家哲学はもはや厳密な学としての地位をすて丶一のユートピアニズムに堕するの外はない。理念のかくの如き性質は批判哲学の二元的方法がもたらす当然の論理的帰結であつてそれは最後に述べる処の内在性の問題に於ても重要なる意義をもつものである。

二、純粋国家の実質的意義　以上国家哲学の方法を明にするとともに其対象たる純粋国家の形式的意義を求めてきた。吾人は次でその実質的意義を明にせねばならぬ。すなはち純粋国家の本質を明にするとともに其文化価値としての普遍妥当性を求めねばならないのである。しかしてそれが為には先づ純粋国家の文化体系中に於ける位置を明にする必要がある。この位置を定めることによつて吾人は国家理念を明にし得るのみならず其普遍妥当性をも誘導することができるのである。

凡そ諸々の文化価値は其種類の如何を問はずすべて実践的である。実践的なることは価値自身のもつ本性であつてこ丶に改めて述べるまでもない。而してそれと同時に実践の対象も亦必ず文化価値であらねばならぬ。その直接之を目標とすると否とにかゝはらず其方向に於て文化価値を予想せざる実践は普遍妥当なる実践とすることはできない。この両者の関係は理想主義哲学に於ける基本的命題であつてあらゆる論理の出発点であると思ふ。今この関係を私は特に実践の公準と呼ぶことにする。これが普遍妥当的なる実践の唯一の形式であるがかゝる実践の主体となるものが人格である。経験的行動主体はこの公理に於ける実践の主体として文化価値に聯結せられることにより先験的妥当性を獲得して人格を帯びる。かくの如く実践の公準に従へる人格の相互職関が共同社会 Gemeinschaft の理念である。しかし乍ら共同社会に於ては各行動主体の相互聯関はたゞ関聯関係のみ意識せられて実践の公準に配列せられてゐることは意識せられない。しかして文化意識の発達とともに特殊の文化価値を対象とする行動の意識的相互関係が成立するときこれを目的社会 Gesellschaft の理念といふ。共同社会と目的社会とは人格の聯関形式の根本的なる二型である。前者は実践の公準に無意識的に則り、後者は其当為意識が自覚せられるとともに分化せるものである。しかるにこ丶に第三の聯関形式がある。これがすなはち純粋国家である。抑共同社会は単なる聯関関係としてのみ意識せられるが故に共同社会の成員は未だ人格としての自覚に達せざる経験的行動主体に過ぎない。それ故実践の公準は共同社会に於てはその理念たるべきものなるにもかゝはらず目的として考へられないのである。こ丶に行動の相互聯関をこの公準に規正しかゝる形式に於ける生活を可能とすべき保障が要請せられる。純粋国家とはかゝる規正に於ける保障形式をいふに外ならないのである。この形式により組織せられたる社会を国家といひその保障の作用を政治といふ。しかしてこれが歴史的内容を帯びてあらはれたものが所与国家である。

これによつて国家哲学の本質及びその哲学体系中に於ける地位も一層明瞭となつた。すなはち実践哲学は実践の公準を対象とするものであるが之は人格及社会の作用として実現せられるものであるからここに人格の作用を対象とする倫理学、社会の作用を対象とする社会哲学・国家哲学及法律哲学並びに実践理念の現実に於ける実現過程を対象とする歴史哲学が成立するのである。しかして実践は文化価値の生産者であると同時にそれ自身道徳価値として一の文化価値をなすものであるから換言すれば生産はただちに所産であるから、国家は実践形式たるとともに文化でありこの意味に於て国家哲学は文化哲学の一となるのである。

三、純粋国家の範疇　純粋国家とはかくの如くして実践の公理を直接保障の対象とする聯関形式であって、目的社会の如く個々の分化せる文化価値を対象とするものではないのである。経験科学に於て国家の目的は治安維持や経済統制等の如き具体的なるものかの如く考へられてゐるけれどもそれらはこの理念を実現すべき手段に過ぎず、理念そのものは決してかくの如き偶然者ではあり得ないのである。かくの如くして純粋国家は行動の聯関形式として最も包括的なるものといふことができる。この包括性はすなはち純粋国家の範疇をなすものである。

吾人はこゝに範疇といふ語をあげるにあたり実践哲学に於て範疇とは如何なる意味を有するかを説明する義務がある。範疇とは認識論に於て感覚に対する先験的形式なる意味に於て用ゐられるのであるが、実践哲学に於ては之に規範としての意味をも加へねばならぬ。何となれば実践行動の先験的形式とはその行動のアプリオリとして其先験概念なるとともにその内に保持する文化価値により個々者を規正する規準となるが故である。このことは最初に国家の理念則概念なることを述べたところに於てすでに論じた通りである。換言すれば純粋国家は国家の理念であり国家の所与はこの理念によって先験的の形式に組織せられ同時にこの形式により常に規正せられる、この場合その形式を純粋国家の範疇といふのである。更に亦この範疇に規正せんが為に国家生活の方向を指導するものを国家政策原理といふ。理念と範疇と政策原理とはかくて一の目的的聯関的組織の下に国家批判の三段の規準となるのである。しかして国家政策原理が特定の時間空間に於て所与的内容を帯びてあらはれたものが国家政策である。

国家の理念は前述の如く行動の聯関を実践の公準に規制せんとする保障形式であり、これによって包括性といふ範疇が定立されたのである。しかしてこの包括性は時間と空間及性質の三方面に展開される。即時間的包括性・空間的包括性、性質的包括性は純粋国家に於ける範疇の最も主要なる体系をなすものである。第一に時間的包括性は国家の永遠性を規定する。何となれば実践の公準は生活の超時間的に妥当なる規範であつてこの形式の保障の必要が停止することはないからである。第二に空間的包括性は純粋国家の作用が無制限の範疇にわたつて実現せられることを規定する。これも亦実践の公準が超空間的に妥当なる理由に基くものであつて、このために国家作用はその範疇に於て最も包括的なる共同社会に合致すべきものなのである。第三に性質的包括性は国家の優越性を規定する。これは主として個人及目的社会の行動に対する純粋国家の比較級的重要性を指すものである。抑々実践の公準の保障はすべての実践の基礎であつてそは如何なるものにも先立つ第一次的条件なるが故に純粋国家が個々の特殊的なる実践よりも先行する位置を獲得するは当然とせねばならぬ。若し行動主体の恣意によつて実践の公準に従ふ生活が脅威せられるときは国家は之を排除してかゝる生活の保障条件を維持せんとするのである。国家の支配権の正当なる根拠はこゝにあるのであるが、この支配権ことにこれと不可分に考へられる権力は一般には国家の本質であるかの如く考へられてゐるけれども実はこの範疇に基く偶然の内容に過ぎず決してそれ自身先験的基礎をもつものではないのである。

かくして純粋国家の本質は凡展開せられた。これによれば国家は実践の公準に則れる行動聯関関係を維持せんとする社会形式であつて、其目的を意識することに於て目的社会の形式と類似するけれども目的社会の如く分化せる特殊価値の実現をはかるものではないのである。むしろ純粋国家はその範疇に於てすでに示された如く時空的に無限界なる性質的に非特殊的なる点に於て共同社会と合致するのである。それ故に国家は共同社会全般に拡充すべきものでありこゝに国家政策原理の第一原則たる普遍拡充の原則が定立されるのである。換言すれば純粋国家の理念が共同社会の全般に於て実現せられることが要請されるのであり、其実現が不徹底なるときは其不徹底なる部分に対する拡充が要求されるのである。今少し之を具体的にいへば普遍拡充には二の方向則外延的拡充と内包的拡充とがあつて、前者は小なる共同社会（例へば村落等）からより大なる同心円的共同社会（例へば民族等）に対して拡充せんとするものであり、後者は同一共同社会内の各部分に徹底せんとするものである。国際化運動は前者を理念として行はるゝものであり世界主義なるものは其実現の可能性の如何にかゝはらず之が当然の帰結として要望されるのである。又民主主義及それの発展として最近頓に重要性を帯び来れる諸種の社会化運動——例へば社会主義・ギルド社会主義・サンヂカリズムの如き——は先験的に還元すればいづれも後者の理念に帰することができるのである。

四、純粋国家の認可性　以上純粋国家の本質及其範疇を述べ終つた。吾人は国家の本質問題に関し猶一二を説かねばならぬ。第一は純粋国家の認可性の問題である。こゝに認可性とは権利根拠を意味し純粋国家存立の根拠が何処にあるかを検討するのがこの問題の目的である。これは恰も法律哲学に於て法の効力論 die Geltung des Rechts として論ぜられる問題と相対応するものである。これに対する解答については吾人はもはや多くの言を費す必要はあるまい。何となれば純粋国家は普遍妥当なる生活の唯一の保障形式でありこれなくして文化生活は不可能なるが故その存立は絶対に必要だからである。しかしながらこゝに一の疑問が起つてくるであらう。文化価値を対象とする実践は当然自律を以て要件となすものである。もし国家がその優越性に於て与へられたる支配力をもつときはこの自律が脅やかされるではないかといふのである。けれども純粋国家は実践の公準に従ふ生活の保障形式であつて産出形式則ち行動主体たらんとするものではない。行動の主体は常に個人若しくは其聯関としての共同社会或は目的社会であつて純粋国家は自ら文化を生産するのではないのである。自律とはたゞ実践の主体が文化価値生産をなさんとするときその生産の形式として要請せられるのであるから純粋国家の本質に関する限り之が脅やかされることはない。しかしその為には国家が自ら文化生産の主体となることを禁止するものとして国家政策原理の第二原則たる外部性の原則が成立せねばならぬのであつて、この原則が遵守せられざる時に例へば信教自由の圧迫の如き政治の越権が起つてくるのである。自由主義と称せられる政策もその先験的基礎をこの外部性の原則に置いてゐるのである。

こゝに注意すべきはアナーキズムである。アナーキズムの理念を人格自律の要求徹底のため国家を否認するものとして自由主義の極限と見るのであるが、これは所与国家に於てその重要なる要素と目せられたる権力のみを否認せんとするものなる限り一の理念として成立するけれど純粋国家を否定するならばそれは論理的矛盾に陥らざるを得ないであらう。何となれば純粋国家は実践の公準による生活聯関の保障形式であるから人格自律を保障せんとすることはすなはち一の純粋国家を含むことに外ならない。この故にアナーキズムといへどすでに一の純粋国家をその理念の内に含んでゐるのであつて、あくまで之を否定することは結局己を否定する結果に立到るのである。

五、純粋国家の内在性　こゝに於て論ぜらるべきことは理念そのものにあらざる所与国家が何故に肯定せられるかといふことである。認可性の問題に於て純粋国家は普遍妥当的なる文化生活の必須条件として十分の存立の基礎をもつことが論証せられた。しかし所与国家は決してこの理念そのものではない。それは時として理念と逆行することもあるのである。アナーキズムの起り来る所以も多くは国家理念そのもの、否定より発せずこの所与国家に対する絶望より起り来ることが多いのである。けれども吾人は純粋国家の形式的意義を再び検討することにより純粋国家と所与国家との正しき関係を認識し以て所与国家存在の意義を明にすることができると思ふ。抑純粋国家とはすでに壁頭に於て述べた如く超越的なるユートピヤではなくして内在的の理念であるからこれはたゞ所与国家の内に於てのみ求められるものなのである。先験哲学の形式主義は恰も内容なきアプリオリが存在するかの如き偏見を起さしめる。しかしアプリオリを無内容と考へることは抽象に過ぎない。形式は常に資料と伴ふことによつてのみ意義を有するのである。換言すれば理念はたゞ現実の内に於てのみ実現せられる。理想主義を以て「空に美を描く」ものと考へてはならぬ。理念は現実に於てのみ実現せられ現実は理念化されることによつてのみ肯定せられる。理念と現実とはかくて不離の関係に立つ。純粋国家の範疇は常に内容を与へられ所与国家の規正原理として始めて其本領を発揮するのである。この意味に於て所与国家は決して所与なるが故に否定せられることはできない。勿論このことは所与を所与として墨守せよといふ保守主義を意味するものではない。範疇が規範であるからには所与は常に之によって規正せらるべく永遠の改造を必要とするものであることを特に明にしておくべきである。たゞし形式たる範疇は資料としての所与の組織者であるから概念的には無内容なる形式となるけれど現実には常に所与により制約せられ独自の内容を帯びたるものとなるのである。こゝに於て範疇を以て特定の所与を規正せんとするとき、即ち一の具体的国家政策を立てんとするときその政策は必ず其所与国家独自の個性に基くものであらねばならぬ。これすなはち国家政策原理の第三原則たる個性化の原則であつて、国家がそれが包含するところの共同社会をして其独自の個性を以て文化生活を営むことを可能ならしめざるべからざることを規定するのである。この点に於て吾人は当為の世界に於て歴史が如何に尊重せらるべきであるかといふことを明瞭に理解し得るであらう。

参考文献

一、国家哲学の方法について

Kant, Kritik der reinen Vernunft.

桑木厳翼『カントと現代の哲学』は之の最も権威あるしかも最も平易な解説書である。

Rickert, Der Gegenstand der Erkenntnis.

価値哲学の最も円熟したものとして教へられる処が多い。

Stammler, Lehrbuch der Rechtsphilosophie.

恒藤恭『批判的法律哲学の研究』に解説してある。シュタムラーは云ふまでもなく法律哲学に一大革命をもたらした人で其思想はまことに意義深き洞察を含んでゐるが文辞あまりに難解であつて解説をかりずして直接理解することはほとんど不能に近い。

Husser, Ideen zu einer reinen Phänonenologie und phänomenologische Phiosophie.

高橋里美『フッセルの現象学』参照。

N. Hartnann, Ethik.

西田幾多郎『芸術と道徳』其他

前の三者は形式主義の典型的なるものであり後の三者は資料の形式に対する重要性に着目したものであつてともに吾人の思想の正当なる出発点とすべきものであると思ふ。

二、道徳及社会の理念について

Kant. Kritik der praktischen Vernunft.

安倍能成『カントの実践哲学』はカントの倫理学を最も平易に解説したものである。

Windelband, Einleitung in die Philosophie. —, Präludien.

Rickert, Grenzen der naturwissenschaftlichen Begriffsbildung.

田辺元『科学概論』

土田杏村『社会哲学』

この書は日本に於ける体系的社会哲学のほとんど唯一のものである。

三、国家哲学全般にわたる基礎的著述

歴史上に於ける著名なる国家論については一般の哲学史や政治思想史を参照すべきである。

Kant, Metaphisik der Sitten.

Lipps, Die ethischen Grundfragen.

右は国家哲学の書ではないがその内に重要なる暗示を含んでゐる。厳密なる批判的方法による国家哲学の体系は極めて少い。日本に於ては

三谷隆正『国家哲学』

が私の知つてゐる限りでは唯一のものである。

四、国家政策原理について

社会主義の先験的還元については前記土田氏の著書の外

左右田喜一郎監修『新カント派の社会主義観』

猶世界主義については

朝永三十郎『カントの平和論』

H. G. Wells, The Outline of History.

五、その他

土田杏村『日本支那現代思想研究』

鈴木義男『現代法律哲学問題』（誠文堂哲学講座所収）

この書は現代に於ける法律哲学の潮流を最も親切に説明したものである。

美濃部達吉『日本憲法第一巻』

堀真琴『国家論』

右の二書は経験科学的立場よりみた国家観を最も明細に説いたものである。

加田哲二『社会学概論』

今中次麿『政治学』

以上の諸書中、欧語のものは一二を除いてほとんど権威ある邦訳が揃つてゐるが、いづれも流布してゐるもののみであるから訳者訳名は一切省いた。

※家永による再掲時の追記（『家永三郎集』第一六巻、一七四頁）

〔「権威ある邦訳が揃ってゐる」というのは、だから邦訳で読んだので原書を読んだわけではない、「解説をかりずして直接理解することはほとんど不能に近い」とは、だから解説によって理解したにすぎない、という意味で記されている。こういう書き方をしてはいけないということを、私は大学に入ってからはじめて学び知った。——一九七二年十月二十四日追記——〕

東京高等学校『文芸部雑誌』第一八号。一九三三年七月。

『家永三郎集』第一六巻一六五—一七四頁。

〔史料24〕偶感二題

家永三郎

私が最近屡々痛感することは現代に於て歴史の意味があまりに

曲解されてゐることである。例へば問題がある毎に「歴史によれば我国は昔から斯く〳〵であつた。だから斯うしなければならぬ」といふ様な議論で一切を解決しようとするのはその最も顕著なる例の一である。しかしながら単に「かくかくであらねばならぬ」ことから決して「かくかくであつた」といふ結論は生れて来ない。若し過去の事実が直ちに当為を決定するならば一切の進歩はやむであらう。善も悪もすべて歴史的なるが故に動かし得ないとせば人間の道徳的努力は無意味となるであらう。歴史を以て進歩を妨げる械としてはならぬ。然することは理想主義の否定であり同時に人生の否定に外ならないのである。

然らば歴史は現在の生活と全く無関係であるか、古き伝統は単なる骨董価値しか持たないのであるか。否、さうではない。歴史とは精神生活の蓄積である。発展しゆく精神的活動がとりも直さず歴史である。それ故に古き歴史を持つ生命はそれだけ豊富なる生活内容を持つと云へる。私の生活史を除いて私といふ個人はない様に日本の歴史を除いて日本といふ国家はない。而して私の Leben が豊富になるにつれて私といふ人間も豊富になると同様日本の歴史がいよいよ深く蓄積されてゆくにつれ日本国家の生命も亦それだけ一層豊になるのである。我々が悠久なる国史を誇り得る真の理由は実に此処にあるのであつて、徒らに過去の習慣以上に一歩も出でまいとすることは決して歴史を尊重する所以とはならぬ。それ処か伝統の現在に於ける意義を正しく解するならばむしろ其伝統の内容をより豊富にする為に常に新しき価値の獲得に努力すべきであらう。

猶特に一言したいのは此処にいふ長き歴史とか古き伝統とかは質的な意味であつて決して量的意味ではないと云ふことである。二千年の長さが尊いのではない。二千年の内に含まれた豊富な内容が尊いのである。我々は単に年を老つてゐるからといふだけの理由である人を信頼することは出来ぬ。無為の内に、六十の齢を閲した老人と苦悩と奮闘の内に三十の春を迎へた壮者と果して孰れが人生をより深く体験したであらうか。国家に於ても全く同様である。吾人が真に誇り得るものは単に外延的な時の長さではない。——人若しこの理を悟らば須らく自己の生命と並びに自己の属する社会の歴史を一層価値あらしむることに力を致さねばならぬ。

＊

人間が人間を裁くことは果して可能であらうかといふ疑問は少しく思を潜めるならば直に浮んでくる疑問である。世人は簡単に誰のしたことは悪いとか善いとか批評するけれど、ある行為の善悪はしかく単純に定められるものであらうか。

例へばこゝに一人の法を犯した人がゐる。世人は彼を犯罪人として指弾するに違ひない。しかし其の人が若し良心のやむにやまれぬ命令の為に敢然と所信に邁進して罪に遭つたのであるならば、たとひその人が如何なる主義の持主であらうとも我々は彼が単に非合法的行為をしたからといふ理由だけで悪人と定めることは不可能である。第一何が一体合法であり非合法であるかといふ事すら容易に判るものではない。例へば革命は非合法であり議会を通じての改造は合法であると云つても、それはたゞ表面だけのことに過ぎぬ。若しその議会の内一人でも投票買収とか官憲の干渉とかによつて当選した議員がゐるならばその議会は実は非合法的手段によつて成立した議会でありかゝる議会によつて行はれた改造は非合法の改造である。

我々は外面的な他律的な理由のみで人間の行為の善悪を知ることはできぬ。善悪の標準はそんな処にはない。たゞ良心の奥底深く是なりと確信して行つた行為のみが善である。人の行為を批判し得る資格のあるものは恐らくその人の良心だけであらう。刑罰を以て我を脅やかすも世を挙げて我を毀るもそれを恐れる必要はない。吾人はたゞ自己の内から自己を凝視してゐる良心に対して忠実でありさへすれば足るのである。そしてその良心の命令が真に偽なかりしや否やは独り神の法廷に於て決せられるのみ。

第一東京市立中学校同窓会誌『第二』第二号八八—九〇頁。
一九三三年一二月二五日発行。
『家永三郎集』第九巻月報七—八頁。

※文中のアスタリスクは『家永三郎集』第九巻月報掲載の際に追加されたもの。

〈史料25〉会員通信欄

○　家永三郎

母校とお別れしてから三年その間色々な事がありました。外的には別に取り立てゝと云ふ程の事件もありませんでしたが、内面的精神的にみてこの三年間程波瀾を帯びた生活は曾てありませんでした。而し後六ヶ月程でこの紀念すべき時代とも再び別れを告げなければなりません。

同『第一』同号一四三頁。

〈史料26〉『愛』と『闘争』

家永三郎

因縁所生法　君説即是空
亦名為仮名　是亦中道義

これは有名な龍樹の三諦偈であるがこの短い句の内にあふれてゐる宗教の真精神はまさに百万の経典にもまさつて人の心を衝くものがある。私は仏教について何も知らない。しかしこの一句によつてだけでもその教の大きさをしみじみと感じることが出来るのである。

宗教の骨髄は実にかゝるものであらねばならない。それは実に一切の対立を包み一切の相対を超越する。価値と反価値との対立はもはや其処に於て見出すことが出来ない。「善人なほすら往生す然るをいはんや悪人をや」これが**宗教**の真髄である。かゝる立場は愛の立場である。すべてを包みすべてを覆ふ「摂取不捨」の愛こそまことに宗教の本質を示すものとしてこの上なくふさはしきものとしなければならぬ。

しかし我等はこの愛の立場に完全に没入し得るであらうか。宗教は果して人間の永遠の安住の地となることが出来るであらうか。何人もそれを願はぬものはない。しかし人間は、相対の世界に生き対立の世界に死する人間は、その人間としての本質の故に遂にこの世界への永住に耐えることはできないのである。はらへどもはらひ切れぬ現実感は我等に絶えざる不満を提供する。如何ともし難き自然的社会的環境の圧迫は我等を駆つて不断の闘争に陥れるのである。この不満あるが故にこの**圧迫**あるが故に我々はこれを乗り越えこれを克服しなければならぬ。闘争はDaseinとしての我々の不可避の本質である。そしてこれこそまさに道徳の立場であらう。宗教の立場が愛ならば道徳の立場は闘争であるといはなければならない。所謂宗教はこの道徳の立場を屡々無視したのではなかつたであらうか。其処に宗教の堕落の源が横たはつてゐたといへる。巷に飢ゑたる人の群を見息づまる社会の危機が人毎に感じられる時に当つて壮大なる伽藍の内の空虚な説教に時を費やす宗教が無力とされ阿片とさへせられるに到つたのも亦無理なからぬことゝしなければならぬ。たゞ**闘争**の内に愛を、相対の内に絶対を望むことのみが有限なる我等人間に許された立場である。所詮宗教は道徳から遊離することは出来ぬ。道徳は宗教の基礎であり道徳を離れた宗教は宙に浮いた宗教である。一方に於て無限の愛に抱擁される喜を持ち乍ら他方闘争の世界の内に生きてゐることを我々は忘れてはならぬ。宗教はこの闘争の内に感ずる大きな慰安であるべく闘争を鈍らしめる麻酔剤ではあり得ない。実にキリストの出現は安逸なる「平和」をもたらさんが為ではなく「剣を投ぜんが為」であつたのである。

『東高時報』一〇四号三面、一九三四年二月二五日付。

〈史料27〉歎異抄私感

4 家永三郎

弥陀ノ誓願不思議ニタスケラレマイラセテ往生ヲバトグルナリト信ジテ念仏マウサントオモヒタツココロノヲコルトキスナハチ摂取不捨ノ利益ニアヅケシメタマフナリ弥陀ノ本願ニハ老少善悪ノヒトヲエラバレズタダ信心ヲ要トストシルベシソノユヘハ罪悪深重煩悩熾盛ノ衆生ヲタスケンガタメノ願ニテマシマスシカレバ本願ヲ信ゼンニハ他ノ善モ要ニアラズ念仏ニマサルベキ善ナキユヘニ悪ヲモオソルベカラズ弥陀ノ本願ヲサマタグルホドノ悪ナキユヘニ

右に掲げた文章は申す迄もなく親鸞聖人の記録を中心として編纂せられた浄土真宗の聖典『歎異抄』からその第一節だけを引用したものである。歎異抄は活字本にして僅々十数枚を出ない渺たる小冊子であるがその短い内容の内には実に仏教思想の最頂に位するもの八万宝蔵の精髄ともいふべきものが満ちている。就中右に掲げた第一節の如きは歎異抄一巻の総論として上人の信仰を最も大胆率直に表現したものといふことができよう。吾人はこの熱烈を極めた信念の吐露を前にしてたゞ言ふべきすべを知らないのである。日本に文書ありてより一千数百年言霊の幸ふ国として優れたる文字は少なくないがかくの如く一読胸を貫かるゝ真剣なものが他に又とあるであらうか、実に日本思想史上稀有の文字と称すべきである。そこには仏教精神の晃冠に位するもの一切宗教中の最も徹底する立場が表明せられてゐる。

×

抑々東洋思想はその内容からいって大別二つの型《タイプ》に分かれる。一は我が神道及び儒教や法家の系統のものであり他は老荘系統仏教系統のものである。しかし西洋思想に対する東洋精神をよりよく表現するものとしては後者の方が正統《オルソドックス》であつて、前者はむしろ傍系的なものではないかと考へられる。然らば仏教や老荘の思想によつて代表される東洋精神とは何であるか。西洋に対する東洋の独自性を示すは如何なるものぞ。これは頗る重大な問題であるが私は徹底せる『愛』の精神を以て東洋思想の核心をなすものと考へる。こゝに愛といふは人対人の関係としての心理的なものを指すのではなく一形而上的『立場』の名として論理的の意味に於ての愛である。かゝる愛の本質は一切を抱擁し一切を宥恕する点に存する。この愛の前にはすべての対立が徹去されあらゆる憎悪苦痛が解消されるのである。今少し詳しく云ふに、例へば道徳に於て善と悪とは何処迄も峻厳に対立する二の極である。実践の立場に立つ限り価値と反価値との矛盾は所詮免るゝ能はざる処であらう。この対立あるが故に我等は価値を求め反価値を捨てるべく日夜営々として苦闘の生活を続けねばならない。そこには従つて人と物と、主体と客体と、我と環境との対立があり闘争がある。与へられたる運命を負ひつゝ有限の身を以て無限の理想を追求する人間の生は既に必然的に悲劇としての性格を形造つてゐるといはねばならぬ。まことにこの立場に立つ限り人生は解消することなき対立の内に泣く『悲劇』である。人生の姿を象徴したと称せられるファウスト一篇が悲劇の肩書を帯びてゐることは意味深きことゝせねばならない。げに『一切皆苦』こそ世界の本質であり『火宅無常』こそ人生の真の姿と云ふことが出来よう。

しかし一たびこの立場を超越する時そこに新に展開されるのは愛の世界である。この世界に於ては最早価値として特に歓喜されるる程のものもない。一切の有限者はそのまゝ無限となり対立の苦しみは和解の和らぎと変ずる。『及び難きものこゝに事実となり名づけ難きものこゝに達せられる』世界である。それは諸法実相の世界であり三諦円融、究竟涅槃の境界である。前の対立闘争の立場が道徳の立場が道徳の世界を意味するならばこの愛の立場は即ち宗教の世界といへよう。

仏教が宗教として世界に冠たる所以は実にこの愛の立場に徹底し尽した点に存するのであらう。しかして歎異抄が仏教のこの特質を如何に徹底的に発揮し如何に明確直截に表現してゐるかは上の引用文によつて十分に知ることができるのである。善と悪との対立に執し優と劣との区別を離れぬ内はまだ闘争の世界を抜けきれぬものとせねばならぬ。弥陀の本願が『摂取不捨』にして一切を包み一切を懐き『老少善悪の人を選ばれ』ざる処に愛の極りなき力が感得せられるのである。善悪聖凡は宗教の関する処ではない。善にせよ悪にせよより深く苦悩に徹しより多く人生の底に触れたもののみが救はれる。この点に於て抽象的なる規範を甘んじて行ふ道徳家や生知安行の裡に易々として完成した聖人よりも悪を行ふが故に価値の対立をより深く体験し迷ふが故に自己の無力を一層痛感する悪人や凡人の方がむしろ救はるべき必要大であるといへよう。歎異抄が一切の修行主義を排して『罪悪深重煩悩熾盛の衆生をたすけんがための願にてまします』ことを力説し不敵にも『悪をも恐るべからず弥陀の本願をさまたぐるほどの悪なきが故に』と喝破した所以である。しかもかくの如き往生の縁起となるものが自力修行の悟りではなく如来の弘誓による他力成仏であるといふに到つて我等の喜びはいよいよ尽くるを知らないのである。般若法華華厳等の説く処は宗教の真髄を『語る』ものとしてすばらしいものとせねばならない。しかし宗教は所詮哲学ではない。宗教は『知る』べきものにあらずしてどこまでも『信ず』べきものであらねばならぬ。仏教が希臘的な『学者の宗教』たることを免れん為めには当に自力をすて、他力に帰すことを要するのである『設ひ我仏を得んに十方の衆生至心に信楽して我が国に生まれんと欲し乃至十念せん若し生れずば正覚をとらじ』と仰せられた如来の誓を堅く信じて『念仏まうさんと思ひたつ心の起る時』直ちに『摂取不捨の利益にあづけしめ給ふ』浄土真宗にまで徹底する必要があるのである。此処に念仏の意義があり『たゞ信心を要とす』る易行道の重要性が見出される。そこには戒定慧の修行も般若波羅蜜の智慧も要せずたゞ信ずること、ひたすらに信じて疑はないことのみが要求されるのである。華厳法華等の小六かしい理論は唯念仏の背景として考へられる時にのみ初めてその使命を全うするであらう。私が歎異抄の思想を以て仏教の晃冠をなすものと云つたのは実にかゝる理由によるのである。文壇の某大家はある新聞誌上で現代が仏教に行くとしたらやはりその深淵な哲学の方に心を惹かれのであらう。観無量寿経の文句をそのまゝ信ずることなどは到底出来ぬと述べてゐるがかうした主知的な態度にとらはれてゐる間に宗教の妙味など決して分るものではないと思ふ。

×

私は最近京都帝大でプラトンの研究に専念してゐる友人から次の様な書翰を受けた。

ながらくご無沙汰致しました。お変りはありませんか。……

私にはあれからちよつと変つたことがありました。悪夢におそはれてゐる様だと云つた私はさらに悪夢のつゞきをみました。ある夜吉田山の中を通つてゐたので御座いますがその闇の坂道を二人の男が歩いてゐたのをさして警戒もせずその傍を行かうとしましたところ突然後頭部にひどい打撃を感じて断崖から弧をゑがいておちてゆくおもひが致しました。やられたつとおもひました。死を眼前に見ました。その刹那どうでせう私は未だ感じたことのない様な厳粛な道義的反省を感じました。それに私にとつて実におどろいたことには、日頃信のあさいのをかこつ私がこの無意識の中で御念仏を申してゐたことであります。最後の御念仏の一声、意識の表面にぽつかりと浮び出る刹那の一撃が意外にも大きいのに私はおどろいてしまつたのです。これは決して私の申した念仏ではない。如来様の御慈悲で云はしていたゞいた御念仏であるとしかおもへませんでした。とにかく私は今までにない体験を致しました。一寸先は闇であることも死までもつてゆけるものは念仏だけであることもよくわかりました……下略（原文のまゝ）

私が今無断で私信を公開するの非礼を犯して迄敢てこの文を掲げたのは信仰の精神と云ふものが如何に敬虔厳粛なるものであるかを示すと共に真実なる教は如何に偉大なる力をもつて人の魂を感化するかといふことを御紹介したかつたからである。実に平安鎌倉の遠き昔に唱へられた念仏の教は七百年の歳月をへだてた今日――而も特に西洋文化横溢の現代に於て横文字を中心とする教育の内に育てられ西洋思想の研究に没頭しつゝ、ある一青年をしてかくも熱烈なる信仰を告白せしめる程の強い力を持つてゐたのである。念仏をもつて旧弊な老人達の閑戯とばかり思つてゐた人はこの昭々なる事実の前に速やかにそのあやまりなることを悟る必要がある。

×

不幸にして私は資性鈍闇に生れ何をやつても行くとして不可といふありさまであり加之病弱の身は常に死の影を目前に見て居る為め従つて生の苦悩やその無力をも一層痛切に感じるのでありそれだけ又その有限性を否定して無限の生命に転入し現世を厭離して彼岸を忻求しようとする要求も自ら強からざるを得ぬのである。不信不学の私が仏教の高き教に接しこの歎異抄の如きありがたき聖教をかゝぶることのできたのも偏にこの御蔭に外ならないであらう。前にも述べた様に結局人生は対立の悲劇を免れぬものであるならばより深く苦しみより傷ましき悲しみに泣く人程人生の真底を極めることになりそれだけ救はれる喜も大きいといはねばならぬ。『悲しむ者は幸なり』といふ聖書の言葉もかく考へる時特にしみじみと感じられるのである。もつとも幸福な環境に生れ或は心身共に豊かな力に恵まれた人々にはかういふ思想は理解され難いであらうけれども人生の本質はその構造の上から必然的に悲劇の相を帯びてゐるのであつて弥陀のいます浄土を外にして真の幸福のあるべき筈はなくこの世に於ける喜びなぞ所詮火宅の内に於ける小児の嬉戯を出でぬものといはねばならぬ。彼の法然上人すら自ら『十悪の法然』と仰せられ彼の親鸞上人すら『虚仮不実のわが身』と仰せられたことを思へば況んや罪業無量のわれらは一日も速やかに出世の志を起し如来の御慈悲にすがつて往生を願はねばならぬと思ふ。

×

たゞ最後に是非共一言すべきことがある。といふのは、愛の立場は実にかくの如きものであるしかしその立場は対立の世界闘争の立場を離れて独立に存在するものではないといふことだ。宗教は超道徳的でありそれ故に実践の苦悩を解脱し得るのであるがそれは決して実践を逃避しそれを捨棄するものでないことを深く記録せねばならぬ。有限的存在としての人間は一方に於て愛の世界へ没入する喜びをもちながら一方に於て何処までも対立の世界の内に足をふみしめてゐることを忘れてはならない。色は即ち空であつても空も亦即ち色たることを免れぬのである。俗諦を離れて第一義は存しないのである。この弁証法的構造こそは宗教の根本命題でありこれが見失はれる処に宗教にとつて致命的な陥穽の存することを注意したい。即ちこの弁証法的構造への無理解は一方に於て宗教の抽象化となり道徳の忘却となる。その最も著しき例として修道院の生活のごときが生ずるのである。又他方に於て宗教の平面化となり現実をそのまゝ理想と観ずることによつて実践闘争の放棄となる。その結果は一切の進歩が停止されるのである。これに共に宗教と道徳との正しき関係を忘れて実践の立場をふみにじつたものに外ならない。ことにかゝる教の鼓吹が不合理な社会制度にあへぐ民衆をして消極的なあきらめにとゞまらしめ改造運動を阻むに到つてはその害毒極れりといふべきである。仏教の過去及び現在をかへりみる時果してこれらの非難に値する事実は皆無であつたらうか。吾人は遺憾ながら然りと答へる勇気を到底もたない。マルクス主義者達の宗教排斥論は仏教の教理内容を否定するには余りに貧弱であるが彼等の云ふ如く宗教が支配階級の走狗としてアヘン的役割をつとめたことも又覆ふべからざる事実である。仏教の根本精神は例へば龍樹の三諦偈などによつて明瞭に説き示されて居る通り何処までも絶対と相対との弁証法的関係に立脚するものであるが二千五百年の永き歴史とその間に簇生した数多き流派とを仔細に検討するならばその精神の徹底しなかつた場合も少からず見出されるであらう。ことにその相対界が『差別』として説かれて対立或は『闘争』として理解されず又例へば阿含経の十二因縁に見るが如く主として平面的感覚的にのみ解せられて立体的実践的意味の充分でなかつたことは仏教の根本的欠陥となつて現代に到るまで永く社会生活との完全な調和を妨げて来たのであつた。飢ゑたる人の群が巷にみち息づまる様な社会的危機が日々に感じられる時に当つて広大な伽藍の中で空虚なる説法や怪しげな加持祈祷に時を費す、状態に堕落したことはいろ〳〵理由もあらうが主として以上のやうな原因に基づいたのである。今や仏教再興のかけ声は高いがこの点に着目せざる限りそれは無意味な怒号に終り百の聖典講義も徒らに民衆の甘い涙をそゝる以上には出でぬであらう。我々は愛の大きな手に抱擁されつゝも常に又道徳的存在として力強き実践的努力をゆるめてはならぬ。Verweile, doch du bist schoen! といふ悲壮な叫びの内に斃れていつたフアウストなればこそ始めて天国に招き寄せられたのである。

第一東京市立中学校同窓会誌『第一』第三号三二―三八頁、一九三四年一一月一日発行。

〔史料28〕会員通信欄

母校にも久しく御無沙汰致しまして誠に申訳なく思つて居ります。平凡な生活を送つて居ります。私は何も取り立てゝ申し上げることもございません、唯内面的な生活を始めましてから、今まで分らなかつたいろ〳〵のことが少しづゝ分かつてくるのをひたすら楽しんでゐる次第でございます。

同『第一』同号九六頁、一九三四年一一月一日発行。

〔史料29〕歴史に於ける時間の構造について

家　永　三　郎

時間は歴史に於て、又歴史学に於て最も重要なる範疇である。或る人々にあつてはこれが歴史の本質を規定するものであるとさへされてゐる。しかしそれほど重要なものであるに拘らず歴史家の間で之に対する真剣なる反省も深刻な考察も殆どなされてゐない。彼等の考えてゐる時間は依然として自然科学的時間であり、乃至それを背景として考へられる常識的時間に過ぎないのである。けれども自然科学は決して世界を其の基礎構造に於て開示する科学ではなくむしろ最も抽象的な科学であり、それだけ非現実的な知識であるといへる。これに反して歴史学は最も直接的具体的なる学問であり更に本質的認識たる性格を有する。従つて自然科学的時間に比して歴史学的時間は一層根源的なるものでありそれ故に其の形態も又自然科学的時間のそれとは大に異ることを考へねばならぬ。

一般に自然科学的時間として直ちに想起されるのは時計である。尤も理論物理学では時間は経験から全く離れて純粋な数として観念されてゐるが其の基礎をなすのは測定であり、測定の標準は時計であるから自然科学的時間の典型として時計で測られる時間を考へることは一向差支へないのである。是によつて我々の知り得ることは先づ時計といふものが文字盤の周囲に区劃された目盛によつて時の長さを表示するといふことであり従つて時計に於ては時間の量が空間の量によつて示されるといふことである。このことは自然科学的時間対象的時間の非現実性抽象性を告白するところの重要な証拠だと思ふ。相対性原理に於て時間が空間の内に吸収し尽くされその第四次元といふ形で表象せられることは自然科学の方法が齎す必然の結果といはねばならぬ。けれどもかくの如く空間に投射された限りの時間、換言すれば量としてのみ表された時間は果して我我の実践的生活体験に固有なるもの《ママ》あらうか。時計と暦とによつてのみ時を考へることに慣れてゐる吾人の常識は稍もすれば具体的なる時間の実相を看過させるのである。歴史に関連して云ふならば、例へば徒らに建国以来何千年といふやうな時の長さだけを考へて外国に比して最も長いことを誇らうとする人々の態度はその著しい例であらう。かういふ考へ方によればエチオピヤの歴史は日本のそれより長い故にエチオピヤのほうが日本よりも尊いといふ結果に陥るのである。歴史といふものをかくの如く外延的に且量的に考へる限り歴史の意義は永遠に埋没してしまふ外はない。しかし歴史的時間はさういふものではないのである。二千年の歴史も三千年の歴史も若し過去の時の流れの内にあつたものに過ぎないならばそれは我々とは縁なき骨董《コットウ》にとゞまる。たとひ二十年か五十年の短いものであつても現在の生活、吾人の体験の内に包摂される時始めて真の尊さをもつのである。猶又一万年の長きであっても其の内容が空虚であるならばそれはよく充実した一日にも劣るのであらう。量を以てことに空間的量を以て物をはかることはたゞ自然の範囲に限られる。主体的体験的領域に於ては通用せぬ物差である。例へば我々は一日千秋の思といふことを知ってゐる、又誰も月日が夢の如く流れた経験をもつであらう。これこそ主体的時間が対象的時間と如何に異なるかを示す明白な事実である。或はこれに対してそれは修辞的比喩に過ぎぬとか人間の心理的錯覚であるとかいふ異議が出るかもしれないが、それらの議論は畢竟主知的抽象から来る偏見に過ぎないのである。

日本の歴史の中央が大化改新の少し前であることは（日本書紀の紀元が正しいと仮定して）計算してみればすぐ分ることであるが直観的にその通り感ずる人は少いであらう。そしてこの場合それは当然のことである。何となれば国史の中央が大化改新前後であるといふことは量的抽象的立場からのみ云へることであり、真の歴史的中央ではないからである。

歴史が考証に終止するとすればその研究は常に物との関連を離れないから物の時間たる時計的時間から独立することは不可能である。けれども我々は考証を以て歴史学の任務の全体であるとするわけにはゆかぬ。よしそれが歴史研究に不可欠な基礎作業であるにせよ。

我々が生きてゐるといふこと、且人間として生きてゐるといふことは我々が実践的存在たることを意味するのである。実践的存在にとつて時間は等質等速の直線的漂流としての客観的時間ではなく、過去――現在――未来と云ふ関連に於て立体的に構成された主体的時間である。我々は未来を前に、過去を背負ひつゝ、現在の行為に生きようとする。この貴い瞬間たる現在に於て過去は単に過ぎ去りしものではない。それは現在の内に圧縮され抱擁されてゐるのである。歴史が真に我々の歴史である限りそれはかくの如き関連に於ける歴史であらねばならぬ。そしてかゝる契機に於て成立した歴史の時間的構造が自《おのづ》から時計的時間と異ることは云ふまでもなからう。歴史的時間は単に過去から流れて来るのではなく一見甚だ奇異に感ぜられるかもしれぬが実は未来に始るのである。歴史とは過去の内容が未来の力によって現在の内に統一された姿に外ならないのである。

（註）時間が過去から始つて未来に向つて流れてゆくといふ考方に対して最初に革命的な卓見を投じたのは Hermann Cohen であつた。『過去が先づあるのではなく未来が先づあつてそれから過去が出てくるのである。Noch—nicht から Nicht—mehr が浮び出る』（Logik der reinen Erkanntnis. S 154-155）

歴史とは過去に於ける無数の事件の寄せ集めではない。歴史は常に統一を伴ふ、そしてその統一の力こそ未来に対する吾人の実践から湧出するのである。従って時代といふやうな観念も現在を離れて勝手に成立するものと思つてはならぬ。上古と云ふ時代があつてその次に中世といふものが生じ、それが上古の後にくつつきその次に近世が出てそれが又中世の後にくつつくのではない。かうした見方に従へば歴史書といふものもたゞ後から後からと頁を継ぎ足してゆけばよいことになる。又この見方によれば歴史の範囲を明治以前といふやうに限定し現代史に一切触れないといふやうなことも可能になるのである。しかしそれは歴史的時間の構造を根本から見誤つてゐるといふ外はない。さういふ立場から書かれた歴史もあるであらうが、それは吾人が真の歴史として考へてゐるものとは全く別なものとせねばならぬ。

私はある通俗雑誌に一万年後の歴史教授と題する漫画の掲げられてゐるのをみたことがある。それは教卓の上に膨大なる書籍がひろげられてプロフエッサーの顔が辛うじてその彼方からのぞいてゐるといふ図案であつた。歴史の分量が年々増加して行つたら今にどうなるだらうと云ふ軽いユーモアを効かせたものである。漫画子は多分無邪気な動機でこれを描いたに相違あるまいが、これこそ誤つた歴史観に対する深刻な皮肉として私には非常に興味深く感ぜられたのであつた。成程歴史的発展が単に過去の膨張としてのみ解せられるならば或はかういふ結果になるかもしれないが、歴史に於ける統一の力がはたらく限りその様な心配は全く無用である。この統一の力が完全である時歴史は決して時の長さに比例して膨張するものではない。Ranke は僅々百四十頁の内に全西洋史を描き尽し、しかも後人をして一行の敷衍《ふえん》の要もなからしめてゐるではないか。歴史は常に現在を離れることは出来ない。歴史は書き足してゆくべきものではなく、瞬間毎に書改められねばなら《マ》なら《マ》ないのである。

以上は歴史を実践的契機に於いて観て来たのであるがしかし歴史は独りこの立場にのみ成立するものではない。有限者としての

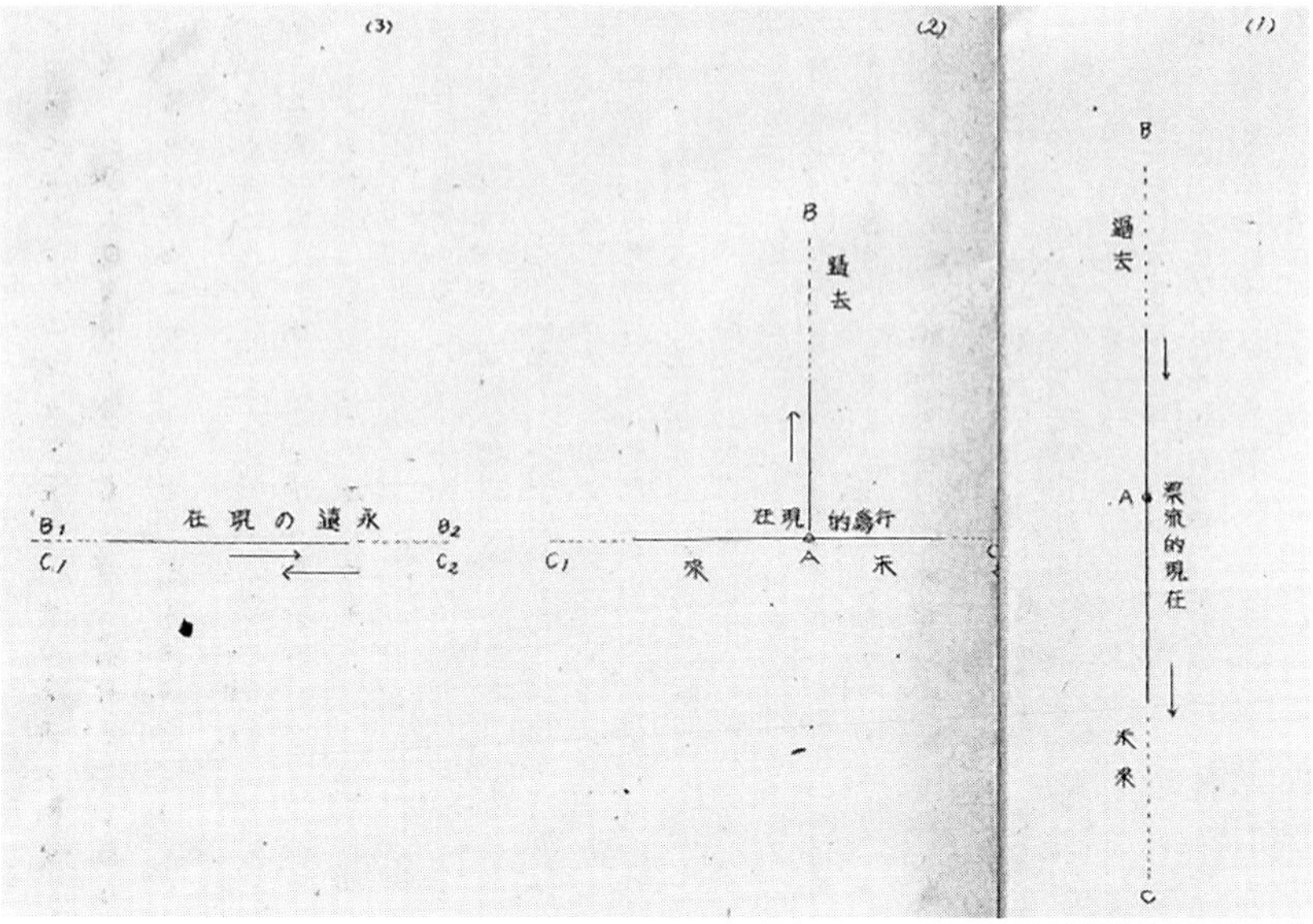

（「歴史に於ける時間の構造について」文末附図）

人間はたゞ実践的態度にのみ生きようとすれば、所謂『悪しき無限』の悲哀に陥らねばならぬ。この不安を否定してひとを絶対の世界に転入せしめ救はれざる罪の子と神との和解をはかるものは宗教である。神の愛――例へば弥陀の弘願（『大無量寿経』）といふやうな形で表されるところの――は我々を道徳の世界からより高き世界へと導くのである。之に伴つて歴史も亦一段高い段階に昇らねばならない。かくてこの段階に成立する歴史は自から別の形態をとりその時間的構造も又当然異るものとなるのである。即ちこの愛の世界に於ては過去現在未来の弁証法的相関は解消してすべてが永遠の現在となる。『真なるものは……昨日存在したるものでもなく明日存在するものでもなく端的に現存してゐるもの、絶対的な現在といふ意味の Jetzt である。過ぎ去りし如く見ゆるものも Idee の中では永遠に失はれることなく存してゐる。Idee は現在的であり精神は不死である』（Hegel, Philosophie der Weltgeschichte. Bd. I. S. 165）かくの如き境界に於て歴史学とは精神を『永遠の相の下に』（Spinoza, Ethica）観ることである。この世界にあく迄浸透してゆくならば歴史はもはや単なる知的認識でも情意的把握でもあり得ない。それは絶対の直観であり無限の沈黙である。『維摩詰黙然として言なき』（『維摩経』入不二法門）境界こそ歴史学の究極の理想であらねばならぬ。

　歴史も亦一個の科学である、といふことは十九世紀以来の目覚めた歴史家たちの合言葉となつた。歴史が空想や小説や実用的知識たることから救はれたのに対し我々は多くの偉大なる先達に深い感謝を捧げねばなるまい。しかしその運動は今日既に任務を終つた過去の啓蒙ではないだらうか。実際従来に於て歴史が芸術や宗教と交渉をもつたことは歴史叙述をゆがめることにのみ力を尽した。その反動として歴史の科学性が強調されたことは勿論有意義なことである。しかしそのために歴史学が自己独自の理念からかけへだたつた抽象的なものに傾く弊も免れなかつた。今日に於ては歴史を芸術や哲学から区別することよりもむしろその接近を説くことの方がより切実な要求ではあるまいか。これに想到する時私は亡き Wilhelm Dilthey の卓見をしみ〴〵と感ぜざるを得ない。彼にあつては哲学と歴史と文学とは実に三にして一、一にして三であつた。　終り

東京大学国史学科昭和九年入学生クラス雑誌『古久志』第一号、一九三四年一一月。（家永三郎手沢本により誤字訂正）

〔史料30〕卒業生に対する図書開放の提議

卒業生　家永三郎

私が今提唱せんとする図書開放は未だ一度も東高の問題にならなかつたであらう。然し、私はこの事の従来看過されて来た東高図書の最も有効な利用法であらうと信ずるが故にいささかの趣旨を述べて、諸先生、在校生並びに卒業生諸君の御賛同を願ひ、以て其の実現を期したいと思ひます。

×　×　×

東高を卒業して東大に入つた時に、我々は先ず母校の図書閲覧室とあの広大な大学図書館とを比較して、驚異の目を見はるのであるが、一度その校内に入りてカードを検する時、案外蔵書の貧弱なのに再度驚ろかされるであらう。勿論全体としての図書数は決して少いとはいへないが、大震災の被害のため蔵書が著しく不揃ひとなつて居る上に、殆ど新刊といふものが無く、東高の図書課にあつたのだから無論東大には……と思つて居た書物が見当らないので、意外な感に打たれる事が少くないのである。

×　×　×

かくの如き不便を補ふために、東高の図書が卒業生に開放される事を痛切に希望する。即ち東大の例に倣ひ、卒業生の希望者は一定の金額を納入して閲覧票——即ち生徒の身分証明書の如きものの交附を受け、一定期間内自由に借覧する事を得る様にするのである。而してその納付金額を以て図書新刊購入費に廻せば、それだけ新刊の増加となり、在校生にとつても利益となり一石二鳥である。又其の為に卒業生が母校と密接な関係を持続し得る事になるから、増々其の効果は大であらうと思ふ。

×　×　×

或はかくの如きは在校生の図書閲覧を妨害するといふ事情があるかも知れない。然し、私はそれは単なる杞憂に過ぎないと思ふ。私は在学年中湯原文庫評議員の末席を汚した者として、図書に就ては多少の注意を払つて来た心算ではあるが、東高図書課の蔵書の総てが在校生のみに利用されて居るとは考へられぬのである。洋書の如きは卒業生の緊要措くを能はざるものも在校生に利用せられざるは頗る多く、和書で、一例を挙れば大日史料《大日本史料カ》の如きは在校生の閲覧は殆ど稀であらう。卒業生に対しては特定の参考書しか《ママ》その他在校牛に盛に借覧せられるものは貸出を停止せし《ママ》、その他試験前在校牛の閲覧頻繁なる時期に限つて貸出を停止する等の手段を取ればこの弊は殆ど完全に防止出来よう。又事実の所、卒業生がそれ程多数押しかけて行くとも考へられぬから（それなら、かゝる制度は不要だといはれるかもしれぬが真に必要な人のみ利用すれば十分ではないか）その心配は無用であると思ふ。

×　×　×

高校において、教科書及び大学受験準備書以外は只教養拡張の資に供せられるに止まる。多数の図書捜索が真に緊要不可欠な課業となるのは大学に入つて以後の事である。総ての卒業生が大学へ赴き且其過半数が東京に止まる東高において、この案の実施は独り卒業生のみの利益をはかるものではない。況んや今日の在校

生明日の卒業生なるをや。

×　×　×

物はその効果を十二分に発揮する事に依つて其価値を大にする。学校図書館の一般への公開さへ論ぜられてゐる今日、卒業生に開放する位は何事でもあるまい。大学に於て実行されて居る以上、高校に於ていけないと言ふ理窟はあるまい。こゝに諸先生の御監察を仰ぐと共に併せて在校生諸君の御諒解を乞ふ次第である。

『東高時報』第一二九号二面、一九三五年六月一〇日付。

〔史料31〕現代思想問題二、三

（※『第一』編集部による掲載題名「現代の問題二三」）

4　家永三郎

○

今年の我国思想界の出来事で最も注目に値するのは、先づ文壇に於ける能動的精神の問題、宗教界にをける指方立相の問題及び政界に於ける天皇機関説の問題であらう。それらは問題提起の方法に於て第一者を除けば必らずしも正しい過程をふんだのではなかつたが、浄土問題といひ憲法問題といひ一は人生の全体に関係することであり、一は国体の本義に関するもので其本質には極めて重大なるものを含んでゐた。然るにそれが世間から全く滅茶苦茶な批評と処置とを以て葬り去られ、或は去られようとしてゐることは、浄土教を信ずるものとして且亦日本国民の一人として到底看過することの出来ない処である。以下いさゝか之を論じてみるが、此処では唯社会的立場から批評するので学問的に検討するのではないから根本的な議論は他の機会に聞いて頂くの外はない。

○

果して浄土が実在するか、といふ様な問題に所謂進歩的分子なるものが面喰つたことは無理もない。退屈してゐたヂヤーナリズムは面白半分に騒いだが、真実《ほんとう》の処、彼等にはかゝる質問は「ナンセンス」（東日文芸欄）であり、お伽噺であるとしか映じなかつたのである。それにしても世の識者が、仏教を理解することの如何に浅いかはよく証明された。私はある通俗雑誌が諸名士に乞うて来世に関する意見を徴したのを見たことがある。それは質問の出し方が既に出鱈目であるのみならず、其解答として何々博士なぞの名で、浅薄極る合理主義的、自然主義的見解が並べてあるのを見て大に憤慨したことがあつたが、浄土実在問題をナンセンスであるとするのが世間の常識であるならば、そんなことは少しも不思議ではなかつたのである。けれども只さう云つただけでは済まされない。生死《しやうじ》といふ様な人生の根本義に関する疑問が、とかく好い加減に片附けられてゐるのを見る時、我々は現代の文化と教養とについて深く考へさせられるものがある。

然し浄土問題を頭から相手にしないのはまだ好い。困るのは浄土を浅薄皮相の見地を以て「解釈」することである。友松師の浄土宗当局（凡そ宗教当局といふもの程無意味な存在はないのであるが）に対する解答はその浄土曲解の典型的なものであつた。師の熱弁を親しく聞き又膝を交へて師の真意をその口から確めた時、ラヂオの前で随喜の涙を流したといふ多数のインテリ男女が、どんな心構で釈尊の教を見たかがよく分つた気がする。さうして浄土の意義がさういふ風に歪められて、何万人の間に考へられて行くことを考へると、暗澹たる心にならざるを得なかつたのである。吾人はこゝに弥陀の本願を信ずるものとして、浄土の意義の歪曲に対して断乎戦はねばならぬ。我々は浄土を現世に引直さうとする合理主義に対して飽迄その来世的意義を主張しなければならない。我々は浄土を単なる「体験」の裡に解消せんとする観念論的見解に対して何処迄も其客観的実在を信じなければならない。

我々は浄土を人間の力で建設しようとする自力主義に対して、極力絶対他力の信仰を固守しなければならない。凡そ合理主義的な説明程、現代人を納得させるに容易なものはないが、それによつて人は唯錯覚から来る一種の爽やかさを感じるに止まるであらう、真の救済はその様な処にはないのである。

○

しかし浄土問題の真相が世人にとつて、何が何やら分らず済んでしまつたのは、まだ幸であつたが○○〔天皇機関説〕問題になると、吾人は憤慨を通り越して呆れる外はないのである。私は決して美濃部法学に左袒するものではない。然し乍ら是非言はねばならぬことは、他人の信念に対し名を道徳に借り、権力、暴力によつて圧迫しようとすることは断じて許せないといふことである。国体に対して頑迷固陋の独断的解釈を下して、他人がいささかでもそれに違ふ時は不敬だ、国賊だと云つて卑怯なる迫害を加へんとするは、全国民の拠つて仰ぐ国体を私し、名を尊き処に仮つて私意を逞しうするものとせねばならぬ。然もその云ふ処を聞けば、いづれも天皇主権説を出でない。権利義務の立場から国体を論ずることが悪いと云ひながら、主権とは何事であるか。のみならず彼等が国家法人説を攻撃して、国家を単に抽象体と考へるのは、不知不識、己の攻撃する個人主義に陥つたもので、矛盾も甚しい。機関説は西洋の学問の直輸入だと云ふがその点、主権説とて同じ事でその中味を割つてみれば畢竟仮装せる Absolutism に外ならぬ。美濃部博士の思想は十八世紀的啓蒙思潮を脱しきれぬものであつて、国体の認識の不充分なのは云ふ迄もない。然しその欠陥は方法論上の不備に基くのであつて、一個人としての博士の忠誠の念の如何にあるのではないのである。寧ろ日本帝国の将来にとつて望ましからざる影響を与へることは、権力主義、反動主義の主権説の方がどれだけ大であるか分らない。何となればそれは日本の国体を支那や、西洋の専制君王制と同一視するものであり（彼等の中には秦始皇の焚書を讃美するものさへある）、我が帝国の無窮の発展を阻害し結局、皇室と国民との中間に介在する支配階級擁護に終るものだからである。かくの如き行方こそ、国体を危くするものであり、深く慎むべき態度と云はねばならぬ。私は我国の尊き伝統を考へるにつけ、生を日本の地に享けたことをしみじみ幸福に思ふのであるが、彼等が用ひるところの意匠をこらしたさまざまな形容詞に対して、何等の感激をも覚えることは出来ない。それは全く彼等の云ふ処が、枯死骨化せる屁理屈であり、国民の生きた切実な情操に根を下してゐないからである。市井の無頼漢でも云ひさうな文句で罵倒してゐるお歴々もゐるが、それは恰も自分の人格の低級さを広告してゐるのと同じ事であらう。

○

前の問題で注意すべきは、西洋思想排斥論である。西洋思想に限らず一のものに心酔してしまふことは、無論よくないことであるが、それだからとて中学校の英語をやめてしまへといふ様な結論は出て来ない筈である。如何なる文化現象でもすべて歴史の内に生れ出たものであるから、それを歴史的に回顧することはいつも必要で、日本人が国史を尊重するのは当然であらねばならぬ。しかし考ふべきは歴史的といふことは、常に現在を起点としてその過去に遡ることで、現在からある年代を飛び越して勝手に古代の任意の時期に結びつくことではない。かく考へれば、西洋の学問方法を全然棄てゝしまふことが出来ない相談なのは云ふ迄もなからう。その証拠に、世に自ら日本主義なぞと唱へるものの思想を解剖してみると、その多くは外国思想の看板を塗りかへたものであることが多い。前に機関説排撃論者の考がそれであることを指摘したが、排外主義それ自体が十九世紀末から発達した Nationalism や Imperialism の焼直しであるから滑稽である。又支那思想の影響がある。自分の属する国を尊重するのは当り前であるが、それは他国を軽蔑することではないのに、国粋主義が往々さう云ふ傾に奔るのは、支那が自ら中華を以て任じ、外国をみな夷狄と見た考に無意識的に中毒してゐるからである。更に甚しいのになると、国民道徳を儒教倫理で体系づけて置きながら、唯西洋思想だけを排斥してゐるのは、全然意味なきことと云はねばならぬ。世には西洋思想は個人主義唯物主義であり、精神文化は東洋に求むべきだ、などと考へてゐる人が少くないのに驚かされる。それは西洋の思想史に全く無知であるといふ外なく、プラトンの哲学にせよベートーベンのジンフオニーにせよ、さういつた西洋文化の顕著な代表者の何処が唯物的であらう。又個人主義といふのは、ルネッサンス以後の近世初期思潮及び英国思想等に限られて居り、中世のカトリシズムやヘーゲル・マルクス・コーエン・ナトルプ等の哲学が正にその反対であることを知らない論である。

ともあれ最近の国粋主義的傾向はその思想的根拠が間違つてゐるにもせよ、結果に於て日本文化研究の気運を促したのは、我々その道を専門に学んでゐるものにとつて喜ばしい現象であつた。然るに不思議なのは一方に於て同じ方面から日本の古典に対して、さま〳〵の侮辱が加へられて来たことである。源氏物語にケチをつけたり、日蓮上人の遺文に手を加へようとしたり、謡曲のあるものの伝授を禁じたりするのがそれである。古典として今日に伝へられたものこそ我々祖先の尊い遺産であり、日本精神の結晶であつて、古典を侮辱することは祖先を辱しめ、日本精神を破壊するに等しい。一方でそんなことをして置きながら、国史尊重もないのであつて、かうした時世では我々は露骨な文字のある古事記が伏字にもならず、矯激な句のある大日本史論賛が発禁にもならぬのをせめて有難く思はなければいけないのかもしれぬ。

〇

俗に贔屓の引倒しといふ諺がある。今世間でやつてゐることを見てゐると大抵それである。一体日本の思想界は満州事変以来、こぞつて逆上した気味がありはしないだらうか。今日我が国民にとつて最も大切な戒めは

脚下を看よ

といふ唯この一句に尽きる。

——昭和一〇、七、三一——

〔題名および伏せ字部分は『一歴史学者の歩み』岩波現代文庫版九八頁によって補った。同書「編集室」（編輯後記）「橘」署名記事に「〇編集に当つて内容をカットしたものは一つも無いが、村上、家永両君の表題は都合上変更した」とある（一五八頁）。また同号「執筆者紹介」に「〇家永三郎君は東大文学部で専ら国文《ママ》学の研究に没頭毎号名篇を寄せられてゐる」と書かれている（一五七頁）——編者注〕

前掲『第一』第四号、一九三五年一一月一八日発行。
『一歴史学者の歩み』岩波現代文庫版九五—九八頁に一部掲載。

〔史料32〕会員通信欄

〇

4　家永三郎

高等学校へ入る頃までは希望に次ぐ希望有之候ひき。それから後は幻滅に次ぐ幻滅を味ひ候。たつた四五年の間に人生のどんづまりまで陥り候。南無阿弥陀仏の有難さを知りたるは偏にその為めに外ならず。

同『第一』同号一一五頁。

〔史料33〕？

一、貴下最大の御矛盾は？
二、貴下の理想の女性は？
三、一中時代最大の印象的出来事は？

○　4　家永三郎

一、無明と仏性（人間の本質的矛盾ですが罪業深き自己に於て特に痛感する処です）
二、云はぬが花と存じます。
三、沢山ありますが大てい先生に怒られた（乃至先生を怒らせた）思出です。個人として、クラスとして、生徒全体として、余り詳述すると差しさはりが多いからやめませう。現代史と云ふものは兎角書きにくいものなのです。

前掲『第一』第六号一一一頁、一九三七年一一月一八日発行。

〔史料34〕会員通信欄

○　ママ　家永三郎

迂愚羸弱の心身を抱き乍ら多くの方々の御庇護のお蔭で今春十七年間にわたる学校生活を漸く終り東大史料編纂所に働くことが出来る様になりました。幾度かうちひしがれるが如き失望に遭ひつゝ、而も私より幾層倍か健康であつた友人の病に仆れるのを目のあたり見つゝ、今此処まで辿り着いたことを思ふ時うたた感慨に堪えぬものがあります。誠に菲才非力の身を以て柄にもなき学問の世界に生活する様になりましたのも私の全く予期せざる結果でありました。加ふるにその学問の世界にも非常時の荒涼たる風がふきまくつてゐます。「内も嵐外も嵐」と叫んだ文豪の言葉を身を以て体験せざるを得ぬ日が来た次第です。

前掲『第一』第六号一三〇頁、一九三七年一一月一八日発行。

〔史料35〕会員通信欄

○　4　家永三郎

夏になる毎に七十日に余る夏休を悠々として送つた学生時代が思ひ出されます。たつた十数日の休暇を幾種類もの原稿に逐はれてゐる今日と比べて全く感慨に堪えません。読まなければならない書物の堆かくつまれた山を見ては学生時代に何故もつと勉強して置かなかつたかと後悔しつゝ、そのくせ依然として、昔の怠け癖が抜けず悠々「無用の用」を楽しんでゐる有様です。

前掲『第一』第七号一四二頁、一九三八年一一月二〇日発行。

〔史料36〕会員通信欄

○　ママ　家永三郎

今夏はからず新潟高等学校教授を拝命、北越の地に始めて教壇に立つ身となりました。二十年に近い都会の生活を捨てゝ、久方振りで而も全然経験の無い未知の土地を踏み、感慨無量なるものがあります。

前掲『第一』第一〇号六二頁、一九四一年一二月三〇日発行。

家永三郎研究参考文献一覧

一、家永三郎の全体像を解明課題に据えた研究・論考

家永三郎になんらかの意味で言及した論述はきわめて厖大である。そこで本節では、管見に入ったもののうち、家永の個別論著への批評等、家永研究において各論にわたるものはなるべく割愛した上で、本書にみた家永研究の将来展望を今後開拓する上で裨益しうるであろうものを年次順に列挙した。

鈴木正「史的唯物論と思想史——家永思想史学批判」（『歴史評論』一〇九号、一九五九年九月）

黒羽清隆「家永史学の今日によびかけるもの」（『歴史地理教育』一九六五年九月。『家永三郎集』第一巻月報再録）。

ロバート・N・ベラー著、河合秀和訳「家永三郎と近代日本における意味の追求」（原題 "Ienaga Saburō and the Search for Meaning in Modern Japan"。マリウス・B・ジャンセン編、細谷千博編訳『日本における近代化の問題』所収。岩波書店、一九六八年、所収（原題 "Changing Japanese Attitudes Toward Modernization" Princeton University Press、一九六五年））。

武田清子「日本思想史の方法《アプローチ》——宗教思想を軸に」（家永三郎『日本思想史に於ける否定の論理の発達』解説。新泉社、一九六九年。のち家永三郎教授東京教育大学退官記念論集刊行委員会編『家永三郎教授東京教育大学退官記念論集2　近代日本の国家と思想』（三省堂、一九七九年）に再録）。

中村政則「現代民主主義と歴史学——六〇年代歴史学の人民像」（歴史学研究会・日本史研究会共編『講座日本史』一〇、東京大学出版会、一九七一年、所収）。

鈴木正「家永思想史学論——その原点にみられる方法的批判の問題」（前掲『家永三郎教授東京教育大学退官記念論集2　近代日本の国家と思想』所収）。

鈴木安蔵「日本憲法学史ならびに憲法史にたいする寄与」（同書所収）。

松永昌三「家永史学と裁判」（同書所収）。

菊池克美「家永史学における『個人研究』について」（『歴史評論』三四一号、一九七八年九月）。

菊池克美「家永史学における前近代研究概観——初期家永史学の形成によせて」（『人民の歴史学』六二号、一九八〇年三月）

菊池克美『家永史学論ノート』（私家版、一九八五年）。収録論文は左記の通り。

「家永学における『実践』及び『個の独立』の概念」

「家永史学の基本構想」（のち家永三郎『日本思想史学の方法』名著刊行会、一九九三年再録）

「円環弁証法について」

「教科書訴訟と学問行実」

菊池克美「通史の思想——家永史学論ノート」（『歴史評論』四六二号、一九八八年一〇月）。

鹿野政直「家永三郎」（『歴史学事典』第五巻。弘文堂、一九九七年。三一一—三一二頁）。

八巻和彦「屹立する精神——家永三郎」（『戦後思想史の課題』早稲田大学アジア太平洋研究センター研究シリーズ四一、一九九八年二月）

家永三郎ノーベル賞推薦文（二〇〇一年。家永三郎の歴史的意義を

論じたものとしてここに入れる。本書第一章「はじめに」に全文掲載）
Canada Association for Leaning and Preserving the History of WWII in Asia
Nomination of Prof. Saburo IENAGA Saburo Ienaga for Nobel Peace Prize
http://www.vcn.bc.ca/alpha/ienaga/letter.htm
（二〇二四年六月二二日最終確認）

Richard H. Minear, "Translator's Introduction," in *Japan's Past, Japan's Future: One Historian's Odyssey*, by Saburō Ienaga, translated and introduced by Richard H. Minear (Lanham, MD: Rowman & Littlefield, 2001).

江村栄一「家永史学を支えるもの」『家永三郎の残したもの　引き継ぐもの』（日本評論社、二〇〇三年所収）

小林直樹「家永憲法論の業績と特質」（同書所収）

永原慶二『二〇世紀日本の歴史学』「高度経済成長と日本史学の転換」の「家永三郎の教科書検定訴訟・日本歴史見直し論」の項（吉川弘文館、二〇〇三年）

鹿野政直による家永三郎『一歴史学者の歩み』岩波現代文庫版「解説」（二〇〇三年五月）。

田口富久治「家永三郎の『否定の論理』と丸山眞男の『原型論』」（『政策科学』第一〇巻二号、二〇〇三年七月）。

谷和人「河上肇と家永三郎――宗教的真理と共和主義の相関」（上下。『河上肇記念会会報』第七七―七八号、二〇〇三年九月・〇四年一月）。

新藤謙『国家に抗した人びと』第五章「内心の自由を求めて――家永三郎」（寺子屋新書、二〇〇四年）。

松永昌三「家永三郎先生の学問――家永史学の特色」（『自由民権』第一八号、二〇〇五年三月）。

石暁軍「時去与現在的対話――一位史学家的研究与実践」（家永三郎著、石暁軍・劉燕・田原訳『家永三郎自伝』所収。新星出版社、二〇〇五年）

大川真「家永三郎」（苅部直・片岡龍編『日本思想史ハンドブック』所収。新書館、二〇〇八年）。

鹿野政直「家永三郎　求道の思想史学」（『鹿野政直思想史論集』第七巻、岩波書店、二〇〇八年、所収）。

オリオン・クラウタウ「十五年戦争期における日本仏教論とその構造――花山信勝と家永三郎を題材として」『日本仏教史学』第五三巻一号、二〇一〇年一〇月。

鹿野政直「家永三郎の学問と歴史認識」（家永三郎生誕一〇〇年記念実行委員会編『家永三郎生誕一〇〇年――憲法・歴史学・教科書裁判』日本評論社、二〇一四年。なお劉学兵主編『日本儒学与思想史研究――王家驊先生記念専輯』天津人民出版社、二〇一六年）に朱奇莹訳「家永三郎的学問与歴史認識」あり）。

西村汎子「教科書裁判と女性史」（同書所収）。

笠原十九司「家永三郎先生の国際的評価」（同書所収）。

君島和彦「家永三郎先生の学問と思想を捉え直す」（同書所収）。

末木文美士「家永三郎――戦後仏教史学の出発点としての否定の論理」（オリオン・クラウタウ編『戦後歴史学と日本仏教』法藏館、二〇一六年所収。のち「家永三郎と戦後仏教史学」と改題の上、末木文美士『思想としての近代仏教』中公選書、二〇一七年、第四章に収録。さらに同『日本の近代仏教――思想と歴史』講談社学術文庫、二〇二二年に再録）

Melissa Anne-Marie Curley, "Man Without a Hometown: Ienaga Saburō," in *Pure Land, Real World: Modern Buddhism, Japanese Leftists, and the Utopian Imagination* (Honolulu:

University of Hawai'i Press, 2017).
小田直寿（呉呈蓉訳）「南開大学日本研究院家永三郎文庫在家永三郎研究中的価値――開拓一万両千余冊蔵書未来的可能性」（宋志勇主編『南開日本研究二〇一九』天津人民出版社、二〇一九年。本書不収載のためここに掲出する）
Fumiko Nago, "In Dialogue with History: An Intellectual Biography of Ienaga Saburō, 1913-1965" (Bachelor's thesis, Wesleyan University. 2020), https://doi.org/10.14418/wes01.1.2251.
近藤俊太郎「戦後親鸞論への道程――マルクス主義という経験を中心に」（『親鸞とマルクス主義――闘争・イデオロギー・普遍性』法藏館、二〇二一年、所収）。
歴史評論編集委員会「特集にあたって」（『歴史評論』八六〇号、二〇二一年一二月号所収）
今井修「家永三郎という歴史家について――『一歴史学者の歩み』を読む」（同誌所収）
大串潤児「『たましいの自由』と戦争――家永三郎『太平洋戦争』の問い」（同誌所収）
井原今朝男「家永三郎の歴史叙述と『新日本史』改訂――『検定不合格　日本史』を読む」（同誌所収）
片山慶隆「『正木ひろし』を読む」（同誌所収）
森田喜久男「思想史から文化史へ――『日本文化史』を読む」（同誌所収）
田中里尚「ライフワークとしての女性服装史」（同誌所収）
森田喜久男・堀川徹・河野保博・戸邊秀明・宮瀧交二「『家永三郎集』にチャレンジしてみよう」（同誌所収）
松岡佑和「吉田久一と家永三郎――近代仏教史と『否定の論理』」（『近代仏教』第三〇号、二〇二三年三月）

二、家永三郎に関わる文献

家永三郎にかかわる文献の基礎をなすのは『家永三郎集』第一六巻に付された著作目録である。その内容は論文・著作等の項目別にそれぞれ編年順となっており、家永の生涯を理解する上での基本的な史料としての役割を持つ。しかしながらそれだけに、家永の生涯を理解する上で、具体的にどの文献が何に有益であるのかは、一見して分かりやすいものではない。そこで本節では、筆者の考えの及ぶ限りで、文献の内容に応じて項目を立て、家永三郎理解の基礎史料を挙げることにした。

a．自伝・回想・インタビュー

家永の自伝的文献は数多く、また複数回再録されているものが多い。そこでここでは、「一、生涯を反省・通観したもの」「二、個別の時期の様子が窺われるもの」「三、ある一つの視点から語ったもの」「四、交友関係が窺われるもの」の四つの視点から分類することとし、書誌についてはは各々入手の容易なものを掲載した。収録書誌のうち複数回登場するものは、煩を避けるため必要に応じて略号を用いた。略号の内容については下記の通り。

本節書誌略号一覧（いずれも著者は家永三郎）

『危機』…『歴史の危機に面して』東京大学出版会、一九五四年。
『現代』…『歴史と現代』弘文堂、一九五九年。
『教育』…『歴史家のみた憲法・教育問題』日本評論社、一九六五年。
『抵抗』…『教育裁判と抵抗の思想』三省堂、一九六九年。
『判決』…『教科書判決と裁判の独立』日本評論社、一九七一年。
『責任』…『歴史と責任』中央大学出版部、一九七九年。
『激動』…『激動七十年の歴史を生きて』新地書房、一九八七年。
『憲法』…『憲法・裁判・人間』名著刊行会、一九九七年。
『集』……『家永三郎集』全一六巻。岩波書店、一九九七―九九年。数字は巻。

一、生涯を反省・通観したもの

「わが著述と思索を語る」（『危機』）
『一歴史学者の歩み』
書誌は左記の通り。
①一九六七年版。初版。三省堂（三省堂新書）。
②一九七七年版。新版。三省堂（三省堂選書）。
③一九九七年版。②の再版。日本図書センター（人間の記録35）。
④一九九九年版。②著者書入本による修正版。『家永三郎集』第一六巻所収。
⑤二〇〇三年版。④著者書入本による修正版。岩波書店（岩波現代文庫）。
翻訳書は左記の通り。
Translated and Introduced by Richird H. Minear *JAPAN'S PAST, JAPAN'S FUTURE: One Historian's Odyssey*. Ranham MD: Rowman and Littlefield. 2001.
石暁軍・劉燕・田原訳『家永三郎自伝』新星出版社、二〇〇五年。
「一歴史学者のあゆみ――家永教授に聞く」（家永三郎教授東京教育大学退官記念刊行会編『家永三郎教授東京教育大学退官記念論集』第一巻所収。三省堂、一九七九年）。
「わが思索わが風土」（『責任』）
「還暦所感」（『激動』『集』一六）
「欠陥人間六十年の人生」（『責任』『集』一六）
「私の研究遍歴　苦悩と彷徨を重ねて」（『集』一六）
「戦後の私の心の軌跡」（永原慶二・中村政則編『歴史家が語る戦後史と私』吉川弘文館、一九九六年）
「私の精神的軌跡」（『激動』）
「激動七十年の歴史を生きて」（『激動』『集』一六）
「苦難の人生七十余年」（『憲法』）
「私にとっての『昭和』」（同）
「著作集の刊行に思う」（『家永三郎集』刊行パンフレット。岩波書店、一九九七年ごろ）

二、個別の時期の様子が窺われるもの

「私の『ふるさと』」（『抵抗』『集』一六）
「余丁町小学校児童の頃」（『集』一六）
「『世界童話宝玉集』」（『激動』）
「実現した小学生の夢」（『責任』『集』一六）
「十代にどんな教師に出合ったか――河野孝光先生」（『激動』『集』一六）
「河野先生の思い出」（橋本喜典編『河野孝光先生』私家版、一九七三年所収）
「時代と死」（『集』一二）

「私の学問の原点――一九二〇年代から三〇年代にかけて」（『激動』『集』一六）
「東大国史学科の学生時代」（『激動』『集』一六）
「資料『関西地方国史修学旅行記録　昭和拾年拾弐月』」（『激動』『集』一六）
「日吉館の思い出」（『憲法』）
「薬師寺の塔を仰いで」（『抵抗』）
「土田杏村と私」（『憲法』）
「私と親鸞」（『憲法』）
「私の卒業論文　薬師寺美術の根源を求めて」（『激動』）
「読書回想　文庫本」（『責任』）
「私の読書遍歴」（『危機』）
「戦時下の思想史研究の回想」（『激動』）
「一九三八年の『歴研』と私」（『激動』）
「私の処女出版」（『危機』）
「新潟高等学校時代の思いで」（『憲法』）
「屈辱の思い出――私の十二月八日」（『現代』）
「『国民之友』研究の思い出」（『激動』）
「『自由のためにたたかえ！』」（『激動』）
「八月十五日を迎えて」（『教育』）
「一九四五年八月十五日の前後」（八月十五日を記録する会編『わたしの八月十五日』ネスコ、一九九五年）
「私の古典――『一遍聖人絵巻』」（『集』一一）
『東京教育大学文学部――栄光と受難の三〇年』（『集』一〇）
「著作者のなやみ」（『危機』）
「学問をする者のよろこびと苦しみ」（『危機』）
「学術会議会員候補者として推薦を受けるに当って」（『危機』）
「私のすきな川柳――アンケート回答」（『憲法』）
「七月一七日　その日の私」（『判決』杉本判決当日を記したもの）
「読書日録」（『責任』）
「生きのびた生き甲斐」（『集』一六）
「記念寄稿に寄せた告白記――唐沢柳三氏『柳』四〇〇号を祝して」（『激動』）
「七七歳まで生きながらえて」（『憲法』）
「本で苦労するはなし」（『憲法』）

三、ある一つの視点から語ったもの

「日本女性史とのめぐりあい」（『激動』『集』一六）
「なぜ『日本人の洋服観の変遷』を書いたか」（『憲法』）
「日本古典文芸の読み方」（『集』一六）
「和歌とのふれあい」（『責任』『集』一一）
「文化切手主題人物の選定について」（高久茂編『切手になつた日本文化人』一二三書房、一九五四年）
「新聞の活用法」（『責任』）
「私と著作」（『激動』）
「私と裁判」（『激動』『集』一三）
「本が唯一の趣味」（『憲法』）
「闘病の歴史」（『憲法』）
「旅行をしない弁」（『抵抗』）
「悲しき健康法」（『抵抗』）
「研究と読書」（『危機』）
「学問と肉体労働」（『危機』）
「聖徳太子のことば――世間虚仮唯物是真」（『抵抗』）
「私にとっての親鸞」（家永三郎・古田武彦・田村芳朗・山折哲雄・松野純孝『続・親鸞を語る』三省堂選書、一九八〇年）
「『くにのあゆみ』編纂始末」（家永三郎編著『「くにのあゆみ」編纂

始末』民衆社、二〇〇一年所収）

「くにのあゆみ　戦後教育の幕あき」における家永発言（ＮＨＫ特集日本の戦後第六回。一九七七年一〇月二七日放送）

「家永三郎」（ハリー・レイ　オーラル・ヒストリー・シリーズ。明星大学戦後教育史研究センター『戦後教育史研究』第三三号。二〇〇〇年三月）

※『くにのあゆみ』をめぐるインタビュー。右ＮＨＫ特集の史料的性格への証言を含む（一三九頁）

「法廷体験から」（『集』一三）

「『しろうと』法律論由来記」（『集』一三）

「三十二年の闘いを振り返って」（『集』一四）

「精神の自由のためにたたかった三十二年――家永三郎氏に聞く」（『集』一四）

「教科書裁判32年と日本文化を語る」（『集』一四）

「私と天皇制・天皇」（家永三郎『一歴史学者の歩み』岩波現代文庫版収録）

「教育勅語をめぐる国家と教育の関係」（『憲法』）

四、交友関係が窺われるもの

「日本思想史上の矢内原忠雄と私の接触した矢内原先生」（『激動』）

「南原繁先生と教科書裁判」（『激動』）

「田辺元先生との唯一回の会話」（『抵抗』）

「哲人と闘士との見事な統一――正木ひろし弁護士を悼む」（『激動』）

「歴史家としての森長英三郎弁護士」（『激動』）

「杉勇先生との御縁」（『憲法』）

「津田秀夫さんを偲んで」（津田秀夫先生を偲ぶ会編『津田秀夫先生を偲ぶ』三省堂、一九九三年）

「竹内好さんと私」（『激動』）

「思想家としての丸山眞男」（『憲法』）

「丸山眞男氏を偲ぶ会での書面による弔辞」（『憲法』）

「森田誠一君を偲んで」（『憲法』）

「木下さんと私」（木下順二との交友。『憲法』）

「滝沢さんとのふれあい」（星野元豊・三島淑臣編『野の花空の鳥　滝沢克己先生の思い出』私家版、一九八六年、所収）

「忘れられた在野史学者加藤泰造」（『激動』）

「故井上光貞君への追憶など――大系本『日本書紀』編集をめぐって」（『激動』）

「亡友井上光貞君をしのぶ」（『激動』）

「高群逸枝について」（『憲法』）

b．対談

対談は多種多様であるが、ここでは自伝的要素の強いもの・家永の個性の窺われるものに限って掲載する。

柳田國男との対談「日本歴史閑談」（柳田國男『柳田國男対談集』筑摩書房、一九六四年。宮田登編『柳田國男対談集』ちくま学芸文庫、一九九二年）

中村雄二郎との対談「家永三郎氏と歴史観の貧困」（『論争』一九六二年五月）。

久野収との対談「杉本判決のなげたもの――教科書裁判を考える」（『久野収対話集・戦後の渦の中で4　戦争からの教訓』人文書院、一九七三年）。

古在由重との対談「現代を生きる学問と思想」（『現代と思想』一六号、一九七四年六月）。

鹿野政直との対談「新春対談　歴史と人生」（『歴史評論』二九七号。一九七五年一月）

菊池克美との対談「一歴史学者の個性と学問」（上下。『歴史評論』三二八号。一九七七年八・九月。のち歴史科学協議会編『現代歴史学の青春』2（三省堂、一九八〇年）に再録）

日高六郎との対談「歴史と責任」（『現代と思想』三〇号、一九七七年一二月。のち家永三郎『歴史と責任』中央大学出版部、一九七九年、および『家永三郎集』第一二巻収録）

暉峻淑子との対談『なぜ教科書裁判をたたかったのか』（岩波ブックレット、一九九四年）

藤田恭平ほか一二名との対談『家永三郎対談集――教科書裁判の三〇年』（民衆社、一九九五年）

※　収録対談のほとんどは家永が聞き手であるが、ときとして家永の生涯にまつわる発言が見られる。

鶴見俊輔との対談「国家を被告として」（鶴見俊輔『鶴見俊輔座談　戦争とは何だろうか』昌文社、一九九六年）

新井直之との対談「民衆の歴史のために」（新井直之『敗戦体験と戦後思想――一二人の軌跡』論創社、一九九七年）

c．周囲の人々による証言・解説

一、各著作収録分

1、『家永三郎教授東京教育大学退官記念論集3　日本国憲法と戦後教育』（三省堂、一九七九年）

福島要一　どうしても勝たせたい教科書裁判
槙枝元文　家永教科書裁判と私
高橋磌一　三たびの出会い
遠山茂樹　教科書執筆をやめた気持
松島栄一　家永教科書裁判と私――エピソード風に
森田俊男　家永教授と私――三宅米吉研究を通して
丸木正臣　家永先生の「歴史への弁明」
尾山宏　教科書裁判と私
新井章　教科書裁判と家永訴訟
浅羽晴二　教科書裁判とともに教育の仕事を‼
徳武敏夫　教科書運動――家永さんとわたし
伊藤文子　教科書裁判と母親のねがい
浅川清栄　教科書裁判と私
浪本勝年　教科書裁判・家永教授と私
小林和　わが青春と教科書裁判
吉田寅　終戦前後の家永教授

※　『家永三郎教授東京教育大学退官記念論集2　近代日本の国家と思想』所収分については本一覧第一節参照。

2、『家永三郎集』各巻解題（鹿野政直・松永昌三・松本三之介・岩本努が分担）

第一巻　思想史論　鹿野政直
第二巻　仏教思想史論　松永昌三
第三巻　道徳思想史論　松本三之介
第四巻　近代思想史論　鹿野政直
第五巻　思想家論1　鹿野政直
第六巻　思想家論2　松本三之介
第七巻　思想家論3　松永昌三
第八巻　裁判批判・教科書検定論　松永昌三
第九巻　法史論　松本三之介
第一〇巻　学問の自由・大学自治論　松本三之介
第一一巻　芸術思想史論　鹿野政直

第一二巻　評論1〔十五年戦争〕　岩本努
第一三巻　評論2〔裁判問題〕　岩本努
第一四巻　評論3〔歴史教育・教科書裁判〕岩本努
第一五巻　評論4〔大学問題・時評〕　岩本努
第一六巻　自伝　付　著作目録・年譜　松永昌三

3、『家永三郎集』各月報収載分より

井上薫　大唐西域記から見た東大寺大仏造営（第二巻月報）
松尾尊兊　さわやかなお人柄（同）
堀尾真紀子　生活者にむける熱いまなざし（第三巻月報）
外崎光廣　家永三郎氏が高知の民権研究に与えた影響（同）
武田清子　思想史研究と思想運動（第四巻月報）
菊池克美　古代史学者としての家永三郎先生（同）
山住正己　教科書裁判と『日本文化史』のこと（第五巻月報）
新井章　家永三郎先生と教科書検定違憲訴訟（同）
金原左門　「機関説憲法学」の源泉をたずねて（第六巻月報）
下村幸雄　きまじめでストイックな先生（同）
佐々木斐夫　家永さんからの電話（第七巻月報）
鈴木正　家永三郎さんとの諸縁（同）
兼子仁　教科書裁判と家永先生（第八巻月報）
石松竹雄　家永先生と刑事裁判（同）
団藤重光　家永三郎さんと私（第九巻月報）
馬場あき子　否定の論理の多様な展開（同）
暉峻衆三　「東京教育大学文学部」によせて（第一〇巻月報）
尾山宏　学問の自由と教科書裁判（同）
小林直樹　管見・家永三郎＝人と業績（第一二巻月報）
大江志乃夫　十五年戦争という呼称について（同）
五十嵐清　新潟時代の家永三郎先生（第一三巻月報）
町田博　青春を顧みれば（同）
澤地久枝　ひとすじの道（第一四巻月報）
上條宏之　家永歴史学の手法（同）
松島栄一　家永三郎さんを見つめて（第一五巻月報）
大森典子　家永先生と証言（同）
山村直樹　市井の人としての家永先生（第一六巻月報）
栗原克丸　日本の良心と反骨の思想者（同）
青木一　教科書裁判秘話（同）

4、家永三郎先生を偲ぶ会編『家永三郎・人と学問』（私家版、二〇〇三年）収載分より

松本三之介　家永先生の学問と『否定の論理』
武田清子　『否定の論理』をめぐって
大江志乃夫　家永さんとの十七年（および追記　家永さんと教育大紛争）
金原左門　家永さんの中大時代のエピソード
澤地久枝　境界領域へ
吉住五郎　棺を蓋いて事定まる
山極圭司　家永先生と木下尚江
鹿野政直　家永先生と求道の精神
中村義　「感謝」と「伺っておきたかったこと」
今井克樹　決然として時代を開く
吉田裕　家永先生の思い出
櫻井徳太郎　東京教育大学時代の家永先生
西山松之助　高等師範学校から教育大終焉まで
竹島善一　家永三郎先生を偲ぶ
（本書収載各紙追悼文は次節「各種追悼記事」に別記）

5、大田堯、尾山宏、永原慶二編『家永三郎の残したもの　引き継ぐもの』（日本評論社、二〇〇三年）収載分より

江村栄一　家永史学を支えるもの
大江志乃夫　東京教育大学闘争における家永先生
小林直樹　家永憲法論の業績と特質
大田堯　家永先生の「高尚な生涯」と教科書裁判の意義
堀尾照久　家永教科書裁判と教育学
尾山宏　家永教科書裁判の今日的意義
永原慶二　“変わって動ぜず”
直木孝次郎　家永先生の学問の原点
荒井信一　家永さんとノーベル平和賞
伊藤文子　家永先生に支えられて
池明観　日本を愛した思想家
小田成光　抜本的な司法改革を：家永三郎先生の遺言
本多勝一　一貫してこられた正確な論理

二、各種追悼記事

1、前掲『家永三郎・人と学問』収載分（掲載順）

石原昌家「追悼」（『沖縄タイムス』二〇〇二年一二月二日初出）
広岡守穂「徹底した権力批判の思想」（『中国新聞』二〇〇二年一二月三日夕刊初出）
松本三之介「理念から現実問いかけた求道者」（『毎日新聞』二〇〇二年一二月四日夕刊初出）
鈴木正「史学者と史論家の風格」（『東京新聞』および『中日新聞』二〇〇二年一二月六日初出）
高嶋伸欣「沖縄と共通する反戦平和への思い」（『琉球新報』二〇〇二年一二月六日初出）
松永昌三「教科書裁判は『思想的作品』」（『朝日新聞』二〇〇二年一二月一〇日初出）
田村貞雄「国家批判と学問の自由への信念貫く」（『陸奥新報』二〇〇二年一二月七日初出、『神戸新聞』同月一一日再掲）
荒井信一「ノーベル平和賞候補者として　カナダからの呼びかけ」（『図書新聞』二六一一号、二〇〇二年一二月二一日初出）
吉田裕「家永三郎先生の思い出」（日本の戦争責任センターボランティア編集部『Let's』三七号、二〇〇二年一二月初出）
天沼香「家永三郎という生き方――魂の自由を生涯追求」（『岐阜新聞』二〇〇三年一月五日初出）
M「本に生きる家永氏」（『日本古書新聞』二〇〇三年二月初出）
ジョナサン・ワッツ『日本の検閲に対する一人の男の反対運動』（『ガーディアン』二〇〇二年一二月三日初出。原題 Saburo Ienaga. One man's campaign against Japanese censorship, Johnasan Wats）
フィリップ・ポンス「家永三郎　日本における否定論に抗して」（『ル・モンド』二〇〇二年一二月五日初出。原題 Saburo Ienaga. Contre le négationnisme au Japon, Phillpe Pons）
※同書所収「各紙追悼文解説」によれば、ほかに『タイムズ』紙上に長文の無署名論評「家永三郎　日本軍国主義の過去の表現についての検閲に対し、長期の勇気ある闘いをした歴史家」があったとあり、その後半部が三ページ分にわたって引用されている（同書一六五―一六七頁。なお本文につき解説の掲げるインターネットリンクを確認したが、すでに削除されており確認できなかった）。

2、雑誌等掲載記事

PAUL LEWIS, Saburo Ienaga, Who Insisted Japan Disclose Atrocities, Dies at 89. 8. December 2002.
http://www.nytimes.com/2002/12/08/obituaries/saburo-

ienaga-who-insisted-japan-disclose-atrocities-dies-at-89.html（二〇二四年六月二二日最終確認）

横山篤夫「家永三郎先生を追悼する」（『大阪民衆史研究』第五二号、二〇〇二年一二月）。

大田堯「教育の自由を求めて　家永三郎さんを偲ぶ」（上下。『教育』第五三巻四―五号、二〇〇三年四―五月）。

リッキ・ケルステン「歴史をめぐる格闘：家永三郎の遺したもの」日蘭イ対話の会ウェブサイト内「対話の会カンファレンス」第六回「日蘭における歴史教育」3に収載。https://www.dialognji.org/ja/ 第6回／（二〇二四年六月二二日最終確認）

岩本努「家永先生との三〇年」（『歴史評論』六三七号、二〇〇三年五月。「追想　家永三郎氏を偲ぶ」）。

森谷公俊「家永三郎さんから学んだ正義」（同）

峰岸純夫「家永三郎氏の人と学問―家永三郎さんを偲ぶ会に寄せて」（『歴史学研究』七七六号、二〇〇三年六月）。

岩本努「耳底に残る朗読―家永三郎先生を偲ぶ」（『歴史地理教育』六五六号、二〇〇三年七月）。

西村汎子「家永さんと女性史研究」（『歴史地理教育』六六一号、二〇〇三年一一月）。

菊池克美「家永三郎博士の歴史学」（同）

三、その他取材・回想等および書簡

1、取材・回想

家永登「親の七光はごめんだ」（『新評』第一四巻第一三号）

鈴木正「孤軍奮闘覚悟で裁判」（鈴木正『思想史の横顔』勁草書房、一九八七年）

出田阿生「真理の夢追い人『教科書裁判の人』その素顔は…」（東京新聞、二〇〇三年七月一日付、三三面）

吉谷泉「家永三郎・永原慶二・網野善彦をつなぐ赤い糸――戦後日本の歴史学への寄与」（東京高等学校同窓会誌『東光』第五六号（奥付では五五号）「特集　東高卒業生が、戦後の日本にどのように寄与したか（その二）」二〇〇五年）

宇多田ヒカル『線 -sen-』一五九―一六〇頁（EMI Music Japan inc. 二〇〇九年）

天沼香「梅棹忠夫論序説――横山完一・和歌森太郎・家永三郎に触れながら」（『東海学院大学紀要』第四号、二〇一一年三月）

古田武彦「家永三郎の章」（古田武彦『わたしひとりの親鸞』明石書店、二〇一二年）

鎌田慧「国を相手にたたかう　家永三郎」（『ひとり起つ――私の会った反骨の人』岩波現代文庫、二〇一四年）

菊池克美『学問彷徨』（比較文化研究所、二〇二〇年）

2、書簡

家永三郎・蓮沼啓介往復書簡（一一通。うち家永発五通、蓮沼発六通。蓮沼啓介「帝国憲法の崩壊過程と昭和天皇の戦争責任をめぐる家永三郎氏との往復書簡――84・10・29より同年12・14まで」『神戸法学雑誌』第四〇巻二号、一九九〇年九月）

家永三郎・古田武彦往復書簡（一一通。うち家永発六通、古田発五通。家永三郎・古田武彦『法隆寺論争』新泉社、一九九三年。新装版二〇〇六年）

丸山眞男発家永三郎宛書簡（七二通。『丸山眞男書簡集』一～五に収載。みすず書房、二〇〇三―二〇〇四年）

家永三郎・平雅行往復書簡（一一通。うち家永発七通、平発四通。平雅行『拾芥雑録』私家版、二〇一五年）

写真解説

写真は全体を通じて家永の人物像を彷彿たらしめることに努めた。以下の解説内容は本研究全体の成果に基づくものであるから、本書を一読の上通読して下さるようお願いする。

家永三郎肖像

本項は家永の成長過程を窺わせるものを集めた。

□**右列**　少年～青年期　頑是ない幼児から、徐々に内向的な雰囲気になってゆき、ついに青春の悩みに差し掛かる。そして高等学校でのマルクス主義との衝突を通じて自身の思想を打ち立てていった。それこそが、のちに「否定の論理」として結実する家永の基本的立場である。

□**左列**　壮年期　当時家永は初の単行著作『日本思想史に於ける否定の論理の発達』を刊行（一九四〇年）、気鋭の歴史家として名を挙げつつあった。また下写真からは新進研究者らしい覇気が窺える。

この時期家永は、嫁姑問題での葛藤を通じて自身の信念を堅持する姿勢を身に着けた。そして平和主義・民主主義の思想的・学問的実践へと驀進していくのである。

家永三郎自邸と蔵書印

本項は家永の研究人生を彷彿たらしめるものを集めた。

□**右上**　自邸書斎。このわずか六畳ほどの部屋こそ、家永が極めて膨大な成果を遺した舞台である。書斎に鍵をかけて机に齧り付くように執筆する家永の勉強・執筆速度は凄まじく速く、家族の声さえ一切耳に入らないほど集中し、カリカリという鉛筆の音が扉の向こうまで響き渡った。

執筆の際はまず詳細な目次を作り、次に書き損じや出版社から送られた余りの原稿用紙を半分に切って裏紙の束とし、膨大な史料抜書メモを作った。それを執筆順に並べ直し、上から一枚ずつ取りながら起稿した。

刊行とともにメモは廃棄され、手許の一冊を修正原本とした。本棚に写るのはこの原本。修正が多いときには執筆時と同じメモ用紙が挟み込まれた。増刷時には修正されたものが刊行された。

□**右下**　自邸一室。品よく収められた書棚には著作選集である『家永三郎集』全一六巻、『日本文化史12講』が見える。家永は『家永三郎集』刊行パンフレットで「必ずしも私の全著作を網羅したものではないけれど、（中略）私の仕事の大要を知っていただくためにお役に立てば光栄に思う」と述べている。『日本文化史12講』は日本文化の聴覚的理解に努めたもので、録音テープでは家永によるさまざまな朗読を聴くことができ、興味深い。

□**左下**　自邸一室。本棚には最上段に『矢内原忠雄全集』、下には『日本古典文学大系』がずらりと並ぶ。扁額の「不盡」とは無政府主義者石川三四郎の雅号。漢文では右から「無何是れ本郷」と訓むが、家永は左から「くにもとこれむなり」（国といえども元はといえば無である）と訓み、気に入っていたという。

これは家永の哲学である「否定の論理」に基づき、国家主義拒絶の意味を込めていると考えられる（『国家は万能か』『家永三郎集』第一〇巻所収参照）。文義を越えた読み込みは哲学者にしばしば見られるものであり、家永の思想家らしい一面を示している。

□**左上**　家永三郎蔵書印（拡大写真）。家永が「否定の論理」の立場から集団的実践論を考察する際に極めて高く評価した中井正一『美と集団の論理』に捺されていたもの。（南開大学日本研究院蔵）

家永三郎最終講義と家永史料の現在

本項は今後の家永研究のために有意義と考えられるものを集めた。

□**右上**　家永が一九七七年四月一日付をもって東京教育大学を退官するにあたって行われた最終講義「歴史学と法律学の接点──そのケース・スタディとして戦争による国民の大量致死傷に対する刑事責任の問題」の講義風景（『法学セミナー』二二巻五号、日本評論社、一九七七年五月号にトリミングの上掲載。講演内容は『家永三郎集』第九巻収載）。

家永が三〇年近くにわたり民主的運営実践に心血を注いだ東京教育大学における最終講義であり、その内容にも家永が培った「境界領域」的方法が端的に現れている。この方法の意義をいかに活かしていくかは一つの大きな課題である。

□**右中・下**　南開大学日本研究院家永三郎文庫。家永の没後、蔵書一万二千冊が一括して収められた。この他、民権研究関係は町田市立自由民権資料館、教科書裁判関係は東京都立大学図書館に収められた。他にも各地に遺された史料は無数にあるであろう。家永研究には無数の手つかずの史料が眠っているのである。今後これらを収集・整理・保存し、適切な利活用に供することが必要であろう。

□**左**　田辺元『哲学通論』家永架蔵本の傍線（部分）。家永の読書の様子が端的に窺える史料として掲載する。前後の箇所は本書第一〇章注四八に翻刻したから参照されたい。

家永手沢本はそれ自身家永による読書の存在感を示して大変な迫力があるが、考証上も極めて重要である。本書もその一つである。

たとえば、家永『日本思想史に於ける否定の論理の発達』には田辺元『哲学通論』一二八―一三〇頁という指定しかなく、田辺の「アポリヤの不可通性は絶対否定的に自己を開通せしめる」の語を本当に取ったかどうか、実物史料の裏付けをもって確定することは難しいが、この手沢本によってほぼ確実視しうるのである。（同院蔵）

研究調査過程で現れた史資料の一端

本項は家永による思索と執筆の実像を窺わせる実物史資料を集めた。

□**右下・中下**　家永三郎「歴史に於ける時間の構造について」および同論文収録誌である東京大学国史学科昭和九年度入学生クラス会雑誌『古久志』表紙。これまで現存が確認できなかった貴重な史料である。本史料により、家永史学が形成初期より「否定の論理」と密接な関係にあったことが判明する。

家永の立場は、「人生いかにあるべきか」という問いから出発し、無限と有限とが否定逆説において接する「現在」を起点に、絶対無限に身を委ねつつ、有限世界のなかで当為を自覚し、過去を振り返って実証的に歴史的経緯を把握し、それを踏まえて未来に向けて実践することで、絶対的に断絶した無限と接し続ける試みをなすものである。

ここに一九四四年の結婚以後身につけた実践への覚悟と勇気、その下での自己改造に向けた膨大な学習を付け加えるならば、そのまま戦後家永の思想像となる。（本書付録史料二九。個人蔵）

□**中上**　大類伸『史学概論』の頁上部に記された家永のメモ（部分）。極めて細かい字で書かれている。今井登志喜による一九三四年度東京帝大史学概論講義のメモがいくつか見え、家永史学萌芽期の一端が窺える。家永が歴史学を身につけた際、実証技能は平泉澄から学んだことが知られるが（『一歴史学者の歩み』岩波現代文庫版九一頁）、基礎理論は大類および今井の影響が大きかった可能性も充分考えられる。（南開大学日本研究院蔵）

□**中中**　家永による調査メモ（部分）。『田辺元著作拾遺　田辺哲学批判文献』と書かれた箱に入れられていたもの。紙は二つ折りにされ、筆録はインキ、傍線は赤鉛筆で書かれている。家永による学習の様子が典型的に窺える史料の一つ。調査メモの現存は稀で、極めて貴重である。（同院蔵）

□**左上**　家永が使用した鉛筆削り用小刀（岩本努氏蔵）。赤鉛筆の跡が見える。読書の際は主に赤鉛筆を用い、必ず定規で線を引いた。史料メモ・原稿執筆の際は執筆の速度に合う2Bの鉛筆を好んだ。小刀は赤鉛筆・青鉛筆・定規とともに書斎机の引き出しに収められ、鉛筆を削る間を休憩時間とした。

背後に写るのは家永三郎責任編集『日本平和論大系』パンフレット（全二〇巻。日本図書センターより一九九三―九四年刊行）。刊行作業では史料採録にあたり家永蔵書の赤線部分は必ず収録し、その上で一部を補うこととしたという（岩本氏談）。家永の読書量がいかに膨大であったかが窺える。

東京教育大学時代の家永は、この読書をもとに一年毎に講義案→原稿纏め→書籍化というサイクルで執筆を続けていた。つまり一年あたり三冊分の作業を同時にこなしていたのである。

□**左下**　美濃部達吉『憲法撮要』家永架蔵本。日付は家永による購入日（『一歴史学者の歩み』岩波現代文庫版六七頁）。

家永は、一九三五年の天皇機関説問題発生当時、美濃部の「いかなる迫害があらうとも私の学説は変革修正することは出来ぬ。私は自分の学説に対して一歩たりとも退くことは出来ない」の語に深い感銘を受け、その新聞記事を架蔵の『憲法撮要』に貼り付けて後々まで研究姿勢の指針とした旨を語っているが、この写真はまさにその現物である。（中央大学最終講義「私の学問の原点――一九二〇年代から三〇年代にかけて」『家永三郎集』第一六巻三一三頁。のち『最終講義――挑戦の果て』角川ソフィア文庫、二〇二四年に再録）。（南開大学日本研究院蔵）

結語　家永三郎研究の将来に向けて

以上で写真解説を終える。それは新史資料の発見による次なる研究を予示するものでもある。そこで以下、本解説を踏まえ、今回の研究全体をいささか振り返って結びとしたい。

そもそも本書において本格的に吟味しえた文献はわずかに『一歴史学者の歩み』一冊のみであり、本研究はそれを通じて「否定の論理」の観点から家永の大要を辿り、将来に向けた基本的な見通しを提示したに過ぎない。今後はこれをより具体化していく必要がある。

今後の家永研究の展開を思うとき、今なお研究集団が未形成であることは極めて大きな課題であると言わざるをえない。家永研究のための十全な組織体制を構築していくべきであろう。

主体性の下に実践性と実証性と統一し、日本歴史に徹して博大多岐にわたる家永の学問の意義を再吟味し、将来に向けていかに真価を発揮していくか。家永研究の展開はまさにこれからであるといえよう。

参考文献

岩本努「家永先生との三〇年」（『歴史評論』六三七号、二〇〇三年五月）
松永昌三「家永三郎先生の学問―家永史学の特色」（『自由民権』一八号、二〇〇五年三月）
小田直寿（呉呈苓訳）「南開大学日本研究院家永三郎文庫在家永三郎研究中的価値―開拓一万両千余冊蔵書未来的可能性」（宋志勇主編『南開日本研究二〇一九』天津人民出版社、二〇一九年。

〔写真レイアウト・本文＝著者〕

初出一覧

本書は関西大学文学研究科博士学位取得請求論文「家永三郎の思想史的研究」（甲第六六一号、二〇一八年三月）の編章を組み替え、全面的に加筆訂正を加えたものである。初出および変遷は左記のとおり。

序論
　新稿。
第一部　家永三郎研究の課題と方法
　第一章　家永三郎研究の歴史的過程
　論文「家永三郎研究的課題与方法」（呉呈苓訳）（天津人民出版社『南開日本研究二〇一七』、二〇一七年一二月）。のち加筆訂正の上博士論文序論「家永三郎研究の課題と方法」。
　第二章　家永三郎研究の現段階
　博士論文第一章「家永三郎研究の現段階」。
　第三章　家永三郎研究の論点整理
　博士論文第二章「家永三郎研究の方法について」。
第二部　家永三郎の思想的実践的生涯
　第四章　思想的生涯の出発点
　論文「家永三郎の思想的生涯の出発点」（吉川弘文館『日本歴史』第八三八号、二〇一八年三月）をもとに加筆訂正を加えた博士論文第七章「思想的生涯の出発点」。
　第五章　史学方法論の確立
　博士論文第八章「史学方法論の確立へ」。
　第六章　民主主義精神と学問の自由認識について

博士論文第九章「民主主義精神と学問の自由認識」。のちに論文「東京教育大学文学部教授会設置運動与家永三郎――家永的民主主義精神与〝学問自由〟識知的确立時程」（周志国訳、呉呈苓校対）（天津人民出版社『南開日本研究二〇二〇』、二〇二〇年一二月）として掲載。

第七章　民主主義精神の試練に耐える
博士論文第一〇章「民主主義精神の試練に耐える」。

第八章　家永三郎と教科書裁判
博士論文第一一章「家永三郎と教科書裁判」。

第三部　家永三郎の学問と思想

第九章　家永三郎の学問業績の全体像
博士論文第三章「生涯の全体像の把握をめざして」。

第十章　家永三郎に於ける否定の論理の発達
論文「『思想家＝思想史家』家永三郎の基本的立場について――『逆説的実践』を支えた『否定の論理』と『日本国憲法』」（関西大学『哲学』第三一号　二〇一三年三月）。のち加筆訂正の上で博士論文第四章「家永三郎に於ける否定の論理の発達」。

第十一章　家永三郎の学問方法とその深化
博士論文第五章「家永三郎の学問方法とその変容」。

第十二章　天皇・天皇制観の変遷
論文「家永三郎における天皇・天皇制観の変遷――家永三郎『私と天皇制・天皇』を史料批判的に読む」（町田市立自由民権資料館『自由民権』第三二号　二〇一九年三月）。のち加筆訂正の上で博士論文第六章「天皇・天皇制観の変遷」。

第十三章　家永法史学の方法的特長
新稿。

第十四章　家永三郎の文学・芸術的素養
新稿。

第四部　家永三郎の歴史的意義と今後の展望

第十五章　家永三郎の人類史的意義
博士論文結語「家永三郎の歴史的意義について」。
第十六章　「否定の論理」の論理構造とその展望
論文「家永三郎における田辺哲学の受容と新たな展開」（田辺元記念哲学会求真会『求真』第二七号、二〇二二年）。

結語
新稿。

付録
史料　青年時代に関する史料
史料紹介「青年時代の家永三郎に関する新史料」（関西大学文学研究科『千里山文学論集』第九八号、二〇一八年三月）。
のち博士論文附録史料一「青年時代の家永三郎に関する新史料」。
家永三郎研究参考文献一覧
博士論文「家永三郎研究参考文献一覧」

あとがき

『家永三郎の思想史的研究』を世に送る。「あとがき」は著者が自分の思いを語れる唯一の機会だからと色々思案してみたのだが、家永三郎研究に関連する私自身の経験や問題意識は本文中にことごとく浸透しているから、今更追記すべきことは何もなかった。今や私が案ずることはただ一つ、手塩にかけた本書の行く末である。もし幸いに本書が家永の資質に見合うだけの内容を持ち、幅広く気概ある人々にとって刺激となるならば、私にとってそれに勝る喜びはない。

無論本書には未熟な点も多々あり、校正刷が手を離れてからも次々と反省点が出てくる始末である。何より、家永研究の基盤整備ために今後必要なことを整理してみて、まだまだなすべきことが数多くあると実感した次第である。今回は偶然筆者以外に後続世代の専門研究者がほとんどいなかったため、僭越を顧みず議論全体を方向づけるようなことをしたが、本来、家永の真意義を発揮するためには無数の角度からの研究が必須である。今後はぜひ各位の参与をお願いしたく、そのためにも必要に応じて色々と企画等をすることがあるかもしれないから、その節はぜひよろしくお付き合い願いたい。

＊　＊　＊

本書の執筆にあたっては、極めて数多くの諸先達より、様々な機縁に示唆を賜った。家永研究に直結する方々だけでも、家永研究の先達にあたる故ロバート・N・ベラー先生・鹿野政直先生・松永昌三先生・菊池克美先生、家永三郎文庫を擁する南開大学の劉岳兵先生、民権関係の家永三郎文庫を擁する町田市立自由民権資料館の松崎稔氏、旧財団法人東京高等学校同窓会深川誠氏、晩年の家永に付き従われた岩本努先生、教科書裁判に携わられた浪本勝年先生・高嶋伸欣先生・故俵義文氏・横山篤夫先生・和田哲子氏ほか多数の諸先達、そして家永三郎ご子息で家族法学者の家永登先生ほか、およそ数え切れないほど多数の優れた諸先達の謦咳に接し、貴重なお話をお伺いしたことは筆者の喜びとするところである。改めて記して御礼申し上げる。

二〇一三年八月三一日に開催された家永三郎生誕一〇〇年記念シンポジウム「生誕一〇〇年　家永三郎さんの学問・思想と行動の今日的意義――歴史認識と教育を考える」および懇親会も思い出深い。教科書裁判支援運動の方々を中心に、当時を知る二五〇名もの方々が結集され、筆者もともに雰囲気を味わい、右に挙げた鹿野先生をはじめ多くの諸先達と交わる機縁を得た。懇親会でお伺いした様々な思い出話も懐かしい。本研究ではその際の感触も大いに活用させて頂き、それを批判的に乗り越えて新たな展望を切り開くことを基本目標の一つとした。各位の深甚なる学恩に改めて感謝申し上げる。

本研究の前提をなす各学科の専門研究技能についても、多くの諸先達から薫陶を賜った。哲学については指導教員でありハイデガー哲学ならびに京都学派哲学を専門とする故井上克人先生より情誼溢れるご指導を賜った。歴史学については日本近代史を専門とする小田康徳先生に幼時よりご指導いただいた。文学については近世俳文学を専門とする藤田真一先生のゼミナールに長らく出入りさせていただいて以来、日本漢文学を含め多くの方々から薫陶を賜った。このほか、右三学科に及ぶことはできなかったが、法学・経済学・教育学・美学美術史その他諸領域につき極めて多くの諸先達から謦咳を賜った。改めて諸先達に敬意を表し、記して御礼申し上げる。

本書にも記したように家永三郎研究の現状は惨憺たるものであり、筆者に降り掛かった事案も数え切れないほどだが、そうしたなか、家永三郎の教え子のひとり布川清司先生をはじめ多数の先生方が応援くださったことは忘れられない。南開大学日本研究院もまた私を温かく迎えてくださった。また第十六章論文に対する田辺元記念哲学会求真会の真摯かつ的確な査読にも感銘を受けた。これらがなければ本書は纏めえなかったであろう。改めて記して御礼申し上げる。このほか、教科書裁判の論点と密接に関わる研究をしておられるさる先生から「老人の議論に囚われるな、好きにやれ」との思いがけない助言を頂いたことなども思い出される。無数の学恩に改めて御礼申し上げる。

本書の前身となった博士学位請求論文「家永三郎の思想史的研究」は、二〇一八年三月、関西大学において、主査井上克人先生、副査宮本要太郎先生・西本昌弘先生・小倉宗先生に審査いただき、受理された。改めて御礼申し上げる。本書の刊行にあたっては日本評論社取締役社長・串崎浩氏、取締役・柴田英輔氏ならびに関係各社のスタッフの方々が熱心に取り組んでくださった。史料の調査収集ならびに写真の掲載にあたり、千代田区立九段高等学校、東京大学教育学部附属中等教育学校、南開大学日本研究院、子どもと教科書全国ネット21等各機関・組織、および家永登先生、岩本努先生、深川誠氏、横山篤夫先生、和田哲子氏ほか多数の個人の方々にご協力頂いた。改めて御礼申し上げる。無論、本書の責任は全て筆者に帰する。また両親ならびに友人諸氏にも感謝したい。

そして最後になったが、私をつねに支えてくれる妻に感謝したい。

家永三郎生誕一一一年、没後二二年目の夏に

著者　識

事項索引

本事項索引には家永の問題意識と思索過程を把握する上で主要な項目を挙げた。

い

お

か

き

す

せ

そ

た

つ

て

と

に

ひ

ふ

へ

ほ

ま

み

む

よ

り

れ

人名索引

あ

い

う

え

お

か

き

く

こ

ち

つ

て

と

な

に

は

ひ

ふ

ほ

ま

み

む

め

も

や

よ

ら

り

わ

A

B

C

D

E

エンゲルス（Engels, Friedrich）…………… 498

F

フォイエルバッハ（Feuerbach, Ludwig ）
…………………………………… 426, 427, 520
フォーゲル（Fogel, Joshua）………………… 22
フーコー（Foucault, Michel）………… 460, 467

G

ガンディー（Gandhi, モハンダーカラマチャンド Mohandā Karamachand, Mahatma）
……………………………………… 254, 462
釈迦（Gautama Shiddhārtha）……… 81, 82, 538

H

ハーバーマス（Habermas, Jürgen）…… 460, 467
ハルトゥーニアン（Harootunian, Harry D.）
………………………………… 61, 62, 89, 90
ハルトマン（Hartmann, Nicolai）‥ 75, 300, 327, 526
ヘーゲル（Hegel, Georg Wilhelm Friedrich）
………………………………… 72, 536, 540
ハイデガー（Heidegger, Martin）…………… 85
ホー・チ・ミン（Ho Chi Minh）…………… 155
フッサール（Husserl, Edmund）…………… 526

J

ジャンセン（Jansen, Marius Berthus）…… 31, 58, 111, 136, 159, 324, 361, 496, 542
池明観（지명관, Ji Myeonggwan）………… 550

I

イエス（Iesus, Chrestus）……………… 131, 287
カント（Kant, Immanuel）…………… 129, 138, 264, 318, 462, 486, 526, 527

K

R・ケルステン（Kersten, Rikki）………… 551
キルケゴール（Kierkegaard, Søren Aabye）
…………………………………………… 138
クラウタウ（Klautau, Orion）…………… 543
T・クーン（Kuhn, Thomas Samuel）……… 66

L

ラスク（Lask, Emil）…………………… 360
レーニン（Lenin, Vladimir Il'ich）………… 498
P・ルイス（Lewis, Paul）………………… 550
T・リップス（Lipps, Theodor）…………… 527
劉学兵（Liu Xuebing）……………………… 543
劉燕（Liu Yan）……………………… 61, 543, 545

M

マルクス（Marx, Karl）……………… 286, 498, 521, 540
R・ミネア（Minear, Richard H）……… 22, 61, 460, 467, 468, 543, 545
G・E・ムーア（Moore, George Edward）
…………………………………………… 400
テッサ・モーリス・スズキ（Morris-Suzuki, Tessa）………………………………………… 22
V・マーシー（Murthy, Viren）………… 61, 89

N

ナーガルージュナ（龍樹, Nāgarjuna）…… 265, 475, 529, 533
ナトルプ（Natorp, Paul Gerhard）………… 540
ニーチェ（Nietzsche, Friedrich Wilhelm）
…………………………………………… 138

P

パウロ（Paulus）………………… 131, 303, 479
ペリー（Perry, Matthew Calbraith）……… 105
プラトン（Platōn）……………………… 531, 540
ポアンカレ（Poincaré, Henri）…… 124, 125, 137, 184, 521
ポンス（Pons, Philippe）…………………… 550
ジョン・プライス（Price, John）…………… 22

R

ラートブルフ（Radbruch, Gustav）………… 400
リッケルト（Rickert, Heinrich）…………… 132, 137, 138, 299, 300, 302, 316, 325, 360, 400, 474
リース（Riess, Ludwig）…………………… 146
ラッセル（Russell, Bertrand Arthur William）
…………………………………………… 219

S

サンタヤナ(Santayana, George)…… 18, 21, 54, 57, 380, 459
サルトル(Sartre, Jean-Paul)………… 108, 460, 467
ソシュール(Saussure, Ferdinand de)……… 66
シュナイダー(Schneider, Axel)………… 61, 89
石暁軍(Shi Xiaojun)……………… 61, 543, 545
宋志勇(Song Zhiyong)………… 294, 544, 553
スピノザ(Spinoza, Baruch De)………… 536
スターリン(Stalin, Iosif Vissarionovich)‥ 498
シュタムラー(Stammler, Rudolf)…… 522, 526

T

テニソン(Tennyson, Alfred)……………… 515
田原(Tian Yuan)………………… 61, 543, 545

V

フォルケルト(Volkelt, Johannes)………… 431

W

ウォーラスティン(Wallerstein, Immanuel)……………………………… 22
J・ワッツ(Watts, Jonathan)……………… 550
ウェーバー(Weber, Max)………… 360, 361, 400
H・G・ウェルズ(Wells, Herbert George)……………… 120, 129, 233, 256, 264, 462, 506
ヴィンデルバント(Windelband, Wilhelm)……………………… 360, 527
ワーズワース(Wordsworth, William)…… 514
レイ(Wray, Harry)……………………… 547
呉呈苓(Wu Chengling)…………295, 544, 553

X

ザビエル(Xavier, Francisco de)………… 105

Z

B・ザキプール(Zakipour, Bahman)……… 112
張我軍(Zhang Wojun)………… 162, 308, 343
朱奇瑩(Zhu Qiying)……………………… 543

家永論著索引

あ

い

う

え

お

か

き

く

け

な

に

ね

は

ひ

ふ

ほ

ま

み

む

め

も

や

よ

ら

り

れ

わ

英数字

《著者紹介》

小田《おだ》　直寿《なおひさ》　大阪電気通信大学非常勤講師　博士（文学）

●——略歴

1985年　大阪府大阪市生まれ
2009年　関西大学文学部総合人文学科卒業
2018年　関西大学大学院文学研究科総合人文学専攻博士課程後期課程修了
2018年　大阪電気通信大学非常勤講師

●——主要業績

「家永三郎の思想的生涯の出発点——青年時代に関する新発見の史料を中心に」吉川弘文館『日本歴史』第838号、2018年（本書第４章）
「家永三郎研究における南開大学日本研究院家永三郎文庫の価値について——１万２千冊の収蔵図書が拓く未来への可能性」（呉呈苓訳。翻訳題名：南開大学日本研究院家永三郎文庫在家永三郎研究中的価値——開拓一万両千余冊蔵書未来的可能性）、天津人民出版社『南開日本研究2019』、2019年
「家永三郎における田辺哲学の受容と新たな展開」『求真』第27号、2022年（本書第16章）
「漢詩詩語集の史的発展について——漢詩実作者の史的変遷過程の検討を中心に」『書物・出版と社会変容』第23号、2019年
「西光万吉『和栄運動』研究の展望と課題」和歌山人権研究所『紀要』第８号、2019年
「明治前期に至る中興系大阪俳壇における気韻と雅興——附・藤田雅笑蔵 蘇室久安『蕉風談』筆写本の翻刻」『大阪の歴史』第91号、大阪市史編纂所、2021年
「虚子連句の対比としての旧派俳諧——『芭蕉翁遺語』における『格』の説を中心に」『夏潮』別冊虚子研究号、第13号、2023年
「戦時下大阪の都市発展展望とその限界——『加害と被害』の観点の統一的把握を目指して」『立命館平和研究』第25号、2024年

家永三郎《いえながさぶろう》の思想史的研究《しそうしてきけんきゅう》——その生涯《しょうがい》・学問《がくもん》・実践《じっせん》と「否定《ひてい》の論理《ろんり》」

2024年９月３日　第１版第１刷発行

著　者——小田直寿
発行所——株式会社　日本評論社
　　　　〒170-8474 東京都豊島区南大塚３-12-４
　　　　電話03-3987-8621（販売：FAX-8590）
　　　　　　03-3987-8592（編集）
　　　　https://www.nippyo.co.jp/　振替　00100-3-16
印刷所——精文堂印刷株式会社
製本所——株式会社松岳社
装　丁——図工ファイブ

ISBN978-4-535-58784-7　Printed in Japan